타입 시스템 마스터하기

모던 C#

THE C# TYPE SYSTEM

강력하고 성능이 뛰어나며 효율적인 프로그램 구축하기

스티브 러브 저 / 김모세 역

YoungJin.com Y. 영진닷컴  no starch press

모던 C#

ISBN 978-89-314-7938-6

독자님의 의견을 받습니다

이 책을 구입한 독자님은 영진닷컴의 가장 중요한 비평가이자 조언가입니다. 저희 책의 장점과 문제점이
무엇인지, 어떤 책이 출판되기를 바라는지, 책을 더욱 알차게 꾸밀 수 있는 아이디어가 있으면 이메일, 또
는 우편으로 연락주시기 바랍니다. 의견을 주실 때에는 책 제목 및 독자님의 성함과 연락처(전화번호나
이메일)를 꼭 남겨 주시기 바랍니다. 독자님의 의견에 대해 바로 답변을 드리고, 또 독자님의 의견을 다음
책에 충분히 반영하도록 늘 노력하겠습니다.

이메일   support@youngjin.com
주 소   서울특별시 금천구 디지털로9길 32 갑을그레이트밸리 B동 10층

파본이나 잘못된 도서는 구입하신 곳에서 교환해 드립니다.

저자 스티브 러브 | **역자** 김모세 | **총괄** 김태경 | **진행** 현진영
디자인 김효정 | **내지편집** 이경숙
영업 박준용, 임용수, 김도현, 이윤철 | **마케팅** 이승희, 김근주, 조민영, 김민지, 김진희, 이현아
제작 황장협 | **인쇄** 제이엠

나의 아내이자 최고의 친구이며,
거침없는 비평가이자 뜨거운 가슴을 소유한 나의 지지자
프란(Fran)에게 이 책을 바칩니다.

저자 소개

스티브 러브(Steve Love)

C#을 사용해 20여년 이상 개발을 계속한 전문 개발자이다. 물류, 공공 서비스, 회계 부문 등 다양한 업계에서 C#을 사용했다. C Vu-the members' journal of the ACCU(https://accu.org)의 편집자인 동시에 다양한 콘퍼런스에서 연사로 활동하고 있다.

테크니컬 리뷰어 소개

존 스킷(Jon Skeet)

구글의 스태프 소프트웨어 엔지니어이며 Google Cloud Platform용 .NET 클라이언트 라이브러리를 개발하고 있다. 스택 오버플로에 정기적으로 기여하고 있으며 .NET date/time 라이브러리인 Noda Time을 만들었다. C#을 다루는 기술의 저자이기도 하다. 존은 C#의 다양한 측면을 탐구하기를 즐기며 종종 상상할 수 없는 형태로 C#을 다루기도 한다.

역자 소개

김모세(creatinov.kim@gmail.com)

소프트웨어 엔지니어, 소프트웨어 품질 엔지니어, 애자일 코치 등 다양한 역할로 소프트웨어 개발에 참여했다. 재미있는 일, 나와 조직이 함께 성장하도록 돕는 일을 하고자 2019년부터 번역을 시작했다. 여러 일본어/영어 IT 기술 서적 및 실용 서적을 번역했다.

옮긴이의 말

프로그래밍에 사용하는 대부분의 개발 언어에서는 "값 타입"(Value type)과 "참조 타입"(Reference type)을 제공합니다. 일반적으로 우리가 알고 있는 값 타입과 참조 타입의 차이는 다음과 같이 비교할 수 있습니다.

비교 항목	값 타입(Value type)	참조 타입(Reference type)
저장 위치	스택(Stack)	힙(Heap)
저장 내용	실제 값(Value)	참조(주소, Pointer)
값 복사 방식	새로운 메모리에 복사	주소만 복사(공유)
값 변경 영향	원본 데이터에 영향 없음	원본 데이터 변경 가능
성능 특성	성능면에서 유리	대용량 데이터 취급 시 유리
사용 예시	int, float, char 등	list, dict, object, class 등

값 타입과 참조 타입의 대략적인 차이는 알고 있지만, 다음 질문에 대답하기는 다소 어려울 수 있습니다.

- 값 타입과 참조 타입은 왜 구분해야 할까?
- 값 타입과 참조 타입은 문법적 혹은 의미적으로 어떤 차이를 가질까?
- 값 타입 대신 참조 타입, 혹은 참조 타입 대신 값 타입을 사용하면 절대로 안 될까?
- 프로그래밍 언어의 기반 도구(컴파일러 등)들이 타입 문제를 잘 처리해 주는데 굳이 이런 차이를 알아야 할까?

이 책은 C#이 제공하는 값 타입의 문법적, 의미적 특성을 깊게 설명하고 그 사용 방법과 예제를 통해 값 타입과 참조 타입 사이의 막연한 안개를 걷어 내고 싶은 분들에게 명확한 나침반과 지도의 역할을 해줄 것입니다. C#에 국한된 내용을 설명하지만 이 책에서 설명한 개념들을 다른 프로그래밍 언어에도 적용해 본다면 재미있고 의미있는 통찰을 얻는데 도움이 될 것입니다. 여러분이 보다 효율적이고 안정적이며 뛰어난 성능의 프로그램을 작성하는 데 이 책이 도움이 되길 바랍니다. 번역을 통해 좋은 지식을 전할 수 있게 해주신 하나님께 감사드립니다. 그리고 멋진 책을 번역하는 데 참여할 수 있도록 기회를 주신 영진닷컴 관계자 여러분께 감사합니다. 언제나 분주한 가장을 위해 든든한 기도와 지원을 아끼지 않는 아내와 세 딸에게도 감사를 전합니다.

2025년 3월 옮긴이 김모세

목차

1장_ 타입 시스템 활용하기

2장_ 값 타입과 참조 타입

3장_ 참조 매개변수와 값 매개변수

4장_ 암묵적 복사하기와 명시적 복사하기

5장_ 등치 타입

6장_ 값의 특성

7장_ 값 타입과 다형성

8장_ 성능과 효율

감사의 말

이 책을 쓰면서 많은 사람들의 지원과 응원 그리고 비평을 받았다. 특히 존 스킷에게 깊은 감사를 표한다. 그는 모든 내용에 대한 솔직하고 자세한 피드백을 줬다. 또한 전문가의 시각에서 많은 에러와 올바르지 않은 가정들을 조기에 잡아줬고 이 책에 더 나은 내용을 쓸 수 있게 해줬다! 그럼에도 불구하고 책에 남아 있는 모든 에러와 비일관성은 전적으로 필자의 책임이다.

No Starch Press의 편집팀 및 제작팀의 모든 분들께 감사한다. 특히 레이첼 모나한(Rachel Monaghan), 샤론 윌키(Sharon Wilkey), 질 프랭클린(Jill Franklin), 그리고 시드니 크롬웰(Sydney Cromwell)이 보여준 인내, 근면함, 즐거운 유머에 감사한다. 수많은 사람들이 이 책에 다양한 형태로 기여했다. 이 책은 필자가 지난 20년 동안 읽었던 책과 아티클은, 들었던 콘퍼런스의 발표들과 다른 프로그래머들과 나눴던 대화 등을 모두 담아낸 것이기 때문이다. 기꺼이 자신들의 시간과 지혜를 나눠준 모든 이들에게 감사한다. 여러분의 영감에 감사를 전한다.

조금 더 직접적으로 이름을 꼽아 보자면 바쁜 와중에도 책의 초고를 리뷰하고 생각을 공유해 준 앤디 발람(Andy Balaam), 팀 바라스(Tim Barrass), 잭 베리(Jack Berry), 프란 부온템포(Fran Buontempo), 리즈 채드윅(Liz Chadwick), 피트 구들리프(Pete Goodliffe), 리차드 해리스(Richard Harris), 케블린 헤니(Kevlin Henney), 제즈 히긴스(Jez Higgins), 존 재거(Jon Jagger), 버크하드 클로스(Burkhard Kloss), 윌 메인(Will Mainwaring), 크리스 올드우드(Chris Oldwood), 다니엘 플루도우스키(Daniel Pludowski), 리차드 풀턴(Richard Poulton), 재키 운거러(Jackie Ungerer), 에미어 윌리엄스(Emyr Williams), 매튜 윌슨(Matthew Wilson)에게 감사한다.

훌륭한 .NET 도구들을 만들어 준 젯브레인(JetBrain)의 모든 이들에게도 감사한다. 이 도구들이 없었다면 이 책을 쓰는 것은 훨씬 어려웠을 것이다.

필자가 처음 글을 발표한 뒤 이 책이 나오기까지 많은 도움과 격려를 해준 프란시스 글래스보로우(Francis Glassborow)에게 특별히 감사한다. 그의 지식과 지혜, 경험과 통찰력은 각 장에 고스란히 담겨 있다.

들어가며

C# 언어 명세(C# Language Specification)에 따르면 "C#은 단순하고 현대적이며, 범용적이고 객체 지향적인 프로그래밍 언어"이다. C#은 얼핏 보면 단순해 보일지 모르지만 사실 가장 기본적인 기능 속에 깊이를 감추고 있다. 타입 시스템 (Type system)은 C#의 중추 요소이고 모든 C# 프로그램은 타입 시스템에 기반하고 있다. C# 초기부터 그러했으며 아무리 C#이 발전한다 해도 변하지 않을 것이다. 모던 C# 타입 시스템 마스터하기는 C#의 최신 기능을 나열한 책이 아니며, 가장 최근 버전의 C#에 관해 속속들이 들여다 보지도 않을 것이다. C#은 지금 이 순간에도 진화하고 있기 때문이다. 대신 C#이 제공하는 사용자 정의 타입을 생성하기 위한 풍부한 지원에 초점을 둘 것이다. 그리고 타입 시스템을 충분히 활용함으로써 여러분의 설계를 개선하는 동시에 명확하고 단순하며 보다 효율적인 프로그램을 작성하는 방법에 관해 살펴본다.

많은 프로그래밍 언어들은 커스텀 타입을 정의하는 방법을 제공한다. C#은 다르다. C#은 참조 타입인 클래스 타입과 값 타입을 명확하게 구별한다. 클래스는 C#을 사용한 설계를 구현하기 위한 기본 선택이며 커스텀 타입을 위한 범용 메커니즘이다. 클래스는 C#이 제공하는 모든 객체 지향 기능들을 지원한다. 한편 값 타입은 보다 특별하다. 이 특별함 때문에 값 타입은 종종 오해를 받으며 대부분의 애플리케이션에 적합하지 않은 고급 기능이라고 무시된다. 사실 값 타입은 애플리케이션의 다양한 커스텀 타입을 위해서는 적합하지 않으며 모든 설계에 반드시 필요하지는 않을 수도 있다. 그러나 값 타입이 갖는 여러 장점들이 자주 간과된다.

이 책에서는 실제 있을 법한 전형적인 예제를 사용해 값 타입을 효과적이고 효율적으로 설계하고 구현함으로써 애플리케이션의 모든 다른 타입과 함께 성공적으로 다루는 방법에 관해 설명한다. 구체적으로는 다음과 같다.

- C#에서 값 타입과 참조 타입을 구별하는 이유와 그 실제 의미
- 값 타입과 다른 타입의 문법적(syntactically), 의미적(semantically) 차이
- 값 타입을 조합해 코드를 개선하고 보다 명확하게 설계를 표현하는 방법
- 언어에서 정의된 범위를 넘어 값 타입이 담당하는 애플리케이션에서의 가장 중요한 역할
- 값 타입을 사용한 애플리케이션의 성능 개선 포인트

대상 독자

여러분이 C#의 기본에 관해 학습했고, 보다 더 넓게 이해함으로써 더 나은 프로그래머가 되고자 한다면 이 책은 여러분에게 적합할 것이다. 이 책에서 다루는 내용들이 특별히 고급 수준은 아니다. 하지만 C# 프로그래밍의 기반이 되는 기능, 원칙, 개념들을 이해하는 데 도움이 되도록 구성했다. 여러분은 그저 올바른 C# 문법을 사용해 단순히 실행되는 프로그램을 작성하는 것을 넘어 여러분의 동료들도 쉽게 이해할 수 있는 범용성 있고 효율적인 C# 프로그램을 작성하는 데 도움을 얻을 수 있을 것이다.

이 책의 예제를 따라 학습하는 과정에서 직접 클래스를 만들고 생성자, 메서드, 속성을 아우르며 파생 클래스를 사용해 가상 메서드들을 오버라이드하는 방법의 기본을 이해하게 될 것이다. 예외(exception)를 포함한 몇 가지 예제들도(예외를 생성하고 전달하고 에러를 다룬다) 유용할 것이다. 제네릭 타입과 메서드를 정의하는 메커니즘은 필수는 아니지만 이 역시 유용할 것이다. 특히 표준 라이브러리가 제공하는 제네릭 컬렉션 클래스를 사용하면서, C#에서 제네릭이 동작하는 방법에 관한 통찰력을 얻을 수 있을 것이다. 모던 C# 타입 시스템 초보자를 위한 가이드가 아니기에, 작성한 코드를 컴파일하고 실행하는 방법에 관해 설명하지 않는다. 여러분이 언어의 어두운 면을 알길 원하지도 않는다. 필자는 이 책의 몇 가지 부분들이 여러분을 포함한 C# 고급 사용자들을 놀라게 했으면 좋겠다.

우리는 근본적인 기능들을 다룰 때 종종 안일한 태도를 갖는다. 그래서 이 책에서는 경험이 풍부한 C# 프로그래머들이 볼 때는 소개 수준이라 여길 수 있는 내용도 많이 다룬다. 이 내용들에 의존하고 있는, 상대적으로 널리 이해되지 않은 개념들을 설명하기 위함이다.

여러분이 C# 코드에 친숙하거나 Java나 C++ 같은 다른 객체 지향 언어를 다룬 경험을 가졌다면, 이 책의 예제와 설명을 통해 C# 문법과 의미를 잘 이해하게 되고 C# 언어가 이렇게 변화한 이유를 이해할 수 있을 것이다.

이 책은 C# 프로그래밍의 모든 측면을 다루지는 않는다. 의도적으로 값 타입과 참조 타입 사이의 인터랙션에 초점을 두었다. 논의 과정에서 C# 제네릭, 컬렉션, 언어 통합 쿼리(Language Integrated Query, LINQ), 스레딩을 다루지만 깊이 다루지는 않는다. 또한 이 책에서는 안전하지 않은 코드 또는 C# 포인터에 관해서는 다루지 않는다(사실, 매니지드 포인터에 관해 한 차례 언급하기는 했다).

웹 서비스 생성 방법, 데이터베이스의 인터랙션 방법, 클라우드나 마이크로서비스 애플리케이션으로의 배포를 위한 분산 프로그램 작성 방법에 관해서도 다루지 않는다. 그러나 C#이 제공하는 기술과 기반 원칙들을 이해한다면 해당 도메인을 포함해 다양한 도메인에 대한 애플리케이션을 만드는 데 도움이 될 것이다.

C# 프로그램에서 '어떤 경우에 값 타입을 사용하는 것이 참조 타입을 사용하는 것보다 나은가?'라는 질문에 대해 만족할만한 대답을 아직 찾지 못했다면 이 책이 여러분에게 유용할 것이다.

책의 구성과 사전 지식

이 책은 8장으로 구성돼 있다. 각 장에서는 값 타입의 다양한 측면을 다룬다.

1장 타입 시스템 활용하기에서는 사용자 정의 값 타입의 중요성, 애플리케이션에서 아주 단순한 타입을 제공하는 것만으로도 코드의 가독성과 이해도를 쉽게 높일 수 있는 방법에 관해 살펴본다. 그리고 추가로 1장에서는 정확한 이름의 중요성, 애플리케이션에 특화된 행동을 캡슐화해서 얻을 수 있는 이익, 사용자 정의 타입을 직관적으로 작성하고 쉽게 사용하는 방법에 관해 알아본다.

2장 값 타입과 참조 타입에서는 C#이 값 타입과 참조 타입을 갖고 있는 이유에 관해 살펴보고 두 타입을 상세히 비교한다. 다양한 유형의 객체들이 메모리를 사용하는 방법, 이들의 수명주기가 갖는 의미에 관해 살펴본다. 또한 타입 유형이 생성, 등치, 복사에 미치는 영향의 차이에 관해 살펴본다. 마지막으로 nullable 값 타입에 관해 살펴보고 이들을 보다 새로운 nullable 참조 타입 기능과 비교한다.

3장 참조 매개변수와 값 매개변수에서는 4가지 종류의 메서드 매개변수, 이들을 인수로 전달하는 방법, 값 타입과 참조 타입에서의 전달 방법의 차이에 관해 살펴본다. 참조 타입 변수를 전달하는 것과 참조로 인수를 전달하는 방법을 구분하고, 이 방법이 가변성과 사이드 이펙트에 미치는 영향에 관해 살펴본다. 또한 값 타입 인스턴스를 불변 참조로 전달해 성능을 최적화하는 방법에 관해 살펴본다.

4장 암묵적 복사하기와 명시적 복사하기에서는 프로그램 안에서 값이 복사되는 방법, 값 타입과 참조 타입에서의 복사 행동의 차이로 인해 발생하는 코드에서의 의도치 않은 결과에 관해 살펴본다.

5장 등치 타입에서는 값의 등치를 비교하기 위한 다양한 방법과 내부적으로 비교가 이루어지는 방법에 관해 살펴본다. 일반적으로 값 기반의 등치 비교 구현은 에러의 원인이 되므로 이를 안전하고 올바르게 수행하는 방법에 관해 살펴보고, 컴파일러가 제공하는 고급 기능을 활용하는 방법에 관해 살펴본다.

6장 값의 특성에서는 애플리케이션에서 타입이 갖는 다양한 특성과 역할, 값 타입이 단순히 데이터를 편리하게 저장하기 위한 수단 이상의 역할을 수행하는 측면에 관해 살펴본다. 값 시맨틱의 의미와 값 타입의 좋은 후보가 될 수 있는 객체의 요건에 관해 살펴본다. 또한 객체 순서의 중요성, 등치(equality)와 동등(equivalence)의 차이에 관해 살펴본다.

7장 값 타입과 다형성에서는 문제가 발생할 수 있는 예제를 통해 상속이 값 타입의 다형성(polymorphism)에 적합하지 않은 이유에 관해 살펴본다. 서브클래싱(subclassing)과 서브타이핑(subtyping)의 차이에 관해 자세히 살펴보고 값을 다루기에 보다 적합한 유형의 다형성에 관해 논의한다.

8장 성능과 효율에서는 여러 타입들이 애플리케이션 성능에 미치는 영향, 정확한 성능 측정을 통해 증거 기반의 의사 결정을 내리는 방법에 관해 살펴본다. 이 장에서는 컴파일러가 생성한 코드와 효율성에 관한 널리 퍼진 미신을 다루면서 기본 동작의 수용이 코드 성능에 미칠 수 있는 악영향에 관해 살펴본다.

이 책의 많은 코드 스니펫들에서는 간단한 테스트를 사용해서 코드의 동작과 언어 특성을 테스트한다. 예제에서는 NUnit과 유사한 스타일의 어서션을 사용한다. 이를 통해 논의 대상이 되는 개념을 이해하고 간략하게 표현할 수 있다. C#에서는 다른 단위 테스팅 프레임워크들도 사용할 수 있으며 NUnit 테스트 스니펫을 다른 스타일로 변환할 수 있을 것이다.

코드 예제들은 책의 코드 그대로는 컴파일되지 않을 것이다. 명료한 설명을 위해 네임스페이스 임포트, Main 정의 등은 생략했다. 동작하는 프로그램을 보여주는 것보다 개념에 집중하도록 하는 목적이 있기 때문이다.

모던 C#의 기능들

최근 몇 년간 C# 언어 설계자들은 효율적이고 높은 성능을 발휘하는 애플리케이션을 작성할 수 있는 지원 기능 개선에 많은 노력을 기울였다. C# 언어의 핵심 아이디어들은 그대로 유지하면서 새로운 기능들을 추가했다. 특히 단순한 값 타입 관점에서 봤을 때, 이 새로운 기능들을 사용해 C# 프로그래머들은 값 타입을 활용해 애플리케이션의 성능을 최대화할 수 있게 됐다. 이 책에서는 그 기능들에 관해 살펴볼 것이다. 하지만 전통적인 C# 프로그래밍 관점에서 봤을 때 단지 높은 성능의 컴퓨팅에서만 그치지는 않는다. 일부 기능들은 코드의 가독성을 높여주는 동시에 런타임 시 보다 효율적으로 동작하게 만들어 준다.

이 책의 많은 코드 예제들은 여러 C# 버전에서 널리 사용된 개념들을 보여주며, 일부 예제들은 C# 버전 1.0의 기능들을 사용한다. 보다 최근에 도입된 기능들을 사용한 경우에는 이 기능을 지원하는 최소 컴파일러 버전을 명시했다.

애플리케이션에서 값 타입을 효과적으로 사용하기 위해서는 값 타입의 설계 방법뿐만 아니라 그 사용 방식에 대해 조금 더 주의를 기울여야 한다. 모던 C# 타입 시스템 마스터하기에서는 다양한 상황에서 값 타입이 동작하는 방법을 상세히 설명한다. 이를 활용해 C# 프로그램을 현대적이고, 범용성 있고, 효과적인 방식으로 작성할 수 있게 될 것이다. 그리고 값 타입이 C# 타입 시스템에 얼마나 적합한지 이해함으로써 여러분의 설계는 더욱 풍부해지게 되어 더 나은 프로그램을 작성하게 될 것이다.

왜 값 타입인가?

클래스(class)가 객체 지향 프로그래밍과 설계의 명실상부한 존재임에 비해 값 타입은 종종 간과된다. 그러나 값 타입을 적절하게 사용하면 더 나은 성능을 포함해 여러 이익을 얻을 수 있다. 값 타입(Value type) 인스턴스는 개별적으로 힙에 할당되지 않으며 가비지 컬렉션을 일으키지도 않는다. 그러나 힙에 객체를 할당하면 약간의 성능 손해를 얻게 된다. 가비지 컬렉터는 메모리의 모든 객체가 사용 중인지 아닌지 확인함으로써 해당 객체가 컬렉션 대상인지 특정해야 하기 때문이다.

프로그램에서 힙 기반 메모리를 줄이면 가비지 컬렉터의 실행이 줄어든다는 의미이며 가비지 컬렉터가 실행될 때보다 당연히 작업량도 줄어든다. 힙 메모리에 가해지는 압박을 줄이면 여러분이 작성한 코드의 속도를 개선할 수 있다. 가비지 컬렉션 알고리즘은 실행하는 프로그램에 대한 영향을 최소화할 수 있도록 세심하게 조정돼 있지만, 가비지 컬렉션 자체를 없애는 편이 훨씬 효율적임은 분명하다.

모든 객체를 값 타입으로 만든다고 해서 프로그램의 성능이 마술처럼 개선되지는 않을 것이지만, 단순히 성능 이외에도 값 타입과 관련해 할 수 있는 이야기가 많다. 프로그램보다는 소스 코드, 타이핑보다는 프로그래밍과 더 많은 관련이 있다. 값 시맨틱(semantic)을 이해함으로써 여러분은 디자인에서 값 타입을 도입해야 하는 부분이 어디인지, 여러분의 목적을 가장 잘 달성하기 위해 이를 구현하는 방법이 무엇인지에 관해 알 수 있다. 마찬가지로 값 시맨틱을 이해함으로써 값 타입을 사용하기에 적절하지 않은 부분이 어디인지 결정할 수 있다.

이 책을 통해 C# 프로그램에서의 값 시맨틱이 갖는 의미, 값 타입을 성공적이고 효율적으로 사용하는 방법을 배울 수 있다. 그 과정에서 값 타입이 동작하는 원리와 방법을 상세하게 살펴볼 것이다. 하지만 먼저, 간단한 값 타입을 사용해 사람이 이해하기 쉬운 코드를 작성하는 방법부터 살펴본다. 그럼 시작하자.

1

타입 시스템
활용하기

명확하고 가독성이 좋은 소스 코드는 컴퓨터보다 사람에게 훨씬 더 중요하다. 기존 코드를 디버깅하든 새로운 기능을 학습하든 사람은 어쩔 수 없이 소스 코드를 읽어야하기 때문이다. 코드는 가능한 한 읽을 수 있어야 하며 누가 코드를 읽든 그 의미가 명확해야 한다. 추적하기 힘들거나 오해하기 쉬운 코드는 에러의 온상이다.

코드의 명확함을 개선하는 방법 중 하나는 타입 시스템을 사용하는 것이다. 사용자 정의 타입을 생성하거나 이름을 사용해 그 목적을 명확하게 설명할 수 있게 된다. 좋은 이름은 시스템의 모든 타입에서 중요하지만 애플리케이션의 최소 단위 정보를 나타내는 단순한 값 타입은 무시되기 십상이다.

이번 장에서는 짧지만 그 의미가 명확하지 않은 코드 조각을 살펴보고 여러 차례의 반복을 통해 코드 조각을 개선한다. 이 과정에서 타입 시스템을 효과적으로 사용하는 방법을 배우게 될 것이다. 이번 장을 읽고 나면 커스텀 값 타입을 이용해 이해하기 쉬운 코드를 작성하고 풍부한 타입들을 여러분의 설계에 도입하는 방법을 이해할 수 있을 것이다.

이번 장에서 살펴볼 내용은 다음과 같다.

- 커스텀 타입을 사용해 코드의 의미를 표현하고 코드의 자체 설명력을 높이는 방법
- 도메인에 특화된 행동을 캡슐화하여 에러를 줄이는 방법
- C# v9.0과 v10.0에서 도입된 몇 가지 구문 기능을 사용해 간결하고 가독성이 좋은 코드를 작성하는 방법
- 평범한 코드에서 커스텀 타입을 쉽고 자연스럽게 사용하는 방법

그럼 실제로 값 타입과 관련된 간단한 예제를 살펴보면서 이들이 설계상 중요한 기능인 이유에 관해 알아보자.

좋은 이름의 가치

식별자(identifier)에 좋은 이름을 붙이기는 매우 어렵다. 하지만 이는 코드의 명확함에 큰 영향을 미친다. 리스트 1-1의 Displacement 메서드를 살펴보자.

```
public static (double, double)
Displacement(double t, double v, double s)
{
    var x = v * s * Math.Cos(t);
    var y = v * s * Math.Sin(t) - 0.5 * 9.81 * Math.Pow(s, 2);
    return (x, y);
}
```

리스트 1-1: **나쁜 변수 이름의 예**

메서드의 3개 매개변수(t, v, s)의 이름은 엉망이다. 매개변수의 목적을 명확하게 나타내지 못하고 있다. 이번 장에서는 이 코드를 기반으로 코드를 개선하는 방법과 코드의 의도를 더 잘 정의하는 방법에 관해 살펴본다.

Displacement 메서드의 목적은 초기 각도(initial angle), 속도(velocity), 발사체(projectile)가 발사된 이후의 시간(time)이 주어졌을 때 포물선에서 발사체의 위치를 구하는 것이다. 여러분이 발사체의 움직임을 나타내는 방정식에 친숙하다면 쉽게 알고

리즘을 이해할 수 있을 것이다. 그러나 변수 이름들은 메서드의 목적에 관한 단서를 전혀 제공하지 않는다. Displacement 메서드가 호출되면 이 메서드는 발사 지점을 기준으로 한 발사체의 위치(상대 좌표)를 계산한다(그림 1-1 참조).

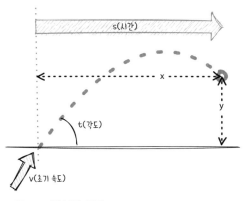

그림 1-1: **발사체 이동**

그림 1-1의 각도, 초기 속도, 시간 라벨은 각각 Displacement 메서드의 매개변수 t, v, s에 해당한다. x와 y 값은 메서드가 반환한 튜플의 요소에 해당한다. 발사체는 주어진 초기 속도, 특정 각도로 발사돼 잘 정의된 포물선을 따라 이동한다. Displacement 메서드는 주어진 시간이 지난 뒤에 포물선 위에서의 발사체 위치를 계산한다.

여기에서 이 알고리즘 자체를 다루지는 않는다. 우리가 원하는 바는 이 메서드의 목적을 보다 즉각적으로, 명확하게 만드는 것이기 때문이다. Displacement 메서드를 이해하는 데 방해가 되는 첫 번째 장벽은 매개변수와 반환값의 의미다.

사실 한 글자의 변수 이름을 사용해 이 문제를 의도적으로 과장했다. 하지만 필자는 실제로 이와 비슷한 예를 많이 보았으며 다음과 같이 생각했다. 대체 이 매개변수들은 **무엇을 나타내는거지?** 매개변수들이 사용되는 방법을 주의해서 살펴본다 하더라도 그 의미를 파악하기 위해선 사용한 방정식 자체에 친숙해야만 했다. 이건 그저 형편없는 코드에 지나지 않는다. 모든 사람이 포물선에 관한 지식을 갖고 있지는 않기 때문이다.

우리는 코드를 읽는 사람이 포물선에 관해 친숙하든 아니든 이 코드를 쉽게 읽을 수 있게 만들고자 한다. 이를 위한 가장 **빠른** 방법은 매개변수에게 나타내는 것을 정확히 반영하는 이름을 갖게 하는 것이다. 여기에서 t는 theta라는 의미로, 일반적으로 물리학에서 각의 크기를 나타내기 위해 사용한다. 그러나 코드에서 t를 theta로 바꾼다 하더라도 수학적 표기에 익숙하지 않은 사람들은 쉽게 연결 고리를 찾지 못할 것이다.

잠재적으로 불분명한 한 글자의 이름 대신 그 의미를 적절하게 식별할 수 있도록 매개변수 이름을 변경하자.

```
public static (double, double)
Displacement(double angle, double speed, double elapsedTime)
{
    --생략--
```

t를 **angle**, v를 **speed**, s를 **elapsedTime**으로 바꾸었다. 이제 목적이 더 분명히 드러난다. 속도(velocity)를 속력(speed)으로 변경한 것은 사소하지만 여기에서는 사용한 이름 자체가 **중요하다**. 속도를 나타내기 위해 일반적으로 v를 사용하지만, 여기에서는 **속력**이 이 값의 목적을 설명하는 데 있어 훨씬 정확하다. 속도는 물리학에서 특별한 의미를 갖는 기술적 용어로, 속도는 크기(speed)와 방향(direction)을 모두 갖는다. 코드 요소에 가능한 정확하고 적절한 이름을 부여함으로써 그 이름들에 대한 오해를 줄일 수 있다.

좋은 이름 선택이 명확하고 읽기 쉬운 코드 작성을 위한 첫 걸음이다. 이름 선택에서 코드의 명확함을 한층 개선하고 식별자들이 가리키는 대상의 모호함을 제거할 수 있다. 이렇게도 질문해 볼 수 있겠다. angle, speed, elaspedTime 매개변수들의 측정 단위는 무엇일까? 이에 관해서는 뒤에서 다룰 것이다. 여기에서는 우선 double 타입보다 세련된 메커니즘이 필요하다.

타입을 이용해 명확하게 하기

Displacement 메서드의 모든 매개변수는 같은 **double** 타입이다. 우리를 포함해 모든 사용자들은 우발적으로 인수의 값을 뒤섞어서 입력할 수 있으며, 컴파일러는 아무런 경고를 표시하지 않는다.

여기에서 double 타입은 그 어떤 구체적인 힌트도 주지 않는다. 매개변수들이 모두 **string** 혹은 **bool** 타입일 때도 마찬가지다. 심지어 각각의 매개변수들이 서로 다른 내장 숫자(numeric)타입이라 하더라도 잠재된 수많은 문제가 발생할 수 있다. 매개변수들 사이에 암묵적 우선 규칙이 존재하기 때문이다. 또한 매개변수의 이름을 명확하게 하는 것 자체는 호출자 코드에 꼭 필요하지는 않다. 특히 다음과 같이 해당 메서드를 상수값과 함께 호출할 때 그렇다.

```
var result = Displacement(.523, 65, 4);
```

이처럼 하드 코딩된 값을 매직 넘버(magic number)라 부른다. 의미나 목적에 관한 어떠한 설명도 존재하지 않기 때문이다. 이 매직 넘버들은 더 나은, 이름 있는 변수로 바꿔서 그 목적을 분명하게 할 수 있지만 이 메서드의 호출자는 여전히 인수들을 잘 못된 순서로 제공할 수 있다.

호출자 코드의 순서 오류를 방지하는 일반적인 방법은 각 인수에 매개변수 이름을 지정하는 것이다. 다른 타입을 사용해 각 인수값들을 구분하는 방법에 관해 알아보기 전에 먼저 실제 예제를 살펴보자.

이름 있는 인수

메서드에 전달하는 각 인수에 대한 매개변수의 이름을 포함하면 호출자 코드에서 각 인수의 목적을 한층 가시화할 수 있다. 다음 코드를 보자.

```
var result = Displacement(angle: .523, speed: 65, elapsedTime: 4);
```

이 Displacement 메서드 호출에서는 매개변수들이 각각 어떤 값을 제공받는지 명시한다. 다음 코드와 같이 호출자는 메서드의 매개변수 이름만 일치시키면 되며 인수를 전달하는 순서는 임의의 순서라도 상관없다.

```
var result = Displacement(elapsedTime: 4, speed: 65, angle: .523);
```

인수에 이름을 지정하면 해당 인수들은 임의의 순서로 전달해도 상관없다. 컴파일러는 인수의 위치가 아니라, 지정한 이름을 기준으로 전달된 인수값들을 올바른 매개변수에 전달하기 때문이다.

이 기법에서는 명확함을 확보할 책임을 메서드의 호출자(caller)에게 전가한다. 호출자가 인수에 이름을 지정하는 것을 잊어 버리거나 신경쓰지 않아도 컴파일러는 어떤 경고도 하지 않는다. 호출자가 angle과 speed 값을 뒤섞어도 컴파일러는 이에 관해 경고하지 않는다. 코드는 컴파일되고 프로그램이 실행되지만 그 결과는 거의 확실히 정확하지 않을 것이다.

잘못된 값들이 전달됐다 하더라도 불행히 코드는 특정한 인수 세트에 대해 거의 정확한 결과를 반환할 수 있고, 최악의 순간에 실패하고 말 것이다. 이 같은 에러의 원인을 추적하고 분석하기는 매우 어렵다.

커스텀 타입

Displacement 메서드에서 본 문제점들은 double 타입을 사용해서 여러 구별된 개념들을 나타낸 것에서 기인한다. 이는 강박적 기본 타입 사용(Primitive Obsession)이라는 나쁜 코드의 일종으로, int, double, string과 같이 해당 언어에 내장된 기본 타입에 과도하게 의존하는 코드를 말한다.

속력과 같은 측정값이나 정량값은 일반적으로 숫자 표현을 갖는데 double 타입은 너무 일반적이고 예제와 같이 angle이나 speed를 포함한 다양한 값들을 표현하는 데 사용될 수 있다. 이는 코드 호출자로 하여금 잘못된 값을 제공하게 하는 원인이 된다. angle과 speed라는 정량값들은 다른 방식으로 측정되며 다른 것을 의미한다. 가공하지 않은 double을 사용하면 이들을 충분히 명확하게 구분해서 표현하지 못한다. 각도값 45도와 속력값 55 초속 미터는 완전히 다르다.

강박적 기본 타입 사용의 잘 알려진 해결책은 구분된 목적에 맞는 고유한 타입을 제공해 이들 사이에서 암묵적 변환이 일어나지 않도록 보장하는 것이다. 이 해결책을 사용하면 컴파일러는 적절하지 않게 사용된 모든 인수들을 식별할 수 있게 된다. 이 해결책으로 리스트 1-2에서는 double을 사용해서 angle과 speed의 정량값을 저장하는 대신 2개의 타입을 사용해서 이들의 차이를 보다 긍정적으로 정의한다.

```
public struct Angle
{
    public double Size { get; set; }
}

public struct Speed
{
    public double Amount { get; set; }
}
```

리스트 1-2: **커스텀 타입 정의하기**

우리가 정의한 Angle, Speed 구조체는 여전히 기본 형식에 가깝기는 하다. 이 구조체들은 각각을 나타내는 값을 읽거나 쓰기 위한 목적으로 공개된 속성(각각 Size와 Amount)들 뿐이다. 이후 이 설계를 개선할 것이지만 당장 쓰기엔 문제가 없다. 다시 말해 angle과 speed를 단순히 매개변수의 이름이 아니라 타입으로 구분하기에는 충분하다.

리스트 1-3은 Displacement 메서드의 매개변수로 이 새로운 타입들을 사용하는 방법을 보여준다.

```
public static (double, double)
Displacement(Angle angle, Speed speed, TimeSpan elapsedTime)
{
--생략--
```

리스트 1-3: **매개변수로 커스텀 타입 사용하기**

C# 표준 라이브러리는 각도와 속력에 대한 어떠한 추상화도 제공하지 않는다. 하지만 TimeSpan 타입은 제공하는데 이는 elapsedTime 매개변수를 위해 사용하기에 적합하다. 이제 각 매개변수의 타입이 그 값을 설명하므로 매개변수의 이름이 부담하는 책임은 줄어든다. 이제 angle 대신 speed를 입력하는 인수를 정확하지 않은 순서로 제공하면 컴파일러는 Speed를 Angle로 변경할 수 없다는 매우 분명한 에러 메시지를 출력할 것이다.

캡슐화

설계상 값에 대해 구분된 타입을 사용하면 각 값의 표현보다 역할을 강조하게 되며, 이는 사람이 읽기에 그 자체로 명확한 코드인 동시에 컴파일러가 체크하기 좋은 코드가 된다. Displacement 메서드에 부정확한 순서로 인수가 전달되는 것을 방지한다는 목적은 달성했지만, 현재 Speed와 Angle은 특정한 유형의 값이라기 보다는 하나의 값을 갖는 단순한 타입에 불과하다.

Speed와 Angle 타입은 그들의 값을 캡슐화하지 않는다. 이들의 값은 공개적으로 변형할 수 있는(mutable) Size와 Amount 속성을 노출하기 때문이다. 이 속성들은 리스트 1-4에서 객체 초기화를 통해 속성값을 설정한 것과 같이 해당 타입의 인스턴스를 생성할 수 있는 유일한 방법이다.

```
var result = Displacement(angle: new Angle { Size = .523 },
                          speed: new Speed { Amount = 65 },
                          elapsedTime: seconds);
```

리스트 1-4: **객체 초기화를 사용해서 인라인 인수 인스턴스를 생성하기**

공개적인 속성을 사용해서 값을 설정하는 방법은 불필요하게 장황하다. 리스트 1-5에서는 생성자(constructor)를 추가해서 구문을 단순화했다. 이를 이용하면 공개된 속성을 설정하는 대신 직접 값을 이용해서 새 인스턴스를 생성할 수 있다.

```
public struct Speed
{
    public Speed(double amount)
        => Amount = amount;

    public double Amount { get; set; }
}

public struct Angle
{
    public Angle(double size)
        => Size = size;

    public double Size { get; set; }
}
```
① var result = Displacement(new Angle(.523), new Speed(65), seconds);#

리스트 1-5: **Speed, Angle의 생성자 추가하기**

Displacement 메서드를 호출할 때 Angle과 Speed 인스턴스를 생성하는데, 이때 이들의 속성을 사용하지 않고 값을 전달한다(①). 타입의 이름이 보다 명확해졌으므로 인수의 순서는 더이상 모호하지 않으며, 인수에 이름을 붙이는 것이 더이상 중요하지 않다.

이 생성자들은 **표현식 바디 문법**(expression body syntax)를 사용한다. 이 문법은 메서드의 경우 C# v6.0, 생성자의 경우 C# v7.0 이후에 사용할 수 있다. 이 문법을 사용하면 중괄호로 감싼({...}) 블록은 => 심볼을 통해 생성자의 시그니처로부터 분리된 단일 표현으로 바뀐다.

마지막 행을 리스트 1-4와 비교해보자. 리스트 1-5의 Angle과 Speed에서는 각각에 대해 객체 초기자(initializer)를 사용하는 대신 우리가 원하는 값을 생성할 수 있다. 이는 호출자에서 필요한 타이핑의 수를 줄이기도 하지만 그보다 Speed와 Angle이 하나의 값을 가진다는 것보다 값 자체라는 점을 직접적으로 표현한다는 것에서 더 중요하다.

불변성

현재 값들은 변경될 수 있다(mutable). 하지만 Angle 또는 Speed의 값을 생성자에 제공했다면 그 값은 이후 변경할 필요가 없다. Angle을 다른 값으로 변경해야 한다면 그 새로운 값을 사용해 새로운 인스턴스를 생성할 수 있다.

Angle의 Size 속성에 대한 set 접근자(accessor)를 제거해 읽기 전용으로 만들어 이 불변성을 달성할 수 있다. 이후에는 생성자를 통해서만 값을 전달할 수 있으며 그 값은 영구하고 불변하게 된다(immutable). Speed의 Amount 속성에 대해서도 리스트

1-6과 같이 동일한 작업을 수행할 수 있다.

```
public readonly struct Speed
{
    public Speed(double amount)
        => Amount = amount;

    public double Amount { get; }
}
```

리스트 1–6: **Speed를 변경할 수 없게 만들기**

Speed 인스턴스가 변경되지 않도록 하기 위해 읽기 전용으로 만들었다. 이제 컴파일러는 Speed의 어떤 멤버도 그 상태를 변경하지 못함을 보장하며 인스턴스의 변경을 시도하면 실패할 것이다.

타입을 불변으로 설계함으로써 코드 인스펙션(code inspection) 과정에서 코드를 쉽게 이해하도록 할 수 있다. 타입 인스턴스가 변경될 수 있는 다양한 가능성을 고려하지 않아도 되기 때문이다. 이는 멀티스레드 프로그램(multithreaded program)에서 특히 중요하다. 또한 값 타입을 읽기 전용으로 만들면 컴파일러가 몇몇 상황에서 특정한 최적화를 할 수 있기 때문에 성능을 개선할 수도 있다.

값 검증

우리가 작성한 타입에 대한 생성자를 사용해 유효하지 않은 인수를 체크하고 사용자가 합법적이지 않은 값을 전달했을 때 예외를 발생시킬 수 있다. 예를 들어 속력값은 음수여서는 안 된다. 예시로 리스트 1-7에서는 생성자에게 주어진 값이 0보다 작지 않은지 확인하고, 0보다 작은 값이 주어졌다면 예외를 발생시킨다.

```
public Speed(double amount)
{
    if(amount < 0)
        throw new ArgumentOutOfRangeException(
            paramName: nameof(amount),
            message: "Speed must be positive");
    Amount = amount;
}
```

리스트 1–7: **범위를 벗어나는 값 금지하기**

Speed의 생성자는 제공된 값을 검증하고 생성자는 Speed에 값을 제공할 수 있는 유일한 수단이므로, 존재 가능한 Speed 값이 생성됐음을 보장할 수 있다. 생성자를 사용해서 double.NaN과 같은 존재 불가능한 인수값을 금지해야 하며 빛의 속도값과 같은 상한선을 설정할 수도 있다. 존재 불가능한 값으로 Speed를 생성하려는 시도를 하면 런타임 예외가 발생한다.

ArgumentOutOfRangeException 타입은 표준 라이브러리에 정의되어 있으며 설명적 (descriptive) 이름 타입의 좋은 예이다. 리스트 1-7에서 본 것처럼 우리는 Argument-OutOfRangeException 생성자에 대한 인수의 이름을 지었다. 이 인수는 2개의 평범한 string 매개변수(paramName:과 message:)를 받는다. 그렇지 않으면 이 인수들의 순서는 쉽게 뒤바뀔 수 있다. 특히 비슷한 이름을 가진 ArgumentException은 같은 매개변수를 정반대의 순서로 받는다!

Speed의 생성자의 매개변수 값을 검증하는 것은 캡슐화의 한 가지 예이다. 우리는 검증 로직을 해당 메서드를 사용하는 모든 위치에 퍼뜨려서 입력하지 않고 한 곳에 입력했다. 이제 Speed 인스턴스를 사용하는 모든 메서드는 자동으로 Speed 생성자가 수행하는 범위 확인 기능의 혜택을 받게 된다.

> **NOTE** 사용자 정의 타입을 만들어서 얻을 수 있는 이익이 이것이다. 타입 안에 그 책임을 캡슐화함으로써 해당 타입을 사용하는 메서드에 전가되는 책임을 없앨 수 있다. 중복된 코드를 최소화하는 것은 여전히 명확하고, 사용하기 쉽고, 유지보수하기 덜 어려운 코드를 만드는 좋은 방법이다.

Speed의 생성자는 클래스 불변량(class invariant, 해당 타입의 모든 인스턴스가 수명 동안 유지해야 하는 조건)을 만든다. 이 경우의 불변량은 Speed의 값이 0보다 작을 수 없다는 의미이다. Speed는 불변하게 만들어졌으므로 이 불변량은 깨지지 않는다. 유효한 Speed 인스턴스가 생성되면 그 값은 절대 변하지 않으며, 유효하지 않은 값을 갖는 Speed 인스턴스도 생성할 수 없다.

테스팅

Speed 타입 안에 검증 로직을 캡슐화했으므로 이 타입에 의존하는 알고리즘에 대해 독립적으로 클래스 불변량을 테스트할 수 있다. 리스트 1-8에서는 음수값으로 Speed 인스턴스를 만드는 시도를 함으로써 생성자가 예외를 발생시키는지 테스트한다.

```
[Test]
public void Speed_cannot_be_negative()
{
    Assert.That(
        () => new Speed(-1),
```

```
        Throws.TypeOf<ArgumentOutOfRangeException>());
}
```

리스트 1-8: **Speed에 대한 제약 사항 테스팅**

검증 코드는 Speed 타입 안에 캡슐화돼 있으므로 테스트는 한 번으로 충분하다. Displacement 메서드 혹은 Speed를 사용하는 어떤 메서드가 유효하지 않은 속력값을 거부하는지 달리 테스트할 필요가 없다. Displacement에 대한 테스트에서는 매개변수 검증에 신경 쓰지 않고, 해당 알고리즘이 정확한지 검증하는데만 집중하면 된다.

도메인 개념을 위해 타입을 사용하면 여러 장점을 얻을 수 있다. 우리가 작성한 타입을 사용한 코드는 매우 명확하다. 타입이 스스로 자신의 특성을 설명하기 때문이다. 프로그램을 보다 이해하기 쉽게, 테스팅의 초점을 보다 명확하고 구체적으로 만듦으로써 책임을 분리할 수 있다. 테스트는 보다 단순해지고, 테스트 대상 코드가 변경됐을 때 테스트 코드를 훨씬 쉽게 유지보수할 수 있게 된다.

리팩터링

지금까지 Displacement 메서드의 매개변수와 관련된 이슈들을 다루었다. 이제 메서드 바디를 살펴보면서 그 구현을 리팩터링(refactoring)해서 개선할 수 있는 부분이 있는지 살펴보자. 리스트 1-9는 현 상태의 Displacement 코드이다.

```
public static (double, double)
Displacement(Angle angle, Speed speed, TimeSpan elapsedTime)
{
    var x = speed.Amount * elapsedTime.TotalSeconds * Math.Cos(angle.Size);
    var y = speed.Amount * elapsedTime.TotalSeconds * Math.Sin(angle.Size)
      - 0.5 * 9.81 * Math.Pow(elapsedTime.TotalSeconds, 2);

    return (x, y);
}
```

리스트 1-9: **현재 구현되어 있는 Displacement 메서드**

이 코드는 정상 동작한다. 하지만 몇 가지 해결해야할 문제들이 있다. Speed, Angle, TimeSpan 타입을 매개변수로 사용했기 때문에 이들의 값을 얻기 위해서는 매개변수의 속성에 접근해야 하므로 코드가 다소 장황하다. 여기에서는 TotalSeconds 속성을 사용한 것에 주목하자. TimeSpan 객체의 Seconds 속성을 사용할 때는 에러가 발생하기 쉬우므로 주의해야 한다. TimeSpan이 나타내는 시간 전체를 초로 반환한다고 생각하겠지만 사실 Seconds는 TimeSpan의 초 부분만 반환한다. 예를 들어 정확하게 1분을 나타내는 TimeSpan의 Seconds 속성은 0을 반환하지만 TotalSeconds는 60을 반환한다. Displacement 메서드 안의 알고리즘에서 변수를 직접 사용하면 훨씬 명확해진다.

```
var x = speed * elapsedTime * Math.Cos(angle);
var y = speed * elapsedTime * Math.Sin(angle)
    - 0.5 * 9.81 * Math.Pow(elapsedTime, 2);
```

이 알고리즘 또한 3개의 하드 코딩된 값(0.5, 9.81, 2)에 의존한다. 이와 같은 매직 넘버들은 그 목적을 명확하게 하기 위한 이름을 지어 주어야 한다. 일반적으로 같은 매직 넘버는 여러 위치에서 흔히 사용되기 때문에 모종의 이유로 값이 변경되면 관련된 매직 넘버를 모두 찾아서 업데이트해야 하기 때문이다.

0.5를 곱하는 것은 2로 나누는 것과 같음을 알 수 있지만, 9.81이 무엇을 의미하는지는 훨씬 모호하다. Math.Pow를 호출하면서 사용한 0.5와 2는 단순한 대수값이다. 따라서 이 값들에 이름을 지어주면 이 값들의 목적을 명확하게 하는 것이 아니라 되려 모호하게 만든다. 한편 9.81이라는 값은 더 중요한 목적이 두드러진다. 이 숫자의 의미를 이해하기 위해서는 9.81이라는 숫자가 객체(물체)에 미치는 지구의 중력의 근삿값이라는 것을 알고 있어야 한다. 이 값에 이름을 지어서 이 문제를 간단히 해결하자.

매직 넘버를 이름 있는 상수로 대체하기

매직 넘버에 설명성 있는 이름을 붙여서 알고리즘의 세부 사항에 익숙하지 않은 사람들에게 그 의미를 명확하게 할 수 있다. 이를 위해 Speed와 같이 새로운 값 타입을 생성해서 측정값을 표현하게 하는 것도 한 가지 방법이다. 하지만 잘 알려진 몇 가지 값만 필요하다면 이름 있는 상수를 사용해서 이들을 표현하는 것이 훨씬 간단하다. 지금은 하나의 값(지구의 중력)만 필요하므로 리스트 1-10과 같이 의미 있는 이름을 지어서 해당 값의 목적으로 나타내는 방법을 사용한다.

```
public static class Gravity
{
    public const double Earth = 9.81;
}
```

리스트 1-10: 매직 넘버를 간단히 표기하기

중력에 관한 이름 있는 상수를 사용하는 것은 매직 넘버를 대체하는 가장 간단한 방법이다. 그리고 Acceleration 또는 이와 비슷한 이름의 일반적인 타입을 활용할 수 있는 기회도 얻을 수 있다. 이렇게 함으로써 뛰어난 유연함을 얻을 수도 있는 반면 복잡성과 유지보수의 어려움도 증가한다. 코드를 단순하게 유지하는 것은 그 자체로 이익이 된다.

이런 const 값은 컴파일러에 의해 코드에 삽입된다는 점에 유의하자. Gravity.Earth의 값을 변경한 뒤 동일한 상수를 사용해 사전에 빌드된 어셈블리에 컴파일을 수행하면, 프로그램은 동일한 상수에서도 다른 2개의 값을 사용하게 될 수 있다. 명료함과 단순함을 위해 const 값을 유지하고 Displacement에 하드 코딩된 숫자를 Gravity.Earth 상수로 바꿔서 사람이 즉시 그 의미를 알 수 있게 수정하겠다.

```
--생략-- - 0.5 * Gravity.Earth * Math.Pow(elapsedTime.TotalSeconds, 2);
```

중력의 근삿값으로 더 정밀한 값을 사용하고 싶을 때는 해당 9.81이라는 매직 넘버를 찾아 헤매고, 매직 넘버를 사용한 모든 모듈을 재컴파일하는 대신 이 상수의 값만 변경하면 된다.

속성과 값을 단순화하기

Displacement 메서드가 사용하는 변수의 의미는 이제 더 명확해졌다. 리스트 1-11은 현 상태의 Displacement 메서드이다.

```
public static (double, double)
Displacement(Angle angle, Speed speed, TimeSpan elapsedTime)
{
  ① var x = speed.Amount * elapsedTime.TotalSeconds
      ② * Math.Cos(angle.Size);
  ③ var y = speed.Amount * elapsedTime.TotalSeconds * Math.Sin(angle.Size)
      - 0.5 * Gravity.Earth * Math.Pow(elapsedTime.TotalSeconds, 2);

    return (x, y);
}
```

리스트 1-11: **명시적 속성 접근을 사용한 Displacement**

앞서 언급했듯 angle, speed, elapsedTime의 속성에 접근하도록 하면 구현 코드가 상당히 장황해진다. 이 속성들을 필요로 하는 연산 안에서 속성들에 직접 접근할 수 있다면 Displacement 메서드는 훨씬 깔끔하고 쉽게 읽을 수 있을 것이다. speed 변수의 Amount 속성에는 elapsedTime.TotalSecond가 곱해지고(①), angle.Size는 Math.Cos(②)와 Math.Sin(③)을 호출할 때 사용된다. 각 타입을 사용할 때만 명시적으로 해당하는 값들을 얻어서 두 값을 곱한 뒤, 그 값을 Sin 메서드와 Cos 메서드의 인수로 전달한다.

TimeSpan 변수의 동작을 변경해서 Speed를 곱할 수는 없지만 TimeSpan에는 double 값을 곱할 수 있다. Speed 인스턴스를 double 값인 것처럼 사용할 수 있다면 Displacement 안에서 그들의 속성을 명시적으로 사용할 필요가 없으므로 메서드는 덜 복잡해질 것이다. 다시 말해, speed.Amount 속성을 사용하지 않고 speed와 elapsedTime을 곱할 수 있게 된다. 마찬가지로 Angle 타입의 경우에도 Angle 인스턴스를 double 변수인 것처럼 다룰 수 있다면 Math.Cos 메서드와 Math.Sin 메서드를 호출할 때 angle 변수를 직접 사용할 수 있게 될 것이다.

전체 표현식의 결과는 TimeSpan, 즉, TimeSpan에 숫자를 곱한 반환 타입이 되므로 어떤 시점에선가 TotalSeconds 속성에 접근하게 될 것이다. Speed와 Angle의 Amount 속성과 Size 속성에 접근할 필요가 없으므로 메서드의 구현은 단순하면서도 짧아진다.

이를 달성하는 방법 중 하나는 암묵적 변환 연산자(implicit conversion operator)를 정의하는 방법이다. 이 접근 방식은 구현이 간단하기 때문에 언뜻 보기에는 매력적이지만 몇 가지 단점도 갖고 있다. 잠재적인 몇 가지 문제들에 관해 살펴보자.

암묵적 변환

우리가 작성한 타입에 대한 암묵적 변환을 정의하겠다. 암묵적 변환 연산자 메서드를 구현하고 필요한 대상 타입을 지정하면 된다. 리스트 1-12는 Speed에 대해 암묵적 변환을 정의한 것이다.

```
public readonly struct Speed
{
    --생략--
    public static implicit operator double(Speed speed)
        => speed.Amount;
}
```

리스트 1-12: **Speed에 대해 암묵적 변환 정의하기**

여기에서 대상 타입은 double이며 단순히 Amount 속성값을 반환한다. (여기에서는 표시하지 않았지만) Angle에도 Size 속성을 반환하는 유사한 변환 연산자를 추가해야 한다. 이제 Math.Cos, Math.Sin 메서드를 호출할 때 명시적으로 angle.Size를 사용할 필요가 없으며, speed.Amount 속성을 얻지 않고도 speed와 elaspedTime.TotalSeconds
를 곱할 수 있다. 리스트 1-13을 이전 버전인 리스트 1-11과 비교해보자.

```
var x = speed * elapsedTime.TotalSeconds * Math.Cos(angle);
var y = speed * elapsedTime.TotalSeconds * Math.Sin(angle)
    - 0.5 * Gravity.Earth * Math.Pow(elapsedTime.TotalSeconds, 2);
```

리스트 1–13: **암묵적 변환 이용하기**

이제 Displacement의 구현이 훨씬 간결해졌다. 하지만 몇 가지 드러나지 않는 문제들
이 생겼다.

예상치 않은 인터랙션

암묵적 변환은 Speed와 Angle에 대한 인터페이스를 약화시킨다. double이 사용될 수
있는 모든 위치에서 사용될 수 있도록 하는 것은 적절하지 않은 표현식에서도 사용될
수 있다는 의미이다. 예를 들어 리스트 1-14와 같이 speed를 angle로 나누는 것은 모
순이 없는 표현식이다.

```
var angle = new Angle(.523);
var speed = new Speed(65);

var unknown = speed / angle;
```

리스트 1–14: **암묵적 변환으로 인한 예상치 않은 동작**

이 표현식은 Speed, Angle이 double로 암묵적으로 변환되기 때문에 유효하지만 그 결
과는 아무런 의미를 갖지 않는다. 물론 컴파일러도 경고를 발생시키지 않는다. 또한
암묵적 변환은 일반적으로 코드에서 드러나지 않는다. Math.Cos 메서드에 Angle 값
대신 Speed 값을 전달했다 하더라도 계산 결과로부터 에러를 찾아내기 어렵다.

무시된 불변량

Speed에 대한 커스텀 타입을 도입하면서 깨달은 장점 중 하나는 Speed 생성자 안에
검증 로직을 캡슐화할 수 있다는 것이었다.

Speed에서 double로의 암묵적 변환을 허가한다는 것은 double 결과값을 사용하는 코
드가 Speed에 허용된 범위 제약을 빠져나갈 수 있다는 것을 의미한다. 리스트 1-15에
서는 Speed에서 작은 값을 뺐고 그 결과는 0보다 적어진다.

```
var verySlow = new Speed(10);
var reduceBy = new Speed(30);

var outOfRange = verySlow - reduceBy;
```

Speed가 double로 암묵적으로 변환됨에 따라 두 double 값 사이에서 수행된 이 뺄셈 표현식은 문제없이 실행된다. 연산 결과는 음수이고 Speed의 범위를 벗어나지만 완전히 합법적인 double 값이다.

이 범위를 벗어나는 값을 해결하기 위해서는 Speed와 Angle이 수행할 수 있는 연산을 제한해 합리적인 결과값으로 한정해야 한다. 사실 이것이 Speed에 클래스 불변량을 도입해서 Speed의 인스턴스가 항상 유효한 값을 갖도록 보장한 이유 그 자체이다. 또한 상식을 벗어나는 연산을 금지하고, 컴파일러가 이런 상황에서 무언가 잘못됐음을 우리에게 알려주길 원한다.

우리는 Speed와 Angle에 특정한 타입을 도입해 이들을 구분할 수 있게 했다. 순수한 double은 너무 일반적이기 때문에 이 측정값들을 표현할 수 없기 때문이다. 하지만 암묵적 변환은 Speed와 Angle을 double과 구분할 수 없게 만든다.

우리가 만든 타입을 산술 표현식에서 쉽게 사용할 수 있도록 만들어서 원하는 목적을 여전히 달성할 수 있지만, 이 타입들이 수행할 수 있는 연산의 종류가 무엇인지 제어해야 한다. 앞으로 Speed와 Angle의 자연스러운 사용을 훼손하거나 타입의 캡슐화를 손상시키지 않으면서 특정한 연산이 가능하도록 만들 것이다.

산술 연산자 오버로딩

Speed에 암묵적 변환을 도입한 처음의 동기는 Speed와 TimeSpan의 TotalSeconds 값의 곱셈을 지원하는 것이었다. 현재 그 계산을 수행하기 위해서는 Speed의 Amount 속성을 사용해야만 한다.

```
var x = speed.Amount * elapsedTime.TotalSeconds *

--생략--
```

곱셈에서 *과 같은 산술 연산자를 사용하는 메서드는 double과 같은 내장 숫자 타입에 사전 정의돼 있다. 산술 연산자 오버로드를 이용해 우리가 만든 타입에 대해 이 기호들이 갖는 의미를 정의할 수 있다.

리스트 1-16은 Speed에 대한 곱셈 연산자 오버로드를 나타낸다.

```
public readonly struct Speed
{
    public static Speed operator*(Speed left, double right)
        => new (left.Amount * right);

    --생략--
}
```

리스트 1–16: **Speed에 곱셈 지원하기**

대상 타입에 대한 새로운 표현식(C# v9.0에서 도입)을 사용해서 operator*가 반환하는 값을 만들었다. 컴파일러는 기댓값이 Speed이며 직접 반환되는 것을 알기 때문에, 우리는 명시적으로 타입을 new Speed(...)와 같이 명시적으로 지정할 필요가 없다. 컴파일러는 표현식 좌변의 기댓값에 따라 해당 타입을 추론한다.

속력값에 숫자를 곱하는 일은 매우 직관적이다. 예를 들어 어떤 물체는 다른 물체보다 2배 빠르게 이동할 수 있다. 우리는 새로운 Speed를 생성해서 연산자를 구현한다. 새로운 Speed는 Amount 속성과 연산자의 매개변수로 전달된 값을 곱해서 생성된다. Speed의 생성자는 결과값이 Speed가 가질 수 있는 범위 안에 있는지 확인하고 결과값이 그 범위를 벗어나면 예외를 던진다. 리스트 1-17에서는 Speed에 음수를 곱하는 간단한 테스트로 이 동작을 확인한다.

```
var speed = new Speed(4);

Assert.That(
    () => speed * -1,
    Throws.TypeOf<ArgumentOutOfRangeException>());

var expect = new Speed(2);

Assert.That(speed * 0.5, Is.EqualTo(expect));
```

리스트 1–17: **곱셈 연산자 테스트하기**

Speed를 생성한 뒤 -1을 곱할 때 검증을 수행하고, 생성자는 예외를 던진다. 또한 값을 절반으로 만드는 연산을 검증한다. 연산은 기댓값과 함께 성공한다.

다른 산술 연산에 대해서도 연산자 오버로드를 정의할 수 있고, Speed가 사용할 수 있는 표현식을 정확하게 지정할 수 있다. 값은 가능하다면 일반적으로 산술 연산자를 오버로드한다.

모든 값이 산술적이지는 않으므로 타입에 따라 산술 연산 지원 여부에 대해 신중하게 고려해야 한다. 예를 들어 영국 우편 번호(UK postal code)를 표현하는 커스텀 값 타입을 만드는 것은 매우 자연스럽다. 하지만 우편 번호에 다른 숫자나 다른 우편 번호를 곱하는 것은 전혀 자연스럽지 않다. 우편 번호는 산술값이 아니기 때문이다. 마찬가지로 미국 우편 번호(US ZIP code), 색상 등도 산술값이 아닌 예에 해당한다.

반면 Speed 값은 모든 산술 표현식은 아니지만 일부 산술 표현식을 사용할 수 있는 형태가 자연스럽다. Speed를 2배로 만드는 것은 상식적이지만 2개의 Speed 값을 서로 곱하는 것은 이상하다. 커스텀 산술 연산자 오버로드를 사용해서 허용할 수 있는 표현식의 종류를 통제하고 이 표현식들을 명시적으로 지원함으로써 Speed를 보다 쉽게 사용하게 만들 수 있다.

새로운 타입에 대한 필요를 결정하기

코드를 리팩터링할 때마다 새로운 타입을 만들어야 할 필요나 기회를 발견할 수 있다. Speed 또는 Angle 타입이 필요함은 매우 당연하다. 왜냐하면 기본 타입 매개변수를 대체하기 위해 이들을 도입했기 때문이다. 하지만 누락된 모든 추상화가 이처럼 분명하지는 않다.

Speed에 숫자를 곱하면 결과는 새로운 Speed이다. 하지만 Displacement 메서드에서는 Speed에 elapsedTime 값을 곱한다(이는 단순한 숫자가 아니다). 이를 명확하게 하기 위해 계산을 몇 개의 부분으로 나누었다.

```
var tmp = speed * elapsedTime.TotalSeconds; // Speed 값
var x = tmp * Math.Cos(angle.Size);
```

앞서 언급했듯 Speed에 숫자를 곱하면 직관적으로 새로운 Speed가 생성된다. 그러므로 여기에서 tmp와 x는 모두 Speed의 인스턴스이다. 왜냐하면 곱셈 연산자의 구현이 그러하기 때문이다. 하지만 elapsedTime.TotalSecond 값은 숫자가 아니라 시간을 나타내는 TimeSpan 인스턴스이다. 수학적으로 이 표현식의 결과는 속력과는 전혀 다르다. 속력에 시간을 곱하면 거리가 되며 리스트 1-18과 같이 새로운 Distance 타입을 도입해서 직접적으로 표현할 수 있다.

```
public readonly struct Distance
{
    public Distance(double amount)
        => Amount = amount;
```

```
    public double Amount { get; }
}
```

리스트 1-18: Distance 타입

이제 Speed에 대한 operator*의 새로운 오버로드를 생성할 수 있다. 이 연산자는
Speed와 TimeSpan을 직접 곱해서 Distance를 생성한다. 또한 일반적인 double을 곱해
서 새로운 Speed를 반환하는 곱셈 연산자에 이 오버로드를 추가해서 정의할 수 있다.
리스트 1-19는 두 연산자 오버로드를 나타낸다.

```
public readonly struct Speed
{
    public static Speed operator*(Speed left, double right)
        => new (left.Amount * right);

    public static Distance operator*(Speed left, TimeSpan right)
        => new (left.Amount * right.TotalSeconds);

    --생략--
}
```

리스트 1-19: operator* 오버로딩

오버로딩은 다재다능하여 서로 다른 타입의 매개변수를 갖고 서로 다른 타입을 반환
하는 메서드들을 오버로드할 수 있다. 오버로딩의 규칙에서는 메서드 시그니처, 즉,
매개변수의 숫자와 타입만 신경쓰면 된다. 따라서 double을 받는 오버로드에서 Speed
를 반환하고, TimeSpan 인스턴스를 받는 메서드에서 Distance를 반환할 수 있다.

새로운 타입 정제하기

이제 새로운 Distance 타입에 동작을 추가해서 구현된 Displacement 코드를 올바르게
다룰 수 있도록 해야 한다. Speed에 TimeSpan을 곱하면 Distance 값이 반환된다. 리스
트 1-20과 같이 이 반환값은 이후의 산술 연산에서 사용한다.

```
var distance = speed * elapsedTime; // Distance

var x = distance * Math.Cos(angle.Size);
var y = distance * Math.Sin(angle.Size)
    - 0.5 * Gravity.Earth * Math.Pow(elapsedTime.TotalSeconds, 2);
```

리스트 1-20: Distance 타입 사용하기

x와 y에 대한 표현식은 이제 모두 Distance 값에 Math.Cos와 Math/Sin 메서드에서 반환된 double 값을 곱한다. Distance는 오버로드한 operator* 연산자를 필요로 하므로 이 코드는 실패할 것이다.

Speed와 마찬가지로 Distance에 단순한 숫자를 곱하면 새로운 Distance가 생성된다. Math.Cos와 Math.Sin의 결과는 (우리가 통제할 수 없는) 스칼라(scalar) 값이기 때문에 Distance에 이들을 곱하면 결과값은 다른 Distance가 된다.

Distance에는 operator-의 오버로드도 필요하다. 그래야 y 값을 계산하기 위한 뺄셈 연산이 컴파일된다. 곱셈에서와 마찬가지로 뺄셈의 오른쪽 표현식에서는 스칼라값을 반환하므로 리스트 1-21과 같이 Distance를 위한 곱셈과 뺄셈 연산자를 추가한다.

```
public static Distance operator*(Distance left, double right)
    => new (left.Amount * right);

public static Distance operator-(Distance left, double right)
    => new (left.Amount - right);
```

리스트 1-21: **Distance 값에 대한 산술 연산**

이 오버로드들을 사용하면 Speed와 TimeSpan 값을 자연스럽게 곱해서 Distance 값을 생성할 수 있다. 이 값들은 차례로 필요한 다른 표현식에서도 문제없이 원활하게 동작한다.

불완전한 설계 다루기

Dispaccement 메서드는 2개의 double 값을 하나의 튜플로 반환한다. 지금까지 코드를 변경한 결과 x, y 값은 단순한 double 값이 아니라 Distance의 인스턴스로 반환된다. 이는 반환값에 대한 또 다른 용어상의 문제(terminology problem)를 일으킨다. 물리학에서 거리는 속력과 같이 항상 0 또는 양수인 값이다. 그러나 거리를 Cos와 같은 삼각 함수와 조합한 결과는 거리가 아닌 좌표에서의 위치이며 음수가 될 수 있다.

Distance 타입을 속력과 시간의 곱의 결과로 식별했다. 하지만 Math.Cos 혹은 Math.Sin의 값을 단순한 숫자(예를 들어 0.5)와 구분할 수 있는 명확한 방법은 없으며, 결과적으로 Distance 타입에 또 다른 Distance가 아닌 Position과 같은 새로운 타입을 반환할 수 있는 곱셈 연산자에 대한 오버로드를 추가할 기회를 얻을 수 없다. 현실 세계에서의 개념을 모델링하기 위해 선택한 타입을 활용하는 과정에서 한계에 부딪혔다.

이와 같은 장애물은 보다 깊은 설계 문제의 징후일 수 있으며, 이는 설계 관점의 변경을 통해 해결될 수 있는 문제임을 나타내는 것일 수도 있다. 이 인스턴스에서는

Displacement의 알고리즘을 다듬어서 보다 완전한 해결책을 얻을 수 있다. 상대적으로 기본적인 Speed와 Angle 타입 대신 완전한 Velocity 타입을 사용해서 개선하는 방법이다. 이 해결책을 탐색하는 일은 상당히 복잡하며 물리학 문제 모델링을 취급하는 서적에 맡기는 것이 좋을 것이다. 우리는 실용적인 결정에만 집중하자.

한 가지 접근 방식은 Position 타입(혹은 그와 유사한 타입)을 생성해서 Distance를 대체하는 방식이다. 이 방식을 선택하면 앞서 Distance를 위해 정의했던 산술 연산을 Position에 자연스럽게 적용할 수 없는 괴로움을 겪을 것이다. 또한 애플리케이션의 다른 위치에서 Distance가 유용하다면, Speed와 TimeSpan을 곱했을 때 결과가 Position이 아닌 Distance라는 것이 훨씬 자연스럽다.

다른 접근 방식은 아무것도 하지 않고, 이 애플리케이션 컨텍스트 안에서 Distance가 음수값을 가질 수 있도록 허용하는 방식이다. Distance는 실제 물리학에서의 그것을 완벽하게 표현하지는 않지만 그 문제를 빼면 간단하고 자연스럽게 사용할 수 있다는 이점이 있다. 리스트 1-22은 Displacement의 반환 타입으로 Distance 값을 직접 사용할 수 있게 변경한 것으로 구현이 훨씬 단순해졌다.

```
public static (Distance, Distance)
Displacement(Angle angle, Speed speed, TimeSpan elapsedTime)
{
    var x = speed * elapsedTime * Math.Cos(angle.Size);
    var y = speed * elapsedTime * Math.Sin(angle.Size)
        - 0.5 * Gravity.Earth * Math.Pow(elapsedTime.TotalSeconds, 2);

    return (x, y);
}
```

리스트 1-22: 새로운 Displacement 메서드

x와 y 변수의 Amount 속성을 반환하는 기존 반환 타입을 유지할 수도 있었다. 예를 들어 Displacement가 이미 광범위하게 사용되고 있다면, 메서드의 반환 타입을 변경하는 것은 바람직하지 않다. 그럼에도 불구하고 보다 풍부한 Distance 타입을 애플리케이션에서 광범위하게 도입하면 Displacement의 double 매개변수를 Speed, Angle, TimeSpan 타입으로 변경한 것만큼 많은 장점이 있다.

하지만 애플리케이션과 사용자들의 요구사항에 최선의 해답을 제공하기로 결정했으며, Displacement에서 사용되는 타입들은 한층 개선할 수 있다. 표준 Math 정적 클래스에서 메서드를 호출할 때는 Displacement 메서드 안에서 angle.Size를 명시적으로 이용한다. 이에 관해 언급하기에 앞서 각 타입이 표현하는 단위에 관해 생각해 보자.

속력, 각도, 거리 등의 측정값(measurement)들은 이들을 측정할 때 사용한 단위(unit)에 따라 다양한 형태로 표현할 수 있다. 그런데 우리가 코드에서 사용한 Speed, Angle, Distance 타입은 그런 단위들을 명확하게 드러내지 않는다. 예를 들어 속력은 초속 미터(m/s)일까, 시속 킬로미터(km/h)일까? 각도는 도(degree)일까, 래디언(radian)일까? 잘못된 측정 단위의 사용은 증상을 분석하기 어려운 에러를 발생시키는 원인이 된다.

Displacement 안에서 사용한 모든 방정식에서는 속력의 단위를 초속 미터라고 가정한다. 이 가정은 합리적이다. 초속 미터는 속력에 대한 국제 단위 시스템(International System of Units, SI) 기준이기 때문이다. 다만 이는 암묵적이라 만약 우리가 속력의 단위로 km/h를 사용한다면 예상하지 않은 결과를 얻을 것이다.

마찬가지로 Angle 타입에 대한 단위도 지정하지 않았다. 삼각 함수를 다루는 코드는 일반적으로 측정 단위로 래디언을 사용한다. Math 클래스 안의 모든 삼각 함수도 마찬가지이다. Sin 역시 래디언 각도값을 기대한다. 그러나 대부분의 사람들은 각도를 도(degree)로 생각하기 때문에 이 두 값을 혼동하는 것이 보통 에러의 원인이 된다.

이로 인해 사용성 문제가 제기된다. 코드가 구현에 편리한 단위를 요구해야 할까, 아니면 사용자에게 직관적인 단위를 요구해야 할까? 이 질문을 고려하면서 두 가지 목적을 동시에 달성할 수 있는지 확인해 보자.

C#에서는 단위를 인코딩할 수 있는 다양한 기능들을 제공한다. 그중 한 가지 일반적인 방법으로, enum을 사용해 다양한 단위를 표현할 수 있다. 얼핏 보기에 이는 분명한 해결책으로 보이지만 몇 가지 문제를 일으킬 수 있다. 먼저 이 옵션에 관해 살펴보고 정적 메서드를 사용해 필요한 단위를 가진 타입을 생성하는 대안에 관해 살펴본다.

열거형을 사용해 단위를 아이템화하기

열거형(enumeration type) 또는 enum은 관련된 강한 타입 상수의 집합이다. enum을 사용하면 우리가 만든 타입이 지원하는 모든 단위를 지정할 수 있다. 리스트 1-23에서는 Speed 타입을 수정해서 단위에 대한 enum을 사용하게 했다.

```
public readonly struct Speed
{
    public enum Units
```

```
    {
        MetersPerSecond,
        KmPerSecond,
        KmPerHour
    }

    public Speed(double amount, Units unit)
    {
        if(amount < 0)
            throw new ArgumentOutOfRangeException(
                paramName: nameof(amount),
                message: "Speed must be positive");

        Amount = amount;
        In = unit;
    }

    public double Amount { get; }
    public Units In { get; }
}
```

리스트 1-23: enum을 사용해 Speed에 대한 단위 지정하기

이 코드에서 Units 열거형은 공개 타입으로 Speed 안에 중첩돼 있다. 속력은 초속 미터, 초속 킬로미터(km/s), 시속 킬로미터로 표현될 수 있음을 나타낸다.

> **NOTE** 모든 이름을 약어로 쓰고 싶은 충동이 일겠지만 *MetersPerSecond*를 *Ms*로 표기하면 밀리 초*(milliseconds)* 와 혼동을 일으킬 수 있으므로 이 경우에는 용어 전체를 표기하는 것이 더 좋다.

Speed의 생성자는 크기를 나타내는 숫자를 가지며 사용자는 필요한 단위를 나타내는 enum 값 중 하나를 제공해야 한다. 사용자는 In 속성을 사용해서 특정 Speed 인스턴스가 생성됐을 때 어떤 단위를 사용했는지 확인할 수 있다. 다양한 측정값의 단위를 지원함으로써 Speed를 다른 애플리케이션에서 보다 일반적으로 유용하게 만들 수 있다.

enum을 사용해서 지원하는 단위를 표현하는 것은 겉보기에는 매우 매력적이게 느껴진다. 구현하기 쉽기 때문이다. 그러나 이 접근 방법은 몇 가지 단점들을 야기하는데, 이 단점들은 서로 다른 단위를 사용하는 2개의 값을 다루는 방법을 결정해야 할 때 분명하게 드러난다.

값 비교와 단위 변환
Speed 구현의 여러 위치에서 단위 사이의 변환을 고려해야 한다. 예를 들어 다음 두 Speed 값은 서로 다른 단위를 사용하지만 동일한 속력을 나타낸다.

```
var limit = new Speed(3.6, Speed.Units.KmPerHour);
var unit = new Speed(1, Speed.Units.MetersPerSecond);
```

이 2개의 Speed 값들은 기본적으로 같은 값이라고 비교되지 않는다. Amount와 In 속
성의 값이 다르기 때문이다. Speed의 등치를 비교하는 동작을 커스터마이징하거나,
또는 두 값을 모두 초속 미터로 변환해서 등치를 비교해 이 문제를 해결할 수는 있다.
하지만 조금 더 미묘한 문제를 해결해야만 한다.

앞서 스칼라값 혹은 시간과의 곱셈을 지원하기 위해 Speed에 연산자 오버로드를 추가
했다. 다른 산술 연산을 위한 지원, 예를 들어 2개의 Speed를 더하는 연산을 위한 지
원을 추가하는 것도 합리적이다. 그렇다면 2개의 값을 더하기 위해 공통 단위로 변환
해야만 한다. 하지만 그 결과는 어떤 단위를 사용해야 볼까?

한 가지 선택지는 리스트 1-24에서 했던 것처럼 모든 Speed 값을 초속 미터로 변환하
는 것이다. Speed의 생성자를 사용해서 필요한 단위에 맞춰서 매개변수를 변환할 수
있다. 하지만 이 접근 방식은 또 다른 문제점들을 낳는다.

```
public Speed(double amount, Units unit)
{
    if(amount < 0)
        throw new ArgumentOutOfRangeException(
            paramName: nameof(amount),
            message: "Speed must be positive");

    Amount = unit switch
    {
        Units.KmPerHour      => amount * 1000 / 3600,
        Units.KmPerSecond    => amount * 1000,
        Units.MetersPerSecond => amount,
        _                    => throw new ArgumentException(
                                    message: $"Unexpected unit {unit}",
                                    paramName: nameof(unit))
    };
}
```

리스트 1-24: **공통값으로 변환하기**

Amount 속성은 switch 표현식(C# v8.0에서 도입)의 값을 할당받았다. 이 switch 표현
식은 unit 매개변수 값의 타입을 사용해서 amount 값을 초속 미터로 변환한다. switch
표현식 마지막의 _ 셀렉터는 무시 패턴(discard pattern)의 예이며 unit의 타입이 이
전의 모든 타입과 일치하지 않을 때 사용된다. 여기에서는 에러를 던지는데, 이 상황

은 Units 열거형에 새로운 요소를 넣고 생성자를 업데이트하지 않았을 때에 해당한다.

amount 매개변수의 변환 방법을 결정할 때 unit 매개변수만 사용했다는 점에 주목하자. 단위는 저장되지 않으므로 In 속성도 존재하지 않는다. Speed는 항상 초속 미터로 보고되기 때문이다.

동일한 단위를 사용해서 Speed의 모든 인스턴스를 저장하면 등치 비교와 산술 연산의 문제를 해결할 수 있지만, 역시 다른 단점이 발생한다.

단위에 대한 열거형 사용의 한계

여러 단위를 사용해서 Speed 인스턴스를 만들 수 있지만, Speed 타입의 사용자는 그 외의 단위로 값을 얻는 것을 기대할 수도 있다. 필요한 전환은 어렵지 않게 구현할 수 있다. 리스트 1-25는 In 메서드가 내부적인 초속 미터 단위를 요청받은 다른 단위로 변환하도록 변경한 것이다.

```
public Speed In(Units unit)
{
    var scaled = unit switch
    {
        Units.KmPerHour        => Amount / 1000 * 3600,
        Units.KmPerSecond      => Amount / 1000,
        Units.MetersPerSecond  => Amount,
        _                      => throw new ArgumentException(
                                        message: $"Unexpected unit {unit}",
                                        paramName: nameof(unit))
    };
    return new Speed(scaled, unit);
}
```

리스트 1-25: **변환된 값 얻기**

리스트 1-24, 리스트 1-25에서 사용한 switch 표현식은 열거형을 사용해 다양한 타입을 구분하는 코드의 전형적인 특징이다. 이런 방식의 변환은 매우 번거로울 수 있으며 새로운 단위를 추가할 때 유지보수에 어려움을 준다.

Speed의 값을 생성자에서 항상 초속 미터로 변경하는 것은 또 다른 문제를 야기한다. 그것은 MetersPerSecond가 아닌 다른 단위를 사용하면 Speed를 생성할 때 사용되는 amount 값이 바뀐다는 점이다. 이 문제를 리스트 1-26에 나타냈다. 리스트 1-26에서는 원본 Speed를 생성했을 때 사용한 Amount 속성 및 동일한 단위를 사용해 Speed를 복사했다.

```
var original = new Speed(3.6, Speed.Units.KmPerHour);

var copy = new Speed(original.Amount, Speed.Units.KmPerHour);

Assert.That(original.Equals(copy), Is.True);
```

리스트 1-26: 복사한 값의 등치 테스트하기

대부분의 사람들은 이 테스트가 성공하기를 기대하겠지만, 테스트는 실패한다. orig-inal.Amount는 Speed 생성자에 의해 초속 미터 단위로 변환되기 때문이다. 이를 해결하려면 다음과 같이 In 메서드를 사용해서 복사본(copy)을 만들어야 한다.

```
copy = original.In(Speed.Units.KmPerHour);
```

모든 Speed 값을 공통 단위인 초속 미터로 변경하면 Speed를 구현하기는 쉬워진다. 하지만 다른 단위로 측정된 Speed 값을 사용하고자 하는 이들에게는 덜 편리하다.

마찬가지로 Angle 값을 래디언으로 표현하는 것은 삼각 함수 메서드에서 angle을 사용할 때는 편리하지만, 일반적인 사용자들에게는 불편하다. 앞서 언급했듯 대부분의 사람들은 각도를 생각할 때 래디언이 아닌 도를 사용한다. 래디언과 도 사이의 변환은 상대적으로 단순하지만 표준 라이브러리에서는 지원하지 않는다.

그러므로 사용자의 직관과 코드 내부에서의 사용 사이에 존재하는 틈을 여전히 메꾸어야 한다. 다음으로 열거형의 대안에 관해 살펴보자. 정적 메서드(static method)를 사용해 사람들이 사용하기 편리하면서도 Math.Sin과 같은 표준 메서드와 매끄럽게 동작하는 타입을 만들 수 있다.

정적 생성 메서드

enum 매개변수를 사용해 단위를 표현하는 생성자를 사용하는 대신, 클래스 팩토리 메서드(Class Factory Method) 패턴을 사용할 수 있다. 이 패턴에서는 public 생성자를 정적 메서드로 바꿔서 인스턴스 생성을 단순화한다. 이 메서드들은 자신들이 표현하는 단위를 반영하는 이름을 가지고 있으며 각 단위를 식별하기 위한 별도의 enum 값을 요구하지 않는다.

리스트 1-27에서는 Speed 타입에서 클래스 팩토리 메서드를 사용해 입력값을 Speed 내부에서 사용되는 단위로 변환하고, 변환된 값으로 새로운 Speed 인스턴스를 반환한다.

```
public static Speed FromMetersPerSecond(double amount)
    => new (amount);

public static Speed FromKmPerSecond(double amount)
    => new (amount * 1000);

public static Speed FromKmPerHour(double amount)
    => new (amount * 1000 / 3600);
```

리스트 1-27: **클래스 팩토리 메서드를 이용해서 단위 인코딩하기**

여기에서는 3가지 다른 방법으로 새로운 Speed 인스턴스를 생성하는데, 각 메서드의 이름이 의미하는 단위로 변환된 Speed 값을 반환한다. 새로운 Speed 인스턴스가 필요할 때는 원하는 단위를 나타내는 메서드를 사용한다(리스트 1-28).

```
var limit = Speed.FromKmh(88);
var sound = Speed.FromMetersPerSecond(343);
var escape = Speed.FromKmPerSecond(11.2);
```

리스트 1-28: **새로운 클래스 팩토리 메서드를 이용해 Speed 값 생성하기**

이제 Speed 생성자는 pubilc일 필요가 없다. 사용자들이 new를 사용해서 직접 Speed 인스턴스를 생성할 수 있게 한다면, 사용자들은 클래스 팩토리 메서드를 사용하지 않을 것이므로 이 변환이 주는 이익을 누리지 못할 것이다. 이를 피하기 위해 생성자를 private로 만든다(리스트 1-29).

```
private Speed(double amount)
{
    if(amount < 0)
    {
        throw new ArgumentOutOfRangeException(
            paramName: nameof(amount),
            message: "Speed must be positive");
    }
    Amount = amount;
}
```

리스트 1-29: **Speed 생성자를 private로 만들기**

생성자는 여전히 검증 로직을 포함하고 있지만, 로직은 클래스 팩토리 메서드에 의해서만 호출되며 초속 미터 단위로 적절하게 변환된 인수가 사용된다. Speed의 인스턴스가 기본값으로 초기화되기는 하지만 초기값은 0이며, 이는 단위에 관계없이 동일한 값이다. 하지만 이는 항상 참은 아니기 때문에 그렇지 않은 경우라면 주의해야 한다. 예를 들어 온도의 경우 섭씨(Celsius) 0도와 화씨(Fahrenheit) 0도는 같지 않다.

설계의 대칭성

클래스 팩토리 메서드를 사용해서 다양한 단위의 측정값을 이용해 Speed 값을 생성할 수 있게 됐지만, 여전히 Speed 값은 내부적으로 초속 미터로 표현된다. 사용성을 개선하기 위해 이에 해당하는 다른 방향의 변환도 제공함으로써 사용자가 그들이 사용하고자 하는 단위의 값을 선택할 수 있도록 해야 한다. 리스트 1-30에서는 Speed에 속성을 추가해서 내부값을 속성 이름으로 인코딩된 단위로 변환할 수 있게 했다.

```
public readonly struct Speed
{
    --생략--
    public double InMetersPerSecond => amount;
    public double InKmPerSecond     => amount / 1000.0;
    public double InKmPerHour        => amount / 1000 * 3600;
    private readonly double amount;
}
```

리스트 1-30: **Speed를 다른 단위로 보기**

각 속성에서 사용할 수 있는 **private** 데이터 멤버를 도입했다. 이렇게 하면 속성 포워딩(propery forwarding), 다시 말해 한 속성이 필요로 하는 값을 얻기 위해 다른 속성을 호출하는 것을 막을 수 있다. 또한 3가지 속성 모두에 대해 하나의 표현식을 사용할 수 있다. 이 방식은 상당히 깔끔한 방식이다. 속성 포워딩을 사용한 가장 명확한 대안은 다음과 같다.

```
public double InMetersPerSecond { get; }
public double InKmPerSecond => InMetersPerSecond / 1000.0;
public double InKmPerHour => InMetersPerSecond / 1000 * 3600;
```

어떤 접근 방식을 선택했든 다소 모호한 Amount 속성의 이름을 InMetersPerSecond와 같이 변경했다. Speed의 내부값을 반환하는 것이기 때문이다. 새로운 이름은 속성의 의미를 더 잘 표현하며 다른 속성들과 같이 명명 규칙과도 잘 맞는다. 또한 FromMetersPerSecond 클래스 팩토리 메서드를 반영한다.

From... 메서드와 In... 속성에 대해서도 유사한 명명 규칙을 사용해 Speed 인터페이스의 명확성을 개선할 수 있다. FromKmPerHour와 같은 메서드를 보면 자연스럽게 반대 방향의 변환을 제공하는 메서드나 속성을 기대한다.

클래스 팩토리 메서드 및 관련 속성들은 단위를 양방향으로 표현하는 간결한 방법을 제공하며, Speed를 사용할 때의 의도를 의식적으로 명확하게 해준다.

단위를 명시적으로 만들기

Displacement 메서드는 직접적으로 Speed의 단위를 사용하지 않는다. 단위들은 Speed와 TimeSpan을 위해 생성한 곱셈 연산자 안에 캡슐화돼 있기 때문이다. Displacement는 각도의 단위를 사용한다. 그러나 각도의 단위는 현재 Angle.Size 속성에 내포돼 있다(리스트 1-31).

```
var x = speed * elapsedTime * Math.Cos(angle.Size);
--생략--
```

리스트 1–31: Displacement 안의 각도

Math.Cos와 Math.Sin은 각도의 단위로 래디언을 사용한다. 래디언은 각도를 측정하는 SI 단위이다. 리스트 1-32에서는 단위를 명시적으로 표현하기 위해 Size 속성의 이름을 InRadians로 변경하고, 래디언과 도 사이의 변환을 추가했다.

```
public readonly struct Angle
{
    private Angle(double size)
        => radians = size;

    public static Angle FromRadians(double size)
        => new (size);

    public static Angle FromDegrees(double size)
        => new (size * Math.PI / 180);

    public double InRadians => radians;
    public double InDegrees => radians * 180 / Math.PI;

    private readonly double radians;
}
```

리스트 1–32: 각도에 단위 변환 추가하기

Speed에 대해서 구현했던 것처럼 클래스 팩토리 메서드를 추가해서 Angle을 래디언 또는 도로 생성할 수 있게 하고, 양쪽 단위로 값을 얻을 수 있도록 관련 속성을 추가했다. 이제 Angle에 대해 래디언 값을 요구하는 메서드들을 쉽게 사용할 수 있게 됐고, 각도를 도로 생각하는 사용자들도 훨씬 쉽게 Angle을 사용할 수 있게 됐다.

가장 자연스러운 사용 방법 선택하기

Math.Cos와 Math/Sin 메서드는 하나의 double 인수를 받으므로 이 메서드들을 사용하기 위해서는 Angle.InRadians 속성에 명시적으로 접근해야 한다. 이 메서드들은 표준 라이브러리의 일부이기 때문에 우리가 매개변수 타입을 바꿀 수는 없다. 하지만 비슷하게 Angle의 인터페이스에 이름 있는 메서드를 추가할 수 있다. 이를 통해 단위를 표현해야 하는 명시적 필요를 캡슐화할 수 있다. 이를 위해 3가지 주요 접근 방식 중 하나를 선택할 수 있다. 각각의 방식은 나름의 장점과 단점을 갖는다. 이 접근 방식들에서는 래디언 Angle 값을 정적 클래스 Math의 정적 Sin 및 정적 Cos 메서드로 전달한다.

가장 직접적인 접근 방식은 Angle을 위한 Sin, Cos 인스턴스 메서드를 도입하는 것이다. 이 인스턴스 메서드는 size 필드값을 해당하는 Math 메서드로 전달한다.

```
public readonly struct Angle
{
    --생략--

    public double Sin() => Math.Sin(size);
    public double Cos() => Math.Cos(size);

    private readonly double size;
}
```

이 접근 방식으로 짠 코드가 동작하는 이유는 Angle의 내부적인 단위로 래디언을 선택했고, 도와 래디언 사이를 변환하는 메서드를 제공하기 때문이다. 리스트 1-33에서는 Displacement 메서드에서 이 인스턴스 메서드들을 사용하는 방법을 나타냈다. Math.Cos를 직접 호출한 코드(리스트 1-31)과 이 코드를 비교해 보자.

```
var x = speed * elapsedTime * angle.Cos();
var y = speed * elapsedTime * angle.Sin()
    - 0.5 * Gravity.Earth * Math.Pow(elapsedTime .TotalSeconds, 2);
```

리스트 1-33: 새로운 인스턴스 삼각 함수 메서드 호출하기

두 번째 접근 방식은 Math 클래스를 반영하는 정적 클래스를 제공하는 것이다. 이 클래스는 정적 Sin, Cos 메서드를 갖고 있으며 이 메서드들은 매개변수로 일반적인

double이 아니라 Angle을 받는다. 각 메서드는 private size 필드에 접근하지 않으므로 InRadians 속성에 접근해야 한다. 이 접근 방식은 정적 Math 클래스의 일반적인 관습을 따르지만 멤버 메서드를 호출하는 보다 간결한 방법을 사용할 수 없다.

세 번째 접근 방식은 확장 메서드를 정의하는 것이다. 이 확장 메서드는 인스턴스 메서드인 것처럼 사용되지만 별도의 정적 클래스 안에서 정의된다. 리스트 1-34에서는 Sin, Cos 확장 메서드를 정의해서 Angle의 인터페이스를 확장한다.

```
public static class AngleExtensions
{
    public static double Cos(this Angle angle)
        => Math.Cos(angle.InRadians);

    public static double Sin(this Angle angle)
        => Math.Sin(angle.InRadians);
}
```

리스트 1-34: Angle의 확장 메서드 정의하기

정적 AngleExtentions 클래스의 Cos, Sin 메서드는 매개변수로 this Angle이라는 특별한 구문을 사용한다. 이 구문은 이 메서드가 Angle의 확장인 것을 컴파일러에게 알려준다. 각 메서드는 그저 각도의 InRadians 속성을 Math 이름 공간의 상대 메서드에게 전달할 뿐이다. 이 확장 메서드들은 리스트 1-33에서 인스턴스 메서드를 호출한 방식과 같은 방식으로 호출할 수 있다.

정적 메서드와 확장 메서드 구현을 통해 얻을 수 있는 장점 중 두 접근 방식 모두 Angle의 내부 표현에 의존하지 않는다는 점을 종종 간과한다. 인스턴스 멤버 메서드는 InRadians 속성을 이용해 구현될 수 있다. 하지만 메서드들이 Angle의 private 구현에 의존하지 않도록 메서드를 다른 타입으로 추출한다면, Angle의 정의를 보다 작고 이해하기 쉽게 만들어야 한다. 6장에서 이 주제에 관해 자세히 다룬다.

어떤 접근 방식을 선택하든 Math 삼각 함수 메서드를 호출하기 위해 명시적으로 angle.InRadians 속성에 접근할 필요를 캡슐화할 수 있으며, 이는 결과적으로 Angle 타입을 보다 쉽게 사용할 수 있게 한다.

단위의 의미를 사용해 타입 반환하기

앞서 Speed와 Angle에 도입했던 클래스 팩토리 메서드는 값 타입 생성을 단순화하는 일반적인 방법이다. 이 기법은 TimeSpan 타입 안에서 표준 라이브러리에 의해 사용되고 있으며, TotalSeconds 속성을 갖는 FromSeconds 메서드가 이렇게 만들어졌다. 이 메서드는 이름에 단위를 인코딩하고 있기 때문에 값 인스턴스를 매우 직관적으로 생성할 수 있다.

```
var speed = Speed.FromKmPerHour(234.0);
var angle = Angle.FromDegrees(30.0);
var seconds = TimeSpan.FromSeconds(4.0);
```

이 변수들을 초기화할 때 기대 타입과 단위를 명시했지만 234.0km.h는 속력이어야 한다. 이것을 직접 표현할 수는 없지만, 확장 메서드를 사용해 가깝게 표현할 수 있다.

값 234.0은 double이 필요하다. 내장된 정의를 변경할 수는 없지만 double 타입에 대한 확장 메서드를 만들 수는 있다(리스트 1-35).

```
public static class DoubleExtensions
{
    public static Speed Kmh(this double amount)
        => Speed.FromKmPerHour(amount);

    public static Angle Degrees(this double amount)
        => Angle.FromDegrees(amount);

    public static TimeSpan Seconds(this double amount)
        => TimeSpan.FromSeconds(amount);

    --생략--
}
```

리스트 1-35: **double의 인터페이스 확장하기**

각 확장 메서드는 메서드 이름 안의 단위가 내포하는 타입의 새로운 인스턴스를 반환한다. 따라서 Kmh 메서드는 Speed.FromKmPerHour 클래스 팩토리 메서드를 사용해서 생성된 Speed를 반환한다. double에 대해서 새로운 확장 메서드를 다음과 같이 사용할 수 있다.

```
var speed = 234.0.Kmh();
var angle = 30.0.Degrees();
var seconds = 4.0.Seconds();
```

정수에 소수점을 명시적으로 추가하는 대신 앞에서와 마찬가지로 오버로드를 추가해서 int를 확장할 수 있다. 이 기법은 리터럴 값을 위한 간결한 구문을 만드는 데는 유용하지만 다음과 같은 변수에 대해서는 잘 동작하지 않는다.

```
double value = 234.0;

--생략--

var speed = value.Kmh();
```

측정 단위를 표현하기로 선택하긴 했지만 단위는 이 타입들의 근본적이고 본질적인 부분이다. 단위가 없으면 그 타입의 이름이 제아무리 설명적이라 한들 값은 그저 숫자일 뿐이다. 값 타입의 단위를 정의하기 쉽게, 무엇보다 일반적인 단위 사이의 변환이 쉽게 만든다면 커스텀 값 타입을 이해하고 사용하기 더욱 쉬워질 것이다.

완전한 형태의 캡슐화된 값

긴 매개변수 목록은 명확하지 않은 코드의 증거이다. 이는 해당 메서드가 명확한 하나의 책임을 갖지 않으며 리팩터링을 통해 개선될 수 있음을 나타낸다. 매개변수들의 일부 혹은 전부는 어떠한 방식으로든 연관돼 있으며, 추상화가 덜 돼 있음을 나타낸다. 메서드 매개변수 목록을 줄이는 것은 코드의 명확함을 개선하는 방법 중 하나다.

이번 장에서 사용한 Displacement 메서드는 하나의 명확한 책임을 가지며, 매개변수도 3개 뿐이다. 그렇지만 3개 매개변수 중 2개는 서로 관련돼 있다. 속도는 속력과 방향의 조합이다. 우리는 속력과 각도를 나타내는 풍부한 타입을 정의했고, 이제 이를 조합해서 고유의 타입으로 속도를 나타낼 수 있다. 리스트 1-36은 새로운 Velocity 구조체를 나타낸다.

```
public readonly struct Velocity
{
    public Velocity(Speed speed, Angle angle)
        => (Speed, Direction) = (speed, angle);

    public Speed Speed { get; }
    public Angle Direction { get; }
}
```

리스트 1-36: **캡슐화된 Velocity 타입 정의하기**

Displacement 메서드는 더이상 속력값과 각도값을 별도로 받을 필요가 없다. 이 두 값은 Velocity 타입이 다루기 때문이다.

```
public static (Distance, Distance)
Displacement(Velocity v0, TimeSpan elapsedTime)
{
    --생략--
```

Velocity 안에 Speed와 Angle을 감싸면 2가지 이점이 있다. 첫째, 속도를 표현하기 위해 2개의 매개변수를 사용하는 Displacement와 같은 메서드는 이제 1개의 매개변수만 받으면 된다. 둘째, Velocity는 구분된 개념을 표현하는 새로운 추상화이다. Velocity는 고유의 행동 세트나 의미를 가질 수 있으며, 그 의미를 독립적으로 테스트할 수 있다.

타입 추상화 위치 결정하기

Velocity와 같은 새로운 타입의 도입이 항상 가장 적합한 접근 방법이라고 할 수는 없다. 예를 들어 Displacement 메서드의 반환값에 관해 생각해 보자.

```
public static (Distance, Distance) Displacement(
    --생략--
```

타입을 사용해서 개념을 표현하는 추상화한다는 관점에서 봤을 때 Distance 값의 튜플을 새로운 타입으로 추상화하는 것은 매력적으로 보일 수 있지만, 여러가지를 고려해야 한다. 그 값들이 어떻게 사용되는지, 의존 타입과 관련짓고자 하는 도메인에 국한된 동작이 있는지, 새로운 타입을 추가하는 것이 명확함을 높이는지, 모호함을 높이는지 고려해야 한다.

어떤 값이 사용되는 곳이 몇 군데 뿐이라면 커스텀 타입을 생성해서 그 값을 표현하는 일은 코드 중복을 줄이는 목적을 제외하고는 그다지 가치가 없을 것이다. 캡슐화하고자 하는 동작이 있다면 한 곳에 그 동작을 위치시키고, 그 곳에서 해당 동작을 테스트할 수 있다는 이점이 있다.

새로운 타입에 유용한 이름을 붙일 수 있는지 또한 중요한 고려 사항이다. 예를 들어 2개의 Distacne 값의 튜플은 좌표와 비슷하다. x와 y 값은 2차원 좌표의 원점으로부터 이동한 거리를 나타낸다. 하지만 Coordinate라는 이름은 오해를 일으키기 쉽다. 왜냐하면 좌표의 요소는 거리라기보다는 위치나 지점이기 때문이다. 앞에서 Velocity 타입을 생성했지만 이제는 Distance 타입을 도입했을 때 언급했던 설계 문제를 해소하기 위해 Displacement의 구현의 수정을 검토해야 할 수도 있다. 우리가 다루는 예제는 추가적인 복잡성을 보장하지 않으므로 대신 더 간단한 방식으로 접근하겠다.

Displacement로부터 반환되는 값에서는 새로운 타입에 이름을 붙이는 것보다 튜플 컴포넌트의 이름이 더 중요하다. Displacement로부터 반환되는 완전한 새로운 값을 정의하는 대신, C# 7.0부터 지원하는 풍부한 튜플 지원(rich tuple support)을 활용해 직접 반환값을 이름 있는 변수에 "언팩"(unpack)할 것이다(리스트 1-37).

```
var (range, elevation) = Displacement(velocity, TimeSpan.FromSeconds(0.9));

Assert.That(range.InMeters, Is.EqualTo(19.09).Within(.01));
Assert.That(elevation.InMeters, Is.EqualTo(18.78).Within(.01));
```

리스트 1-37: **튜플값 언팩하기**

이 예제에서는 **튜플 해제(tuple deconstruction)**를 사용해서, 반환된 튜플값의 각 멤버에 고유한 이름을 줬다. 컴파일러는 튜플값으로부터 range, elevation 변수의 타입을 추론한다. 이 예제에서는 이 두 변수 모두 Distance 타입의 인스턴스이다. 이 방식은 간결하면서도 동시에 여러 목적에 맞게 충분히 설명이 되는 장점을 갖는다.

정리

우리는 추상화를 선택적 무시(selective ignorance)라 정의했다. 손 안의 태스크와 관련된 아이디어에 집중하고 다른 모든 것은 무시한다. […] 추상화를 잘 설계하고 선택한다면 그들이 동작하는 방법에 관한 세부사항을 전혀 알지 못하더라도 사용할 수 있을 것이라 믿는다. 자동차를 운전하기 위해 자동차 엔지니어가 될 필요는 없다.

    –앤드류 코닉(Andrew Koenig) & 바바라 무(Barbara Moo), Accelerated C++

C#은 몇 가지 (특히 숫자값을 위한) 기본 타입을 제공하며, 이들은 그대로 사용하고 싶은 유혹을 불러 일으킨다. 하지만 긴 double 매개변수 목록을 받는 메서드는 해석하기 어렵다. 이 문제는 double 매개변수에만 국한되지 않는다. 긴 string 매개변수, book 매개변수 목록 또한 같은 어려움을 안겨준다. 하지만 해결책은 대체로 같다.

내장 타입들은 다양한 문제에 적용할 수 있고, 보다 세련된 타입들을 위한 빌딩 블록으로 사용되도록 의도돼 있다. 결국 C#은 객체 지향 언어이며, 특정 도메인에 적합한 타입을 활용해 우리가 가진 문제를 모델링할 수 있다.

기본 타입값들을 고유의 타입으로 대체하면 다양한 실익을 얻을 수 있다. 메서드에 전달하는 인수를 명시적으로 보장함으로써 우발적인 오사용과 코드의 결함을 줄일 수 있다. 컴파일러의 타입 체킹도 활용할 수 있다. 이런 유형의 조기 실패(early fail-ure)는 런타임, 더 나쁘게는 실제 프로덕션 시스템으로 흘러들어가 우리를 매우 당황하게 만드는 문제를 야기하는 실수를 방지하게 만들어 준다.

간단한 타입을 생성하는 것으로도 설명성 있는 이름을 활용해 코드를 보다 자기 설명적으로 만들 수 있다. 이는 차례로 결국은 두 손을 놓게 돼버리는, 수많은 설명을 위한 문서들을 별도로 생산하는 노력을 아끼게 해 준다.

타입의 동작과 해당 타입을 사용하는 알고리즘을 분리하고 타입 자체의 동작을 캡슐화함으로써 타입에 대한 테스트를 알고리즘과 독립적으로 수행할 수 있다. 타입의 결합력이 높을수록 알고리즘은 더욱 명확하고 단순해진다. 알고리즘 자체도 쉽게 테스트할 수 있음은 물론 도메인 타입 추상화와 관련된 가정이나 구현에 대한 테스트도 필요 없어진다.

2

값 타입과 참조 타입

C#에서는 다양한 방법으로 새로운 타입을 만들 수 있기 때문에, 각 방법들의 특성 중 우리의 목표에 어떤 것이 가장 적합한지 고려해야 한다. 특히 값 타입과 참조 타입의 차이를 알면 올바른 선택을 하는 데 도움이 된다. 이 차이들은 매우 중요하다. 때때로 타입을 정의할 때 생각지도 못하게 내포되기 때문이다. 몇몇 트레이드 오프는 타입 설계의 방법, 설계한 타입을 사용해 달성할 수 있는 목적에까지 영향을 준다. 이번 장에서는 값 타입과 참조 타입의 차이, 그리고 이 차이가 프로그램에서 어떤 것을 의미하는지에 관해 살펴본다.

이번 장에서 살펴볼 내용은 다음과 같다.

- 타입을 생성할 때 사용할 수 있는 선택지는 무엇일까?
- C#이 값 타입과 참조 타입을 모두 가지고 있는 이유는 무엇일까?
- 값 타입과 참조 타입을 선택하는 것이 타입 생성, null 확인, 및 기타 동작에 어떤 영향을 미칠까?
- 값 타입과 값 시맨틱이 같지 않은 이유는 무엇일까?
- 다른 타입들은 메모리의 어느 곳에 저장되며 객체의 수명에 어떤 영향을 미칠까?

사용자 정의 타입

최근의 프로그래밍 언어들에서는 커스텀 타입을 생성할 수 있다. C#에서의 사용자 정의 타입(User-Defined Types)의 기본 원칙은 다른 프로그래밍 언어를 경험한 프로그래머들에게도 친숙할 것이다. 하지만 몇 가지 세부 사항들은 다르다. 이번 절에서는 구조체(struct), 클래스(class), 보다 새로운 레코드(record, C# v9.0에서 도입) 및 레코드 구조체(record struct)(C# v10.0에서 도입)라는 4가지 사용자 정의 타입에 관해 살펴본다.

이 타입들의 동작은 해당 타입들이 참조 타입인지 혹은 값 타입인지에 크게 의존한다는 점을 반드시 이해해야 한다. 이런 차이점을 생각하면서 각 사용자 정의 타입의 유형에 관해 간단히 살펴보자.

구조체와 클래스

리스트 2-1은 색상을 표현하는 간단한 **struct**를 정의한 것이다.

```
public readonly struct Color
{
    public Color(int r, int g, int b)
        => (Red, Green, Blue) = (r, g, b);

    public int Red { get; }
    public int Green { get; }
    public int Blue { get; }
}
```

리스트 2-1: **간단한 구조체 정의하기**

Color 구조체는 읽기 전용으로 선언돼 있고 이는 Color의 인스턴스가 불변임을 나타낸다. 즉, 이들의 값은 바뀌지 않는다. 따라서 3개의 속성(Red, Green, Blue)은 하나의 set 접근자를 갖는다. 생성자를 통해 초기값이 주어진 후에는 값을 변경할 수 없다.

이 예제에서 생성자는 괄호로 감싼 바디({...}) 대신 1장에서 본 표현식 바디 구문(=>)를 사용한다. 표현식 바디는 튜플 할당을 이용한 한 줄 짜리 구문으로 돼 있으며 3개의 매개변수(r, g, b) 튜플을 3개의 속성 튜플에 할당한다. 컴파일러는 이 구문을 효과적으로 해석해 매개변수 값들을 직접 Red, Green, Blue 속성에 대한 각 필드에 할당한다.

구조체 정의에 사용한 readonly 키워드는 필수는 아니지만 코드를 이해하기 쉽게 만들며 컴파일러는 이를 참조해 몇 가지 최적화를 수행할 수도 있다.

한편 구조체가 아닌 Color 클래스를 정의할 때는 속성에 대한 set 접근자를 제공하지 않음으로써 클래스를 불변으로 만들 수 있다 하더라도 readonly 키워드를 사용할 수 없다. Color를 클래스로 정의할 때와 구조체로 정의할 때의 유일한 차이점은 class 키워드를 사용한다는 점이다.

```
public class Color
{
    --생략--
```

이를 제외한 Color의 정의 부분은 리스트 2-1과 동일하다. 구조체와 클래스의 근본적인 차이는 구조체는 값 타입, 클래스는 참조 타입이라는 점이다. 이 차이가 내포하는 것들을 분석하기 전에 레코드와 레코드 구조체 타입에 관해 살펴보자.

레코드와 레코드 구조체

C# v9.0 이후부터 record 키워드를 사용해서 레코드 타입을 정의할 수 있다. 레코드는 새로운 구문을 사용해 간결하게 타입을 정의할 수 있다. 리스트 2-2에서는 Color라는 이름으로 레코드를 생성한다.

```
public record Color(int Red, int Green, int Blue);
```

리스트 2-2: 레코드 정의하기

이 예제는 위치적(positional) 레코드를 나타낸다. Color 타입은 바디를 갖지 않는다. 하지만 타입 정의는 그 자체의 위치 매개변수를 가지며 컴파일러는 이를 사용해 완전한 타입을 생성한다. 내부적으로 컴파일러는 이 레코드를 클래스 정의로 변경하는데, 이는 레코드가 참조 타입이라는 것을 의미한다. 컴파일러는 Red, Green, Blue라는 매개변수 이름을 같은 이름의 public 속성으로 변환하고 해당 매개변수의 값을 초기화할 수 있는 public 생성자를 함께 생성한다. 또한 컴파일러는 위치 매개변수를 사용해 Equals, GetHashCode, ToString을 포함한 다른 메서드를 생성한다. 이 메서드들은 object 기본 클래스의 관련 메서드들을 오버라이드한 것이다.

리스트 2-3에서는 Color 레코드의 새로운 인스턴스를 만들고 그 속성들을 마치 클래스 또는 구조체인 것처럼 사용한다.

```
var tomato = new Color(Red: 255, Green: 99, Blue: 71);

Assert.That(tomato.Red, Is.EqualTo(255));
Assert.That(tomato.Green, Is.EqualTo(99));
Assert.That(tomato.Blue, Is.EqualTo(71));
```

리스트 2-3: Color 인스턴스 생성하기

여기에서는 Color 타입의 tomato 변수 생성 시 이름 있는 인수를 사용해서 컴파일러가 생성자 매개변수에 전달한 값을 강조했다. 어서션에 사용된 속성 이름들은 생성자에서 사용한 이름들과 동일하고, 이는 레코드 정의 시 사용한 이름들과 일치한다.

> **📝 NOTE** 레코드와 구조체(또는 클래스)와의 중요한 차이점은 2개의 인스턴스의 등치 비교 처리와 관련돼 있다. 이 주제에 관해서는 "신원 등치 vs 값 등치(p.76)"에서 자세히 살펴본다.

레코드와 레코드 구조체는 매우 밀접하게 관련돼 있다. 레코드 구조체는 C# v10.0에서 도입됐다. 레코드가 클래스로 컴파일되는 것과 반대로, 컴파일러는 레코드 구조체를 구조체 정의로 변환하며 값 타입으로 만든다. 이 점을 제외하면 레코드와 동일하다. 레고드 구조체는 reocord struct 구조체를 사용해 선언한다.

```
public readonly record struct Color(int Red, int Green, int Blue);
```

이 레코드 구조체는 리스트 2-1의 구조체와 매우 비슷하게 readonly로 선언돼 있다. readonly 키워드를 생략하면 컴파일러에 의해 생성된 속성들은 읽기-쓰기(read-write)가 가능하게 되며 get, set 접근자를 모두 갖는다. readonly 키워드를 사용하면 Color는 불변 레코드 구조체가 된다.

상속

클래스와 레코드 사이의 관계를 표현하는 일반적인 방법은 상속(inheritance)을 사용하는 것이다(혹은 한 타입을 다른 타입으로부터 파생시키는 것이다). 하지만 구조체 혹은 레코드 구조체는 값 타입이기 때문에 상속을 적용할 수 없다. 상속은 참조 타입에만 적용할 수 있다.

상속의 또 다른 제한은 레코드로부터 레코드를 상속할 수는 있지만 명시적으로 클래스로부터는 레코드를 상속할 수 없다는 점이다. 마찬가지로 레코드로부터 클래스를 상속할 수도 없다. 상속에 관한 한, 다른 모든 면에서 레코드는 클래스와 같은 규칙과 특성을 따른다. 클래스와 레코드는 가상 메서드와 속성을 정의할 수 있으며 이를 활용하면 파생 타입(derived type)을 사용해 메서드와 속성을 오버라이드해서 고유한 동작을 제공할 수 있다. 또한 파생 타입의 가상 메서드는 무시하거나, 오버라이드하거나, 숨길 수 있다.

반면 구조체와 레코드 구조체는 암묵적으로 밀폐돼(sealed) 있기 때문에 이들은 상속할 수 없다. 구조체 또는 레코드 구조체로부터 파생을 시키려고 시도하면 컴파일 에러가 발생한다. 구조체와 레코드 구조체는 모두 다른 사용자 정의 타입으로부터 상속할 수 없다.

클래스 혹은 레코드에 대한 또 다른 제한은 하나의 베이스 타입으로부터만 상속할 수 있다는 점이다. 베이스 타입을 명시적으로 지정하지 않으면, object가 암묵적 기본 클래스가 된다. "공통 타입 시스템"(p.73)에서 보게 되겠지만 모든 타입은 궁극적으로 object를 직접 또는 간접 상속한다. 예를 들어 Command 클래스(리스트 2-4)는 암묵적으로 object로부터 파생되며, DummyCommand 클래스는 명시적으로 Command 클래스로부터 파생되고, 암묵적으로 Command 기본 클래스를 통해 object를 상속한다.

```
public class Command
{
    public virtual IEnumerable<Result> RunQuery(string query)
    {
        using var transaction = connection.BeginTransaction();
        return connection.Execute(transaction, query);
    }

    private readonly DatabaseConnection connection;
}

public class DummyCommand : Command
{
```

```
    public override IEnumerable<Result> RunQuery(string query)
    {
        return new List<Result>();
    }
}
```

리스트 2-4: **상속 문법**

Command 기본 클래스는 가상 RunQuery 메서드를 정의한다. 이 메서드는 파생된 Dum-myCommand 클래스 안에 오버라이드돼 있으며 메서드의 동작을 대체한다. DummyCom-mand와 같은 스텁(stub) 구현은 테스트 시 사용해 내부 데이터 저장소의 콘텐츠에 의존하는 테스트 코드를 피할 수 있다.

모든 타입은 여러 인터페이스를 **구현할 수 있다**. 하지만 상속은 인터페이스 구현과 전혀 다르다는 점을 이해하는 것이 중요하다. 인터페이스를 구현할 때는 기본적으로 메서드 구현을 **반드시 해야 하는 것은 아니다**. 클래스나 레코드는 인터페이스로부터 메서드를 구현할 때 가상으로 메서드를 구현할 것인지 선택할 수 있다. 하지만 구조체나 레코드 구조체는 그럴 수 없다.

클래스 또는 레코드의 모든 멤버를 명시적으로 protected로 지정할 수 있으며 이는 public, private 또는 internal과 반대된다. protected 멤버는 해당 멤버를 선언한 클래스 및 해당 클래스를 상속한 모든 타입에서 접근할 수 있지만, 다른 코드에게는 보이지 않는다. 값 타입은 밀폐돼 있으므로 가상 멤버나 protected 멤버를 가질 수 없다. 값 타입 선언에서 메서드를 가상으로 만들려 하거나 protected 필드, 속성, 메서드를 정의하고자 하면 컴파일러는 에러를 발생시킨다.

클래스 또는 레코드 타입을 sealed로 선언할 수도 있다. 이렇게 선언한 클래스나 레코드 타입은 더이상 상속할 수 없다. 클래스를 밀폐하는 것은 해당 클래스가 **상속할 수 있는 대상에는 영향을 주지 않으며**, 해당 클래스를 상속하는 대상에만 영향을 준다. 일반적으로 값과 같은 특성(string 등)을 갖는 클래스 또는 구현한 대로만 클래스가 동작하도록 제한하고 싶을 때 클래스를 밀폐한다. 클래스가 불변이어야 할 때는 (해당 클래스가 값과 같은 특성을 갖도록 의도했는지에 관계없이) 해당 클래스를 밀폐함으로써 가변 파생 클래스에 의해 해당 클래스의 불변성이 깨지지 않도록 할 수 있다.

레코드는 특히 값과 같은 타입을 갖도록 의도돼 있으며 컴파일러에 의해 값과 같은 동작을 하게 된다. 다시 말해 레코드 타입은 특별한 이유가 없는 한 밀폐해야 한다는 의미이다. **값과 같은**(value-like)이라는 의미와 이런 타입들을 밀폐해야 하는 이유에 관해서는 6장과 7장에서 자세히 살펴본다.

추상(abstract) 타입은 상속을 위한 베이스 타입으로만 사용될 수 있으며 new를 사용해서 직접 인스턴스화할 수 없다. 클래스와 레코드는 추상화할 수 있지만, 구조체와 레코드 구조체는 추상화할 수 없다. 값 타입은 상속할 수 없으므로 당연히 인스턴스화할 수 없다.

추상 타입에서는 메서드와 속성을 abstract로 지정할 수 있으며 이는 구현을 갖지 않음을 의미한다. 이것은 단지 구체(concrete) 타입이 반드시 지원해야 할 동작을 정의하기 위한 것이다. 추상 메서드 혹은 속성은 암묵적으로 가상의 것이며 이에 대한 구현을 제공하려 하면 컴파일 에러가 발생한다. 추상 타입은 추상 멤버를 정의할 필요가 없다. 다만 추상 클래스와 레코드는 추상 메서드와 속성을 가질 수 있다. 모든 메서드와 속성은 그들이 파생된 클래스 안에서 명시적으로 오버라이드되지 않는 한 추상 상태여야 한다. 파상된 타입에서 추상 메서드에 대한 구현을 제공하면 해당 메서드가 구체화된다.

추상 타입으로부터 다른 추상 타입을 상속할 수 있으며 베이스 타입 추상 메서드에 대한 구현을 제공하거나 그대로 추상 상태로 유지할 수 있다. 완전한 구체 클래스나 레코드의 인스턴스만 직접 생성할 수 있다. 즉, 모든 추상 메서드는 오버라이드된다.

추상 클래스를 상속했다면 다른 클래스를 상속할 수는 없다. 이는 다중 상속(multiple inheritance)의 형태이며 금지돼 있기 때문이다.

C# 인터페이스 및 그 멤버들을 추상적이라고 생각하고 싶을 것이다(특히 C++에 친숙한 사용자들이 그럴 텐데, C++의 인터페이스는 일반적으로 순수한 가상 메서드들을 가진 클래스로 구현된다). 하지만 그렇지 않다. 인터페이스는 메서드와 속성의 시그니처만 포함하며, 이들은 추상적이지도 가상적이지도 않다.

상속은 객체 지향 코드의 중추적인 기능이지만 이들은 오로지 참조 타입에만 적용된다. 상속(및 가상 메서드와 같이 상속을 지원하는 기능들)은 값 타입에는 적합하지 않다. 값 타입이 메모리를 사용하는 방법과 부분적으로 관련돼 있다.

타입 인스턴스의 수명

값 타입이 메모리를 사용하는 방식과 참조 타입이 메모리를 사용하는 방식은 다르다. 보다 구체적으로 말하자면 각 타입의 인스턴스의 수명이 다르다. 값 타입의 수명은 짧다. 값 타입의 수명은 그들을 나타내는 변수의 수명에 묶여 있다. 값 타입의 경우 변수가 인스턴스이다. 값 타입의 새로운 인스턴스를 생성하면 대상 변수는 인스턴스 데이터, 다시 말해 해당 타입의 각 필드의 값을 효과적으로 포함한다.

많은 경우 변수의 수명은 블록(메서드 바디 또는 foreach 루프와 같은)을 통해 정의된다. 그리고 블록 안의 모든 로컬 변수는 블록이 끝나면 사라진다. 변수가 다른 객체에 포함돼 있을 수 있는데, 이 경우 해당 변수의 수명은 해당 변수를 감싼 객체의 수명에 따라 정의된다. 다른 변수로의 할당을 통해 값 타입 변수를 복사하거나 메서드의 인수로 변수를 전달할 때마다 그 복사본은 다른 변수 안에 해당 타입의 완전히 새로운 인스턴스로 만들어진다.

반면 참조 타입 인스턴스는 일반적으로 수명이 길며 많은 변수들에 의해 참조된다. 참조 타입의 새로운 인스턴스를 만들면 해당 인스턴스에 대한 참조를 메모리에 전달하며 해당 참조를 복사할 때마다 인스턴스를 복사하지 않는다. 원래 참조와 그 복사본은 모두 같은 인스턴스를 참조한다. 참조는 참조 변수(reference variable)에 저장된다.

모든 참조 타입 인스턴스는 힙에 할당되며, 그 수명은 가비지 컬렉션이 자동으로 관리한다. 가비지 컬렉션은 프로그램에서 참조 타입 인스턴스를 더이상 필요로 하지 않을 때 그들의 메모리를 해제(release)하는 역할을 한다. 가비지 컬렉터가 해당 인스턴스에 대해 살아있는 참조가 존재하지 않는다고 판단하면 객체는 사용되지 않는 것으로 간주된다. 참조 타입 인스턴스는 범위에 종속되지 않지만 참조 변수는 범위에 종속되므로, 어떤 참조 변수가 범위를 벗어나면 해당 변수는 더이상 인스턴스에 대한 살아있는 참조가 아니게 된다. 따라서 참조 타입 인스턴스의 수명은 해당 인스턴스에 대한 모든 참조의 수명에 따라 결정된다고 할 수 있다.

힙에 할당되는 것은 비용을 수반한다. 가비지 컬렉션 프로세스는 프로그램이 실행되는 동안 시간을 소비하기 때문이다. 사용되지 않은 힙 메모리가 적절하게 청소됐음을 보장하는 것은 복잡한 조작이며 프로그램의 정상 실행을 짧은 시간 동안 방해할 수 있다. 그렇기 때문에 참조 타입은 오버헤드를 수반한다.

값 타입은 가비지 컬렉션과 관련된 오버헤드를 수반하지 않는다. 값 타입 인스턴스가 사용하는 메모리는 그 변수의 수명이 끝나는 동시에 해제될 수 있다. 수명에 관해 조금 더 이해하기 위해 다양한 상황에서 변수가 갖는 의미에 관해 살펴보자.

변수

변수(variable)는 간단히 말하자면 메모리의 이름 있는 영역이다. 우리는 이 이름(혹은 식별자(identifier))를 사용해서 변수의 수명 동안 메모리 영역을 조작한다. C#에서는 5가지 종류의 변수를 제공한다.

지역 변수

블록 범위 변수이다. 여기에서 블록(block)은 구문 바디를 가진 메서드, 루프 바디, 중괄호({})로 구분된 코드 영역이 될 수 있다. 닫는 중괄호에서 제어가 블록을 벗어나면 블록 안에 해당하는 모든 변수는 범위에서 벗어난다. 블록 안에서 예외가 던져지면 해당 예외가 잡힐 때까지 혹은 프로그램이 종료할 때까지 제어 흐름은 해당 블록과 모든 포함 범위를 벗어난다.

인스턴스 필드

필드(field)라 불리는 구조체 및 비정적 클래스의 일반적인 데이터 멤버이다. 어떤 타입의 각 인스턴스는 그 자체로 모든 인스턴스 필드의 복사본을 갖는다. 인스턴스 필드의 수명은 인스턴스가 속한 객체의 수명에 따라 정의된다.

정적 필드

이 필드들은 타입의 개별 인스턴스가 아니라 타입 자체와 관련이 있다. 정적 필드의 수명은 일반적으로 애플리케이션에 묶여 있어 정적 필드와 관련된 인스턴스들은 일반적으로 애플리케이션이 종료될 때 해제된다.

배열 요소

배열의 각 요소는 모두 변수이다. 특정 요소에는 인덱스를 통해 접근할 수 있으며, 요소 인스턴스가 가변인 경우에는 변경할 수 있다.

메서드 매개변수

메서드 정의 안의 매개변수는 기술적으로는 공식적 매개변수(formal parameter)라 부르지만, 일반적으로든 간단하게 매개변수(parameter)라 부른다. 매개변수의 범위는 메서드의 바디이며, 정확하게는 매개변수는 메서드 바디 안에서 지역 변수로 선언되는 것과 같다. 메서드를 호출하는 코드 안에서 메서드 매개변수에 해당하는 실제 매개변수(actual parameter, 인수(argument)로 더 잘 알려짐)를 전달한다.

종류에 관계없이 변수는 항상 관련된 타입을 갖는다. 타입은 int size 선언과 같이 명시적으로 선언된 타입이거나, 지역 변수의 경우 타입은 var 키워드로 내포될 수 있다. 변수 타입이 참조 타입이면 변수값은 참조이다. non-null 참조는 힙의 어딘가에 존재하는 인스턴스에 대한 핸들(handle)이다. 변수 타입이 값 타입이면 변수 값은 해당 타입의 인스턴스이다.

변수 vs 값

무엇이 변수이고, 무엇이 값인지 항상 직관적으로 판단하기는 쉽지 않지만 이들을 구분하는 것은 중요하다.

- 변수는 할당될 수 있다. 단, readonly 필드 변수는 해당 변수를 멤버로 하는 타입의 생성자 안 혹은 필드 초기화를 사용하는 생성자 안에서만 할당될 수 있다 ("필드 초기자"(p.89)에서 살펴본다).
- 값은 표현식의 결과(new 호출의 결과, 메서드의 반환값 혹은 리터럴 숫자나 문자열 리터럴과 같은 상수 표현식 등)이다. 값은 할당될 수 없다. 하지만 할당 또는 매개변수의 인수로 전달함으로써 이들을 사용해 변수를 초기화할 수 있다.

대부분의 경우 변수는 이름을 갖는다. 엄밀히 말하자면 배열의 개별 요소들은 이름을 갖지 않지만, 배열 변수 arr에서 arr[index]라는 표현식을 기본적으로 해당 요소의 식별자로 사용한다. 값은 이름을 가질 수 있지만 반드시 이름을 가져야 할 필요는 없다. 2 + 2라는 표현식은 새로운 값을 생성하지만 이 값을 변수에 할당하기 전까지는 이름을 갖지 않는다.

값의 타입은 인스턴스의 형태를 정의한다. 무엇보다 타입은 여러 필드를 필요로 할 수 있다. 이 필드들은 해당 타입의 인스턴스가 생성될 때 메모리에 할당될 공간을 필요로 한다. 변수의 타입은 값이 포함할 수 있는 종류를 정의한다.

값은 단순한 비트의 패턴이다. 타입은 그 비트 패턴을 해석해서 프로그램 안에서의 의미를 부여하기 위한 공식 명세(formal specification)이다. 동일한 비트 패턴을 가진 다른 타입의 두 값은 다르게 해석될 수 있다. 예를 들어 모든 값이 0인 long 타입의 비트 패턴과 DateTime 타입의 비트 패턴은 전혀 다른 값을 의미할 수 있다.

값 타입 변수는 직접 데이터를 포함하지만, 참조 타입 데이터는 해당 데이터에 대한 참조를 갖는다. 보다 정확하게 말하면 참조 타입 변수는 힙의 어딘가에 저장된 객체에 대한 참조값을 갖는다. 간단히 말하면 참조는 참조 타입 인스턴스를 가리킨다. 참조 타입 변수의 값은 참조이다.

변수와 값 사이의 관계는 다음과 같다. 모든 변수는 하나의 값을 갖지만, 해당 변수가 결정적으로 할당되기 전까지는 그 값에 접근할 수 없다.

결정적 할당

컴파일러가 변수에 초기값이 결정적으로 할당됐다고 만족하기 전까지는 변수의 값을 읽을 수 없다. 좀 더 공식적으로 표현하자면 변수는 값이 해당 변수에 결정적으로 할당된 후(definitely assigned) 읽을 수 있다. C# 언어 명세에서는 결정적 할당은 결정하는 요소들을 상세히 정의하고 있다. 근본적으로는 변수는 할당되거나 적어도 한번은 어떤 값으로 초기화돼야만 그 값을 읽을 수 있다.

결정적으로 할당되지 않은 변수의 값을 얻으려고 시도하면 컴파일러는 해당 작업이 금지돼 있다는 에러를 발생시킨다. 예를 들어 메서드 안에서 지역 변수를 선언한 뒤 해당 변수를 초기화하지 않거나, 해당 변수에 값을 할당하지 않으면 변수값을 읽을 수 없다. 이런 변수들은 초기에 할당되지 않은 것으로 간주된다. 개념적으로 최소한 할당되지 않은 변수는 값을 갖지 않는다.

변수에 무엇인가를 할당하면 해당 변수는 새로운 값을 갖게 된다. 이후 변수를 읽으면 그 값을 얻는다. 변수와 값은 모두 표현식(expression)이며 변수에 값이 결정적으로 할당돼 있다면 변수를 읽어서 값을 생성할 수 있다.

반복하지만 결정적으로 할당되지 않은 변수에서 값을 읽으려 하면 에러가 발생한다. 지역 변수를 위한 var 선언을 사용할 때 변수를 선언하는 위치에서 초기값을 제공해야만 한다. 변수의 타입은 그 변수에 할당되는 값의 타입에 따라 추론되기 때문이다.

인스턴스와 스토리지

변수와 값에 관해 명확하게 정의했다. 이들이 타입 인스턴스와 어떻게 관련돼 있는지 살펴보자. 인스턴스의 타입(값 타입 또는 참조 타입)은 해당 인스턴스가 메모리에서 할당 및 관리되는 위치에 영향을 미친다. 값 타입 변수는 몇 가지 특이점을 갖는데 이 특이점들은 참조에는 적용되지 않는다.

값 타입은 (일반적인 오해처럼) 스택에 항상 살아서 존재하지 않는다. 지역 변수값들은 대부분 메서드의 블록 범위에 묶여 있으며 그렇기 때문에 해당 메서드의 스택 프레임과 관련돼 있을 수 있다. 그러나 값들은 멤버로서 다른 객체 안이나 배열의 요소에 포함될 수도 있다. 몇 가지 예제를 통해 변수들이 객체에 내장되는 방법에 관해 조금 더 자세히 살펴보자.

내장된 값

변수가 다른 타입의 인스턴스 안에 내장된 필드라면 그 값은 해당 변수를 포함하고 있는 객체를 위한 메모리 안에 할당된다. 이 점은 타입의 인스턴스를 직접 포함하는 값 타입에 있어 중요하다. 리스트 2-5의 Color 구조체를 살펴보자.

```
public readonly struct Color
{
    public Color(int r, int g, int b)
```

```
        => (Red, Green, Blue) = (r, g, b);

    public int Red { get; }
    public int Green { get; }
    public int Blue { get; }
}
```

리스트 2-5: **여러 필드를 가진 Color 구조체 정의하기**

Color 구조체는 하나의 RGB 색상을 구성하는 요소들을 나타내는 3개의 속성을 갖는다. Color 값이 필드 혹은 클래스의 속성을 사용되면 해당 클래스의 인스턴스는 힙에 Color 값을 완전히 포함할 것이다. 예를 들어 리스트 2-6의 Brush 클래스는 여러 필드를 가지며, 그 필드들 중 하나는 Color 타입이다.

```
public class Brush
{
    --생략--

    public enum BrushStyle { Solid, Gradient, Texture }

    private readonly int width;
    private readonly Color color;
    private readonly BrushStyle style;
}
```

리스트 2-6: **Brush 클래스 안에 포함된 Color 값**

Brush 타입은 클래스이므로 참조 타입이다. 참조 타입 인스턴스를 생성하면 그 인스턴스는 힙에 할당된다. Brush 클래스는 3개의 필드를 갖는다. 그 중 하나는 Color 인스턴스이고, 이 인스턴스 자체는 3개의 필드(Red, Green, Blue)를 갖는다. Brush 인스턴스는 대략 그림 2-1과 같이 메모리를 차지한다.

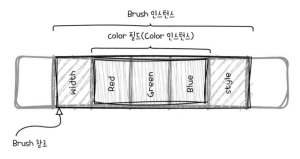

그림 2-1: **힙에 할당된 Brush 인스턴스에 내장된 Color 값**

새로운 Brush 인스턴스를 생성하면 이 인스턴스는 힙에 생성되고, 해당 인스턴스에 대한 참조가 주어진, color 필드는 Brush 인스턴스를 위해 할당된 메모리 공간 안의 메모리를 직접 차지한다. Color를 구조체가 아닌 레코드 구조체로 구현해도 결과는 같다. 레코드 구조체는 구조체와 정확하게 같은 값 타입이며 자신을 포함하는 객체의 메모리 공간 안에 직접적으로 할당된다.

값 타입 인스턴스는 개별적으로 가비지 컬렉션되지 않는다. 그러나 값 타입 인스턴스가 다른 객체에 포함돼 있고 그 객체가 힙에 할당돼 있다면, 해당 값 타입 인스턴스가 사용하는 메모리는 해당 인스턴스를 포함하고 있는 객체의 가비지 컬렉션이 수행되는 동안 회수된다.

color 필드로 표현되는 Color 인스턴스의 수명은 Brush 인스턴스의 수명에 묶여 있다. 가비지 컬렉터가 Brush 인스턴스는 더이상 사용되지 않는다고 판단하면 Brush 인스턴스(및 인스턴스에 포함된 Color 값)에 할당된 메모리를 해제한다.

배열 요소

값 타입 인스턴스가 배열의 요소이면 (엄밀히 말해서) 그 인스턴스는 배열 객체의 필드는 아니지만, 그 값은 배열을 위한 메모리 안에 포함된다. 배열은 그 요소의 타입에 관계없이 항상 힙에 할당된다. 배열을 생성하면 그 배열에 참조가 주어진다. 설명을 위해 Color 값들의 배열을 생각해보자. 여기에서 Color는 구조체이다.

```
var colors = new Color[3];
```

여기에서 colors 변수는 힙에 할당된 3개 Color 인스턴스의 배열에 대한 참조이다. colors 배열의 메모리 레이아웃은 그림 2-2와 같다.

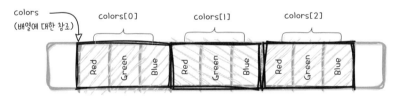

그림 2-2: 메모리 안의 Color 구조체 배열

colors 배열의 각 요소는 3개의 int 필드를 저장할 수 있을만큼 충분히 크다. 요소 타입이 더 많은 필드를 가지면, 각 요소는 힙의 더 많은 공간을 요구한다. Color 타입이 구조체가 아닌 레코드 구조체여도 레이아웃은 동일하다. 컴파일러는 레코드 구조체를 구조체로 변환한다는 점을 상기하자.

반면 참조 변수의 크기는 타입 정의 안에 선언된 필드 수에 관계없이 모두 같다. 참조 배열을 위해 요구되는 메모리는 요소의 수에 따라서만 결정되며, 각 인스턴스의 크기는 영향을 주지 않는다.

배열의 요소가 참조든 값 타입 인스턴스든 배열은 언제나 힙에 할당되며, 배열 변수는 그 요소를 가리킨다. 가비지 컬렉터가 해당 배열이 더이상 사용되지 않는다고 판단하면, 다시 말해 배열에 대한 참조 변수가 존재하지 않는다고 판단하면 배열의 모든 요소에 대한 메모리는 해제된다.

내장된 참조

참조 필드들도 해당 필드를 포함하는 타입에 내장된다. 그러나 그 인스턴스들은 그렇지 않다. 리스트 2-5에서 Color를 값 타입이 아니라 참조 타입으로 구현했다면 Brush 인스턴스의 레이아웃은 약간 달라진다. Brush 클래스의 color 필드는 참조가 된다(그림 2-3 참조).

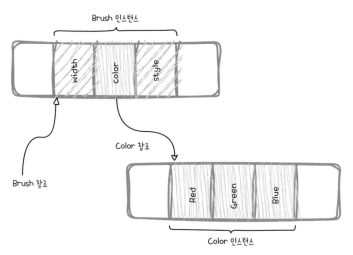

그림 2-3: Brush 인스턴스 안에 내장된 color 참조 필드

자신의 메모리 안에 Color 인스턴스 전체를 포함하는 대신, Brush 타입의 color 필드는 힙의 어딘가에 위치한 다른 별도의 Color 인스턴스를 가리킨다. 참조 타입 인스턴스는 항상 힙 메모리에 할당되며 서로 독립되어 있다. 이것은 모든 참조 타입에 적용되므로 Color를 클래스 혹은 레코드로 구현한 경우에도 적용된다.

여기에서 Color 인스턴스의 수명은 Brush 인스턴스와 무관하다. Brush 인스턴스가 더이상 사용되지 않으면 그 메모리는 반환되지만 Color 인스턴스는 가비지 컬렉터에 의해 더이상 사용되지 않는다고 판단될 때까지 메모리에 유지된다.

필드와 속성 레이아웃

모든 사용자 정의 타입은 인스턴스 필드와 속성을 포함할 수 있다. 하지만 구조체와 레코드 구조체는 클래스와 레코드에는 적용되지 않는 한가지 제약이 있다. 값 타입 정의는 그 자체 타입의 필드를 포함할 수 없다는 제약이다.

앞에서 값 타입 인스턴스가 직접적으로 필드들을 포함하는 방법에 관해 살펴봤다. 타입이 그 자체로 값 타입인 필드 하나를 갖는다면, 해당 필드는 직접적으로 해당 타입의 데이터를 갖는다. 그 필드의 타입이 자신이 포함하는 타입과 같다면, 컴파일러는 해당 필드를 생성하지 못한다. 리스트 2-7의 간단한 구조체를 살펴보자. 이 구조체는 자신의 인스턴스를 필드로 포함하고 있다.

```
struct Node
{
    Node p;
}
```

리스트 2-7: **구조체 자신의 인스턴스를 포함하고 있는 구조체**

이 예제는 컴파일되지 않는다. 컴파일러는 포함된 필드인 p를 어디에 위치시켜야 할지 알지 못한다. p의 타입은 선언된 시점에 완전하게 정의되지 않았기 때문이다. 속성 또한 마찬가지다. 자동 속성이 백킹 필드(backing field)를 요구하지만 그 필드는 가려져서 보이지 않는다. 간접적인 의존성에도 같은 원리가 적용된다(리스트 2-8).

```
struct Tree
{
    Node root;
}

struct Node
{
    Tree leftChild, rightChild;
}
```

리스트 2-8: **순환 의존성을 가진 구조체**

Tree 타입과 Node 타입 모두 생성되지 않는다. 서로의 레이아웃이 의존하고 있기 때문이다. 가혹하게 들릴 수도 있다. 하지만 실제로 이것이 문제가 되는 경우는 거의 없으며, 쉽게 회피할 수 있다. Tree 타입 혹은 Note 타입의 정의를 참조 타입으로 변경하면 컴파일러는 이 코드를 받아들인다. 이 규칙은 값 타입에만 적용된다. 앞서 언급했듯 참조는 그들이 참조하는 타입에 관계없이 크기가 항상 같기 때문이다. 다시 말해 컴파일러는 클래스 혹은 레코드에 대한 참조를 생성하기 위해 그들의 레이아웃에 관해 알 필요가 없다.

박스된 값

참조는 오로지 힙에 있는 객체만 참조할 수 있으며, 개별적인 값 타입 인스턴스를 참조할 수 없다. 그 값 인스턴스가 참조 타입 객체 안에 포함돼 있어도 참조할 수 없다. 참조 변수가 개별적으로 값 타입 인스턴스를 참조할 수 있는 유일한 방법은 해당 값의 복사본을 만들고, 그 복사본을 힙에 넣고, 새로운 참조를 사용해서 해당 복사본을 가리키는 것뿐이다. 복사본을 생성하고 힙에 저장하는 프로세스를 박스하기(boxing)라 부르며, 박스하기는 변수 타입이 참조 타입일 때 자동으로 수행된다. 박스된 값은 언제든 원래 값 타입으로 되돌릴 수 있으며 이를 언박스하기(unboxing)라 부른다. 박스 안에 포함돼 있는 값은 대상 변수로 복사된다.

박스하기는 객체와 같은 참조 변수를 사용해서 값을 참조하거나, 참조 타입 매개변수를 받은 메서드에 값을 인수로 전달할 때 자동으로 발생한다. 언박스하기는 항상 명시적이다. 리스트 2-9는 박스된 변수를 현재 값 타입으로 변환하는 예제다.

```
public readonly struct Color
{
    public Color(int r, int g, int b)
        => (Red, Green, Blue) = (r, g, b);

    public int Red { get; }
    public int Green { get; }
    public int Blue { get; }
}

var red = new Color(0xFF, 0, 0);
var green = new Color(0, 0xFF, 0);

① object copy = green;
Assert.That(object.Equals(②red, copy), Is.False);

var copyGreen = ③(Color)copy;
```

리스트 2-9: **박스하기와 언박스하기**

copy 변수의 타입은 object이며 결과적으로 참조이다. 따라서 green의 값은 copy 안에 박스된다(①). 마찬가지로 object.Equals 메서드를 호출하면 red의 값이 박스된다. 이 메서드는 2개의 object 객체를 받기 때문이다(②). copy 안에 저장된 값을 새로운 변수에 언박스하려면 명시적으로 형 변환(cast)해야 한다(③).

잠시 후 공통 타입 시스템(Common Type System)에 관해 다루며 보게 되겠지만 object는 모든 타입의 기본 클래스이며, 이는 값 타입 인스턴스를 포함해 다른 변수를 가리킬 때 항상 object를 사용할 수 있음을 의미한다. 구조체는 하나 혹은 여러 인터페이스를 구현할 수 있다. 인터페이스는 참조 타입이므로 객체 혹은 인터페이스 타입을 사용해서 값을 참조하면, 그 값은 자동적으로 힙에 박스된다.

박스된 값은 원래 타입으로만 언박스될 수 있다. 예를 들어 int에서 double로의 암묵적 내장 변환이 존재한다 하더라도 int 값을 double 값으로 언박스할 수 없다. 값을 해당 값의 원래 타입인 다른 것을 언박스하려고 하면 런타임에 InvalidCastException 이 발생한다.

박스된 값들은 힙에 복사된다. 이는 박스가 더 이상 해당 변수의 범위를 가리키지 않으며 원래 값의 수명보다 길게 존재할 수 있음을 나타낸다. 박스된 값을 정리하는 작업은 가비지 컬렉터가 수행한다. 4장에서 박스하기에 관해 더 자세히 살펴보겠다.

시맨틱과 타입

값 타입은 구조체 혹은 레코드 구조체 인스턴스의 존재를 뛰어넘는 시맨틱을 내포한다. 사용자 정의 타입을 정의할 때 참조 타입 대신 값 타입을 선택할 때는 최적화 뿐만 아니라 더 많은 요소들을 고려해야 한다. 특히 레코드는 클래스와 다르다. 레코드는 클래스로 컴파일되며 참조 타입이지만, 몇 가지 중요한 동작 특성을 레코드 값 타입과 공유한다.

레코드 및 레코드 구조체의 동작에 관해 살펴보기 전에 구조체와 클래스가 어떻게 다른지 먼저 이해하고 넘어가자.

공통 타입 시스템

C#은 위계 타입 시스템(hyerarchical type system)을 갖는데 이는 공통 타입 시스템 (Common Type System)으로 알려져 있다. 이 시스템에서 모든 타입은 object로부터 파생되며 System.Object 타입이라는 키워드 별칭으로 나타낸다. 그렇기 때문에 항상 object를 사용해서 모든 변수를 가리킬 수 있다. 하지만 방금 본 것과 같이 값

타입의 경우에는 인스턴스들이 박스돼 있기 때문에 object 참조를 사용해서 가리킬수 있다.

int, float와 같은 내장 타입도 object를 상속한다. 사실 모든 내장 타입은 System 이름 공간에서의 타입의 별칭이다. 숫자 타입의 기반에 있는 System 타입들은 모두 구조체이며 값 타입이다. 예를 들어 int는 public readonly struct Int32라는 System 타입의 별칭이다.

enum 키워드를 사용해 생성한 열거형은 System 타입의 별칭은 아니다. 하지만 열거형은 System.Enum 클래스의 파생이다. enum 선언에 의한 개별 값들은 내부적으로 숫자타입이며 기본값은 int이다. 다른 종류의 숫자 타입을 지정할 수도 있다. 예를 들어 enum 요소들이 허용된 int 값보다 큰 값 또는 작은 값을 갖도록 하고 싶은 경우이다.

숫자가 아닌 내장 string과 object는 System 네임스페이스 안의 클래스들에 대한 별칭이며 모두 참조 타입이다.

class 또는 record 키워드를 사용해서 사용자만의 참조 타입을 정의하면 새로운 타입은 명시적으로 다른 타입에서의 상속을 지정하지 않는 한 object 기본 클래스에서 직접적으로 파생된다. object 기본 클래스는 인터페이스도 아니고 abstract도 아니다. object 기본 클래스는 가상(virtual) 멤버, 비가상(nonvirtual) 멤버, 정적(static) 멤버가 조합된 것이며 모든 객체에 공통된 기본 구현을 제공한다.

(레코드 구조체를 포함한) 모든 구조체 타입은 System.Enum 타입이며 암묵적으로 System.ValueType(키워드 별칭이 존재하지 않음)에서 암묵적으로 파생된다. System.ValueType은 object 기본 클래스에서 파생되므로 모든 구조체 타입은 간접적으로 object에서 파생된다. 값 타입은 참조 타입과 중간 기본 클래스를 가지며, 이 클래스는 언어차원에서 정의돼 있다.

> 📝 NOTE
> *ValueType 자체는 구조체가 아니다. 우리는 종종 이 점을 간과한다. 모든 구조체는 암묵적으로 ValueType을 상속하므로 ValueType 자체도 클래스여야 한다. 또한 ValueType은 추상 클래스이다. 다시 말해 ValueTYpe 이 아니라 object의 인스턴스를 생성할 수 있음을 의미한다.*

ValueType 클래스는 object 기본 클래스(Equals, GetHashCode, ToString)에서 정의된모든 가상 메서드를 오버라이드하며 이들을 구현함으로써 값 타입에 대한 적절한 동작을 정의한다. ValueType에서 Equals와 GetHasCode의 구현은 매우 중요하다. 이들은 등치(equliaty)에 대한 값 기반(value-based) 정의를 제공하는데, 이것이 값 타입과참조 타입을 구분하기 때문이다. 이 구현들의 차이점은 값을 복사하는 방법에 영향을미친다.

복사 시맨틱

참조 타입과 값 타입에서 변수를 복사할 때 그 인스턴스를 저장하는 위치는 중요한 의미를 갖는다. 참조를 복사하는 경우에는 인스턴스를 복사하지 않기 때문이다. 리스트 2-10는 이 차이를 나타내는 간단한 예제이다.

```
  var thing = new Thing { Host = "Palmer" };
① var copy = thing;
② copy.Host = "Bennings";
  Assert.That(thing.Host, Is.EqualTo("Palmer"));
```

리스트 2-10: **값 복사하기**

여기에서는 변수 thing의 값을 copy라는 새로운 변수에 복사한다(①). 그 뒤 copy의 Host 속성에 새로운 값을 할당한다(②). 이후 테스트를 통해 원본 변수의 속성이 변경되지 않았음을 확인한다. 테스트 어서션의 성공 여부는 Thing의 타입(값 타입 또는 참조 타입)에 따라 달라진다.

앞에서 언급했듯 모든 변수는 값을 가지면 이 값은 새로운 변수에 복사할 수 있다. Thing이 값 타입이면 모든 복사본은 해당 타입의 새로운 인스턴스이며, 해당 복사본의 필드를 수정하면 그 변경 내용은 원래 값의 필드에 영향을 미치지 않는다. 따라서 Thing이 구조체 또는 레코드 구조체라면 테스트는 성공한다.

한편 Thing이 참조 타입이면 thing의 변수 값은 참조이다. 참조를 복사하면 해당 참조의 값만 복사되며, 원래 변수값의 동일한 인스턴스를 가리킨다. 다시 말해 참조를 사용해서 인스턴스를 변경하면, 해당 변경은 그 인스턴스에 대한 모든 참조에 반영된다고 할 수 있다. 따라서 Thing이 클래스 혹은 레코드이면 이 테스트는 실패한다.

록과 참조 시맨틱

참조 타입 변수의 동작이 필요할 때가 있다. 이때 값 타입 인스턴스를 사용하는 것은 바람직하지 않거나 허용되지 않는다. 예를 들어 lock 구문에서는 값 타입을 사용해서 여러 스레드에 의해 동시에 코드 섹션이 실행되는 것을 방지할 수 없다. 컴파일러는 이를 금지한다. lock으로 사용되는 변수는 힙에 할당된 참조에 대한 참조여야 하기 때문이다. 객체를 잠그는 목적은 단일 스레드만 코드를 실행하도록 함으로써 특정 시점에 그 코드를 보호하기 위한 것이다. object 인스턴스는 해당 잠금을 식별하고 다른 스레드로부터 그 인스턴스에 대한 여러 참조를 가질 수 있다.

lock 구문의 기반 메커니즘은 Systme.Threading.Monitor 클래스이다. lock 구문은

Monitor의 Enter 메서드로 변환되며, Enter 메서드는 매개변수로 object를 받는다. 모든 값 타입 인스턴스는 Monitor.Enter로 전달되며, 이 인스턴스들은 자동으로 박스된다. Monitor.Enter를 호출하는 모든 스레드는 그 값을 각각 박스하고, lock 획득은 실패하지 않으므로 의미가 없다.

이 록(lock)을 종료했다면 Monitor.Exit를 호출하고 Monitor.Enter를 사용해서 록을 얻었을 때 사용했던 참조와 동일한 참조를 전달해야 한다. 컴파일러는 Monitor.Exit를 호출하는 코드를 lock 블록의 닫는 괄호에 삽입한다. 값 타입을 사용하는 경우 Exit를 호출하면 힙에 새로운 박스된 값을 만들며, Enter를 호출했을 때 사용된 것과 다른 참조가 된다. 그 결과 잠금을 해제하는 데 실패하고 SynchronizationLockException 에러가 발생한다.

이것은 참조 시맨틱을 적극적으로 요구하는 상황 중 하나이다. Enter 메서드에 참조를 전달하면 인스턴스를 복사하지 않기 때문이다. monitor와 잠금을 사용하는 코드는 모두 같은 인스턴스에 대한 참조를 갖는다.

신원 등치 vs 값 등치

값이 같은지 비교한다는 말은 실제로는 해당 변수들이 가진 값을 비교함을 의미한다. 2개의 변수가 같은 값을 가지면 그 변수들은 동일하다고 간주된다. 각 값의 타입은 중요한 역할을 한다. 비교되는 값은 같은 타입이어야 한다. 이는 하나 또는 모든 값이 암묵적 변환을 통해 만들어진 경우에도 마찬가지이다.

같은 참조 타입인 2개의 변수의 값을 비교하는 경우, 각각의 값은 참조이고 메모리에서 동일한 객체를 참조한다면 2개 변수의 값은 기본적으로 같은 것으로 비교된다. 이것은 신원 비교(identity comparison)라고 알려져 있다. 기본적인 신원 비교 동작을 사용자 참조 타입 안에서 오버라이드할 수 있다(이 주제에 관해서는 5장에서 자세히 살펴보겠다). 하지만 다른 인스턴스에 대한 2개의 참조가 동일한 필드값을 가졌을 때는 기본 신원 비교에 의해 같지 않다고 비교된다. 이들이 가리키는 객체가 다르기 때문이다.

반면 2개의 값 타입 인스턴스는 한 타입 인스턴스의 모든 필드가 다른 인스턴스의 모든 값과 같다면 같다고 비교된다. 다시 말하지만 기본적으로 그런 것이며 이 동작은 수정할 수 있다. 값 타입 인스턴스와 참조 타입 인스턴스 사이의 등치 비교 동작의 차이는 해당 인스턴스들의 복사 시맨틱과 직접적으로 관련된다. 값 타입 인스턴스의 복사본은 동일한 상태(state)를 갖는 새로운 독립된 인스턴스이므로 신원 비교는 성립하지 않는다. 따라서 복사하기와 등치의 개념은 밀접하게 관련돼 있다.

2개의 값이 같은지 비교하는 능력은 종종 과소평가된다. 코드를 작성할 때 변수를 비교해야 하는 경우는 거의 없지만 List<T>, Dictionary<T>와 같이 일반적으로 사용되는 클래스 및 컬렉션에서 동작하는 LINQ 메서드 등은 이런 비교를 눈에 보이지 않게 만든다. Equals는 object 기본 클래스에서 정의된 가상 메서드이며 이 비교가 얼마나 근본적인지에 관한 단서를 제공한다. 왜냐하면 Equals 메서드를 호출하면 모든 값을 서로 비교할 수 있다는 것을 의미하기 때문이다.

그러나 object.Equals 구현은 항상 신원 비교를 수행하므로 값 타입에 대해서는 의미가 없다. 이러한 이유로 모든 구조체는 암묵적으로 ValueType 클래스를 상속한다. ValueType은 Equals 메서드를 오버라이드해서 값 기반 비교를 수행한다.

참조 타입과 값 타입에 대한 등치의 의미는 다르며 이는 런타임에 코드가 동작하는 방법에 영향을 미친다. 리스트 2-11에서는 Thing 타입이 참조 타입 혹은 값 타입으로 할당돼 있지 않으며 명시적으로 Equals 메서드를 오버라이드하지 않는다. 여기에서 Host 속성에 같은 값을 갖는 Thing의 인스턴스를 2개 만든다. Equals를 호출했을 때 발생하는 결과는 Thing이 무엇인지(클래스, 레코드, 구조체 혹은 레코드 구조체)에 전적으로 의존한다.

```
public ??? Thing
{
    public string Host { get; set; }
}

var thing = new Thing { Host = "Palmer" };
var clone = new Thing { Host = "Palmer" };

Assert.That(clone.Equals(thing), Is.True);
```

리스트 2-11: **2개의 독립적인 변수의 등치 비교하기**

Thing이 클래스이면 이 어서션은 실패한다. object.Equals 메서드는 clone과 thing이 모두 동일한 인스턴스를 참조할 때마다 true를 반환하기 때문이다(위 예제에서는 그렇지 않다). Thing 이 구조체이면 위 어서션은 성공한다. Equals의 ValueType 구현은 clone과 thing이 같은 값을 가지면 true를 반환하기 때문이다. 즉, 이들의 값은 같다고 비교된다.

Thing이 레코드 혹은 레코드 구조체일 때도 clone과 thing 변수는 같다고 비교된다. 이들 역시 값 기반 등치 비교를 사용하기 때문이다.

레코드, 구조체, 값 시맨틱

레코드는 참조 타입이다. 그러나 2개의 레코드 변수의 등치를 비교할 때는 값과 같은 동작을 한다. 레코드 타입을 컴파일하면 컴파일러는 클래스 정의를 생성한다. 이 클래스 정의에서는 별도로 정의하지 않는 한 Equals 메서드를 오버라이드한다. 레코드를 위해 생성된 Equals 메서드는 2개의 인스턴스의 상태가 같은지 비교하며, 이들이 같은 인스턴스를 가리키는지 참조를 비교하지 않는다.

한편 구조체에서는 Equals를 오버라이드하지 않으면 등치 비교는 ValueType 기본 클래스가 제공하는 Equals 구현에 의존한다. 참조 타입인 레코드는 ValueType을 상속하지 않는다. 레코드 구조체는 ValueType을 상속한다. 하지만 레코드와 마찬가지로 Equals는 컴파일러가 생성한 구현으로 오버라이드된다. ValueType.Equals는 최적의 구현이 아니기 때문이다.

ValueType 구현은 반드시 일반적이며 모든 구조체 타입에 대해 해당 구조체의 필드 타입에 관계없이 동작해야 한다. 해당 타입의 필드가 Equals의 커스텀 구현을 갖는다면, 해당 구현을 포함하는 인스턴스는 해당 필드의 구현을 사용해 비교를 수행해야 한다. 해당 인스턴스를 단순히 구조적 비교(structural comparison) 또는 비트와이즈 비교(bitwise comparison)한 결과가 늘 올바르지는 않다. ValueType이 제공하는 Equals의 구현은 런타임 시 반영을 통해 필드 비교 방법을 결정하고 Equals의 오버라이드된 구현을 사용해서 해당 필드의 타입이 그것을 갖는지 비교한다.

구조체의 반영에 의한 오버헤드를 피하려면 Equals를 자체 구현으로 오버라이드해야 하며, 이를 통해 각 필드와 속성을 비교 대상 인스턴스의 해당 필드 및 속성과 비교해야 한다. 오버라이드된 Equals 메서드를 사용해서 각 필드와 속성 값이 같다고 비교되면 두 인스턴스는 같다. 기본적으로 레코드와 레코드 구조체에 대해서는 컴파일러가 이 구현을 제공한다.

반복하지만 구조체, 레코드, 레코드 구조체는 모두 자신들의 상태에 대한 값 기반 비교를 사용해서 Equals 메서드를 구현한다. 그러나 레코드와 레코드 구조체의 경우 구현은 컴파일러가 자동으로 생성하기 때문에, 직접 커스텀 구현을 제공할 필요는 없다.

(레코드 구조체가 아니라) 레코드를 위해 사용하는 변수들은 참조이다. 그리고 레코드 참조를 다른 변수에 할당하면 같은 레코드 인스턴스에 대해 여전히 2개의 참조를 갖게 되며 이는 타입이 클래스일 때와 같다. 따라서 레코드는 복사에 대해서는 참조 시맨틱, 등치 비교에 대해서는 값 시맨틱을 갖는다.

값 타입과 참조 타입에 대한 비교 시맨틱과 복사 시맨틱의 차이는 이 타입들의 인스턴스가 런타임에 동작하는 데 방식에 중요한 영향을 미친다. 그러나 처음 이 인스턴스들이 생성되는 방법에도 중요한 차이가 있다. 다음 절에서는 인스턴스의 타입(값 타입 혹은 참조 타입)에 따라 생성(construction)과 초기화(initialization)와 어떻게 다른지 살펴보겠다.

생성과 초기화

새로운 객체를 생성하는 일은 표면적으로는 간단한 조작이지만, 그 이면에서 컴파일러는 생성 프로세스를 가능한 효율적으로 수행하기 위해 수많은 문제들을 처리한다. 원칙적으로 객체를 생성할 때는 타입의 인스턴스를 위한 메모리를 할당하고 해당 인스턴스의 필드를 초기화하는 작업을 수행하는 생성자를 호출하는 과정을 포함한다. 값 타입과 참조 타입에 대한 구문은 동일하지만 new는 이들을 다르게 취급하며 서로 다른 타입에 메모리를 할당하는 방법과 할당 위치에 관련된 복잡성을 숨긴다. 다시 말해 new 표현식은 메모리를 할당하고 사용하는 방법에 관한 구현의 세부 사항을 감추는 추상화라고 할 수 있다.

구체적으로 참조 타입 인스턴스에 대한 메모리는 동적으로 할당된다. 클래스나 레코드 타입의 새로운 인스턴스가 생성되면, 메모리는 런타임에 힙에 할당된다. 구조체와 레코드 구조 타입의 인스턴스는 생성된 인스턴스가 사용되는 방법에 따라 다르게 할당된다. 다음 코드를 살펴보자. 이 코드는 변수를 Thing이라는 이름을 갖는 타입의 새로운 인스턴스로 초기화한다.

```
var thing = new Thing();
```

객체를 생성하고 생성한 객체를 변수에 할당하는 기본 구문은 Thing이 클래스든, 구조체든, 레코드든, 레코드 구조체든 같다. 이후 절에서 보게되겠지만 이 코드는 Thing이 접근할 수 있는 생성자를 가지는 것에 의존한다. 생성자는 인수 없이 호출될 수 있으며, Thing이 참조 타입인 경우에는 반드시 필요하지는 않다. 하지만 잠시 동안은 Thing 인스턴스를 위와 같은 방식으로 생성할 수 있다고 가정하자. Thing이 클래스 혹은 레코드라면 new는 런타임에 힙에 메모리를 할당하며 새로운 객체에 대한 참조를 반환한다. 반환된 참조는 thing 변수에 할당된다.

Thing이 구조체 혹은 레코드 구조체라면 새로운 인스턴스가 thing 변수에 할당된다. 하지만 이 코드는 Thing의 새로운 인스턴스에 대한 메모리를 할당하거나 할당하지 않을 수 있고, 생성자를 호출하거나 호출하지 않을 수 있다. 생성과 초기화는 별도의 프

로세스이기 때문이다. 이 부분적인 차이점은 Thing의 타입(값 타입 또는 참조 타입)과
관련된다.

기본 초기화

기본 초기화(default initialization)는 속성의 백킹 필드를 포함해 각각의 타입 필드
에 기본값이 주어지는 것을 말한다. 기본 초기화는 언어에 의해 정의되며 다음 중 한
가지를 의미한다.

- 참조는 null로 설정된다.
- 내장 숫자값 타입 변수는 0으로 설정된다.
- 모든 다른 값 타입은 기본 초기화된다.

기본 초기화된 참조 타입 필드는 일반적으로 에러의 원인이다. 예를 들어 리스트
2-12의 간단한 MusicTrack 구조체는 사용자가 직접 그 속성을 설정함으로써 인스턴스
를 초기화해야 한다. MusicTrack 인스턴스의 속성에 대한 적절한 값을 설정하지 않으
면, 이 인스턴스를 사용할 때 예외가 발생한다.

```
public struct MusicTrack
{
    public string Artist { get; set; }
    public string Name { get; set; }

    public override string ToString()
        => $"{Artist.ToUpper()}: {Name.ToUpper()}";
}

var defaultTrack = new MusicTrack();

var print = defaultTrack.ToString();
```

리스트 2-12: **참조 타입 필드 초기화하기**

ToString을 호출하면 널 참조 예외(null reference exception)가 발생한다. default-
Track 값이 기본 초기화됐기 때문이다. ToString 메서드는 Artist와 Name 속성에 대
해 ToUpper를 호출하는데 이 속성들은 기본 초기화에 의해 null로 설정된다. 기본 초
기화된 참조를 사용할 때는 null 참조 접근에 따른 이런 문제를 피하기 위해 경고를
발생시켜야 한다. 기본 초기화된 값의 영향을 최소화하기 위한 방법의 하나는 직접
인스턴스 생성자를 제공하는 방법이다.

인스턴스 생성자

인스턴스 생성자(instance constructor)는 메서드와 같이 0개 이상의 매개변수를 가질 수 있다. 메서드와 마찬가지로 생성자도 오버로드될 수 있으며 한 가지 타입에 대해 여러 생성자를 정의할 수 있다. 각각의 생성자는 다른 개수의 매개변수를 가지거나 다른 타입의 매개변수를 가질 수 있다. 클래스, 구조체, 레코드, 레코드 구조체에서의 생성자 정의는 유사하지만 몇 가지 중요한 차이점을 갖는다.

리스트 2-13에서는 MusicTrack 구조체에 생성자를 하나 추가하고 매개변수값을 사용해서 인스턴스의 속성값을 초기화한다. null 병합(null-coalescing) 연산자인 ??를 사용해서 매개변수가 null이면 해당 각 속성에 대해 빈 문자열을 할당한다.

```
public readonly struct MusicTrack
{
    public MusicTrack(string artist, string name)
        => (Artist, Name) = (artist ?? string.Empty, name ?? string.Empty);

    public string Artist { get; }
    public string Name { get; }

    public override string ToString()
        => $"{Artist.ToUpper()}: {Name.ToUpper()}";
}
```

리스트 2–13: 매개변수를 가진 인스턴스 생성자 추가하기

생성자를 추가하면 더 이상 사용자들이 MusicTrack의 속성을 명시적으로 설정하는 것에 의존하지 않아도 된다. 해당 속성의 초기값들은 생성자에 존재하기 때문이다. 우리는 해당 속성들을 get 전용으로(즉, 이들의 값은 생성자를 통해서만 전달할 수 있도록) 만들고, MusicTrack을 readonly 구조체로 만들었다. 하지만 사용자 정의 생성자가 존재한다 하더라도 여전히 ToString 메서드 안에서 이 속성값들을 사용할 때는 주의해야 한다. MusicTrack은 구조체 타입이기 때문에, 속성에 의미 있는 값을 전달하기 위해 MusicTrack의 고유 생성자를 추가하는 것만으로는 null 참조를 사용해서 메서드를 호출했을 때 발생할 수 있는 예외에 대한 충분한 보호를 제공할 수 없다.

nullable 참조 타입 기능이 활성화돼 있다면(p.97), 생성자의 매개변수는 nullable이 아닌 변수일 것이다. 즉, null을 인수로 전달하면 컴파일러는 경고를 발생시킨다. null을 허용하지 않는 매개변수는 인수로 null을 전달할 수 없다는 의미가 아니다. 그러나 경고를 발생시키는 것을 충분한 보호 수단이라 결정할 수 있으며, 이는 생성자에서 null 병합 할당을 잠재적으로 생략할 수 있게 한다. 그러나 nullable 참조 타입

기능은 해당 속성값이 ToString 메서드에서 그들을 사용하기 전에 null이 아니라는 것을 검증하는 것을 피할 수 있게 한다. 다행히도 null 조건 연산자(null-conditional operator)를 사용하면 이를 직관적이고 안전하게 확인할 수 있다.

```csharp
public override string ToString()
    => $"{Artist?.ToUpper()}: {Name?.ToUpper()}";
```

여기에서는 각 속성 이름에 null 조건 연산자(?)가 붙어 있다. 이는 해당 속성이 null이 아닐 때만 ToUpper 메서드가 호출되는 것을 의미한다. 속성이 null이면 문자열 안의 중괄호 사이에 있는 표현식의 결과가 null이며, 문자열 보간(string interpolation)은 빈 문자열로 다루어진다.

MusicTrack이 클래스 또는 레코드인 경우 직접 만든 생성자의 존재는 다음과 같이 인수를 전달해 인스턴스를 만들 수 없음을 의미한다.

```csharp
var track = new MusicTrack();
```

기본 생성 인스턴스를 만들려고 시도하면 다음과 같은 컴파일 에러가 발생한다.

```
[CS7036] There is no argument given that corresponds to the required formal parameter 'artist'
of 'MusicTrack.MusicTrack(string, string)'
```

클래스 또는 레코드에 대한 생성자를 제공하지 않으면 컴파일러가 기본 생성자를 작성해 삽입한다. 하지만 우리가 참조 타입을 정의할 때 생성자를 정의하면 컴파일러는 기본 생성자를 생성하지 않는다. 컴파일러는 값 타입에 대한 기본 생성자를 생성하지 않지만, 구조체 또는 레코드 구조체의 인스턴스는 우리가 생성자를 정의했는지에 관계없이 기본 초기화된다.

기본 생성자와 생성된 생성자

참조 타입과 값 타입의 동작은 부분적으로 다르다. 참조 타입은 힙에 할당되지만 값 타입은 그렇지 않을 수 있기 때문이다. 컴파일러는 참조 타입에 대한 기본 생성자를 생성한다. 이런 타입의 인스턴스들은 동적으로 할당되며 그 인스턴스들은 런타임에 초기화되기 때문이다. 참조 타입 인스턴스가 힙에 할당되면 이를 위한 메모리는 0이되고 인스턴스를 효과적으로 기본 초기화한다.

값 타입은 다른 방식으로 취급된다. 이들의 메모리는 런타임에 할당될 필요가 없기 때문이다. 지역 값 타입 변수의 경우 컴파일러는 해당 인스턴스 데이터들을 위한 메모리를 보존할(reserve) 수 있으며, 프로그램은 그 메모리에 직접 접근한다. 기반의 공통 중간 언어(Common Intermediate Language, CIL)는 기본 초기화 값 타입 인스턴스에 효율적인 지시를 제공한다. 이 지시에 따라 인스턴스가 실제 위치하는 메모리 영역에 관계없이 효과적으로 인스턴스에서 사용된 메모리를 0으로 채운다.

구조체의 기본 초기화나 레코드 구조체의 기본 초기화는 컴파일러가 제공하는 기본 생성자가 수행하는 것으로 간주할 수 있다. 왜냐하면 그 결과는 모든 경우에 동일하기 때문이다. 기본 초기화하는 값 타입은 생성자를 호출할 필요가 없어 미미한 성능상의 이익을 제공하지만 중요한 최적화라고는 볼 수는 없다.

위치 레코드 혹은 위치 레코드 구조체에서는 컴파일러가 public 생성자를 생성하며, 이 생성자는 다음과 같이 타입 정의에서 사용하는 매개변수에 기반한다.

```
public sealed record Color(int Red, int Green, int Blue);
```

이 예제에서 Color의 매개변수는 컴파일러에게 이 이름과 타입을 사용해서 public 속성을 생성하라고 지시한다. 또한 컴파일러는 레코드의 매개변수 목록과 같은 시그니처를 갖는 생성자를 만들며, 이 시그니처를 통해 속성에 값이 할당된다. 컴파일러에 의해 생성된 생성자는 다음과 같다.

```
public Color(int Red, int Green, int Blue)
    => (this.Red, this.Green, this.Blue) = (Red, Green, Blue);
```

이 생성자는 컴파일러가 생성한 것이지만 여전히 사용자 정의 생성자로 간주된다. 그리고 Color 레코드에 대한 기본 생성자를 대신한다. 인스턴스는 타입에 관계없이 처음 생성될 때 항상 기본 초기화된다. 그 메모리가 힙에 할당됐는지 혹은 다른 곳에 할당됐는지에 관계없이 동일하다.

클래스의 생성자를 직접 정의하면 생성자 바디 이전에 모든 필드들이 기본 초기화된다고 생각할 수 있다. 클래스의 필드들은 생성자 안에서는 초기에 할당된 상태(initially assigned)로 간주된다. 구조체의 생성자에서 필드들은 초기에 할당되지 않은 상태(initially unassigned)이므로 구조체 혹은 레코드 구조체의 모든 필드에 대한 값을 할당해야 한다. 설령 기본 초기화된 값으로 대체하는 것이라도 말이다.

오버로드된 생성자

생성자의 매개변수으로는 모든 타입을 제공할 수 있으며 서로 다른 숫자 혹은 타입의 매개변수를 갖는 여러 생성자를 정의함으로써 생성자를 오버로드할 수 있다. 주로 타입을 생성하는 여러가지 방법을 지원하고자 할 때 활용한다. 예를 들어 리스트 2-14에서 구조체는 시그니처가 다른 2개의 생성자를 갖는다.

```
public readonly struct Color
{
    public Color(int red, int green, int blue)
        => (Red, Green, Blue) = (red, green, blue);

    public Color(uint rgb)
        => (Red, Green, Blue) = Unpack(rgb);

    public int Red { get; }
    public int Green { get; }
    public int Blue { get; }
}
```

리스트 2-14: **생성자 오버로딩**

첫 번째 생성자는 3개의 서로 다른 매개변수(red, green, blue)를 받아서 3개의 속성을 초기화한다. 두 번째 생성자는 하나의 RGB 값을 숫자로 받아서 Red, Green, Blue 속성을 초기화한다. 이때 (예제에서는 보이지 않지만) Unpack 메서드를 호출해서 전달받은 숫자를 컴포넌트로 언팩한다. 리스트 2-15에서는 다른 인수를 전달함으로써 사용할 생성자에 대한 다른 오버로드를 선택한다.

```
var orange = new Color(0xFFA500);
var yellow = new Color(0xFF, 0xFF, 0);
```

리스트 2-15: **올바른 오버로드 선택하기**

여기에서 orange 변수는 하나의 uint 매개변수를 받는 생성자(리스트 2-14의 두 번째 생성자)를 사용해서 생성된다. 그리고 yellow 변수는 3개의 int 매개변수를 받는 생성자(리스트 2-14의 첫 번째 생성자)를 사용해서 생성된다.

매개변수 없는 생성자

앞에서 언급했듯 클래스에 대한 생성자를 직접 정의하면 컴파일러가 생성한 기본 생성자를 제한한다. 다시 말해 타입의 새로운 인스턴스를 생성하기 위해서는 직접 정의한 생성자에 대한 매개변수를 전달해야만 한다. 인수가 없이 이런 참조 타입 인스턴스를 생성하기 위해 매개변수 없는 생성자(parmaeterless constructor)를 정의할 수 있다. 매개변수 없는 생성자를 사용하면 참조 타입 필드와 속성을 null이 아닌 값으로 초기화할 수 있다. 이것은 클래스가 빈 값으로 초기화될 수 있는 컬렉션을 포함하는 경우 일반적으로 사용할 수 있는 방법이다(리스트 2-16).

```
public sealed class Playlist
{
    public Playlist(IEnumerable<MusicTrack> items)
        ①=> queue = new(items);

    public Playlist()
        ②=> queue = new();

    public void Append(MusicTrack item)
        => queue.Add(item);

    --생략--

    private Queue<MusicTrack> queue;
}
```

리스트 2-16: **매개변수 없는 생성자 정의하기**

여기에서 정의한 2개의 생성자를 사용하면 큐(queue)를 활성화하는 일련의 아이템을 전달하거나(①), 아무런 인수를 전달하지 않고(②) Playlist를 생성할 수 있다. 아무런 인수를 전달하지 않으면 queue 필드는 빈 큐로 초기화돼 null이 아님을 보장한다.

2개의 생성자는 모두 타입 추론(type inference)를 사용해서 queue를 초기화한다. 이 기능은 target-typed new라 불리며 C# v9.0에서 도입됐다. 컴파일러는 초기화할 대상 변수의 타입으로부터 new가 요구하는 타입을 추론한다. 이 예제에서는 Queue<MusicTrack>이 여기에 해당한다. queue 필드는 모든 Playlist 인스턴스에 대해 null이 아님이 보장되므로, Playlist.Append 메서드 안에서 null을 체크할 필요가 없다.

위치 레코드에서 컴파일러는 해당 레코드에 대한 위치 인수에 기반해 생성자를 생성한다. 따라서 기본적으로 위치 레코드의 인스턴스는 인수가 없이는 생성될 수 없다. 이 동작이 필요한 경우에는 위치 레코드에 대한 매개변수 없는 생성자를 직접 정의할 수 있다. 한편 구조체 혹은 위치 레코드 구조체는 직접 생성자를 정의하는 것과 관계없이 항상 인수가 없이도 생성할 수 있다.

구조체와 기본값

C# v10.0부터 값 타입에 대한 매개변수 없는 생성자를 직접 정의해서 모든 참조 필드가 null이 아님을 보장할 수 있다. 그러나 여전히 값 타입 구현에서는 null을 확인해야 한다. 왜냐하면 구조체 혹은 레코드 구조체의 인스턴스는 항상 기본 초기화될 수 있으며, 이 경우 우리가 정의한 모든 생성자를 건너 뛰기 때문이다. 이를 리스트 2-17에 나타냈다. 리스트 2-17에서는 MusicTrack 구조체에 대한 매개변수 없는 생성자를 추가했으며, 이 생성자에서 2개의 string 속성을 명시적으로 초기화한다.

```
public readonly struct MusicTrack
{
    public MusicTrack()
        => (Artist, Name) = (string.Empty, string.Empty);

    public MusicTrack(string artist, string name)
        => (Artist, Name) = (artist, name);

    public string Artist { get; }
    public string Name { get; }

    public override string ToString()
        => $"{Artist?.ToUpper()}: {Name?.ToUpper()}";
}
```

리스트 2-17: **구조체에 대한 매개변수 없는 생성자 추가하기**

이 매개변수 없는 생성자는 2개의 참조 타입 속성을 null이 아닌 값으로 설정한다. 따라서 new MusicTrack을 이용해서 생성한 MusicTrack 인스턴스를 사용할 때 각 속성에 대해 ToUpeer를 호출하는 것은 안전하다. 그렇다고 해서 ToString 안에서 null 조건 확인을 생략할 수 있다는 의미는 아니다. Artist 혹은 Name은 해당 인스턴스가 기본 초기화된 MusicTrack인 경우, 예를 들어 배열의 요소인 경우에는 여전히 null이 될 수 있다.

```
var favorites = new MusicTrack[3];

var print = favorites[0].ToString();
```

ToString 안에서 null 체크를 하지 않으면 이 코드에서 ToString은 NullReferenceException을 발생시킬 것이다. 왜냐하면 favorites 배열을 생성하는 것은 그 요소에 대해 우리가 정의한 매개변수 없는 생성자를 호출하지 않기 때문이다. 각 요소는 기본 초기화되며, Name과 Artist 속성은 기본값인 null을 갖는다. 따라서 null 참조에 대해 ToUpper 메서드를 호출하면 예외가 발생한다.

배열 요소들은 우리가 제공하는 매개변수 없는 생성자를 호출하지 않고 기본 초기화된다. 매개변수 없는 생성자는 new 키워드를 사용해서 새로운 인스턴스를 만들 때 사용된다.

값 타입 초기화

값 타입이 인스턴스가 메모리에 할당되는 방법에 미치는 매우 미묘한 결과중 하나는, 값 타입의 필드가 모두 public이면 생성자 밖에서 각 필드에 대한 값을 완전하게 할당할 수 있다는 점이다(물론 필드들은 읽기 전용이 아니어야 한다). 이는 결과적으로 인스턴스 전체를 완전히 할당한다. 예를 들어 리스트 2-18에서는 초기화되지 않은 구조체 변수의 각 필드에 하나의 값을 할당한다.

```
public struct Color
{
    public int red;
    public int green;
    public int blue;
}

Color background; // 초기에 할당되지 않은 변수

background.red = 0xFF;
background.green = 0xA5;
background.blue = 0;

Assert.That(background.red, Is.EqualTo(0xFF));
```

리스트 2-18: **구조체 완전하게 할당하기**

이 코드는 컴파일되고 테스트는 어찌 저찌 통과한다. new를 사용해서 백그라운드 변수를 할당하지 않았고 백그라운드 변수를 위한 생성자를 호출하지도 않았지만 red 필드의 값을 읽을 수 있다. Color가 레코드 구조체라도 마찬가지다.

이 예제는 값 변수가 값 타입 인스턴스를 직접적으로 포함하는 것을 보여준다. 각 필드에 할당한다는 것은 인스턴스를 명시적으로 생성할 필요가 없다는 것을 의미한다. 하지만 이런 동작에 의존하면 다른 문제를 일으킬 수 있다. 무엇보다 public 필드를 사용하면 Color 타입을 의도에 관계없이 오용할 여지가 있다. 실질적으로는 생성자 사용이 값 타입의 필드를 초기화하는 훨씬 나은 방법이다. 값 타입의 필드는 모두 private이고 읽기 전용이어야 한다.

public 필드를 공개적으로 변경할 수 있는 속성으로 바꾸면 이 코드는 컴파일에 실패한다. 인스턴스 자체가 완전하게 할당돼야만 값 타입의 속성에 접근할 수 있다. 모든 속성은 컴파일러에 의해 생성되는 백킹 필드를 가지며 그 백킹 필드는 항상 private 이다.

생성자 접근성

매개변수를 갖는 생성자는 모든 타입에 대해 public 또는 private으로 만들어질 수 있다. private 생성자는 사용자들이 특정한 인수를 사용해서 인스턴스를 생성하지 못하도록 할 때 유용하다. 이 기법은 "정적 생성 메서드"(1장)에서 사용했으며, 사용자들이 new 키워드를 직접 사용하지 않고 우리가 정의한 정적 클래스 팩토리 메서드를 호출해서 특정한 값을 생성하도록 강제했다. 클래스 또는 레코드에서는 매개변수 없는 생성자를 만들어서 사용자들이 기본 생성된 인스턴스를 만드는 것을 방지할 수 있다. 리스트 2-19의 Color 레코드를 보자.

```
public sealed record Color
{
    private Color() { }

    public static Color Black { get; } = new Color();

    --생략--
}
```

리스트 2-19: **생성자를 참조 타입에 대해 private로 만들기**

Color의 생성자는 private로 지정돼 있으므로 이를 사용해서 정적 Black 속성값, Color의 다른 정적 또는 인스턴스 멤버를 초기화할 수 있다. 하지만 Color 타입 외부의 코드에서는 생성자에 접근할 수 없다. Color의 사용자가 이를 망각하고 new를 사용해서 인스턴스를 생성하려고 시도하면 컴파일러는 이를 거부한다.

```
var black = new Color();

[CS0122] 'Color.Color()' is inaccessible due to its protection level
```

클래스와 레코드에서도 생성자에 대해 protected 키워드를 사용해 타입을 상속하게 할 수 있다. 구조체와 레코드 구조체는 상속될 수 없으므로 컴파일러는 값 타입 안에서 protected의 사용을 방지한다. 구조체 또는 레코드 구조체 안에서 매개변수 없는 생성자를 직접 정의할 때는 반드시 public으로 정의해야 한다. 구조체와 레코드 구조체 인스턴스는 매개변수 없는 생성자 제공 여부에 관계없이 항상 기본 초기화될 수 있다.

필드 초기자

C# v.10.0이후 클래스 혹은 레코드 정의 안에서, 그리고 구조체 혹은 레코드 정의 안에서 필드 초기자(field initializer)를 사용해 인라인으로 필드에 초기값을 할당할 수 있다. 속성 초기자(property initializer)를 사용해 자동 속성에 대해서도 같은 작업을 수행할 수 있다. 속성 초기자는 해당 속성과 관련된 숨겨진 백킹 필드를 초기화한다. 리스트 2-20에서는 리스트 2-16에서 만든 Playlist 클래스의 queue 필드에 대해 필드 속성자를 사용해서 초기값을 할당하고, Playlist에 Name 속성을 추가한 뒤 속성 초기자를 사용해서 초기값을 할당한다.

```
public sealed class Playlist
{
    --생략--

    public string Name { get; set; } = "_playlist";

    private Queue<MusicTrack> queue = new();
}
```

리스트 2–20: **필드 및 속성에 대한 초기값 할당하기**

필드 초기자 및 속성 초기자는 객체 생성의 일부이지만 값 타입 인스턴스가 기본 초기화됐을 때는 적용되지 않는다. 초기자는 개념적으로는 생성자 직전에 적용된다. 앞서 언급했듯 컴파일러는 사용자 지정 생성자 혹은 위치 생성자를 제공하지 않으면 클래스와 레코드 타입에 대한 기본 생성자를 생성한다. 하지만 컴파일러는 모든 값 타입에 대해 매개변수 없는 생성자를 합성하지 않는다. 그러므로 구조체 혹은 레코드 구조체 타입에 대해서 필드 초기자 혹은 속성 초기자를 사용하고자 한다면 적어도 직접 하나의 생성자를 또 정의해야 한다. 이 생성자는 매개변수 없는 생성자 혹은 하나 이상의 매개변수를 받는 생성자가 될 수 있다.

필드 초기자들은 인스턴스 멤버를 참조할 수 없다. 하지만 정적 필드는 모든 인스턴스 필드 이전에 완전하게 할당되는 것이 보장되기 때문에, 필드 초기자는 정적값을 참조할 수 있다. 정적 필드 또한 초기자를 가질 수 있고, 다른 정적 필드를 참조할 수 있다. 그러나 한 정적 필드에서 다른 정적 필드를 참조할 때는 주의해야 한다. 이 정적 필드들은 클래스 안에서 나타난 순서대로 초기화되기 때문이다.

객체 초기자

객체 초기자(object initializer)를 사용하면 새로운 인스턴스를 생성하는 시점에 공개적으로 변경할 수 있는 속성에 대한 값을 설정할 수 있다.

```
var fineBrush = new Brush { Width = 2 };
```

클래스, 레코드, 구조체 및 레코드 구조체에 이 문법을 사용할 수 있으며 모두 같은 방식으로 동작한다. 초기화 프로세스는 모두 같다. 생성자는 일반적인 방식으로 호출돼 인스턴스를 생성하고, 인스턴스의 속성에 값이 할당된다. 이 예제에서 Brush는 매개변수 없는 생성자(혹은 모든 매개변수가 optional인 생성자)를 사용해서 생성된다. 하지만 중괄호 안에서 초기화 표현식이 나타나기 전에 어떤 생성자든 호출할 수 있다. 인수를 필요로 하지 않는 생성자를 사용하는 특별한 경우에는 괄호를 생략할 수 있다.

클래스와 레코드에서 이 구문을 사용하려면 접근할 수 있는 매개변수 없는 생성자가 필요하다. 클래스 혹은 레코드의 매개변수 없는 생성자가 숨겨져 있거나 public이 아니면 중괄호 안에서 객체 초기화 전에 유효한 생성자를 반드시 호출해야 한다. 구조체나 레코드 구조체 타입에서는 매개변수 없는 생성자를 가지고 있는 경우 항상 기본 초기화될 수 있으므로 이에 관해 걱정하지 않아도 된다.

초기화 전용 속성

C# v9.0부터 모든 속성은 초기화 전용(init-only) 속성이 될 수 있다. 초기화 전용이란 새로운 인스턴스를 생성하는 동안에만 그 값을 쓸 수 있다는 의미이다. C# v9.0 이전에는 객체를 초기화할 때 속성들은 public set 접근자를 가져야만 했다. 다시 말해 객체 초기화를 불변 속성에 대해서는 사용할 수 없었다. 객체 초기화 시 생성자가 완료된 후에 속성값을 설정해야 했는데 이 작업은 public set 접근자를 갖지 않은 속성에 대해서는 허가되지 않았다. init 접근자는 객체를 초기화하는 동안에는 속성이 설정되도록 하고, 초기화가 완료되면 해당 속성을 불변으로 만든다.

리스트 2-21의 Color 구조체에서는 객체를 초기화하는 동안 init 전용 속성을 사용하는 방법을 나타낸다.

```
public readonly struct Color
{
    public int Red { get; init; }
    public int Green { get; init; }
```

```
    public int Blue { get; init; }
}
var orange = new Color { Red = 0xFF, Green = 0xA5 };

Assert.That(orange.Red, Is.EqualTo(0xFF));
Assert.That(orange.Green, Is.EqualTo(0xA5));
Assert.That(orange.Blue, Is.EqualTo(0));
```

리스트 2-21: init **전용 속성 설정하기**

orange 변수를 생성할 때 새로운 Color가 먼저 기본 생성되고, 각 속성에 기본값인 0
을 설정한다. 중괄호 사이에 있는 객체 초기자는 Red, Green 속성에 새로운 값을 할당
하고 Blue 속성은 기본값을 유지하게 한다. Color는 읽기 전용 구조체이므로 이 구조
체는 가변 속성을 갖지 않아야 한다.

초기화 전용 속성에는 인스턴스 생성자 안 혹은 객체 초기화를 이용해서 값을 할당
할 수 있다. 하지만 인스턴스가 생성된 이후에는 새로운 값을 할당할 수 없다. 초기화
전용 속성은 불변이기 때문이다. init 접근자 구문은 C# v9.0에서 레코드가 지원하는
비파괴 변형(non-destructive mutation)이라 불리는 특별한 초기화 구문을 지원하
기 위해 도입됐지만, 모든 타입의 속성 혹은 인덱서(indexer)에 대해 사용할 수 있다.

비파괴 변형

레코드와 레코드 구조체는 비파괴 변형 구문을 지원하며 C# v.10.0 기준으로 구조체
와 익명 타입 역시 이를 지원한다. 문법적으로 비파괴 변형은 객체 초기화와 비슷하
다. 다만 비파괴 변형은 기존 인스턴스를 복사하고 그 복사본에서 선택된 속성에 대
한 새로운 값을 제공함으로써 새로운 인스턴스를 초기화한다. 리스트 2-22는 이 구문
을 보여준다. with 키워드를 사용해서 orange 레코드 변수를 yellow라는 이름의 새로
운 변수에 복사하고, 그 복사본의 속성 중 하나에 새로운 값을 할당한다.

```
public sealed record Color(int Red, int Green, int Blue);
var orange = new Color(0xFF, 0xA5, 0);

var yellow = orange with { Green = 0xFF };

Assert.That(yellow.Red, Is.EqualTo(0xFF));
Assert.That(yellow.Green, Is.EqualTo(0xFF));

Assert.That(orange.Green, Is.EqualTo(0xA5)); // orange에서 변경되지 않음
Assert.That(orange.Blue, Is.EqualTo(0));
```

리스트 2-22: **비파괴 변형을 사용해 레코드 복사본 초기화하기**

여기에서 yellow 변수를 생성할 때 사용한 with 표현식은 Color 레코드의 새로운 인스턴스를 만들며, 이 인스턴스는 원래의 orange 인스턴스와 동일한 속성값을 갖는다. 그 뒤를 따르는 중괄호 사이에 지정된 속성들은 객체 초기화와 동일한 구문을 사용해 값이 할당된다. 이 접근 방식은 비파괴 변형이라 불린다. 원본 레코드에는 어떠한 변경도 발생하지 않기 때문이다.

알려진 값을 갖는 새로운 인스턴스를 생성할 때 생성자와 초기자라는 두 가지 방법을 모두 사용할 수 있다. 하지만 때때로 변수에 초기값을 제공할 수 없는데, 그러한 경우에도 변수를 초기화되지 않은 채 두는 것은 너무나 제한적이다. 심지어 값을 가졌는지 조차 테스트할 수 없다. 이는 완전한 할당을 관리하는 규칙 때문이다. 다음 절에서는 값을 갖지 않는 변수가 필요할 때 선택할 수 있는 옵션들에 관해 살펴보고, 값 타입과 변수 타입에 대한 차이점을 알아보자.

null 값과 기본값

평범한 값 타입(plain value type) 변수는 null이 될 수 없다. 값 타입 인스턴스는 직접 그 필드를 모두 포함할 수 있으며 "값이 없다(no value)"라는 표현식은 없다. 값 타입의 기본 초기화된 인스턴스는 같지 않다. 이것은 해당 타입의 완전한 인스턴스이며, 단지 그 필드들이 기본 초기화된 값을 가질 뿐이다.

null을 허용하는 값 타입을 도입할 수 있다. 이 값 타입은 할당되고 null 값과 비교된다. 곧 볼 수 있겠지만 평범한 값 타입 인스턴스는 null과 호환되지 않는다. null 상수 표현식은 참조이므로 참조 변수에만 할당될 수 있다. 값 타입 변수에 null을 할당할 수 없다는 것은 null을 인수로서 값 타입 메서드 매개변수로 전달할 수 없음을 의미한다.

마찬가지로 값과 null을 비교하는 것은 이치에 맞지 않는다. 리스트 2-23과 같이 컴파일러는 이런 비교를 거부한다.

```
public readonly struct Speed
{
    --생략--
}

var c = new Speed();

Assert.That(c == null, Is.False);
```

리스트 2-23: **값 타입 변수와 null을 비교하기**

컴파일러에서는 다음과 같은 에러가 발생한다.

```
[CS0019] Operator '==' cannot be applied to operands of type 'Speed' and '<null>'
```

하지만 우리는 모든 참조 타입을 null과 비교할 수 있다. C# v8.0부터 상수 패턴(constant pattern)을 사용하면 is 키워드를 통해 이 비교를 보다 직접적으로 할 수 있다.

```
Assert.That(someObject is null, Is.True);
```

값 타입을 null과 비교하는 것은 그 방법이 무엇이 됐든 상식적이지 않다. null은 참조이므로 값 타입과 다르게 표현되기 때문이다. 하지만 값 타입과 null을 비교하는 데 있어 한 가지 예외가 있다. 바로 제네릭 타입(generic type)이다.

제네릭과 null

제네릭 클래스 혹은 제네릭 메서드에서 제약 없는 타입의 매개변수는 null과 비교할 수 있다. 또한 제약 없는 제네릭 타입은 값 타입과 참조 타입 모두가 될 수 있다. 리스트 2-24에서는 제네릭 매개변수 타입의 인스턴스를 null과 비교한다.

```
public static int Compare<T>(T left, T right)
{
    if(left is null) return right is null? 0 : -1;
        --생략--
}
```

리스트 2-24: 제네릭 타입 매개변수 인스턴스와 null 비교하기

Compare 제네릭 메서드는 T라는 이름의 타입 매개변수를 갖는다. 이 매개변수는 타입 제약(type constraint)을 갖지 않기 때문에 값 타입 또는 참조 타입이 될 수 있다. 이 인스턴스 안에서 T는 값 타입이라 알려지지 않았기 때문에 컴파일러는 구문을 허용한다. 런타임에 T의 타입이 값 타입이라고 결정되면 전체 표현식은 그저 false로 평가된다.

컴파일러는 여전히 null을 T 타입 변수에 할당하는 것을 막는다. T가 값 타입이라면 런타임에 할당이 실패할 것이기 때문이다. 마찬가지로 리스트 2-25에서와 같이 제약 없는 타입 매개변수를 통해 null을 반환할 수 없다.

```
public static T Consume<T>(IProducerConsumerCollection<T> collection)
    => collection.TryTake(out var item)? item : null;
```

리스트 2-25: **제네릭 매개변수 타입으로서 null을 반환하기**

이 코드에서는 다음과 같은 에러가 발생한다.

[CS0403] Cannot convert null to type parameter 'T' because it could be a non-nullable value type. Consider using 'default(T)' instead.

이 예제는 다소 이해하기 어려울 수 있다. T는 제약이 없기 때문이다. T는 구조체 혹은 레코드 구조체 타입을 표현할 수 있다. 에러 메시지는 null이 유효하지 않은 값이기에 null을 반환하는 대신 T에 대한 기본값을 반환할 수 있다는 단서를 제공한다. 기본값은 이와는 다르지만 더 중요한 유스 케이스에서 몇 가지 제한을 갖는다.

제네릭과 기본값

기본값의 개념은 null 값과 밀접하게 관련돼 있다. 특별히 제네릭 타입과 제네릭 메서드의 컨텍스트에서 그러하다. 때때로 우리(그리고 컴파일러)는 제네릭 매개변수 타입 T의 인스턴스가 완전하게 할당돼 있음을 보장해야만 한다. T의 타입을 컴파일 타임에 알 수 없더라도 말이다. T 타입의 새로운 인스턴스를 만들기 위해서 단순히 new를 사용할 수는 없다. 왜냐하면 컴파일러는 T에 대해 어떤 생성자를 사용할 수 있는지 결정할 수 없기 때문이다.

T가 값 타입이라면 우리는 항상 기본 초기화를 사용하거나 매개변수 없는 생성자를 호출해서 기본 인스턴스를 만들 수 있다. 하지만 T가 참조 타입이라면 기본 혹은 매개변수 없는 생성자에 접근할 수 없다. new 제약을 T에 사용할 수 있는데, 이는 제네릭 타입 혹은 제네릭 메서드가 접근할 수 있는 매개변수 없는 생성자를 갖는 타입에 대해서만 동작함을 의미한다. 하지만 이것은 너무 제한적이다.

제네릭 타입에서는 제네릭 매개변수를 사용해서 해당 제네릭 매개변수 타입의 필드 혹은 속성을 나타낸다. 그리고 제네릭 값 타입은 모든 필드가 완전하게 할당됨을 보장해야 하며, 이는 제어가 생성자를 떠나기 전에 이루어져야 한다. 이를 가능하게 하기 위해서는 default 키워드를 사용해서 T의 기본 인스턴스를 초기화한다. 리스트 2-26에서는 제네릭 구조체를 보여준다.

```
public readonly struct Node<T>
{
```

```
    public Node(int index)
    {
        idx = index;
        contained = default;
    }

    private readonly int idx;
    private readonly T contained;
}
```

리스트 2-26: **타입 매개변수의 기본 인스턴스 초기화하기**

Node 생성자 안에서 contained 필드에는 해당 타입의 기본값이 할당된다. 이때 대상 타입의 기본 리터럴(C# v7.1 이후 사용 가능)을 사용하며 이 리터럴은 default(T) 표현식과 동등하다. 여기에서 T가 클래스 혹은 레코드이면 그 기본값은 null이다. T가 구조체 혹은 레코드 구조체이면 기본값은 기본 초기화된 인스턴스이다. default를 사용해서 값을 초기화하는 행동은 (생성자를 정의하지 않는 한) 매개변수 없는 생성자를 호출하지 않는다는 점에 주의하자. 이 코드는 T 타입의 변수에 대해 항상 기본값을 생성할 수 있기 때문에 유효하다. T가 값 타입이라면 해당 값은 T의 기본 인스턴스이다. T가 참조 타입이라면 기본 T는 null이다. default 키워드는 제네릭 타입과 메서드 이외의 여러가지로 사용되지만 제네릭 코드 안에서는 반드시 필요하다.

기본값들은 유용하지만 특정한 값 타입 인스턴스를 유효하지 않다고 식별하기에는 충분하지 않다. 다시 말하면 기본이라는 것이 실제로 아무런 값이 주어지지 않았음(no value present)을 의미한다면 이를 사용할 수 없다. 구조체 혹은 레코드 구조체의 기본값은 기본 초기화된 인스턴스이고 따라서 유효한(valid) 값일 수 있다. 리스트 2-27을 보자.

```
int x = default;
int y = 0;

Assert.That(x.Equals(y), Is.True);
```

리스트 2-27: **기본값은 유효할 수 있다**

int 타입에 대한 기본값은 0이다. 이 기본값을 사용하면 특정한 경우에 유효하지 않은 숫자(null은 아닌)를 나타낼 수 있다. 특히 값 유형의 중요 여부는 해당 유형의 인스턴스가 사용되는 상황에 따라 다르지만, 유효한 정수를 0이 아닌 값으로만 한정하는 것은 너무 제한적이다. 다행히 이런 경우 사용할 수 있는 대안이 있다.

nullable 값 타입

nullable 값 타입(nullable value type)을 사용하면 아무런 값이 주어지지 않았음(no value present)을 의미하는 값 타입을 표현할 수 있다. nullable 값 타입은 값 타입의 래퍼이며, nullable 값 타입 변수는 값을 갖거나 갖지 않을 수 있다. 또한 nullable 값 타입 변수는 그 값에 null을 할당할 수 있다. 리스트 2-28에서는 간단한 테스트를 사용해서 이를 보여준다.

```
int? x = null;
int y = 0;

Assert.That(x.Equals(y), Is.False);
```

리스트 2-28: nullable 값 사용하기

변수 x의 int 타입 뒤에 있는 ?는 x가 Nullable<int>라는 것을 줄여서 표현한 것이다. 이제 x에 대한 유효하지 않은 값을 표현할 수 있다. 이 값은 int에 대한 모든 유효한 값과 구분된다. 내장 값 타입 뿐만 아니라 모든 값 타입에 대해 null 허용 변수를 사용할 수 있다. null 허용 변수의 기본값은 null이다.

```
int? x = default;
int? y = null;

Assert.That(x.Equals(y), Is.True);
```

이 테스트는 성공한다. x와 y가 모두 null이기 때문이다. 첫 번째 행에서 x의 선언은 기본 int가 아니라 기본 Nullable<int>로 초기화한다. nullable 값 사이의 등치 비교에서는 내부값(underlying vlaue)이 존재한다면 그것을 비교한다. 2개의 null 허용 변수는 이들 모두가 값을 갖지 않거나 같다고 비교되는 값을 가질 때 같은 것으로 평가된다. Nullable<T>는 구조체이며 Equals 메서드를 오버라이드해서 이 동작을 제공한다.

null을 평범한 값 타입 변수에 할당할 수 없기 때문에, 다음과 같이 표현식의 우변에는 평범한 값 타입을 사용할 수 없다.

```
object speed = new Speed();
var actual = speed as Speed;
```

Speed가 구조체 혹은 레코드 구조체인 경우 이 코드는 컴파일되지 않는다. 왜냐하면 첫 번째 줄의 변환(cast)이 실패하면 **as** 연산자가 null을 반환하기 때문이다. 우리가 알고 있듯 null은 값에 할당될 수 없다. 해결책은 nullable 값 타입을 다음과 같이 변환의 소스로 사용하는 것이다.

```
var actual = speed as Speed?;
```

이 예제에서 실제 변수의 타입은 nullable Speed이며 실제 변수는 변환이 실패하면 (speed 변수가 실제로 Speed 타입이 아니라면) null 값을 갖는다.

nullable 참조 타입

C# v8.0에서는 nullable 참조 타입(nullable reference type)이 도입됐다. 이 기능을 사용하면 컴파일러는 참조가 null이거나 null일 가능성이 있을 때 우리가 그것을 실제 값이 있는 것처럼 기대하면 경고를 발생시킨다. 참조 변수들은 항상 null 값을 가질 수 있다. nullable 참조 타입 기능을 사용하면 그들을 의도한 것인지를 표현할 수도 있다. 다시 말해 nullable 참조 타입 변수를 사용하면 해당 변수가 가질 수 있는 잠정적인 값으로 null을 기대함을 명시할 수 있다.

참조 변수는 기본적으로 nullable이 아니다. 리스트 2-29의 선언에서 brush 변수는 비nullable 참조다.

```
object brush = null;
```

리스트 2-29: 비nullable 참조 변수 선언하기

컴파일러는 정적 분석을 수행한다. 정적 분석에서는 비nullable 참조가 nullable로서 보장될 수 없다는 경고를 발생시킬 수 있다. 부정어를 좀 줄여서 다시 말하자면, null일 수 있는 값이 null이 아닌 참조에 할당되면 컴파일러가 경고를 발생시킨다. 특별히 위와 같이 비nullable 참조에 null을 할당하면 다음과 같은 경고가 발생한다.

```
[CS8600] Converting null literal or possible null value to non-nullable type
```

null이 될 가능성이 있는 값을 인수로 null 비허용 메서드 매개변수에 전달하려고 시도하면, 컴파일러는 경고를 표시할 것이다. 리스트 2-30의 메서드에 관해 생각해보자. 이 메서드는 문자열 안의 각 단어의 첫 글자를 대문자로 만든다.

```
public static string ToTitleCase(string original)
{
    var txtInfo = Thread.CurrentThread.CurrentCulture.TextInfo;
    return txtInfo.ToTitleCase(original.Trim());
}
```

리스트 2-30: 비nullable 참조 매개변수를 사용하는 ToTitleCase 메서드 정의하기

ToTitleCase 메서드 안에서는 원래 매개변수에 의존해야 한다. 이 매개변수는 실제의 null이 아닌 값을 가져야 한다. 왜냐하면 이 매개변수는 null 비허용 문자열이기 때문이다. 다시 말해 우리는 명시적으로 그것이 null이 아닌지 확인하는 코드를 작성하지 않아도 된다는 것을 의미한다. ToTitleCase를 호출할 때 우리가 전달한 인수가 null이 아니라는 것을 컴파일러가 보장하지 못한다면, 컴파일러는 경고를 표시한다.

합법적으로 null 참조를 필요로 할 수 있다. 하지만 그 경우 변수 타입을 nullable로 표시함으로 인해 발생할 수 있는 null 할당에 관한 컴파일러 경고를 억제할 수도 있다. 그 구문은 nullable 값 타입의 그것과 동일하게 타입에 ?를 붙인다. 리스트 2-31은 stirng? 타입 이름을 지정된 nullable 문자열 요소의 컬렉션을 나타낸다.

```
var names = new List<string?>();
// 다른 곳에서 names를 읽었을 때 null 요소를 포함하고 있을 수 있다
--생략--
var properNames = names.Select(name => ToTitleCase(name));
```

리스트 2-31: null일 가능성이 있는 비nullable 매개변수에 전달하기

리스트 2-30에서 본 ToTotleCase 메서드를 이 컬렉션에 적용하면, 리스트 2-29와 유사한 컴파일러 경고가 발생한다. null을 비nullable 참조 타입 변수에 명시적으로 할당했기 때문이다.

```
[CS8604] Possible null reference argument for parameter 'original' in 'string
ToTitleCase(string original)'.
```

이 경고는 컴파일러가 해당 컬렉션이 null 요소를 하나도 포함하지 않는다고 보장하지 못하기 때문에 발생한다. 컴파일러는 모든 요소가 null일 수 있다고 가정한다. 이는 컬렉션의 요소 타입이 nullable 참조이기 때문이다.

ToTotleCase를 호출하기 전에 각 요소를 명시적으로 체크하면 컴파일러는 우리가 해당 메서드에 대한 인수로 null 참조를 사용하지 않는다고 결정할 수 있다. 이를 달성하기 위해서는 리스트 2-34과 같이 루프 안에서 Select 표현식을 언팩할 수 있도 있다.

```
foreach (var name in names)
{
    if(name is not null)
        properNames.Add(ToTitleCase(name));
}
```

리스트 2-32: **명시적으로 null이 아닌 참조 사용하기**

이 코드는 ToTotleCase 호출에 사용하는 인수에 대한 컴파일러 경고를 발생시키지 않는다. 컴파일러는 메서드를 호출하기 전에 충분한 분석을 수행함으로써 name 인수가 null이 아님을 보장하기 때문이다.

하지만 때때로 비nullable 참조에 변수를 할당하는 것이 안전한지, null 비허용 매개변수를 사용해 메서드를 호출하는 것이 안전하지 컴파일러가 결정할 수 있도록 도움을 줘야 한다. 리스트 2-23는 리스트 2-31에서 ToTotleCase를 호출하는 방식을 약간 변경한 것이다. 리스트 2-23에서는 메서드를 호출하기 전에 null 요소를 필터링한다.

```
var properNames = names
    .Where(name => name is not null)
    .Select(name => ToTitleCase(name));
```

리스트 2-23: **메서드 호출 전에 null 요소를 제거하기**

이 코드에서는 리스트 2-31과 같은 경고가 발생한다. 그러나 컴파일러는 ToTitleCase를 호출할 때 null 인수가 사용됐는지 확신할 수 없다. 코드에서는 null에 대한 인라인 체크를 수행한 것으로 보이지만, 사실은 람다 함수(lambda function)을 호출해서 비교를 한 것이기 때문에 컴파일러는 코드를 안전하게 만들기 위한 모든 가능한 코드 경로를 분석하려 시도하지 않는다. 다행히도 회피 방법이 존재한다.

null-forgiving 연산자

null-forgiving 연산자(null-forgiving operator)를 사용하면 null 참조가 null 비허용 매개변수에 대한 인수로 사용되지 않는다는 것을 정확하게 알고 있고, 따라서 이런 작업을 한다는 것을 알려줄 수 있다. null-forgiving 연산자는 변수 뒤에 !를 붙인다. 그래서 이 연산자를 젠장 연산자(dammit operator)라고도 부른다("이것은 완전하게 null이 아니라고, 젠장!"). 컬렉션에서 모든 null 요소들을 필터링했다면 리스트 2-24와 같이 null-forgiving 연산자를 ToTitleCase에 대한 인수에 적용할 수 있다.

```
var properNames = names
    .Where(name => name is not null)
    .Select(name => ToTitleCase(name!));
```

리스트 2-34: null-forgiving 연산자 사용하기

null-forgiving 연산자를 ToTitleCase에 대한 인수에 사용해서 컴파일러에게 해당 메서드를 호출할 때 null이 아닌 참조 타입 매개변수가 사용된다는 것을 확신시킬 수 있다. 실수로 null 참조를 전달하면 (정당하게) object 예외 인스턴스로 설정되지 않는 무시무시한 Object 참조를 얻을 것이다. null-forgiving 연산자를 사용할 때는 매우 조심해야 한다. 해당 변수가 null이 될 수 없음을 실제로 알고 있기 때문이다.

한편 nullable 값 타입과 같은 구문을 갖는 nullable 참조 타입은 그저 컴파일러에게 우리가 해당 우리가 해당 변수에 대해 특정한 가정을 한다고 알려주는 장치일 뿐이다. 컴파일러에 의해 삽입된 동작을 갖는 구별된 타입인 nullable 값 타입과 달리, nulllable 참조 타입은 순수한 컴파일 타임 메커니즘으로 정적 분석에 사용되며 코드의 동작을 전혀 변경하지 않는다. 런타임에서 nullable 및 비nullable 참조는 그저 참조일 뿐이다. 그럼에도 불구하고 코드에서 이들을 구별하는 것은 null 가능성에 관한 우리의 가정을 인코딩하는 데 유용하다.

예상치 못한 null 참조 예외는 많은 프로그램에게 저주이며 모든 프로그래머들이 피하기 위해 많인 공을 들이는 에러의 유형이다. 모던 C#이 제공하는 nullable 참조 타입 기능을 사용하면 그 책임의 일부를 프로그래머에게서 컴파일러로 옮길 수 있다.

정리

내 목표는 컴파일러에 의해 자동으로 수행되는 확인을 통해 모든 참조의 사용을 완전히 안전하도록 보장하는 것이다. 하지만 null 참조를 사용하고자 하는 유혹을 참아내기 힘들다. 구현하기 매우 쉽기 때문이다. 이는 셀 수 없이 많은 에러, 취약성, 시스템 파괴를 일으켰다. 바로 이것들이 지난 40여년 동안 발생한 수십억 달러의 손실과 피해의 원인이었을 것이다.

—Tony (C.A.R.) Hoare

C#의 타입 시스템은 다른 많은 프로그래밍 언어들과 유사하며, 사용자 정의 타입도 지원한다. 하지만 참조 타입과 값 타입을 구분하는 방식에는 다른 언어와 차이가 있다.

Microsoft에서 제공하는 문서를 포함해 다양한 가이드에서 참조 타입 대신 값 타입을 정의해야 하는 상황에 대한 다양한 권고를 찾아볼 수 있지만, 그 가이드라인들은 종종 상황의 특정 부분만을 다룬다.

값 타입과 참조 타입을 구분하는 기술적인 목적은 컴파일러와 공통 언어 런타임(Common Language Runtime, CLR)에게 값들이 최적화를 위한 특정한 기회를 허용할 수 있다는 가정을 알리기 위한 것이다. 우리가 논의한 몇 가지 차이점들은 참조 타입과 값 타입 인스턴스들이 메모리에 저장 및 관리되는 방식에 기인한다. 독립적으로 가비지 컬렉션되지 않는 값 타입 변수들은 그 자체로 큰 승리이다. 그렇다고 해서 그저 클래스를 구조체 혹은 레코드 구조체로 바꿀 수 없으며, 프로그램이 갑자기 더 적은 메모리를 사용하거나 더 빠르게 실행될 것이라 기대할 수 없다. 값 시맨틱은 그저 무엇인가를 값 타입으로 선언하는 것보다 훨씬 많은 것을 포함한다.

마찬가지로 값 타입의 값을 통한 복사(copy-by-value) 동작은 값이 메모리를 사용하는 방식에 따른 사이드 이펙트 이상이다. 값을 통해 복사하면 값 타입에 부과되는 수많은 제약 사항을 발생시킨다. 이 제약 사항들은 참조 타입에서는 필요로 하지 않는다. 적절한 곳에서 값 타입을 사용하면 어떤 측면에서 코드는 명확하고 단순해진다. 예를 들어 값을 사용하는 모든 곳에서 null 값에 대한 체크를 하지 않아도 된다. 값을 복사하는 것의 특성은 Equals 메서드의 동작에도 영향을 미친다. 변수가 같은지 확인하기 위해 비교한다는 것이 이치에 맞지 않게 들릴 수 있지만, 그것이 값을 사용하는 근본적인 이유다.

따라서 값 타입과 참조 타입을 구분하는 것은 단지 제약 사항의 목록으로 끝나지 않는다. 순수한 시맨틱의 차이는 프로그램의 동작에 영향을 미치며 눈에 보이는 이익을 가져다 줄 수 있다. 값 타입의 장점의 하나는 이들이 절대로 null이 될 수 없다는 점이다. 참조가 유효한지 계속해서 체크해야 하는 것은 피곤하며 에러를 쉽게 일으킬 가능성이 있다. 비nullable 참조 타입 기능은 null 참조를 역참조함에 따라 발생하는 예상치 못한 에러의 출현을 줄일 수 있는 방법의 하나다.

컴파일 언어인 동시에 타입 안전한 언어인 C#이 제공하는 최고의 강점 중 하나는 프로그램이 실행되기도 전에 다양한 유형의 에러를 컴파일러가 식별할 수 있다는 점이다.

3

참조 매개변수와
값 매개변수

이번 장에서는 메서드 매개변수와 인수가 참조 타입 및 값 타입과 어떤 관계를 갖고 있는지 살펴본다. 모든 변수는 타입에 관계없이 값을 갖는다는 아이디어에 관해 다시 살펴보고 동시에 다양한 값을 메서드 인수에 값으로 전달하는(by-value) 혹은 참조로 전달하는(by-reference) 방법에 관해 살펴본다.

이번 장에서 다루는 내용은 다음과 같다.

- 참조(reference)와 참조로 전달(by-reference)의 의미에는 어떤 차이가 있을까?
- 앨리어싱(aliasing)과 가변성(mutability)이 밀접하게 관련돼 있는 이유는 무엇일까?

- 사이드 이펙트를 피하면서 코드를 명확하게 할 수 있는 방법은 무엇일까?
- 최적화를 위해 언제 값을 참조로 전달해야 할까?

메서드 매개변수를 값으로 혹은 참조로 전달하는 것은 해당 매개변수가 값 타입 혹은 참조 타입인 것과 다르다. 다시 말해 매개변수의 타입(값 혹은 참조)는 해당 메서드가 그 매개변수를 사용하는 방법(값으로 혹은 참조로)과 다르다. 이 컨텍스트에서 전달하기(passing)는 메서드 매개변수에 값을 제공하고 해당 메서드가 반환하는 값을 받는 매커니즘을 말한다.

이들을 세세하게 구분하기에 앞서 메서드 매개변수와 인수가 동작하는 방법에 관해 살펴보자.

메서드 매개변수와 인수

2장에서 설명했듯 메서드 매개변수들은 변수의 특정한 유형이다. 매개변수는 이름 및 명시적 타입을 사용해서 메서드 정의에서 선언되며 메서드가 종료될 때 범위에서 벗어난다. 그 메서드가 제네릭 타입 안에서 정의되거나 메서드 자체가 제네릭이면, 해당 매개변수 타입은 제네릭일 수 있다. 해당 메서드를 호출할 때 각 매개변수에 대해 인수를 전달한다.

C#은 4가지 종류의 메서드 매개변수를 제공한다.

값 매개변수

가장 일반적인 매개변수의 유형인 값 매개변수는 메서드 안에서 지역 변수인 것처럼 동작한다. 값 매개변수는 해당 매개변수에 전달된 인수값으로 초기화된다.

참조 매개변수

참조 타입 매개변수들은 ref 한정자를 받는다. ref 한정자는 매개변수들이 참조로 전달됨을 나타낸다. 전달되는 인수들 역시 ref 한정자를 사용해서 해당 인수와 매개변수가 모두 동일한 메모리 위치를 참조한다는 점을 강조한다.

출력 매개변수

이 매개변수들은 out 한정자를 사용한다. out 한정자는 매개변수에게 메서드에 의해 새로운 값이 주어진다는 의미이다. 출력 매개변수들 역시 참조로 전달된다. 참조 매개변수에 대해 ref 한정자를 사용하는 것처럼, 해당 매개변수에 전달되는 인수에도 out 한정자를 사용한다.

입력 매개변수

이 특별한 유형의 참조 매개변수는 in 한정자를 사용한다. in 한정자는 그 값이 메서드 안에서 변경되지 않는다는 의미이다. ref 혹은 out 매개변수들과 달리, 입력 매개변수로 전달되는 인수는 in 한정자를 필요로 하지 않는다. 코드를 호출할 때 in은 투명하도록 설계돼 있기 때문이다.

참조, 출력, 입력 매개변수들은 이들이 실제 변수에 대한 간접성(indirection) 수준을 나타낸다는 점에서 특별한 변수들이다. 이들을 모두 함께 **참조로 전달되는 매개변수(by-reference parameter)**라 부른다.

메서드를 호출할 때 우리가 전달하는 인수는 메서드에 대해 선언한 매개변수를 활성화한다. 해당 매개변수가 값 매개변수이면 그 매개변수를 위한 인수는 값으로 전달된다. 해당 매개변수가 값으로서 전달되는 매개변수 중 하나라면 그 매개변수를 위한 인수는 참조로 전달된다.

참조 타입 vs 참조로 전달되는 매개변수

참조로 전달되는 매개변수들은 종종 참조 타입 변수와 혼동된다. 참조로 전달된다(pass by reference)라는 문구를 그와 대립되는 문구인 값으로 전달된다(pass by value)를 사용해서 참조 타입이 값 타입과 다른 점을 설명하기 때문이다. Microsoft에서 제공하는 프레임워크 설계 가이드(https://learn.microsoft.com/ko-kr/dotnet/standard/design-guidelines/choosing-between-class-and-struct)에서는 다음과 같이 설명한다.

참조 타입은 참조로 전달되는 반면 값 타입은 값으로 전달됩니다.

참조로 전달하기 메커니즘에 관한 설명이라기에는 매우 정확하지 않다. 참조 타입이 참조로 전달된다고 말하는 것은 타입의 개념과 전달하기를 혼동한 것이다. 참조로 전달되는 매개변수에 대한 인수는 인수의 타입에 관계없이 참조로 전달된다. 다르게 말하면 참조 타입 혹은 값 타입의 인수 모두가 참조로 혹은 값으로 전달될 수 있으며, 이는 인수가 전달되는 메서드 매개변수에 ref, out, in 한정자가 존재하는지에 따라 달라진다. 참조로 전달되는 매개변수는 그 자체가 참조는 아니지만, 해당 매개변수를 참조하는 변수가 참조일 수 있다. 용어란 참 재미있다. 그렇지 않은가?

2장에서 참조 타입과 값 타입의 복사 시맨틱이 어떻게 다른지 살펴봤다. 인수 전달하기와 변수값 복사하기는 서로 관련돼 있다. 특히 인수를 값으로 전달할 때는 그 값의 복사본을 만든다. 앞서 인용한 Microsoft 가이드에서는 다음과 같이 계속 설명한다.

참조 타입 인스턴스를 변경하면 인스턴스를 가리키는 모든 참조에 영향을 줍니다. [···] 값 타입 인스턴스가 변경되면 물론 해당 복사본에는 영향을 주지 않습니다.

여기에서 주목할 단어는 인스턴스(instance)이다. 참조 타입의 단일 인스턴스에 대해 여러 참조를 가질 수 있다. 참조 복사하기는 인스턴스의 복사본을 만들지 않으며, 해당 참조의 값의 복사본만 만든다. 반대로 값 타입 변수의 복사본은 새로운 인스턴스이며 이는 원래 값과 독립돼 있다. 값은 인스턴스이다.

값 타입과 매개변수

값 타입 변수(value type variable)는 직접적으로 해당 타입의 멤버 필드에 의해 표현되는 데이터를 포함한다. 이것은 변수가 지역 인스턴스, 다른 객체 안에 저장된 필드, 혹은 메서드의 매개변수일 때는 사실이다. 리스트 3-1의 간단한 값 타입에 관해 살펴보자. 이 값 타입은 2차원 좌표를 나타낸다.

```csharp
public readonly struct Coordinate
{
    public int X { get; init; }
    public int Y { get; init; }
}

var position = new Coordinate { X = 10, Y = 20 };
```

리스트 3-1: **간단한 좌표값 타입**

위 좌표 타입은 2개의 int 필드를 갖는다. 각 필드는 메모리의 단일 위치를 점유한다. 이 타입의 변수(예를 들어 리스트 3-1의 position 변수 등)는 전체 인스턴스를 직접적으로 포함한다. position 변수에 의해 사용되는 메모리는 그림 3-1과 같이 나타낼 수 있다.

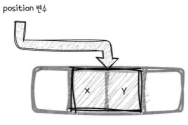

그림 3-1: **간단한 값의 메모리 표현**

position 변수는 메모리 안의 데이터를 가리키는 것이 아니라 Coordinate의 각 필드의 내용을 메모리에 직접적으로 저장한다. 이 타입이 여러 필드를 갖는다면, 그 필드들은 메모리의 연속된 위치에 저장된다. position을 다른 변수에 복사하면 새로운 변수의 각 필드값은 원래 position 변수의 해당 필드값의 독립적인 복사본이 된다. Coordinate 값을 메서드의 값 매개변수에 인수로 전달하면, 전체 값이 해당 매개변수로 복사된다. 리스트 3-2애서 Difference 메서드는 2개의 Coordinate 값 매개변수인 start, end를 가지며 두 매개변수에 대한 인수로 position 변수를 전달한다.

```
public Coordinate Difference(Coordinate start, Coordinate end)
{
    --생략--
}

var position = new Coordinate { X = 10, Y = 20 };

var distance = Difference(position, position);
```

리스트 3-2: 2개의 값 매개변수를 갖는 메서드

Difference 메서드의 매개변수는 값으로 전달되므로 각 매개변수는 원래 값과 독립적인 고유의 복사본을 받는다. 그 결과 메모리는 그림 3-2와 같이 보인다.

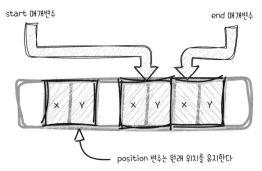

그림 3-2: 복사된 값의 메모리 표현

start와 end 매개변수는 그들에게 전달된 position 인수의 값으로 초기화되며, 각각 자체 메서드 안에서 고유의 복사본을 갖는다.

한 값을 다른 값에 할당하거나 값 타입 인스턴스를 값으로 인수에 전달하면 해당 값을 복사한다. 2개의 값 타입 매개변수는 항상 독립된 인스턴스이다. 이것이 값으로 복사하는(copy-by-value) 시맨틱의 본질이다.

참조 타입 변수는 다르게 동작한다. 참조 타입 변수 값은 참조이기 때문이다. 참조값은 힙에 존재하는 해당 타입의 인스턴스를 식별하기 위해 사용되거나 null이다.

참조의 값

참조 타입 인스턴스를 생성하면 메모리는 힙에 할당되며, 해당 메모리 위치를 가리키는 참조가 변수에 저장된다. 문법적으로 참조 변수 타입은 해당 변수가 가리키는 인스턴스의 타입으로 보인다. 여기에서는 string 변수를 사용해서 나타낸다.

```
string name = "Alfred";
```

일반적으로 name 변수를 문자열이라 불러왔다. 하지만 이것은 하나도 정확하지 않다. 보다 정확하게 말하자면 name은 변수이고 그 **타입**이 string이며, 그 **값**은 해당 string 타입의 인스턴스에 대한 **참조**이다. 참조 변수 타입은 인스턴스 타입과 정확하게 일치할 필요가 없다. 예를 들어 object와 같은 기본 클래스 참조 변수를 사용해서 string과 같은 보다 구체적인 참조 타입 인스턴스를 가리킬 수도 있다.

참조의 값은 공통 언어 런타임이 객체를 식별하기 위해 사용되는 불투명한 핸들이다. 참조의 값이 무엇인지에는 전혀 흥미가 없다. 참조는 참조 타입 인스턴스에 접근하고 조작하기 위한 메커니즘일 뿐이다(그림 3-3).

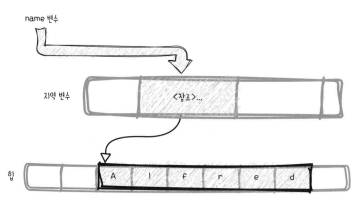

그림 3-3: **문자열 참조의 메모리 표현**

그림 3-3에서 name은 변수이고 그 값은 참조이다. 참조 자체는 구분된 타입을 갖지 않지만(적어도 우리가 무엇이라 부를 수 있지는 않다) 값은 갖는다. 비nullable 참조의 값은 힙에 할당된 메모리 영역에 대한 핸들이며, 이 메모리 영역은 참조 타입 인스턴스를 포함한다.

이 정확함이 중요하다. 변수 전달하기 혹은 변수 복사하기라고 말하는 경우 실제로는 값 전달하기 혹은 복사하기를 의미하는 것이기 때문이다. 값 타입의 경우에는 이 구분이 존재하지 않는다. 구조체 변수의 값은 인스턴스이다. 하지만 참조 변수는 그들이 가리키는 인스턴스와 구분된다. 참조 변수의 값을 복사할 때는 그 인스턴스가 아니라 참조의 복사본을 만드는 것이다.

일부 언어들은 포인터를 사용해서 메모리의 객체를 가리킨다. 하지만 참조가 포인터와 완전히 같지는 않다. 참조는 메모리에 존재하는 모든 것에 대해 사용할 수 없다. 참조는 구체적으로 힙 안의 참조 타입 객체에 접근하고, 그 객체들이 가비지 컬렉션과 메모리 압축(memory compaction)의 결과로 인해 이동할 때 추적하기 위해 사용된다. 이 프로세스의 세부적인 사항은 사용자에게 보이지 않으며 참조 타입에 대한 메모리 관리의 일부로 자동적으로 수행된다.

참조의 값은 일종의 주소라고 생각할 수 있다. 이 관점에서 참조값은 값 타입 인스턴스와 매우 유사하게 동작한다. 값 타입 변수와 같이 참조 타입 변수는 직접적으로 그 값(주소)를 포함하여 그 부모의 범위 안에서 존재한다. 그 부모는 메서드의 지역 변수에 대한 스택 프레임이 될 수 있다.

이를 바탕으로 다음에 관해 생각해보자. 참조 타입을 나타내든 값 타입을 나타내든 모든 변수는 값을 가지며, 이 값들은 복사될 수 있다. 기본적으로 모든 변수 값은 값으로 복사될 수 있다(그리고 전달될 수 있다).

참조 변수와 앨리어싱

앨리어싱(aliasing)은 여러 변수를 통해 단일 메모리 위치에 접근하는 것을 가리킨다. 앞에서 봤듯 메서드의 인수로서 참조를 전달하는 것과 같이 한 참조를 다른 참조로 복사하면 메모리의 동일 객체에 대한 2개의 참조(인수 변수와 매개변수)가 만들어진다.

반대로 값 타입 인스턴스를 인수로 전달하면 해당 인수 변수와 매개변수는 동일하지만 각각의 복사본은 독립적이다. 이 관점에서 참조 타입과 값의 차이점은 인스턴스가 가변일 때(즉, 이들의 상태를 변경할 수 있을 때) 가장 분명하다.

앨리어싱은 우리가 어떤 객체를 변경했을 때 해당 객체에 대한 모든 참조에 의해 그 변경이 관측되도록 하길 원하는 경우 등에는 의도적이고 유용할 수 있다. 예를 들어 리스트 3-3의 Command, DataStore 클래스를 보자. DataStore의 CreateCommand 메서드를 사용해서 Command 타입의 인스턴스를 생성하고, 생성된 Command 객체는 해당 객체를 생성할 때 사용된 DataStore 인스턴스에 대한 참조를 저장한다.

```
public class Command
{
    public Command(DataStore store)
        => Connection = store;

    public DataStore Connection { get; }
}

public class DataStore
{
    public enum ConnectionState { Closed, Open }

    public Command CreateCommand()
        => new Command(this);

    public void Open() => State = ConnectionState.Open;
    public void Close() => State = ConnectionState.Closed;

    public ConnectionState State { get; private set; }
}
```

리스트 3-3: **DataStore에 대한 참조를 Command의 속성으로 저장하기**

CreateCommand 메서드는 새롭게 생성된 Command 객체에 대한 참조 및 DataStore 인스턴스에 대한 참조를 함께 반환한다. 우리는 Open, Close 메서드를 사용해서 DataStore 객체(의 상태)를 변경할 수 있다. 지역 DataStore 변수를 사용하든 CreateCommand에서 반환된 Command 객체의 Connection 속성을 사용하든 동일한 DataStore 인스턴스를 업데이트한다. 왜냐하면 두 참조는 동일한 객체에 대한 앨리어스이기 때문이다. 리스트 3-4는 이를 나타낸다.

```
var store _=_ new DataStore(...);

Command command = store.CreateCommand();

// 커넥션을 연다.
command.Connection.Open();

Assert.That(store.State, Is.EqualTo(ConnectionState.Open));
```

리스트 3-4: **앨리어스를 통해 DataStore 인스턴스 변경하기**

command 변수의 Connection 속성을 사용해서 Open 메서드를 호출하고 store라는 이름의 지역 변수의 상태가 변경됐는지 테스트한다.

값 타입 변수들은 단일 인스턴스에 대한 앨리어스일 수 없다. 따라서 인스턴스에 대한 변경은 그 변경을 위해 사용된 변수에게만 보인다. 값 타입 인스턴스들은 값으로 복사되므로 각 복사본은 독립된 인스턴스이다. 이 프로세스는 내가 여러분에게 이메일에 문서를 첨부해서 보내는 것과 같다. 나와 여러분은 각각 문서의 고유한 복사본을 갖게 되므로 내가 문서를 변경해도 여러분이 가진 복사본은 아무런 영향을 받지 않는다. 반대의 경우에도 마찬가지이다.

하지만 내가 여러분에게 우리 모두가 편집할 수 있는 공유된 문서의 링크를 보낸다면, 해당 링크를 통해서는 우리가 만든 모든 변경 사항이 보인다. 이 링크는 참조와 비슷하다. 참조는 해당 문서에 대한 일종의 주소이며 문서 자체가 아니다. 이 링크는 실제 문서에 대한 간접적 접근 수준을 나타낸다. 이와 정확하게 같은 방식으로 참조 변수는 객체가 아니라 참조를 포함한다. 그리고 그 참조를 통해 간접적으로 객체 인스턴스에 접근한다.

변경할 수 있는 참조로 전달하는 매개변수

기본적으로 메서드 매개변수는 값 매개변수이다. 이는 이 매개변수에 전달된 인수들이 인수의 타입에 관계없이 값으로 전달된다는 의미이다. 이번 절에서는 변경할 수 있는 참조로 전달하는 매개변수(mutable by-reference parameter)인 ref와 out에 관해 살펴본다. 참조로 전달하는 매개변수는 인수를 참조로 전달할 수 있게 한다.

값 타입 인스턴스와 참조는 모두 참조로 전달될 수 있으며, 이를 위해 ref 혹은 out 한정자를 사용한다. 따라서 참조로 전달하는 매개변수가 참조 타입 값 매개변수와 다르다는 것을 이해하는 것이 중요하다. 참조를 인수로 참조 타입 값 매개변수에 전달하면, 동일한 객체 인스턴스가 인수와 매개변수에 의해 참조되며 인스턴스에 대한 모든 변경은 인수 및 매개변수를 통해 볼 수 있다. 반대로 참조로 전달하는 매개변수는 인수 변수의 값(이 값이 참조이든 값 타입 인스턴스이든)에 대한 앨리어스이다.

매개변수에 ref 혹은 out 한정자가 존재한다는 것은 해당 메서드를 호출할 때 인수값의 사본이 아니라 인수값의 주소가 전달됨을 의미한다. 이 추가적인 수준의 간접화는 인수의 타입에 관계없이 호출자와 메서드 모두가 직접 같은 값이 접근한다는 것을 의미한다. 인수의 값이 참조이면 이를 수정해서 새로운 인스턴스를 가리키게 하거나 null을 할당할 수 있다. 그리고 이 변화는 인수 및 매개변수를 통해 모두 볼 수 있다.

참조 변수와 참조로 전달하는 매개변수의 차이를 나타내기 위해 리스트 3-5를 참조하자. 리스트 3-5에서는 참조를 값으로 AutoAppend 메서드에 전달하고 이 메서드는 그 name 매개변수를 변경한다.

```
public void AutoAppend(string name, string extension)
{
    if(!name.EndsWith(extension))
        name += extension;
}

var saveName = "Alfred";
AutoAppend(saveName, ".docx");

Assert.That(saveName, Is.EqualTo("Alfred.docx"));
```

리스트 3-5: 새로운 인스턴스 생성하기 vs 인스턴스 변경하기

이 테스트는 string이 참조 타입이라도 실패한다. += 연산자는 해당 문자열을 변경하는 것처럼 보이지만, 실제로는 업데이트된 콘텐츠로 새로운 문자열을 생성하며 그에 대한 새로운 참조를 반환하기 때문이다. 새로운 참조와 인스턴스는 AutoAppend 메서드 안에서는 보이지만 메서드 밖에서는 보이지 않는다. 원래 문자열은 변경되지 않는다.

AutoAppend 메서드는 공유된 문자열 인스턴스를 변경하지 않는다. 하지만 그 name 매개변수의 값은 변경한다. 여기에서 += 연산자 호출은 새로운 다른 인스턴스를 가리키도록 참조를 변경한다. AutoAppend를 위한 인수로 사용된 saveName 변수는 여전히 원래의 변경되지 않은 인스턴스를 가리킨다.

이 예제는 우리가 참조를 인수로 전달했을 때 기본적으로 값으로 전달되는 것을 보여준다. 리스트 3-5의 AutoAppend 메서드가 예상대로 동작하도록 하기 위해서는, sav-eName 참조를 참조로 전달해서 메서드가 참조 변수의 값을 변경했을 때 호출한 코드가 그 변경을 볼 수 있게 해야 한다.

참조로 참조 전달하기

리스트 3-5의 테스트를 성공하게 만드는 가장 직접적인 방법은 ref 한정자를 사용해서 name을 값으로 전달하는 매개변수로 만드는 것이다. 리스트 3-6에서는 리스트 3-5에서 봤던 AutoAppend 메서드를 볼 수 있다. 리스트 3-6에서는 name 매개변수를 ref 한정자를 사용해서 참조로 전달한다.

```
public void AutoAppend(ref string name, string extension)
{
    if(!name.EndsWith(extension))
        name += extension;
}

var saveName = "Alfred";
```

```
AutoAppend(ref saveName, ".docx");

Assert.That(saveName, Is.EqualTo("Alfred.docx"));
```

리스트 3-6: **ref 한정자를 사용해서 name을 참조로 전달하기**

ref 한정자를 메서드의 매개변수와 메서드에 전달하는 인수에 모두 사용했다. 참조를 변수에 전달하기 때문이다. 테스트는 이제 성공한다. AutoAppend 메서드가 참조 변수에 만든 변경을 호출 코드의 saveName 변수를 통해서 볼 수 있기 때문이다.

name 매개변수는 사실 그림 3-4에 나타낸 것처럼 saveName 변수에 대한 앨리어스이다.

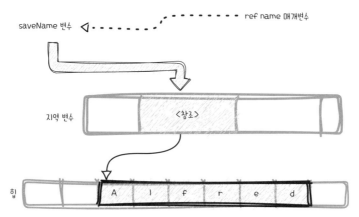

그림 3-4: **참조로 전달하는 매개변수로 변수를 앨리어싱하기**

참조로 전달하는 매개변수를 사용하면 인수와 매개변수는 같은 인스턴스를 가리킬 뿐만 아니라, 이들을 실제로 같은 참조가 된다. 여전히 name 매개변수를 사용해서 해당 문자열 인스턴스에 접근할 수 있고(예를 들어 속성에 접근하거나 메서드를 호출하는 등), 컴파일러는 해당 매개변수에 대해 ref 한정자를 통해 제공되는 추가적인 간접화를 숨긴다.

참조로 값 전달하기

값 타입 변수도 참조로 전달할 수 있다. 참조로 값을 전달하는 것이 해당 매개변수가 참조 변수라는 의미가 아님을 다시 한 번 주지하자.

값 타입 인스턴스를 메서드에 인수로 전달할 때, 해당 메서드는 일반적으로 인스턴스의 복사본을 갖는다. 왜냐하면 값 타입의 값으로 복사하는(copy-by-value) 시맨틱 때문이다. 앞에서 봤듯 메서드 안의 인스턴스의 필드에 대한 모든 변경은 호출하는 코드에게는 보이지 않는다.

그런 변경을 메서드 밖에서도 보이게 하고 싶다면 그 값을 참조로 전달해야 한다. 리스트 3-7의 Increment 메서드에서는 변경할 수 있는 Speed 값 타입 매개변수를 참조로 받아 그 값을 변경한다. Speed와 같은 값 타입은 거의 항상 변경할 수 없다. "변경 vs 생성"(p.127)에서 이를 다르게 표현하는 방법에 관해 살펴본다. 이 예제는 값 타입을 참조로 전달하는 메커니즘이 참조를 참조로 전달하는 메커니즘과 같다는 것을 보여줄 뿐이다.

```csharp
public struct Speed
{
    public double InMetersPerSecond { get; set; }
}

public void Increment(ref Speed initial, double amount)
    => initial.InMetersPerSecond += amount;
```

리스트 3-7: 참조로 전달하는 값 타입 매개변수

Increment 메서드를 호출할 때 ref 한정자를 사용해서 initial 매개변수에 대한 인수를 참조로 전달했다. 이것은 리스트 3-6에서 name 매개변수에 했던 작업과 같다. 그 결과 Increment 안의 initial의 InMeterPerSecond 속성은 호출한 코드에게 보이게 된다(리스트 3-8).

```csharp
var speed = new Speed { InMetersPerSecond = 50.0 };
Increment(ref speed, 20);

Assert.That(speed.InMetersPerSecond, Is.EqualTo(70.0));
```

리스트 3-8: ref 한정자를 사용해서 speed를 참조로 전달하기

speed 변수는 Increment에 참조로 전달되기 때문에 speed는 Increment 메서드 안에서 앨리어싱된다. 호출하는 코드와 Increment는 결과적으로 같은 변수를 사용하기 때문에, initial 매개변수에 가해지는 모든 변화는 Increment 메서드와 해당 메서드를 호출하는 코드 모두에서 볼 수 있다. 테스트는 우리가 값이 변경되기를 기대함을 보여준다.

NOTE 참조로 전달하는 매개변수는 참조 타입 변수와 같지 않다. 참조 타입 변수는 참조 타입 인스턴스를 가리킨다. 한편 참조로 전달되는 매개변수는 변수를 가리키며, 이 변수는 참조 타입 혹은 값 타입일 수 있다.

참조는 힙에 존재하는 객체만 가리킬 수 있다. 참조 타입 변수를 값 타입 인스턴스에

할당하면 해당 값은 힙에 박스된다. 그리고 그 변수는 박스된 복사본을 가리킨다. 참조로 전달하는 매개변수는 추가적인 수준의 간접화를 변수의 값에 더한다. 값 타입 인스턴스를 참조로 전달하면 그 값은 박스되지도 복사되지도 않는다.

출력 매개변수 다루기

out 한정자에 의해 지정되는 출력 매개변수(output parameter)는 변형할 수 있는 값으로 전달하는 매개변수이며 보통 해당 매개변수에 대한 객체의 새로운 인스턴스를 생성하는 메서드가 필요할 때 사용된다. 출력 매개변수는 이들이 인수로 사용되는 변수를 앨리어싱한다는 점에서 참조 매개변수와 비슷하다. 메서드에 전달하는 인수는 보통 초기화되지 않으며, 메서드가 인수를 초기화한다. 이때 값을 할당해서 출력 매개변수를 활성화한다.

보다 정확한 참조 매개변수와 출력 매개변수 사이의 차이점은 다음과 같다. 참조 인수는 전달되기 전에 완전하게 할당돼야만 한다. 반면에 출력 인수는 전달되는 시점에 초기화되거나 초기화되지 않을 수 있다. 하지만 어떤 경우라도 매개변수에는 메서드 안에서 값이 할당돼야 한다.

출력 매개변수는 일반적으로 객체의 새로운 인스턴스를 얻을 때 사용한다. 이 객체는 실패가 치명적이거나 심각한 문제가 아니면 실패할 수 있다. 이러한 예로는 특별한 타입을 갖는 값을 위해 문자열을 파싱하기, 신뢰할 수 없는 서비스에 연결하기, 값을 갖지 않을 수 있는 큐와 같은 공유된 리소스로부터 값을 읽기 등을 들 수 있다. 이런 경우 우리는 자주 이 프로세스를 시도할 수 있는 방법과 실패를 무시할 수 있거나 조작을 다시 시도할 수 있는 방법을 원한다. 조작이 성공하면 그 결과로 유효한 객체를 얻는다.

이 유스 케이스에 대한 일반적인 접근 방식은 메서드를 정의하는 것이다. 이 메서드는 최소한 1개의 출력 매개변수를 가지며 성공 혹은 실패를 나타내는 bool을 반환한다. 메서드가 성공하면 out 매개변수는 새로운 객체로 초기화되고 메서드는 true를 반환한다. 이것은 전달된 인수가 성공적으로 초기화됐음을 나타낸다. 조작이 성공하지 않으면 메서드는 false를 반환하며 호출자가 출력 인수의 값을 무시해야 한다는 것을 나타낸다. 이것은 C#에서 TryXXX로 알려진 일반적인 기법이다.

TryXXX 이디엄 사용하기

표준 라이브러리는 TryXXX를 사용해서 특정한 유형의 값(DateTime 객체 등)을 위한 문자열을 파싱하는 여러 예시를 제공한다. DateTime.TryParse 메서드는 string 매개변수와 DateTime 값을 위한 출력 매개변수를 받는다. 파싱이 실패하면 이 메서드는

false를 반환한다. 파싱이 성공하면 DateTime 값은 string에서 파싱한 날짜 데이터를 포함한다. 리스트 3-9에서는 이 이디엄(idiom)을 사용하는 방법을 설명한다.

```
string logTime = --생략--
if(DateTime.TryParse(logTime, out DateTime timeStamp))
{
    var elapsed = DateTime.Now - timeStamp;
    --생략--
```

리스트 3-9: TryXX 이디엄

TryParse에 인수로 전달된 logTime 변수는 신뢰할 수 없는 출처(예를 들어 사용자 입력 혹은 파일 등)로부터 온 것일 수 있다. 올바르지 않은 형태의 날짜는 에러이며 예외적인 경우로 다루어지면 안 된다. TryParse를 성공적으로 호출했다는 것은 time-Stamp 변수가 유효한 DateTime 인스턴스임을 의미한다. TryParse가 false를 반환하면 timeStamp 변수는 대신 기본 초기화된다.

> 📝 **NOTE**   *DateTime에 관한 문서에서는 실패하는 경우 해당 변수를 MinValue 속성값으로 초기화한다고 명시돼 있다. 이 속성값은 기본 DateTime과 같다.*

TryXXX 메서드는 자주 동료를 갖는다. 이 동료는 해당 조작이 실패했을 때 예외를 던진다. 예를 들어 DateTime.TryParse 메서드의 예외 버전은 DateTime.Parse이다. Date-Time.Parse는 메서드가 성공일 때는 DateTime 값을, 실패일 때는 FormatException 에러를 던진다. 예외를 다루는 것은 번거로울 수 있으며, string을 유효한 DateTime으로 파싱하는 데 실패하는 것은 그 실패가 발생했을 때 아마도 우리가 즉시 다루기 원하는 유형의 에러일 것이다.

만약 평범한 Parse 메서드를 사용했다면 그 호출을 try...catch 블록으로 감쌀 것이다. 하지만 파싱할 문자열이 여럿이라면 이 방법은 매우 번거롭다. 한 값에서 발생하는 실패를 잡아내려면 각 호출을 그 자체의 try 블록으로 감싸야만 한다. 대신 TryParse를 사용하는 것이 보다 직접적이고 덜 장황하다.

완전한 할당 만들기

ref와 out 매개변수에 대한 내부 메커니즘은 CIL의 그것과 같다. CIL은 참조로 전달하는 매개변수와 인수를 기본 지원한다. 두 매개변수의 메커니즘의 차이는 컴파일러에 의해 부여되는 시맨틱이다. ref 매개변수는 메서드 안에서 초기에 할당됐다고 간주된다. 이는 ref 인수는 전달되기 전에 완전하게 할당돼야 함을 의미한다. 한편 out

매개변수는 메서드 안에서 초기에 할당되지 않았다고 간주된다. 호출 이전에 실제로 그 매개변수가 할당됐는지에 관계없다. 따라서 우리는 메서드가 반환하기 전에 모든 out 매개변수를 완전하게 할당해야 한다. 그렇게 하지 않으면 다음 메서드에서 볼 수 있는 것처럼 컴파일 타임 실패가 발생한다. 다음 메서드는 connection 매개변수가 할당되기 전에 반환하려고 시도한다.

```
public bool TryRemote(string address, out DataStore connection)
{
    if(string.IsNullOrEmpty(address))
        return false;
    --생략--
```

다음 에러가 발생한다.

[CS0177] The out parameter 'connection' must be assigned to before control leaves the current method

이 예제에서 발생한 에러를 피하는 가장 직관적인 방법은 false를 반환하기 전에 connection 매개변수에 미리 null을 할당하는 것이다. 관례적으로 TryXXX 메서드의 out 매개변수에 전달된 인수는 호출하는 코드 안에서 유효한 값을 갖는 것으로 간주돼야 한다. 해당 메서드가 true를 반환할 때는 말이다. 호출하는 코드의 대상 out 변수는 메서드로부터 정상적으로(normal) 반환된 이후에만 완전하게 할당된 것으로 간주된다. 물론 메서드의 모든 out 매개변수가 할당되기 전에 예외를 던짐으로써 메서드에서 비정상적으로(abnormally) 통제를 하지 않을 수도 있다. 메서드 호출 전에 완전하게 할당되지 않은 out 인수로 사용된 변수들은 완전하게 할당되지 않은 상태로 유지된다. 메서드 호출 전에 이미 완전하게 할당된 모든 인수들은 완전하게 할당된 상태로 유지된다. 물론 이 인수들에는 메서드 안에서 예외가 던져지기 전에 새로운 값을 가지고 있을 수 있다.

하지만 우리가 일반적으로 TryXXX 이디엄을 사용해서 예외를 회피했듯, 대부분의 사용자들은 이런 메서드가 어떠한 예외도 던지지 않는 것을 기대할 것이다.

조작 선택하기

TryXXX 이디엄을 out 매개변수와 함께 사용하는 것은(리스트 3-9) 매력적이다. 왜냐하면 해당 메서드는 단순한 if 구문 안에서 인라인으로 사용돼 반환값을 테스트하고 요구된 출력 인수의 값이 모두 주어졌는지 잡아내기 때문이다. 리스트 3-10에서는 TryRemote 메서드를 사용해서 결과 목록을 얻는 방법을 결정하려 시도한다. 여기에서는 if...else 블록 대신 삼항 조건 연산자인 ?:를 사용한다. connection 출력 변수는 메서드의 인수 목록 안에서 인라인으로 선언된다.

```
List<Record> results = TryRemote(remoteName, out DataStore connection)
    ? connection.LoadData()
    : LoadFromCache();
```

리스트 3-10: **간단한 out 매개변수 사용하기**

TryRemote가 true를 반환하면 ? 뒤의 브랜치가 선택된다. 그러면 TryRemote 호출에서 사용한 connection 출력 변수를 사용할 수 있다. 이 메서드가 false를 반환하면 이는 원격 리소스 필드에 대한 연결이 끊어졌음을 의미하며, 코드는 : 뒤의 프랜치를 선택하고 대신 캐시로부터 결과를 로드한다.

또한 var를 사용해서 인라인 connection 인수의 타입을 선언할 수도 있다. 이 경우 컴파일러는 메서드 정의의 매개변수 타입에 따라 해당 타입을 결정한다. TryRemote 메서드를 사용하면 예외 처리를 위한 추가 비용과 복잡성 없이 연결에서 발생하는 실패를 다룰 수 있으며, 다른 방식으로 결과 리스트를 얻을 수도 있다.

TryXXX 메서드는 여러 값을 반환하는 메서드라 생각할 수 있다. 리소스를 얻으려고 시도했을 때 성공 혹은 실패를 나타내는 bool, 리소스를 성공적으로 얻었을 때 리소스 자체를 얻을 수 있다.

참조 전달 매개변수의 한계

TryXXX 기법과 같이 참조로 전달하는 매개변수를 사용하는 메서드는 특정한 상황에 매우 적합하다. 참조로 전달하는 매개변수는 모든 경우에 적합하지는 않다. 그리고 완전한 할당과 관련된 규칙들은 종종 서로 다른 접근 방식을 요구한다. 다른 제약 사항들 또한 이 매개변수의 사용 가능 여부에 영향을 미칠 수 있다. 이번 절에서는 이 제약 사항들에 관해 살펴보자.

속성값

속성 혹은 인덱서 값을 얻은 결과는 ref 혹은 out 인수로 직접 사용할 수 없다. 리스트 3-11에서는 Velocity 인스턴스의 Speed 속성을 ref 매개변수에 대한 인수로 전달을 시도한다.

```
public readonly struct Velocity
{
    public Speed Speed { get; }
    public Angle Direction { get; }
}

public void Increment(ref Speed initial, double amount)
    => initial.InMetersPerSecond += amount;

var start = new Velocity ( --생략-- );
Increment(ref start.Speed, 25);
```

리스트 3-11: **속성을 ref 매개변수로 전달하기**

컴파일러는 다음 에러를 발생시키며 이 코드를 거부한다.

[CS0206] A property or indexer may not be passed as an out or ref parameter

컴파일러는 이 코드를 허용하지 않는다. 왜냐하면 속성 결과는 값이며 변수가 아니기 때문이다. 2장에서 변수가 할당되는 방법에 관해서 살펴봤다. 하지만 값은 그렇지 않다. 속성에 접근하는 것은 메서드 호출에서의 반환값을 읽는 것과 같으며(4장에서 이에 관해 자세히 살펴볼 것이다) 메서드는 변수가 아니라 값을 반환한다. 일반적으로 호출된 메서드가 그 인수를 변경한다고 기대할 때는 ref 매개변수를 사용한다. 그러나 속성은 변수가 아니기 때문에, 속성을 변경할 수는 없다.

Speed가 참조 타입인지 혹은 값 타입인지에 따른 차이는 전혀 없다. ref 혹은 out 인수를 전달하는 것은 근본적으로 인수의 주소를 전달하는 것이며 변수가 아닌 것의 주소는 전달할 수 없다.

참조 전달 매개변수에 대한 오버로딩

참조로 전달하는 매개변수 한정자는 메서드 시그니처의 일부이다. 참조 혹은 출력 매개변수는 값 매개변수와는 실질적으로 다른 타입이다. ref 매개변수를 받는 메서드가 있다면, 우리는 그 메서드를 오버로드해서 값으로 그 매개변수를 받게 할 수 있다. 메서드 오버로드는 다른 반환 타입을 가질 수 있으므로, 메서드가 매개변수를 값으로 받고 새로운 객체를 반환하도록 작성할 수 있다. 그리고 이를 오버로드해서 ref 매개변수를 받아 해당 객체를 직접 수정하도록 오버로드하는 버전을 만들 수 있다(리스트 3-12).

```
public Speed Increment(Speed initial, double amount)
    => new Speed { InMetersPerSecond = initial.InMetersPerSecond + amount };

public void Increment(ref Speed initial, double amount)
    => initial.InMetersPerSecond += amount;
```

리스트 3-12: **참조로 전달하는 한정자에 대한 오버로딩**

Increment 메서드를 호출하면 컴파일러는 우리가 Speed 인수에 ref 키워드를 사용해서 참조로 전달했는지 혹은 한정자를 생략해서 값 매개변수를 받는 버전을 호출했는지에 따라 올바른 오버로드를 선택한다.

하지만 차이가 매개변수에 대한 참조로 전달하는 한정자의 유형만 다른 경우라면 메서드를 오버로드할 수 없다(리스트 3-13).

```
public void Increment(ref Speed initial, double amount)
    => initial.InMetersPerSecond += amount;

public void Increment(out Speed initial, double amount)
    => initial = new Speed { InMetersPerSecond = amount };
```

리스트 3-13: **서로 다른 한정자에 대한 오버로딩**

이것은 다소 모호한, 제멋대로의 제한으로도 보일 수 있다. 결국 함수 호출은 ref 인수를 전달하는 것과 out 인수를 전달하는 것을 구분해야만 한다. 하지만 컴파일러는 이 오버로드를 거부한다. 왜냐하면 공통 언어 인프라스트럭처(Common Language Infrastructure, CLI)가 메서드 시그니처의 ref와 out을 구분하지 못하기 때문이다. ref와 out은 모두 그저 참조로 전달하는 매개변수일 뿐이므로 2개의 오버로드는 같은 시그니처를 가진다. CLI의 관점에서 보는 한 그 결과는 모호하다.

in 매개변수 안에서도 같은 제한이 적용된다. 이에 관해서는 "읽기 전용 참조 및 참조로 반환하기"(p.131)에서 다룬다. ref 및 out 매개변수와 마찬가지로 in 매개변수는 CLI 관점에서 보는 한, 그저 다른 종류의 참조로 전달하는 매개변수에 지나지 않는다.

하나 혹은 그 이상의 매개변수가 참조로 전달되는지 혹은 값으로 전달되는지에만 순전하게 의존하는 메서드 오버로딩은 어떤 경우이든 피하는 것이 최선일 것이다. 이런 메서드를 호출하는 사람은 누구나 오버로딩 규칙의 다소 불가사의한 영역에 관한 깊은 지식을 갖고 있어야 한다. 이런 코드는 쉽게 혼동될 수 있기 때문이다.

필드 사용하기

필드를 참조로 전달하는 변수로 만들기는 불가능하다. 이 역시 제멋대로인 것처럼 보일 수 있다. 하지만 그렇지 않으면 참조로 전달하는 필드는 매달린(dangling) 참조가 될 수 있다. 즉, 더이상 존재하지 않는 객체를 가리킬 수 있다.

> **NOTE** C# v11.0 이후 참조로 전달하는 필드는 ref 구조체 타입 안에서 사용할 수 있다. 이것은 고성능 애플리케이션을 위한 특별한 값 타입이다. ref 구조체 타입에 적용되는 수많은 제약 사항으로 인해 대부분의 범용 코드에 적합하지 않으므로 이 책에서는 ref 구조체 타입은 다루지 않는다.

리스트 3-14의 Reminder 클래스를 살펴보자. 이 클래스는 ref 매개변수를 ref 필드에 저장하려고 한다.

```
public class Reminder
{
    public Reminder(ref DateTime start)
        => time = start;

    private readonly ref DateTime time;
}
```

리스트 3-14: **필드를 참조로 저장하는 가상의 Reminder 클래스**

이 접근 방식은 원칙적으로 보기에는 매력적으로 보인다. Reminder 클래스가 적극적으로 생성자에게 전달되는 인수를 앨리어싱하게 만들고 싶거나 DateTime 인스턴스를 복사하는 것을 피하고 싶을 때 사용하고 싶겠지만, 이 코드는 컴파일되지 않는다. 컴파일러는 이 코드를 유효하지 않은 구문을 대하듯 거부한다. 왜냐하면 Reminder 인스턴스는 참조된 DataTime 변수가 범위를 벗어난 이후에 사용될 수 있기 때문이다. 즉, 해당 필드는 더이상 존재하지 않는, 혹은 더 나쁜 경우에는 다른 것에 할당된 메모리에 대한 참조가 된다. time 필드는 매달린 참조가 되며 C#은 이를 방지하기 위해 수많은 규칙을 갖고 있다.

참조 타입이 다른 수명을 가지며 자동 메모리 관리를 받기는 하지만, ref 필드를 참조 타입을 위해서만 할당하여 실제로 보기에도 자의적이며 나아가 잠재적인 혼동과 에러의 원인이 된다. 이 기능은 거의 아무런 목적도 달성하지 못한다. 참조 변수들은 이미 앨리어싱 동작을 제공하기 때문이다. 그리고 참조로 전달하는 변수들은 복사라는 목적에 대해서는 참조와 크기가 같으므로 컴파일러는 이 기능을 금지한다.

클로저

ref 필드와 out 필드를 금지하기 때문에 클로저 안에서 참조로 전달하는 매개변수를 사용할 수 없다. 클로저(closure)는 동작과 그 컨텍스트(context)를 캡슐화한 메서드이다. 컨텍스트란 메서드의 고유 범위 밖에서 선언되고 메서드 구현 안에서 사용되는 변수들의 상태를 말한다. 이 외부 변수들은 해당 메서드에 의해 **폐쇄됐다**(closed over)고 불린다(그래서 클로저(폐점)이다). 리스트 3-15의 메서드는 람다(lambda) 표현식 안에서 ref 매개변수를 사용하려고 시도한다.

```
public static Reminder
NextAppointment(ref DateTime time, IEnumerable<Reminder> items)
{
    var results = items.Where(item => item.Date == time.Date);
    return results.FirstOrDefault();
}
```

리스트 3-15: **ref 매개변수를 잡아내는 익명 클로저**

컴파일러는 다음과 같은 에러와 함께 NextAppointment 메서드를 거부한다.

[CS1628] Cannot use ref, out, or in parameter 'time' inside an anonymous method, lambda expression, query expression, or local function

NextAppointment 메서드 안에서 클로저는 Where 메서드에 의해 사용된 람다 표현식이다. 람다는 익명 메서드이며 잡아낸 time 매개변수를 사용한다. time 매개변수는 NextAppointment 범위에 속한다. 클로저 함수는 컴파일러에 의해 작고, 이름을 지을 수 없는 클래스로 구현된다. 이 클래스의 필드들은 각각의 폐쇄된 변수들을 위한 것이다. 이 예제에서 잡아내진 변수는 ref 매개변수이고, 리스트 3-14에서 봤듯 이것은 유효한 필드가 아니다.

에러 메시지가 나타내듯 중첩된 함수와 익명 메서드에도 같은 문제가 적용된다. 이들 모두 외부 메서드의 변수(매개변수를 포함)를 잡아낼 수 있다. 익명 메서드, 람다 표현식, 지역 함수들은 모두 같은 방식으로 구현된다. 컴파일러에 의해 합성된 숨겨진 클래스를 사용한다. 모든 잡아내진 변수들은 해당 클래스의 필드가 된다.

이터레이터 블록

이터레이터 블록(iterator block)은 컴파일러가 생성한 클래스이며, 이 클래스는 표준 IEnumerable<T> 인터페이스를 구현해서 요소 시퀀스(예를 들어 List<T>의 배열 등)에 대해 지연된 실행을 사용해서 반복을 수행한다. 게으른 열거(lazy enumeration)

라고도 불리는 지연된 실행(deferred execution)은 사용자가 명시적으로 요청을 할 때만 시퀀스의 다음 요소를 얻는 것을 말한다. 시퀀스는 필요할 때 생성되며 이론적으로 무한일 수 있다.

이터레이터 블록은 우리가 yield 구문을 사용할 때마다 생성된다(리스트 3-16). 하지만 컴파일러는 AppointmentsForDay 메서드를 거부한다. 이 메서드는 ref 매개변수를 갖기 때문이다.

```
public static IEnumerable<Reminder>
AppointmentsForDay(ref DateTime time, IEnumerable<Reminder> items)
{
    foreach (var item in items)
    {
        if(item.Time.Date == time.Date)
            yield return item;
    }
}
```

리스트 3-16: **이터레이터 안의 ref 매개변수**

여기에서 AppointmentsForDay 메서드는 time 매개변수에 맞는 요소에 대한 매개변수로 전달되는 아이템 시퀀스를 필터링하려 시도한다. 하지만 클로저와 같이 이터레이터 블록을 사용하는 메서드는 참조로 전달되는 매개변수를 가질 수 없기 때문에 리스트 3-16은 다음 에러와 함께 컴파일에 실패한다.

[CS1623] Iterators cannot have ref, in or out parameters

해당 메서드가 값을 반환할 때마다 호출한 코드로 통제권이 반환된다. 다음 아이템이 요청되면 메서드는 yield 다음의 문장에서 같은 상태로 다시 실행돼야 한다. 컴파일러는 yield 문장을 변환해서 이터레이터 블록 클래스의 인스턴스를 반환한다. 이 이터레이터 블록 클래스 인스턴스는 각 요소에 대한 요청 사이의 상태를 잡아내며, 이는 클로저가 동작하는 방식과 비슷하다.

컴파일러에 의해 생성된 클래스는 모든 메서드 매개변수와 지역 변수를 필드로 잡아내서 값에 대한 각각의 요청 사이의 메서드의 상태를 보존해야 한다. 그렇기 때문에 이터레이터 메서드는 참조로 전달되는 매개변수를 가질 수 없다.

비동기 메서드
마지막으로, 그리고 클로저 및 이터레이터 블록과 정확하게 같은 이유에서 다음의

TryGetResponse 메서드와 같은 async 메서드에 대해서도 참조로 전달하는 매개변수를 선언할 수 없다(리스트 3-17).

```
public static async Task<bool> TryGetResponse(out string response)
{
    response = await Task.Run(() => GetUserInput());
    return !string.IsNullOrEmpty(response);
}
```

리스트 3-17: **비동기 메서드 안의 out 매개변수**

이 메서드를 컴파일하면 다음과 같이 에러가 발생하며 실패한다.

[CS1988] Async methods cannot have ref, in or out parameters

이 인스턴스에서 컴파일러는 숨겨진 클래스를 합성해서 **Task.Run** 메서드에 대한 비동기 호출을 관리한다. 비동기 메서드는 **await** 구문에 도달하면 호출자에게 통제를 반환한다. 그렇기 때문에 이터레이터 블록과 마찬가지로 비동기 메서드는 그들의 모든 변수의 상태를 보존해야만 한다. 컴파일러에 의해 생성된 클래스는 모든 지역 변수와 매개변수를 필드로 잡아내므로 참조로 전달하는 매개변수는 **async** 한정자를 갖는 모든 메서드에 사용할 수 없다.

확장 메서드

클로저, 이터레이터 블록 혹은 **await** 키워드를 사용하는 비동기 조작을 사용하지 않는 모든 메서드에서는 참조로 전달하는 매개변수를 사용할 수 있다. 하지만 확장 메서드(extension method, 인터페이스 혹은 다른 타입을 확장한 정적 메서드)를 사용할 때는 주의해야 한다. 확장 메서드의 첫 번째 매개변수는 확장된 타입의 것이어야 하며 특별한 **this** 한정자를 사용해야 한다. 확장 메서드는 **this** 매개변수에 대해 참조로 전달하는 매개변수를 사용하는 데 있어 몇 가지 제약 사항을 갖는다. 첫 번째, 확장 메서드의 **this** 매개변수는 **out** 매개변수가 될 수 없다(리스트 3-18).

```
public static void
FormatConnection(out this string connString, string host, string source)
{
    connString = $"Server={host};Database={source};Trusted_Connection=True;";
}
```

리스트 3-18: **out 매개변수를 사용하는 확장 메서드**

이 코드를 컴파일하면 다음 에러 메시지가 발생한다.

이 구문이 허용되면 FormatConnection 메서드를 사용하는 코드는 초기화되지 않은 변수를 사용해서 이 메서드를 호출하게 될 것이다.

```
string connection; // 초기화되지 않은 변수
connection.FormatConnection(host, source);
```

대부분의 사용자라면 이 코드를 보고 혼란을 느낄 것이다. 초기화되지 않은 변수를 사용해서 메서드를 호출하는 것은 어떤 환경에서도 허용되지 않기 때문이다. 모든 경우 훨씬 나은 대안을 사용해서 같은 결과를 달성할 수 있으며, 이 매개변수를 위한 구문은 에러이다. 모든 일반적인 메서드에서와 마찬가지로 모든 다른 매개변수들과 함께 out 한정자를 사용할 수 있다. 하지만 this는 출력 매개변수로 만들 수 없다.

this 매개변수가 값 타입일 때는 ref 한정자를 사용하는 것이 허용되지만, 참조 타입일 때는 허용되지 않는다. 이 제약 사항은 처음에는 합리적이지 않게 보일 수 있지만 이는 다음과 같은 코드를 명시적으로 금지하기 위해 의도된 것이다.

```
public static void Nullify(ref this string val)
    => val = null;
```

컴파일러는 다음 에러를 발생시키며 Nullify 메서드를 거부한다.

이 코드가 허용되면 해당 메서드를 호출하기 위해 사용된 변수는 다른 변수를 가리키거나 (이 예제와 같이) 메서드가 반환한 뒤 null로 설정될 수 있다. 대부분의 사용자라면 이런 동작에 놀랄 것이다. 다시 말하지만 그래서 컴파일러는 이를 금지한다.

this 매개변수가 값 타입이라면 ref 한정자를 사용할 수 있으며, this 인수의 값을 복사하는 것을 피할 수 있다. 참조의 복사를 피해서 얻을 수 있는 이익은 없지만, 큰 값을 복사하는 비용은 상대적으로 비싸다. 값 타입 변수의 값은 null로 할당될 수 없지만, 메서드는 ref this 매개변수에 새로운 값을 할당할 수 있으며 인수의 값을 변경할 수 있다. 또 다시 말하지만 이 메서드를 사용하는 대부분의 사용자는 이에 놀랄 것

이기 때문에, 구문 자체가 문법에 맞는다 하더라도 ref this 매개변수를 사용하는 것을 피해야만 한다. this 매개변수에 대한 인수를 복사하는 것을 정말로 피하고 싶다면 ref를 사용하는 대신 in 한정자를 사용해서 this를 읽기 전용 참조 매개변수로 만들 수 있다. 이에 관해서는 "읽기 전용 참조 및 참조로 반환하기"(p.131)에서 자세하게 살펴본다.

이러한 한계에도 불구하고 참조로 전달되는 매개변수는 C#의 핵심 부분이며, 이 시맨틱을 이해하는 것은 중요하다. 이 제약 사항들 중 특별히 부담되는 것은 없다. 적어도 이런 매개변수들을 사용하는 경우가 제한되기 때문이다. 확장 메서드에서 ref this 값 타입 매개변수를 사용하는 것은 대부분의 프로그래머들이 일반적이지 않다고 생각하며 어떤 경우든 피하는 것이 가장 최선인 트릭과 같은 기능이기 때문이다.

필드는 반드시 실제 변수여야 하며, C#은 참조로 전달되는 변수를 범용 타입의 필드로 저장하는 방법을 제공하지 않는다. 이번 절의 모든 다른 예제들은 표현 타입은 다르지만 달성하는 결과는 같다.

사이드 이펙트와 다이렉트 이펙트

참조로 전달되는 매개변수를 갖는 메서드는 의도적으로 호출하는 코드의 변수들을 앨리어싱한다. 따라서 메서드 안에서 그 변수들을 변경하면 메서드의 범위 밖에서도 볼 수 있다. 앨리어싱된 객체의 상태를 변경하는 것은 사이드 이펙트(side effect)의 예다. 사이드 이펙트는 보다 일반적으로 정의하면 변경이 발생했을 때 모든 상태 변경 내용이 범위 밖의 코드에 보이는 것이다.

사이드 이펙트 자체는 본질적으로 나쁜 것은 아니다. 하지만 사이드 이펙트에 의존하는 프로그램들은 다이렉트 이펙트에 의존하는 프로그램보다 이해하기 훨씬 어렵다. 메서드의 다이렉트 이펙트(direct effect)는 메서드가 해당 메서드에 주어진 공식 매개변수에 따라 반환하는 모든 것(일반적으로 메서드의 출력이라고 불린다)을 말한다. 참조로 전달되는 매개변수(특별히 out 매개변수)는 메서드의 입력과 출력의 구분을 모호하게 한다. 사이드 이펙트는 메서드의 다이렉트 이펙트와 관계되지 않은 상태를 변경할 수 있기 때문이다.

TryXXX 메서드를 사용해서 변수를 초기화하는 일반적인 방법을 살펴보자(리스트 3-19).

```
if(TryRemote(remoteName, out var connection))
{
    // connection을 사용해서 액티비티를 수행한다
}
```

리스트 3-19: **TryRemote 메서드에 출력 매개변수를 사용해서 connection 변수를 초기화하기**

TryRemote 메서드의 다이렉트 이펙트는 bool 반환값이며, 이는 출력 매개변수 초기화의 성공 혹은 실패를 나타낸다. 우리는 이 변수를 사용해서 connection 변수가 초기화됐는지 결정할 수 있다. 다시 말해 다이렉트 이펙트는 사이드 이펙트의 성공 여부를 나타낸다. 이 경우 TryRemote의 사이드 이펙트와 다이렉트의 연결이 존재하지만, 다른 TryXXX 메서드에서는 다이렉트 이펙트가 사이드 이펙트의 부수적인 형태로 보인다.

참조로 전달되는 매개변수를 갖는 메서드는 일반적으로 사이드 이펙트에 의한 조작에 상당히 의존하는 모든 것들은 작업을 수행하기 위한 일련의 논리적 단계 혹은 명령으로 구성된 절차적인 코드를 만들어 낸다. 절차적 해결책들은 명령적 코드(imperative code)라 불린다. 왜냐하면 결과를 얻기 위해 처리돼야 하는 명령의 순서를 명시하기 때문이다. 이와 반대되는 접근 방식을 선언적 코드(declarative code)라 부른다. 선언적 코드는 구체적인 구현보다 결과를 강조한다. 보다 선언적인 접근 방식에서는 작업을 완료하는 방법에서 벗어나 결과에 보다 집중하게 한다.

선언적 타입의 한 측면은 메서드의 다이렉트 이펙트를 보다 중요하게 생각하고 메서드의 입력과 출력의 구분을 명확하게 하는 것이다.

리스트 3-19에서 본 TryRemote 메서드에서 out 매개변수를 제거하고 요구된 DataStore 참조를 직접 반환하게 함으로써 보다 선언적으로 만들 수 있다. DataStore는 참조 타입이므로 TryRemote 메서드가 실패하면 null을 반환할 수 있다. 하지만 참조로 전달되는 매개변수와 관련된 사이드 이펙트는 그 매개변수들이 참조 타입인 경우에만 국한되지 않는다. 참조 타입은 변경할 수 있는 경우가 많다(설계상 좋은 의미에서). 그리고 변경할 수 있는 변수는 단일 인스턴스를 가리킬 수 있다는 사실은 바람직한 동작을 만드는 경우가 많다("참조 변수와 앨리어싱", p.109). 선언적 코드의 이익은 값 타입(변경할 수 없어야 하는)을 사용할 때 보다 중요하다.

변경 vs 생성

ref와 out 매개변수를 사용하는 메서드는 해당 매개변수들이 메서드 안에서 변경될 것이라는 강력한 신호를 준다. 이런 매개변수들은 메서드에 인수로 전달된 변수들에

대한 앨리어스이므로 어떤 변수들이 변경될 수 있는지 충분한 주의를 기울여야 한다. 변수의 예상치 않은 수정은 식별하기 어려운 에러를 야기할 수 있다. 특별히 다중 스레드를 사용하는 코드에서 그렇다. 우리가 작성한 값 타입을 불변으로 만드는 일반적인 조언을 따르면 이런 문제들이 발생할 가능성을 줄일 수 있다. 이는 값 타입에 대한 변경할 수 있는 참조로 전달되는 매개변수를 피해야 함을 의미한다. 그렇다면 값 타입 변수를 변경할 수 있는 방법은 한 가지, 할당 뿐이다.

하나의 값을 갖는 인스턴스가 있고, 이와 다른 속성을 갖는 인스턴스가 필요하다면 간단히 원하는 상태의 새로운 인스턴스를 생성한다. 원래 인스턴스는 변경되지 않는다. 리스트 3-20의 Increment 메서드와 리스트 3-7의 Increment 메서드를 비교해보자.

```
public Speed Incremented(Speed initial, double amount)
    => Speed.FromMetersPerSecond(initial.InMetersPerSecond + amount);
```

리스트 3-20: **기존 변수를 변경하지 않고 새로운 값을 생성하기**

Speed의 새로운 인스턴스를 생성하고 반환할 수 있다. 새로운 인스턴스는 매개변수의 InMetersPerSecond 속성을 사용해서 초기화되며 참조로 전달된 값의 속성을 변경하지 않는다. 이 메서드의 이름은 Increment가 아닌 Incremented라는 점에 주목하자. Increment(증가시키다)라는 이름은 직접적인 동사이며 Speed 매개변수가 무언가의 이유로 변경될 수 있음을 내포한다. 반면 Incremented(증가된)라는 이름은 결과를 설명하는 형용사이다. 변경을 하지 않는 메서드의 이름에 형용사를 사용하는 것은 상태가 변경되지 않음을 나타내는 다른 방법이다. 이와 같은 이름 규칙의 예로는 Sorted(정렬된), UpperCased(대문자화된), Rounded(반올림된) 등이 있다.

Incremented 메서드를 호출할 때는 다음과 같이 기존 Speed 값과 증가시킬 값을 함께 전달한다.

```
var speed = Speed.FromMetersPerSecond(50.0);
var newSpeed = Incremented(speed, 20);

Assert.That(speed.InMetersPerSecond, Is.EqualTo(50));
Assert.That(newSpeed.InMetersPerSecond, Is.EqualTo(70));
```

호출하는 코드 안의 speed 변수는 변경되지 않는다. Incremented 메서드는 새 Speed 인스턴스를 요청된 값과 함께 반환한다. 여기에서는 새로운 값을 다른 변수에 할당했다. 하지만 새로운 인스턴스로 기존 speed 변수를 덮어쓸 수도 있다.

모든 객체가 값은 아니며 때로 특정 객체는 변경할 수 있는 것이 오히려 편리하다. 앞에서 봤던 DataStore 객체는 변경할 수 있는 상태를 가지며 Open과 Close 메서드를 통해 상태를 이 상태를 변경할 수 있다.

해당 객체에 대한 모든 참조를 통해 객체에 대한 변경을 보이게 만들고 싶을 때는 앨리어싱이 유용하다. 하지만 그런 사이드 이펙트를 통해 얻을 수 있는 이익은 값 타입에 있어서는 명확하지 않다. 사이드 이펙트는 출력 매개변수에만 한정되지 않는다. 사이드 이펙트는 일반적인 참조 변수를 포함해 변경 범위 밖에서 볼 수 있는 객체의 상태를 수정할 수 있을 때마다 발생한다.

어떤 객체라도 상태를 변경하는 데는 세심한 주의가 필요하다. 특별히 다중 스레드가 존재하는 경우에는 더욱 그렇다. 따라서 우리가 작성한 객체를 수정할 필요성을 제한하면 잠재적인 문제를 줄일 수 있다. 우리가 모든 값 타입을 변경할 수 없게 만들면 사이드 이펙트가 만연하는 현상을 막을 수 있다. 이 현상은 우리가 문제를 식별하기 어렵게 만들며 때로는 우리가 작성한 로직을 불명확하게 만든다.

기존 인스턴스의 속성을 기반으로 새로운 값을 생성하는 것에 대한 대안적인 접근 방식은 2장에서 소개했던 비파괴적인 구문을 사용하는 것이다. 리스트 3-21에서는 with 키워드를 사용해서 기존 Velocity 변수를 복사하고 복사본의 Direction 속성에 대한 새로운 값을 제공한다.

```
public readonly struct Velocity
{
    public Speed Speed { get; init; }
    public Angle Direction { get; init; }
}

var velocity = new Velocity
{
    Speed = Speed.FromMetersPerSecond(10),
    Direction = Angle.FromRadians(.88)
};

var copy = velocity with { Direction = Angle.FromRadians(.99) };
```

리스트 3-21: **템플릿으로 인스턴스 복사하기**

Velocity 타입의 각 속성별 init 접근자를 사용하면 인스턴스를 복사하고 with 키워드를 사용해 새로운 인스턴스에 대한 선택된 속성들을 변경할 수 있다. 비파괴적 변경은 C# v9.0의 레코드 타입을 위해 도입됐다. C# v10.0 이후로는 구조체와 레코드 구조체, 심지어 익명 타입에도 비파괴적 변경을 사용할 수 있다.

또한 init 접근자를 사용하면 객체 초기화(리스트 3-21에서 velocity 변수에 대해 사용했다) 혹은 생성자를 통해서 속성에 값을 제공할 수 있다. 하지만 init을 통해 값이 설정되면 속성은 변경할 수 없게 된다. init 대신 속성에 대해 private set 접근자를 사용하면 해당 객체 초기화 및 비파괴적 변경 구문은 사용할 수 없게 된다. 비파괴적 변경과 객체 초기화는 모두 public init 혹은 public set 접근자를 필요로 하기 때문이다.

변경할 수 있는 값의 선택된 속성을 복사하는 것은 문제 해결에 대한 선언적 접근 방식의 또 다른 측면이다. 그리고 어떤 상황에서는 일종의 템플릿으로서 기존 변수를 사용해 새로운 값을 생성하는 것이 보다 간단하고 직접적이다.

선언적 코드와 성능

선언적 스타일을 이용하면 보다 명확하고 직접적인 코드를 작성할 수 있지만, 때로는 생성하는 변수보다 복사되는 변수가 많아져 저장 공간을 추가로 사용하게 된다. 이것은 특별히 값 타입에서 중요하다. 큰 인스턴스를 복사하는 비용은 프로그램의 성능에 영향을 미칠 수 있기 때문이다. 지금까지는 매우 작은 인스턴스들에 관해서만 고려했으며, 이 인스턴스들은 프로그램의 성능에 크게 부정적인 영향을 미치지 않는 것들이다. 참조 변수들은 항상 크기가 같지만, 값의 크기는 다양하다. 크기는 값을 복사할 때 어느 정도까지는 영향을 미친다. 단일 int 필드를 단순히 감싼 값 타입은 여러 필드를 감싼 값 타입보다 복사에 드는 비용이 저렴하다. 그렇기 때문에 우리는 값 타입을 가능한 작게 유지할 것을 권장한다.

작다(small)라는 의미는 다양하게 정의될 수 있지만 일반적으로 16바이트에서 24바이트 사이의 값이다. 64비트 아키텍처에서 참조는 각각 8바이트씩이다. 그래서 권장 크기 제한을 벗어나는 유용한 값 타입의 크기를 떠올리기는 그리 어렵지 않다. 이후 8장에서 큰 값 타입이 갖는 몇 가지 성능 특성에 관해 살펴본다.

그럼에도 불구하고 값 타입의 크기가 구조체나 레코드 구조체보다 클래스나 레코드를 우선해서 선택하는 주요 동기가 돼서는 안된다. 값 시맨틱을 갖는 타입의 인스턴스를 원한다면 그 크기가 얼마나 크든 관계없이 값 타입으로 만들어야 한다. 값 타입 변수를 ref 혹은 out 매개변수에 인수로 전달하면 해당 인스턴스의 복사본이 만들어지지 않는다. 왜냐하면 그 인수들은 참조로 전달되기 때문이다. ref 혹은 out 매개변수를 사용하는 것보다 값을 반환하는 것을 선호한다면 코드의 효율성에 영향을 줄까?

여러 필드를 갖는 값의 경우 복사하기를 피함으로써 전체적인 성능상의 이익을 얻을 수도 있다. 하지만 그 선택이 코드를 읽는 사람(human reader)에게 주는 영향도 고려해야만 한다. 참조로 전달되는 매개변수를 사용해서 큰 값의 복사를 피하려는 시도는 ref 혹은 out 매개변수를 사용하는 것은 전달되는 인수가 변경될 가능성이 있다는 점을 제외한다면 매력적으로 보일 수 있다. 코드가 가능한 스스로를 설명하도록 만들고 싶다면, 최적화(optimization)를 목적으로 ref 매개변수를 사용한다는 것은 다소 놀라울 수 있다.

변경할 수 있는 out 혹은 ref 매개변수를 사용하는 대신 in 매개변수를 사용할 수 있다. in 매개변수들은 변경할 수 없는 참조로 전달되는 매개변수이다. in 매개변수를 위한 인수들은 ref와 out 인수와 정확하게 같은 방법으로 참조로 전달된다. 하지만 in 매개변수는 메서드 안에서 읽기 전용이다. 다음 절에서는 읽기 전용 참조 매개변수를 사용함으로써 값 타입 메서드 인수 복사하기를 피하는 방법과 값을 참조로 반환하는 방법에 관해 살펴본다.

읽기 전용 참조 및 참조로 반환하기

읽기 전용 참조와 참조로 반환하기 개념은 서로 관련돼 있으며, 이 개념들을 사용하면 사용하면 코드 안에 값 타입 인스턴스의 여러 복사본을 줄일 수 있다. 첫 번째로 읽기 전용 참조 매개변수에 관해 살펴보겠다. 이 매개변수는 메서드 매개변수에 in 키워드를 사용해서 선언한다. in 한정자는 ref 및 out 한정자와 같이 참조로 전달되는 매개변수를 만든다. 하지만 ref 혹은 out 매개변수와 달리 기반 변수의 값이 변경되는 것을 방지한다. 다시 말해 in 매개변수는 변경할 수 없다. 큰 값 타입 인스턴스를 인수로 전달할 때 in 매개변수를 사용하면 인스턴스 복사하기를 피할 수 있으므로 이점이 있다.

기술적으로 in 매개변수에 참조를 전달할 수 있지만 굳이 그렇게 할 이유가 없다. 참조를 참조로 전달하는 것은 새로운 인스턴스를 가리키는 참조를 변경해야 할 필요가 있을 때만 유용하다. 그런 경우를 위해서는 ref나 out 매개변수를 사용하면 된다. 참조를 참조로 전달하는 것은 성능상 아무런 이점이 없다. 값 타입의 경우에는 성능상 이점이 있을 수 있다.

리스트 3-22는 간단한 표현식 메서드이다. DistanceInKm 메서드는 speed, time 매개변수 값에서 distance를 계산한다. speed와 time은 모두 값 타입이다.

```
public double DistanceInKm(in Speed speed, in TimeSpan time)
    => speed.InKmh * time.TotalHours;
```

리스트 3-22: **읽기 전용 참조 매개변수**

speed와 time 변수는 모두 in 한정자를 사용하며, 이들은 DistanceInKm 메서드 안에서 읽기 전용 참조 매개변수가 된다. 매개변수가 읽기 전용이므로 컴파일러는 변경할 수 있는 속성을 설정하거나, public 필드를 변경하거나, 이들에게 새로운 값을 할당하는 모든 시도를 거부한다.

ref 혹은 out 매개변수를 갖는 메서드를 호출할 때는 ref 혹은 out 키워드를 사용해서 우리가 전달하는 인수를 수정해야 한다. 이와 반대로 in 매개변수에 전달되는 인수에는 in 한정자가 필요하지 않다.

```
var time = TimeSpan.FromHours(2.5);
var speed = Speed.FromKmh(20);

var distance = DistanceInKm(speed, time);

Assert.That(distance, Is.EqualTo(50.0));
```

참조와 출력 매개변수의 경우, DistanceInKm을 값 매개변수를 갖는 버전으로 오버로드할 수 있다. 한정자를 갖지 않는 오버로드는 인수에 in 한정자를 지정하지 않으면 오버로드 해석 순위에서 우선권을 갖는다. 입력 매개변수로 전달되는 인수에 명시적으로 in을 사용해서 매개변수를 참조로 받는 버전을 선택할 수 있다. 앞서 언급했듯 매개변수가 참조로 전달되는지 혹은 값으로 전달되는지에 전적으로 의존하는 메서드 오버로딩은 혼동을 일으키는 원인이 되기 쉽다.

읽기 전용 참조 매개변수는 호출하는 함수 안에서 투명하도록 설계돼 있다. 다시 말해 in 매개변수에 인수를 전달하는 것은 값으로 인수를 전달하는 것과 같이 나타난다. 한 가지 결과는 값 대신 읽기 전용 참조로 매개변수를 받도록 메서드를 수정할 수 있지만 호출하는 코드를 변경할 필요는 없다는 점이다. 이것은 아마도 다른 스레드 안에서 인수 변수가 변경될 때만 중요하다. 메서드 안의 매개변수들만 읽기 전용이라는 것을 염두에 두자. 인수 변수들은 일반적으로 읽기 전용이 아니다. in 매개변수에 전달되는 인수는 참조로 전달되므로 해당 인수의 값에 대한 변경은 메서드 안의 매개변수의 값에도 반영된다. 리스트 3-23은 다중 스레드가 없어도 in 매개변수로 전달되는 인수의 값을 수정할 수 있다는 것을 보여준다.

```
void ModifyByCallback(in int value, Action callback)
{
① var temp = value;

② callback();
    Assert.That(value, Is.Not.EqualTo(temp));
```

```
}

int input = 100;
```
③ `ModifyByCallback(value: input, callback: () => input = 200);`

리스트 3-23: **callback 델리게이트를 통한 읽기 전용 매개변수 값 수정하기**

ModifyByCallback 메서드는 읽기 전용 참조로 1개의 int 값과 1개의 Action 델리게이트를 갖는다. 델리게이트(delegate)란 메서드를 가리키는 변수이다. 여기에서는 표준 **Action** 타입을 델리게이트로 사용한다. 이 델리게이트는 매개변수가 없으며 void를 반환하는 메서드를 나타낸다. ModifyByCallback 메서드 안에서 value 매개변수의 값을 임시 변수에 복사한다(①). 그후 callback 델리게이트를 호출해서 그 value 매개변수의 값이 temp에 복사된 값과 같은지 확인하고 델리게이트를 호출한다(②). ModifyByCallback 메서드를 호출할 때 callback 매개변수를 위해 input 값과 람다를 함께 전달한다. 이 람다는 input 변수 위에서 닫히며, 입력 변수값은 이 람다에 의해 변경된다(③).

ModifyByCallback 메서드 안의 테스트는 성공한다. value 매개변수는 호출하는 코드의 input 변수에 대한 앨리어스이기 때문이다. input 변수의 값이 람다 안에서 변경되면 value 매개변수의 값도 변경된다. 따라서 in 매개변수와 델리게이트 매개변수 모두 갖는 메서드를 주의해서 다뤄야 한다. 보다 일반적으로 메서드에 인수로 전달되는 변수의 값을 변경하는 모든 코드는 의심해야 한다. 특별히 해당 메서드와 호출하는 코드가 서로 다른 스레드에 실행될 때 더욱 그렇다. 겉으로 보기에 읽기 전용으로 보이는 변수를 변경함으로 발생하는 잠재적인 에러는 추적하기 매우 어렵다.

참조로 값 반환하기

일반적으로 값 타입 인스턴스가 참조로 복사되지 않는다고 하더라도 값 타입 인스턴스를 참조로 반환할 수 있으며, 반환된 참조를 참조로 전달하는 변수를 사용해서 받을 수 있다. 특히 이 방식은 큰 크기의 인스턴스를 복사하는 비용에 민감할 때 유용하다. 하지만 이 기법은 상당히 복잡하기 때문에 아마도 습관적으로 사용해서는 안 될 것이다. 리스트 3-24의 구조체를 보자. 이 구조체의 인스턴스는 1개의 참조 변수보다 크다.

```
public readonly struct Address
{
    public Address(string street, string city, string state, string zip)
```

```
            => (Street, City, State, Zip) = (street, city, state, zip);

    public string Street { get; }
    public string City { get; }
    public string State { get; }
    public string Zip { get; }
}
```

리스트 3-24: 여러 필드를 갖는 Address 구조체

이 Address 구조체는 3개의 string 백업 필드를 갖는다. 따라서 이 구조체의 인스턴스
의 크기는 다소 크며 단일 참조보다 복사하는 데 많은 비용이 든다. 수많은 인스턴스
들이 복사되면 이 많은 복사본들로 인한 비용을 처리하길 원할 것이다. 하지만 참조로
반환하는 것은 값으로 큰 값을 반환하는 것보다 비용이 덜 든다고 보장할 수 없으며,
성능상의 비용을 초래할 수도 있다. 그렇기는 하지만 세심한 성능 분석 결과 인스턴스
복사가 문제라고 확인된다면 참조로 값을 반환하는 것이 이익이 될 수도 있다.

속성에 접근할 때 우리는 무심코 속성값의 복사본을 만든다. 해당 값을 참조로 반환
함으로써 이 복사를 회피할 수 있다. 이를 참조 반환값(reference return value) 혹
은 간단히 ref return이라 부른다. 참조로 전달하는 메서드 매개변수를 수정할 때와
마찬가지로 ref 키워드를 붙여서 어떤 값을 참조 반환값으로 만들 수 있다. 리스트
3-25의 Mail 클래스는 Destination 속성을 가지며, 이 속성은 destination 필드값을
참조로 반환한다.

```
public sealed class Mail
{
    public Mail(string name, Address address)
        => (Addressee, destination) = (name, address);

    public string Addressee { get; }

    public ref Address Destination => ref destination;

    private Address destination;
}
```

리스트 3-25: destination 필드값을 참조로 반환하는 Destination 속성

해당 속성 및 참조로 반환되는 변수에 ref 키워드를 붙여야 한다는 점을 주지하자.

값을 참조로 반환하는 속성에 접근하면 해당 값을 복사하지 않고 참조로 받을 수
도 있다. 참조로 전달하는 변수(by-reference value) 혹은 ref local은 참조 반환값
과 같은 변수를 가리키는 지역 변수이다. 간단한 예제를 통해 설명하겠다. 리스트

3-26에서는 지역 참조 변수를 사용해서 Mail.Destination으로부터 참조 반환값을 받는다.

```
var address = new Address ("62 West Wallaby Street",
                           "Wigan", "Lancashire", "WG7 7FU");

var letter = new Mail("G Lad Esq.", address);

ref var local = ref letter.Destination;
```

리스트 3-26: **참조로 변환된 값 소비하기**

이 local 변수는 letter 인스턴스 안의 destination 필드에 대한 앨리어스이며, 그 값의 복사본이 아니다. 앞서 언급했듯 접근 대상 변수와 속성 모두에 **ref** 한정자를 사용해야만 한다. 한쪽에만 사용하면 컴파일러는 에러를 발생시킨다. 대상 변수와 속성 모두에서 **ref**를 생략하면 단순하게 속성값을 보통 변수에 복사한다.

데이터 수정 방지하기

참조로 전달하는 매개변수와 마찬가지로 ref return 값과 ref local은 값에 대한 앨리어스를 제공한다. 이 앨리어스를 통해 값을 수정하면, 그 변경이 어디에서 보이는지 알아야 한다.

ref local 참조를 사용해서 **letter**의 필드를 변경할 수도 있다. 그러나 이 예제에서는 완전히 새로운 값만 할당했다. **Address**는 읽기 전용 구조체이기 때문이다. 리스트 3-27은 ref local을 수정하면 **letter** 변수의 필드가 변경되는 것을 보여준다.

```
var letter = new Mail("G Lad Esq.",
    new ("62 West Wallaby Street", "Wigan", "Lancashire", "WG7 7FU"));

ref var address = ref letter.Destination;

Assert.That(address.Street, Is.EqualTo("62 West Wallaby Street"));

address = new Address("1619 Pine Street", "Boulder", "CO", "80302");

Assert.That(letter.Destination.Street,
    Is.EqualTo("1619 Pine Street"));
```

리스트 3-27: **ref local 변수를 사용해서 필드 변경하기**

인스턴스의 private 필드를 이런 방식으로 수정하면 바람직하지 않다. 첫 번째, Mail 클래스 안의 필드에 대한 캡슐화를 위반한다. 두 번째, 모든 앨리어스에서 동일하지만, 객체를 직접적으로 변경하는 것은 멀티스레드화된 코드에서 문제를 일으키기 쉽다. 한 객체의 상태가 여러 스레드에 의해 동시에 변경될 수 있을 때마다 경합 조건(race condition)이 발생한다. Address 타입의 크기는 새로운 값을 할당하는 것이 원자적인 조작(atomic operation)이 아님을 의미한다. 이는 두 번째 스레드가 부분적으로 초기화된 인스턴스를 읽을 수 있다는 의미이다.

경합 조건을 해결하는 일반적인 접근 방식은 잠금(lock)을 사용해서 여러 스레드가 1개의 변수에 접근하지 못하게 하는 것이다. 속성 안의 데이터에 대한 접근을 잠그는 자체만으로 이 상황에서는 충분하지 않다. 기반 데이터가 속성 정의 외부에서 수정될 수 있기 때문이다. 속성의 모든 사용 가능성을 막아야 하는데, 이는 코드의 성능을 저하시키기 쉽다. 다행히도 보다 덜 거슬리는 해결책으로 간단하게 속성을 불변으로 만들 수 있다. 바로 변경할 수 없는 상태를 공유하는 방법으로, 이렇게 하면 여러 스레드로부터 데이터를 변경하는 것과 관련된 단점이 완전히 사라진다.

Mail의 destination 필드가 수정되는 것을 보호하기 위해 Destination 속성이 destination 필드에 대한 읽기 전용 참조를 반환하도록 변경할 수 있다. 이런 ref readonly 변수를 반환하면, 호출하는 코드 역시 대상 변수에 대해 readonly 키워드를 사용해야 한다(리스트 3-28).

```
public sealed class Mail
{
    --생략--

    public ref readonly Address Destination => ref destination;

    private readonly Address destination;
}

var address = new Address ("62 West Wallaby Street", "Wigan", "Lancashire", "WG7
7FU");
var letter = new Mail("G Lad Esq.", address);

ref readonly var local = ref letter.Destination;
```

리스트 3-28: ref return 변경 방지하기

컴파일러는 읽기 전용 local 참조 변수를 통한 수정을 허용하지 않는다. 또한 Mail 클래스 안에서 destination 필드를 읽기 전용으로 만들었다. 이는 destination 필드에 대한 참조를 반환할 때 반드시 읽기 전용 참조를 사용해야 한다는 의미이다. readonly ref 한정자를 사용하지 않고 읽기 전용 필드를 참조로 반환하려하면 컴파일러는 다음과 같은 에러를 발생시킨다.

ref local을 속성의 결과에 할당할 때와 동일한 구문을 사용해서 ref 변수를 다른 변수에 할당할 수 있다. ref readonly 변수는 비읽기 전용 참조로부터 할당될 수 있다. 일반적인(혹은 쓰기 가능한(writable)) ref return 혹은 ref local에서 ref readonly로는 자동으로 암묵적 변환이 발생한다. 하지만 반대 방향으로는 변환되지 않는다. 읽기 전용 참조는 쓰기 가능한 ref local로 할당될 수 없다. 이것은 읽기 전용 참조의 불변 보장성을 깨뜨린다.

범위 안에서 참조 전달 변수 유지하기

메서드는 값을 참조로 반환할 수도 있으며 속성에서 동일한 구문을 사용한다. 하지만 참조로 반환된 변수의 수명은 최소한 참조(대상)의 수명만큼 유지됨이 보장돼야 한다. 보다 공식적으로 표현하면 참조된 변수의 범위는 해당 변수의 참조를 반환하는 메서드 혹은 속성을 반드시 포함해야 한다.

이 규칙은 참조를 지역 변수에 반환할 수 없음을 의미한다. 왜냐하면 지역 변수는 메서드 혹은 속성 구현이 반환하자마자 범위에서 벗어나기 때문이다. 이는 값 타입에서 가장 명확하다. 범위가 끝나면 값의 수명도 끝나기 때문에, 값의 수명은 참조의 수명보다 짧다. 리스트 3-29의 메서드는 컴파일에 실패한다. 이 메서드는 참조를 지역 변수에 반환하고자 시도하기 때문이다.

```
public ref Address Get()
{
    var val = new Address();
    return ref val;
}
```

리스트 3-29: **지역 변수에 대한 참조 반환을 시도하기**

참조를 val 변수에 반환할 수 있다면, 이 메서드를 호출하는 함수는 더이상 존재하지 않는 값에 대한 참조를 얻게 된다. 컴파일러는 다음과 같은 에러와 함께 이 코드를 컴파일하지 않음으로써 그런 상황을 방지한다.

이 규칙은 해당 지역 변수의 값이 참조인지 구조체의 인스턴스인지에 관계없이 적용된다. 인스턴스가 힙에 존재하더라도 변수는 범위를 벗어난다. 참조로 전달되는 변수와 참조로 전달되는 반환은 변수에 대한 참조이지 인스턴스에 대한 참조가 아니며, 참조로 전달되는 매개변수와 정확하게 같다.

값 타입 인스턴스 필드

컴파일러는 최소한 어떤 변수가 해당 변수에 대한 참조만큼 유효하다는 것을 보장할 수 없으면 값을 참조로 반환하지 못하게 할 것이다. 이 규칙의 보다 덜 명백한 결과는 값 타입의 메서드 혹은 속성은 해당 타입의 인스턴스 필드의 하나에 대한 참조를 반환할 수 없다는 것이다. 예를 들어 리스트 3-30의 코드는 컴파일되지 않는다.

```
public readonly struct Color
{
    --생략--
    public ref readonly uint Rgb => ref rgbValue;

    private readonly uint rgbValue;
}
```

리스트 3-30: **구조체 필드를 참조로 반환하기**

컴파일러는 다음과 같은 에러를 발생시킨다.

[CS8170] Struct members cannot return 'this' or other instance members by reference

이 조작은 금지된다. 왜냐하면 컴파일러는 **Color** 인스턴스가 인스턴스 안의 필드에 대한 모든 참조보다 오래 살아있을 것이라 쉽게 결정하지 못하기 때문이다. 리스트 3-31은 이러한 상황이 문제가 될 수 있는 이유를 보여준다.

```
public ref readonly uint DefaultRgb()
{
    var source = new Color();

    ref readonly var rgb = ref source.Rgb;
    return ref rgb;
}
```

리스트 3-31: **구조체의 필드에 대한 참조를 반환하는 유효하지 않은 코드**

리스트 3-30의 **Color** 구조체가 합법적으로 필드 중 하나를 참조로 반환한다면 리스트

3-31의 DefaultRgb 메서드는 범위를 벗어난 객체의 필드에 대한 참조를 반환할 것이다. 이것은 지역 변수에 대한 참조를 반환하는 것과 비슷한 문제이다. 하지만 이번 문제는 Color가 구조체인 것과 직접적으로 관련돼 있다. Color 변수가 범위를 벗어나면 각 필드들도 범위를 벗어난다. 컴파일러는 값 타입의 모든 인스턴스를 참조로 반환하는 것을 금지함으로써 이런 상황이 발생할 수 있는 가능성을 피한다.

값 타입의 멤버 메서드와 속성들 역시 참조로 이를 반환하지 못한다. 인스턴스 필드의 경우와 정확히 같은 이유에서다. 이를 허용한다면 범위를 벗어난 지역 변수(해당 타입의 인스턴스)에 대한 참조를 반환하게 될 것이다.

참조에 대한 참조

참조 변수가 범위를 벗어나면 해당 참조 변수가 나타내는 인스턴스는 가비지 컬렉션이 되기까지 힙에 여전히 존재한다. 따라서 클래스 혹은 레코드의 속성이나 메서드로부터 인스턴스 필드에 대한 참조를 안전하게 반환할 수 있다. 사실 이런 참조로 전달되는 변수를 갖고 있으면 해당 인스턴스에 대한 가비지 컬렉션이 방지된다. 리스트 3-32에서는 지역 참조 타입 객체의 인스턴스 필드에 대한 참조를 가지며 이를 반환한다.

```
public ref readonly Address GetAddress()
{
    var local = new Mail("G Lad Esq.",
        new ("62 West Wallaby Street", "Wigan", "Lancashire", "WG7 7FU"));

    ref readonly var address = ref local.Destination;
    return ref address;
}
```

리스트 3-32: **지역 객체의 필드에 대한 참조 반환하기**

컴파일러는 이 코드를 받아들이며 이 코드는 안전하게 사용할 수 있다. 하지만 이 기술은 가비지 컬렉터의 다소 난해한 특성에 의존하기 때문에 충분히 주의해야 한다. GetAddress가 반환하면 local 변수는 범위를 벗어나고, GetAddress 메서드 안에서 생성된 Mail 인스턴스에 대한 직접적인 참조 변수는 존재하지 않는다. 일반적으로 이 인스턴스는 이후 가비지 컬렉션의 대상이 되며, 참조로 전달되는 반환값은 매달린 참조가 된다. 하지만 반환된 참조로 전달되는 변수는 가비지 컬렉터가 Mail 인스턴스를 파괴하는 것을 충분히 방지할 수 있기 때문에, 그 필드 중 하나에 대한 참조로 전달되는 변수를 유지하는 것은 여전히 유효하다.

내부적으로 클래스 혹은 레코드 인스턴스 안의 필드에 대한 참조로 전달되는 변수 혹은 매개변수는 매니지드 포인터를 나타낸다. 매니지드 포인터(managed pointer)는 CLR의 세부 구현이다. 여기에서 매니지드 포인터들이 가비지 컬렉터에 의해 추적되며 객체 루트(object root)로 간주된다는 점을 알아둬야 한다. 간단히 말해 객체에 대한 참조 혹은 매니지드 포인터는 가비지 컬렉터가 실행될 때 살아있다고 알려진다. 이 객체들은 차례로 힙 안의 다른 객체에 대한 참조를 포함할 수 있다. 그래서 참조의 고리는 가비지 컬렉터가 실행되는 시점에 사용 중인 객체들의 그래프를 형성한다.

가비지 컬렉터는 객체의 루트를 이용해 객체 인스턴스를 모을 수 있는지 결정한다. 객체 그래프를 따라 객체 루트에 접근할 수 없는 인스턴스는 컬렉션의 대상이 되며, 접근할 수 있는 모든 객체는 살아 남는다. ref local 변수를 저장하는 것은 가비지 컬렉션으로부터 소유한 객체를 보호하기에 충분하다.

값으로 전달되는 매개변수는 언제나 안전하게 참조로 반환할 수 있다. 왜냐하면 해당 매개변수에 의해 앨리어스된 변수는 호출하는 코드의 범위 안에 존재해야 하기 때문이다. 엄밀히 말해서 그 변수의 범위는 해당 매개변수를 참조로 받는 메서드를 포함한다(리스트 3-33).

```
public ref Color RemoveRed(ref Color color)
{
    color = new Color(0, color.Green, color.Blue);
    return ref color;
}

var hasRed = new Color(0x77, 0xFF, 0x11);

ref var noRed = ref RemoveRed(ref hasRed);

Assert.That(noRed.Red, Is.EqualTo(0));
Assert.That(hasRed.Red, Is.EqualTo(0));
```

리스트 3-33: ref 매개변수를 참조로 반환하기

RemoveRed 메서드의 color 매개변수는 참조로 반환될 수 있다. 해당 참조는 그 참조의 아래에 있는 변수보다 오래 살아 있을 수 없기 때문이다. 호출하는 코드의 hasRed 변수의 범위는 RemoveRed를 포함한다. 리스트 3-34는 out 매개변수에 대해서도 동일한 내용이 참임을 보여준다. out 매개변수들이 참조를 지역 변수에 반환하는 것처럼 보인다 하더라도 말이다.

```
public ref Color CreateColor(out Color result)
{
    result = new Color();
```

```
        return ref result;
}

ref var created = ref CreateColor(out Color color);

Assert.That(created.Red, Is.EqualTo(0));
Assert.That(color.Red, Is.EqualTo(0));
```

리스트 3-34: **out 매개변수를 참조로 반환하기**

CreateColor 메서드의 result 매개변수는 호출하는 코드의 변수에 대한 참조이며 그 변수는 CreateColor 메서드 자체를 포함한다.

> **NOTE** *out 매개변수를 참조로 반환하는 것은 C# v11.0에서 금지돼 있다. 하지만 ref 매개변수를 참조로 전달하는 것은 여전히 허용돼 있다.*

in 매개변수도 참조로 반환할 수 있다. 하지만 이 매개변수는 ref readonly로 반환돼야 한다. in 매개변수는 불변이기 때문이다. 참조를 읽기 전용으로 반환하지 않으면 컴파일러는 예측할 수 있는 에러를 반환한다.

> [CS8333] Cannot return variable 'in Color' by writable reference because it is a readonly variable

in 매개변수를 활성화하기 위해 사용된 변수는 이미 호출하는 코드의 일부여야 하며 그것을 수정할 수 없으므로 in 매개변수를 참조로 반환하는 것을 일반적으로 유용하지 않다. 해당 변수를 in 매개변수에 전달해서 변수를 복사하는 것을 막을 수는 있지만, 해당 메서드는 void를 쉽게 반환할 수 있을 뿐이다. 호출하는 함수는 해당 변수가 메서드에 수정될 수 없음을 알고 있어야 하기 때문이다.

변경할 수 있는 불변 속성

참조로 반환하는 속성들은 set 접근자를 가질 수 없으며 따라서 불변이다. 하지만 참조 반환은 한 가지 특징을 갖는다. 리스트 3-35의 Color 속성에서 본 것과 같이 쓰기 가능한(writable) 참조로 반환하면, 해당 참조를 사용해 내부 값을 마치 그 속성에 대한 setter를 사용하는 것처럼 변경할 수 있다는 특징이다.

```
public class Brush
{
    public Brush(Color c) => color = c;

    public ref Color Color => ref color;
```

```
    private Color color;
}

var brush = new Brush(new Color(0x77, 0x33, 0xFF));

brush.Color = new Color();

Assert.That(brush.Color.Red, Is.EqualTo(0));
```

리스트 3-35: **쓰기 가능한 참조 속성을 위한 새로운 값 설정하기**

brush 변수의 Color 속성을 Color의 새로운 인스턴스에 설정하는 것처럼 보이겠지만 사실은 Brush 클래스의 필드에 새로운 값을 참조로 직접 할당한 것이다. 문법적 차이는 다소 미묘하다. 속성의 목적 중 하나는 값에 대한 접근을 캡슐화하는 것이지만, 여기에서는 참조를 필드에 반환함으로써 캡슐화를 의도적으로 피했다.

Color 속성이 ref readonly를 반환하면 이 코드는 컴파일되지 않는다. 왜냐하면 읽기 전용 변수를 수정하려고 시도할 것이기 때문이다. Color 속성에 대한 set 접근자를 사용하면 그 값을 변경할 수 있지만, 읽기 전용의 무언가에 대한 set 접근자를 허용하는 것은 이율배반적이다.

성능 vs 단순함 고려하기

ref local과 조합해서 사용되는 ref return를 사용하는 것은 큰 값 타입 인스턴스를 복사할 때, 특히 많은 복사본이 생성될 때 유용할 수 있다. ref local과 ref return은 비교적 복잡한 최적화 기능이며 세심하게 다루어야 한다. 값이 작은 경우에는 이 값들에 대한 참조를 생성함으로써 얻을 수 있는 이익이 거의 없다. 오히려 해당 값들에 접근하기 위해 추가적인 간접적 조작이 필요하므로 비용이 추가될 수 있다. 참조 변수에 대해서도 ref return과 ref local을 사용할 수 있지만 그로 인한 이익은 전혀 없다. C#에서는 그저 대칭성 때문에 이를 허용하는 것뿐이다.

매개변수, 반환값 혹은 지역 변수에 관계없이 참조로 전달되는 모든 변수를 사용할 때는 그만한 비용이 수반됨을 기억해야 한다. 모든 참조로 전달되는 변수는 실제 내부값을 얻기 위해 추가적인 간접성을 필요로 한다.

변경할 수 있는 참조 전달 매개변수 정리

앞서 언급했듯 변경할 수 있는 참조로 전달되는 매개변수 타입의 **ref**와 **out**을 사용하는 것은 매우 절차적인 코드임을 종종 나타낸다. 일반적으로 보다 선언적인 스타일을 선호할수록 스스로 설명되며 간결한 코드를 만든다. 그러나 모던 C#에서 동일한 선언적 접근 방식을 지원하는 출력 매개변수의 한 가지 사용 방법이 존재한다. 이는 객체 해체(object deconstruction)라 부른다. 비록 여기에서 **out** 매개변수의 관련성이 즉각적으로 명확하지는 않을 수 있지만 말이다.

값 튜플부터 살펴보자. 값 튜플은 C# v7.0에서 도입됐고 리스트 3-36의 point 변수와 같이 경량의 집합 타입의 생성을 단순화한다.

```
var point = (X: 30, Y: 50);

Assert.That(point.X, Is.EqualTo(30));
Assert.That(point.Y, Is.EqualTo(50));
```

리스트 3-36: **좌표를 위한 값 튜플**

이 point 변수는 이름 있는 튜플(named tuple)이다. 여기에서는 각 컴포넌트에 이름을 주었다. 테스트는 이 이름을 속성처럼 사용해 각각의 값을 얻는 방법을 보여준다. 값 튜플은 해체를 지원한다. point 변수를 분해해서 컴포넌트에 제공한 이름과 관계없는 이름을 갖는 개별 변수에 할당할 수 있다. 리스트 3-37에서는 해체 구문을 사용해서 리스트 3-36의 point 튜플의 각 필드들을 2개의 다른 변수에 할당한다.

```
var (horizontal, vertical) = point;

Assert.That(horizontal, Is.EqualTo(30));
Assert.That(vertical, Is.EqualTo(50));
```

리스트 3-37: **튜플 해체**

이 코드에서 horizontal과 vertical 변수의 타입은 point 값 튜플의 컴포넌트로부터 추론된다. 그리고 point 값 튜플을 전혀 참조하지 않고 2개의 변수를 각각 사용할 수 있다. 이와 같은 구문을 우리가 만든 사용자 정의 타입에 대해서도 지원할 수 있는데, 이때는 public Deconstruct 메서드를 작성하면 된다. 이 메서드는 out 매개변수를 사용해서 모든 매개변수를 참조로 받는다. 리스트 3-38의 Coordinate 구조체 타입은 이 메서드를 사용한다.

```
public readonly struct Coordinate
{
    public Coordinate(int x, int y) => (X, Y) = (x, y);

    int X { get; init; }
    int Y { get; init; }


    public void Deconstruct(out int x, out int y)
    {
        x = X;
        y = Y;
    }
}
```

리스트 3-38: **사용자 정의 타입 해체**

여기에 리스트 3-37에서와 동일한 구문을 사용해서 Coordinate 값을 개별 변수로 해체할 수 있다.

```
var point = new Coordinate(30, 50);

var (horizontal, vertical) = point;
```

컴파일러는 이 코드를 해석해서 Coordinate 구조체의 Deconstruct 메서드를 호출한다. 호출하는 코드는 out 매개변수에 관해 전혀 언급하지 않거나 심지어 메서드에 대한 호출도 언급하지 않는다. 객체 해체에 대한 컴파일러의 지원에 따라 Coordinate를 사용하는 코드는 그 속성에 마치 개별 변수에 접근하는 것처럼 간결하고 명확한 방법으로 접근할 수 있다.

Deconstruct 메서드에 대한 같은 문법은 클래스에 대해서도 지원한다. 컴파일러는 레코드와 레코드 구조체에 대한 Deconstruct 메서드를 생성한다. 이를 사용하면 우리가 직접 이들에 대한 구현을 정의하지 않아도 된다.

Coordinate 및 point 값 튜플과 같은 단순한 값 타입들은 함수형 프로그램에서 흔하다. 이런 값 타입들은 최소한의 문법적 오버헤드만 추가하는 것으로 간단한 추상화를 캡슐화하기 때문이다. 또한 성능 측면에서의 오버헤드가 거의 또는 전혀 없기 때문에 이를 활용하면 표현력이 뛰어나고 효율적인 프로그램을 보다 간단하게 작성할 수 있다.

정리

프로그래밍의 단순함과 명확함이 […] 더할 나위 없는 사치품이 아니라, 오히려 성공과 실패를 결정하는 대단히 중요한 요소라는 것에 관해 사람들을 어떻게 설득할 것인가?

– 에르허츠 W. 다익스트라(Edsger W. Dijkstra),
Selected Writings on Computing: A Personal Persepctive

참조로 전달되는 콘셉트, 그리고 값으로 전달되는 콘셉트와의 차이는 그 이름을 들었을 때 처음 떠오르는 것만큼 직관적이지는 않다. '값 타입은 값으로 전달되고 참조 타입은 참조로 전달된다'는 일반적인 설명은 쉽게 오해를 불러 일으킨다. 우리는 타입을 전달하지 않는다. 값을 전달한다. 무엇보다 모든 값은 기본적으로 값으로 전달된다.

변수의 값이 실제로 무엇인지 이해하는 것은 참조로 전달한다는 것이 실제로 무엇을 의미하는지 정확하게 정의하는 데 도움이 된다. 값으로 전달하는 것이 기본이다. 값을 참조로 전달하기 위해서는 능동적으로 선택해야만 한다. 참조 타입과 값 타입은 시맨틱적으로 다르다. 왜냐하면 참조 변수의 값은 그 값이 가리키는 타입의 인스턴스와 같지 않기 때문이다. 하지만 값 타입 변수의 경우에는 그 값과 인스턴스가 같다.

게다가 변수는 다양한 방식으로 참조로 전달할 수 있으며, 각각의 방법은 서로 다르게 동작하며 서로 다른 제약 사항을 가진다. 우리는 참조로 전달되는 메서드 매개변수를 사용해서 변수를 다양한 방식으로 변경하는 방법에 관해 살펴봤다. 또한 그 대안으로서 사이드 이펙트를 피하고 값을 불변으로 만듦으로써 프로그램을 보다 직접적이고 이해할 수 있게 만드는 방법에 관해 살펴봤다. 불변성은 원하지 않는 앨리어싱을 피할 수 있는 중요한 관점이다. 심지어 참조로 전달되는 변수가 사용된 경우에도 적용된다. 읽기 전용 속성과 읽기 전용 구조체를 현명하게 사용하면 참조로 전달하기가 주는 성능적 이익을 누릴 수 있으며, 공유된 변경할 수 있는 데이터에 대한 접근을 관리하기 위한 복잡함을 다루는 고통을 피할 수 있다.

변경할 수 없는 값이 여러 참조를 사이에 공유되면 앨리어싱은 어떤 문제도 일으키지 않는다. 이것이 바로 매개변수와 읽기 전용 지역 참조의 기반이 되는 원칙이다. 하지만 이는 동시에 타입에 대한 값 시맨틱을 원할 뿐만 아니라 성능을 위한 참조 시맨틱을 통해 얻을 수 있는 이익을 원할 때 사용할 원칙이기도 하다.

그러나 참조로 전달하기는 공짜가 아니다. 참조로 전달되는 매개변수에 대한 모든 접근은 어느 정도 수준의 추가적인 간접성을 포함한다. 이 비용은 무시하기 쉽지만 해당 메서드가 코드의 "중요한 경로들(hot paths)"에서 사용된다면 성능상 좋지 않은 영향을 끼칠 수 있다. 성능 최적화를 진행하는 경우에는 항상 결과를 측정해야만 하고, 그 결과에 따라 해당 최적화의 가치를 결정해야 한다.

4

암묵적 복사하기와 명시적 복사하기

거의 대부분의 유용한 프로그램에서는 심지어 우리가 깨닫지 못하는 순간에도 끊임없이 변수의 값이 복사된다. 이번 장에서는 복사하기의 원인과 가능한 결과에 관해 살펴본다. 이 주제는 사소해 보일 수 있다. 하지만 복사하기는 어떤 코드의 영역이 복사본을 만들고 있는 것이 명확하지 않을 때 문제가 될 수 있는 것을 방지할 수 있는 숨겨진 비용을 갖고 있다.

이번 장에서 다루는 내용은 다음과 같다.

- 값이 복사본인지 아닌지를 아는 것이 프로그램을 이해하는 데 핵심적인 이유
- 특정한 상황에서 값의 복사를 회피하는 방법
- 컴파일러가 값의 숨겨진 복사본을 만들 수 있는 경우
- 컴파일러가 숨겨진 복사본을 만들지 않도록 하기 위해 취할 수 있는 방법

앞서 논의한 내용으로부터 참조를 복사하는 것은 항상 성능 하락이 적은 조작임을 알았다. 참조 복사 시 인스턴스를 복사하지는 않기 때문이다. 하지만 값 타입 인스턴스를 복사하면 각 필드의 값들도 복사되며 시간과 메모리 공간을 소비한다. 특히 해당 인스턴스가 여러 필드로 구성돼 있다면 소비는 더욱 커진다. 따라서 언제 복사하기가 발생하는지 아는 것은 몇 가지 복사본을 만들지 않을 수 있는 기회를 식별하는 데 도움을 주며, 이를 통해 프로그램이 사용하는 메모리 공간과 프로그램의 속도를 개선할 수 있다.

참조 복사하기와 인스턴스 복사하기의 상대적인 비용 차이는 값 타입을 작게 만들어야 한다는 일반적인 조언의 합리적인 배경이다. 하지만 복사하기에 소비되는 비용만이 전부는 아니다. 일부 극단적인 경우가 아니라면 값 타입 인스턴스를 복사하기에 드는 비용은 저렴하다. 하지만 복사본을 다루는 것은 다른 시맨틱적 의미를 가질 수 있다. 구체적으로 우리가 복사본을 만들었다는 사실을 눈치채지 못한다면, 우리가 값을 변경했을 때 그 결과가 기대한 대로 보이지 않는다는 사실에 놀랄 수 있다. 따라서 복사된 참조를 이용해 발생하는 인스턴스에 대한 예상치 못한 변경은 미묘한 문제를 일으키는 원인이 될 수 있다.

단순한 할당으로 복사하기

값 타입의 복사 동작과 참조 타입의 복사 동작 사이의 차이점에 따른 결과는 상당히 미묘해서 복사를 수행하는 매우 단순한 표현식에서는 잘 보이지 않는다. 복사하기의 가장 단순한 예시는 할당의 결과로 나타난다.

```
var copy = existing;
```

이와 같이 한 변수의 값을 다른 변수에 할당하는 것을 단순한 할당(simple assignment)이라 부른다. 그리고 좌변(할당의 대상)은 반드시 변수이거나 접근할 수 있는 set 접근자를 가진 속성 혹은 인덱서여야 한다. 우변은 표현식이며 값을 생성할 수 있다고 평가되는 모든 것이 될 수 있다. 표현식은 리터럴 혹은 enum 숫자, 다른 변수와 같은 단순값 또는 메서드 호출과 같은 보다 복잡한 표현식일 수도 있다.

변수와 값은 모두 타입과 관련돼 있다. 앞의 예시에서는 **var** 선언을 사용해서 copy에 대한 타입 추론을 사용했다. 컴파일러는 copy 변수의 타입을 existing의 값의 타입으로부터 추론한다. 대상 변수의 타입은 할당되는 값의 타입과 반드시 일치할 필요는 없다. 대상 변수에 대해 다른 타입을 지정하는 경우에는 우변의 값의 타입은 반드시 좌변의 변수의 타입으로 암묵적으로 변환할 수 있는 것이어야 한다.

2장에서 본 것처럼 명시적 타입 변환을 사용해서 우변의 값을 대상 타입으로 명시적으로 강제할 수 있다. 예를 들어 double은 명시적으로 int로 타입 변환될 수 있다. 다만 변환 과정에서 값이 잘려 나가기 때문에 일부 정보를 잃어버리게 된다. 컴파일러가 이 명시적 변환이 성공할 수 없다고 식별하게 되면 코드는 컴파일되지 않는다. string을 int로 변환하는 경우 등이 여기에 해당된다. 컴파일러가 변환이 실패한다고 판단하지 않으면 런타임에 변환이 수행되며, 이때 InvalidCastException 등의 예외와 함께 변환이 실패하기도 한다.

값 복사 동작

우리가 알고 있듯 null이 아닌 참조의 복사본은 원래 참조가 가리키는 메모리의 인스턴스를 동일하게 가리킨다. 이는 참조 타입 인스턴스에 수행하는 변경이 해당 인스턴스에 대한 모든 참조에서 보인다는 의미이다. 이와 다르게 값 타입 인스턴스를 복사하면 복사본은 해당 타입의 새로운, 독립적인 인스턴스이며 원래 값의 필드의 복사본을 갖는다.

하지만 한 값 타입의 인스턴스에 대한 변경을 항상 다른 인스턴스에서 관찰할 수 없는 것은 아니다. 원래 값 타입 인스턴스에서 복사된 필드들이 참조라면, 복사된 인스턴스들은 해당 참조의 복사본을 갖게 된다. 그러므로 값 타입 인스턴스의 복사본은 여전히 그 필드들을 통해 힙에 위치한 객체에 대한 앨리어스가 된다. 리스트 4-1의 잘못된 예시를 통해 이에 관해 설명하겠다. 리스트 4-1의 Purchase 구조체의 Item 속성은 변경할 수 있는 Product 클래스에 대한 참조이다.

```
public sealed class Product
{
    public int Id { get; set; }
    public decimal Price { get; set; }
}

public readonly struct Purchase
{
    public Product Item { get; init; }
    public DateTime Ordered { get; init; }
    public int Quantity { get; init; }
}
```

리스트 4-1: **변경할 수 있는 참조 필드**

여기에서 Product는 간단한 데이터 전달(data-carrier) 클래스이며, 데이터베이스나 메시지로부터 데이터를 읽을 때 주로 사용되는 타입과 비슷하다. Product와 같은 단순한 데이터 전달자는 일반적으로 그 값들을 읽고 쓰기 위한 변경할 수 있는 여러 속성을 갖는다. 반면 Purchase 타입은 구조체이며 잘 동작하는 값 타입이다. 이 구조체는 readonly이며 모든 속성은 init-only이다. 다시 말해 이 속성들에는 새로운 Purchase 인스턴스가 초기화될 때만 그 값이 주어진다.

비록 Purchase가 readonly 구조체이기는 하지만 변경 불가능하지 않다. 왜냐하면 Item 속성이 변경할 수 있는 타입이기 때문이다. 또한 Product가 참조 타입이기 때문에 이 속성은 참조이다. 따라서 2개의 Purchase 인스턴스들은 동일한 힙에 위치한 변경할 수 있는 Product 인스턴스를 가리킬 수 있다. 이 타입의 인스턴스들이 메모리 안에 어떻게 설정돼 있는 형태를 보며 이에 관해 살펴보자.

리스트 4-1에서 Purchase 타입의 인스턴스들과 그 속성들을 다음과 같이 만든다.

```
var existing = new Purchase
{
    Item = new Product { Id = 10990, Price = 12.99m },
    Ordered = DateTime.Parse("2024-02-02"),
    Quantity = 12
};
```

existing 변수가 사용하는 메모리의 형태는 그림 4-1과 같이 보일 것이다.

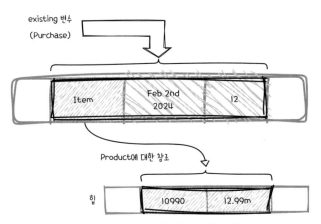

그림 4-1: **구조체 안의 참조에 의한 메모리 레이아웃**

Purchase는 값 타입이다. 따라서 Purchase 타입의 변수는 해당 변수의 선언 위치가 어디인지에 관계없이 변수 안에 완전한 인스턴스를 포함한다. 그림 4-1에서 existing

식별자는 Purchase 타입의 3개 필드의 값을 포함하는 메모리 위치를 나타내는 이름이다. 3개 필드 중 하나는 Item 속성을 위한 백킹 필드이며, Item 속성의 타입은 Product 클래스이다. 참조 타입으로서 Product 인스턴스는 힙에 할당되고, Item 속성은 그에 대한 참조를 저장한다. 값 타입 인스턴스인 다른 속성값들의 내용은 existing 변수 안에 직접 저장된다. 이제 existing 변수를 복사하면 어떤 일이 벌어지는지 살펴보자(리스트 4-2).

```
var existing = new Purchase
{
    Item = new Product { Id = 10990, Price = 12.99m },
    Ordered = DateTime.Parse("2024-02-02"),
    Quantity = 12
};
--생략--
var copy = existing;
```

리스트 4-2: **existing 변수의 값 복사하기**

Item 속성의 타입은 클래스이므로 참조만 새로운 copy 변수로 복사된다. 그 결과 existing과 copy 변수는 모두 힙에 있는 같은 Product 인스턴스를 참조한다. 그림 4-2는 이를 설명한다.

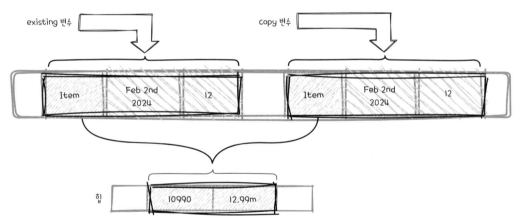

그림 4-2: **구조체 인스턴스 복사 이후의 메모리 레이아웃**

existing을 copy에 복사했으므로 메모리에는 이제 2개의 Purchase 인스턴스가 존재한다. 하지만 Item에 대한 인스턴스 데이터는 복사되지 않았다. 각 Purchase 인스턴스는 힙의 같은 Product에 대한 참조를 갖는다.

읽기 전용 속성 vs 불변 타입

리스트 4-1에서 Purchase 구조체를 읽기 전용으로 만들었다 하더라도 이 구조체가 참조를 앨리어싱하는 것과 관련된 의도치 않은 사이드 이펙트를 막지 못하며, 그 Item 속성이 set 접근자를 갖지 않는다는 것 또한 막지 못한다. Purchase.Item에는 set 접근자가 없지만, 그럼에도 불구하고 Product 타입이 변경할 수 있는 속성을 가지고 있기 때문에 Item 속성이 가리키는 객체를 여전히 의도치 않게 수정할 수 있다. 우리가 copy 변수를 통해 Product 인스턴스의 속성을 변경하면 그 변경은 existing 변수 안에서 볼 수 있다. 이를 리스트 4-3에서 설명한다.

```
var existing = new Purchase
{
    Item = new Product { Id = 10990, Price = 12.99m },
    Ordered = DateTime.Parse("2024-02-02"),
    Quantity = 12
};

var copy = existing;

copy.Item.Price = 14.99;
Assert.That(existing.Item.Price, Is.EqualTo(14.99));
```

리스트 4-3: 공유된 참조를 통해 Product의 상태를 변경하기

Product 타입의 속성은 쓰기 가능하다. 그렇기 때문에 그에 대한 모든 참조를 사용해서 인스턴스를 변경할 수 있다. Product 타입을 변경할 수 없게 만들면 그에 대한 모든 참조를 사용해도 Product 인스턴스의 데이터를 변경할 수 있으며, 여러 참조 변수 사이에서 그것이 공유되는 것은 중요하지 않다. 값 타입이 필드 혹은 속성으로서 참조를 포함하는 것은 전혀 이상하지 않다. 하지만 값 타입 안에 저장한 참조의 종류에 관해서는 주의해야 한다. Purchase 인스턴스에 대한 예상하지 않은 변경과 관련된 이슈를 피하고자 한다면, 해당 객체가 Purchase를 사용해서 참조돼야만 한다. Item은 그 어떤 참조를 통해서도 변경될 수 있다. Purchase 자체를 통해 참조된 객체가 변경될 수 없음을 보장하는 것만으로는 충분하지 않다. 이를 달성하는 가장 간단한 방법은 Product를 변경할 수 없게 만드는 것이다. 보다 일반적으로 참조 타입 필드를 가진 값 타입은 변경할 수 없는 타입만 가리켜야 한다.

참조의 복사본을 가지고 있는지 혹은 완전한 인스턴스의 복사본을 가지고 있는지에 관한 정보는 매우 가치 있는 정보이다. 한 변수를 다른 변수에 할당하는 것은 프로그램 안에서 값이 복사되는 방법에 관한 가장 확실한 예시이다. 다음 몇 개 절에서 값이

복사되는 보다 덜 명확한 예시들을 살펴보면서 프로그램이 우리가 생각하는 것보다 많은 복사본을 만드는 방법에 관해 알아보자.

새 객체 만들기

대부분의 경우에는 객체 인스턴스가 메모리를 사용하는 방법에 관해 걱정할 필요가 없다. 이에 관해 걱정하는 것은 CLR의 몫이다. new 표현식을 사용해서 객체 인스턴스를 생성한다. 이는 객체가 할당되는 방법과 메모리 위치에 관한 세부 사항을 추상화한다. 새로운 객체는 언제나 생성자를 호출함으로써 생성되지만, 2장에서 봤듯 객체 초기화 구문을 사용하면 컴파일러가 암묵적으로 생성자 호출을 삽입한다. 위의 2가지 접근 방식 모두 새로운 값 타입 인스턴스의 추가적인 복사본을 요구할 수 있기 때문에 프로그램이 사용하는 메모리를 보다 면밀하게 모니터링하기 위해서는 새로운 객체를 생성하는 방법에 관해 추가적으로 살펴봐야 한다.

예를 들어 리스트 4-4는 Purchase 값 타입 인스턴스가 객체 초기화를 통해 생성되는 것을 보여준다. 코드에서 보이지는 않지만 Purchase 인스턴스의 추가 복사본이 사용돼 초기화를 수행한다.

```
public readonly struct Purchase
{
    public Product Item { get; init; }
    public DateTime Ordered { get; init; }
    public int Quantity { get; init; }
}

var order = new Purchase
    {
        Item = new Product { Id = 10990, Price = 12.99m },
        Ordered = DateTime.Parse("2024-02-02"),
        Quantity = 12
    };
```

리스트 4-4: 객체 초기화를 통해 Purchase 값 타입의 새로운 인스턴스 생성하기

📝 NOTE　*Purchase의 추가적인 복사본은 그 속성에 실제로 접근해야 할 때만 필요하다. 하지만 일반적으로 절대로 읽지 않을 속성값을 설정하지는 않는다.*

객체 초기화를 사용해서 새로운 객체를 생성하면, 생성자는 지정되지 않더라도 여전히 호출된다. Purchase는 구조체이며 사용자 정의 생성자를 갖지 않으므로, 새로운

인스턴스는 우선 기본 초기화되고 이후 그 속성들은 중괄호 사이에 지정된 값에 따라 할당된다.

생성자 호출에 따라 생성된 기본 초기화된 인스턴스는 코드에서는 확인되지 않는다. 새로운 인스턴스의 속성들은 숨겨진 변수를 통해 초기화된다. 다음으로 객체 초기화가 완료된 뒤 이들은 대상 변수로 복사된다(리스트 4-4). Purchase를 초기화하는 코드가 컴파일되면 컴파일러는 리스트 4-5와 같은 것을 내보낸다.

```
var __temp = new Purchase();
__temp.Item = new Product { Id = 10990, Price = 12.99m };
__temp.Ordered = DateTime.Parse("2024-02-02");
__temp.Quantity = 12;
var order = __temp;
```

리스트 4-5: 객체 초기화 구문과 동등한 코드

> 📝 NOTE 우리가 이와 동일한 코드를 직접 작성할 수는 없다. Purcahse 타입의 Item, Ordered, Quantity 속성들은 init 전용이기 때문이다. 컴파일러는 Item 속성의 초기화 작업을 생성자 호출로 변환하고 그 속성들을 별도로 설정한다. 하지만 간결함을 위해 객체 초기화 구문은 여기에서 그대로 유지했다.

생성자의 작업이 완료되면 이제 인스턴스는 기본 초기화 상태가 됐을 뿐이다. 특히 Item 속성은 참조 타입이므로 그 값은 null이 될 것이다. 이 같은 2단계 초기화의 목적은 불완전한 인스턴스가 관찰되지 않도록 하는 것이다. 숨겨진 __temp 변수의 값은 대상 order 변수에 초기화가 완료될 때 복사되고 결과적으로 모든 속성이 할당된다.

값 덮어쓰기

숨겨진 변수를 사용하면 그 이전 값의 속성을 사용해서 변수를 재할당할 수 있다. 리스트 4-6에서는 새로운 인스턴스를 사용해 order를 재초기화하고, 새로운 인스턴스의 값을 위해 order.Item의 기존값을 사용한다.

```
order = new Purchase
    {
        Item = order.Item,
        Ordered = DateTime.Parse("2024-02-03"),
        Quantity = 5
    };
```

리스트 4-6: order 변수 자체의 속성을 이용해서 order 변수 덮어쓰기 컴파일러에 의해 도입된 숨겨진 __temp 변수가 없다면 이 새로운 표현식의 결과는 order에 할당되며, 이후 Item 속성의 값이 얻어진다. order 변수는 다음과 유사한 방식으로 초기화된다.

```
order = new Purchase();
order.Item = order.Item;
order.Ordered = DateTime.Parse("2024-02-03");
order.Quantity = 5;
```

할당된 order 변수는 기본 초기화되며 이후에 그 속성들이 설정된다. Item 속성은 사실상 재초기화에 사용된다. 숨겨진 __temp 변수가 없으면 order 변수가 초기화되는 동안 Item 속성은 null로 초기화되고 이후 같은 null 값으로 재할당된다. 그 결과 order 변수의 Item 속성은 최종적으로 null 값을 갖게 되는데, 이는 분명 우리가 의도한 바는 아니다. 리스트 4-5의 접근 방식에서는 임시 복사본이 완전히 초기화되기 전까지 order 인스턴스를 덮어쓰지 않음으로써 이 동작을 올바르게 처리한다.

이 예시와 같이 Purchase가 값 타입이면 추가적인 __temp 복사본은 중요할 수 있다. 왜냐하면 이것은 전체 인스턴스 값의 복사본이기 때문이다. Purchase의 타입이 클래스 혹은 레코드이며 복사본은 같은 인스턴스에 대한 새로운 참조일 뿐이므로, 추가적인 복사에 따르는 비용은 무시할 수 있다.

C# v9.0 이전, 객체 초기화는 public set 접근자를 가진 속성에 대해서만 사용할 수 있었다. 이 제약 사항은 init 전용 속성이 도입되면서 제거됐다. 하지만 일반적으로 생성자는 인스턴스를 초기화하는 보다 직접적인 방식이다. 적어도 부분적으로 숨겨진 변수에 대한 필요성을(대부분의 경우) 제거하기 때문이다. 다음 절에서는 값 타입에서 이것이 항상 참이 아님에 관해 살펴볼 것이다.

값 타입 생성하기

사용자 정의 생성자를 통해 구조체 혹은 레코드 구조체 타입의 지역 변수 인스턴스를 생성할 때, 컴파일러는 앞서 객체 초기화에서 살펴봤던 2단계 초기화의 변형된 형태를 도입할 수 있다. 컴파일러는 여전히 숨겨진 변수를 삽입하지만, 속성들을 설정하는 대신 숨겨진 인스턴스에 대해 필요한 생성자를 호출하고 그 값들을 대상 변수에 복사하는 코드를 추가한다.

리스트 4-7의 Color 구조체의 속성은 set 접근자, init 접근자를 갖지 않는다. 따라서 생성자를 사용해서 속성들을 초기화해야 한다.

```
public readonly struct Color
{
    public Color(int red, int green, int blue)
        => (Red, Green, Blue) = (red, green, blue);

    public int Red { get; }
    public int Green { get; }
    public int Blue { get; }
}

var background = new Color(red: 0xFF, green: 0xA5, blue: 0x0);
```

리스트 4-7: 생성자를 호출해서 Color 구조체의 속성 초기화하기

생성자는 컴파일된 코드 안에서 .ctor라는 특수한 이름을 갖는다. 따라서 인수를 사용해 Color 인스턴스를 생성하는 것은 넓게 보면 다음과 동등하다.

```
Color __temp;
__temp..ctor(red: 0xFF, green: 0xA5, blue: 0x0);
Color background = __temp;
```

생성자는 두 번째 행에서 __temp 값에 대해 직접 호출된다. __temp 변수의 선언에 따라 컴파일러는 Color의 기본 인스턴스에 필요한 충분한 공간을 확보하며, 런타임에서 생성자는 해당 인스턴스에 대해 일반적인 메서드를 호출하는 것과 같이 호출된다.

Color는 값 타입이므로 숨겨진 변수는 완전한 전체 인스턴스를 나타내고, 그 인스턴스 전체가 대상 변수로 복사된다. 이 동작은 구조체 및 레코드 구조체 타입의 사용자 정의 생성자에만 적용된다. 값 타입에 대한 기본 생성자는 단순히 각 필드를 기본 초기화하며 숨겨진 복사를 필요로 하지 않는다.

객체 초기화에서 봤듯, 숨겨진 __temp 변수는 부분적으로 생성된 인스턴스가 관찰되는 것을 방지한다. 실제적으로 컴파일러는 일반적으로 숨겨진 인스턴스를 함께 완전하게 최적화할 수 있다. 하지만 일부 상황, 예를 들어 인스턴스 생성이 예외와 함께 실패하는 상황 등에는 숨겨진 복사를 피할 수 없다. 리스트 4-8의 Brush 클래스를 살펴보자. 이 클래스의 background 필드는 필드 초기자를 사용해서 초기화된다. Assign 메서드에서는 background에 새로운 값을 할당한다.

```
public class Brush
{
    public void Assign(int r, int g, int b)
    {
        background = new Color(red: r, green: g, blue: b);
```

```
    }

    private Color background = new Color(red: 0xFF, green: 0xA5, blue: 0);
}
```

리스트 4-8: **예외를 던질 수 있는 구조체 생성자 호출하기**

Color의 숨겨진 복사본은 Brush 클래스의 Assign 메서드 안에서 background 필드를
재할당할 때 필수적이다. 복사본은 background가 항상 유효하고 동시에 예상할 수 있
는 값을 갖는다는 것을 보장하기 때문이다. Color 생성자가 background 인스턴스에
대해 직접적으로 호출되고 예외와 함께 실패하면, background는 중간 상태에 놓이게
된다. Assign 메서드 안에서 컴파일러는 Color에 대한 생성자가 예외를 던졌다 하더
라도 background 필드의 기본값이 사용될 수 있음을 보장해야 한다.

Color 인스턴스 생성하기와 background 필드에 할당하기를 분리함으로써, 컴파일러는
해당 변수의 관찰할 수 있는 상태들은 완전히 생성된 값(예외가 발생하지 않았을 때)
혹은 그 이전 값(생성자가 예외를 던졌을 때) 뿐임을 보장한다. 값 타입 인스턴스를 복
사하는 것은 절대로 예외를 던지지 않는다. 값을 메모리의 한 영역에서 다른 영역으로
복사하는 것은 항상 안전하며 런타임에 새로운 메모리의 할당을 요구하지 않는다.

값 타입 인스턴스 복사하기는 아토믹한 상태를 보장하지 않는다. 예를 들어 해당 타입
이 여러 필드 혹은 부동소수점값을 가지면 다른 스레드가 복사하기 조작을 통해 대상
값을 부분적으로 관찰할 수 있으며, 이는 메모리 테어링(memory tearing)이라는 리
스크로 알려져 있다. 하지만 변경 가능성이 그저 속성 설정에 관한 것은 아님을 기억
하자. 변경할 수 없는 값도 복사될 수 있다. 메모리 테어링에 대한 가장 간단한 보호
방법은 여러 스레드에 대한 메모리 접근이 실제로 읽기 전용임을 보장하는 것이다.

레코드를 값 타입처럼 복사하기

2장에서는 비파괴적 변경을 사용해서 기존 레코드 인스턴스를 복사하고 해당 with 키
워드를 사용해서 그 복사본의 선택된 속성들을 변경하는 방법에 관해 살펴봤다. 리스
트 4-9는 이 같은 방식으로 Color 레코드를 클론할 수 있는 방법을 보여준다.

```
public sealed record Color(int Red, int Green, int Blue);

var pink = new Color(Red: 0xFF, Green: 0xA5, Blue: 0xFF);

var orange = pink with { Blue = 0 };
```

리스트 4-9: **with를 사용해 레코드 인스턴스 클론하기**

비파괴적 변경을 사용해서 인스턴스를 클론한다는 것은 복사된 인스턴스가 변경되더라도 원래 인스턴스는 보전되는 것을 의미한다. 리스트 4-9에서 클론된 변수인 orange는 pink로부터 Blue 속성을 제외한 모든 속성을 가져간다. Blue 속성에는 명시적으로 0 값이 주어진다.

동일한 구문을 사용해서 구조체 및 레코드 구조체를 복사하고, 대상 변수에 대해 init 전용 속성을 편리하게 설정할 수 있다. 레코드 타입에서는 추가 이익을 얻을 수 있다. 왜냐하면 레코드 타입은 참조 타입이며 따라서 실제 값 타입에 대한 값으로 복사하기 시맨틱을 갖지 않기 때문이다. 그저 레코드 변수를 다른 변수에 할당하면 같은 인스턴스에 대한 2개의 참조를 얻을 수 있다.

```
var black = pink;
Assert.That(ReferenceEquals(black, pink), Is.True);
```

pink 변수가 값 타입이면 black 변수는 그 인스턴스의 복사본이 된다. with 키워드는 인스턴스의 타입(값 타입 혹은 참조 타입)에 관계없이 항상 인스턴스를 복사한다.

객체 초기화와 마찬가지로 컴파일러는 숨겨진 메모리 인스턴스를 생성하고 그 속성들을 설정한 뒤 대상 변수에 인스턴스를 복사한다. 레코드의 경우 비파괴적 변경은 객체 초기화와 다르다. 레코드의 경우 새 인스턴스는 가상의 컴파일러가 생성한 Clone 메서드를 사용해서 복사된다. 이 메서드는 필수적인데 기본적으로 이 예시의 Color 레코드와 같은 위치 레코드는 접근할 수 있는 매개변수 없는 생성자를 갖지 않기 때문이다.

레코드 구조체와 구조체는 항상 인수 없이 생성될 수 있으며 항상 값으로 복사된다. 즉, 이들은 Clone 메서드를 갖거나 필요로 하지 않는다. with 구문은 클래스 타입에서 지원하지 않는다. 왜냐하면 무엇보다 대부분의 클래스들은 값 시맨틱을 모델화하도록 의도되지 않았기 때문이다.

참조 타입 인스턴스에 대한 초기화 프로세스는 값 타입의 초기화 프로세스와 다르다. 주로 다른 타입들이 메모리에 할당되고 저장되는 방식의 차이 때문이다. 이는 그 인스턴스들에 접근하기 위해 사용하는 변수에도 영향을 미친다. 특히 값 타입 인스턴스를 가리키기 위해 참조 변수를 사용해야 하는 경우가 이에 해당하며, 이 값은 박스돼야 한다.

불필요한 박스하기 식별하기

값 타입 인스턴스는 그것이 다른 객체의 일부가 아닌 한 힙에 존재하지 않는다. 따라서 이들을 직접적으로 가리키는 참조를 사용할 수 없다. 2장에서 봤듯 박스하기를 사용하면 값을 힙의 알려진 위치에 복사하고 이 복사본에 대한 참조를 사용할 수 있어 이 문제가 해결된다.

하지만 박스하기는 항상 힙에 복사하기 때문에, 박스는 가비지 컬렉션 및 다른 힙 관리 작업의 대상이 되기 쉽다. 값을 무분별하게 박스하면 프로그램의 성능과 메모리는 심각한 영향을 받게 된다. 시간을 투자해서 불필요한 박스하기를 식별하고 제거하면 코드의 효율성을 개선할 수 있다.

참조 타입 변수를 사용해서 값 타입 인스턴스를 가리키고자 할 때 언제든 박스하기가 발생할 수 있다. 박스하기는 일반적으로 암묵적으로 발생한다(물론 명시적으로 값을 박스할 수 있지만 그럴 필요는 거의 없다). 2장에서의 내용을 상기해보자. 모든 타입은 궁극적으로 object에서 파생되며, 그렇기 때문에 항상 모든 타입의 값을 암묵적으로 object로 형 변환할 수 있다. 그 값이 이미 참조가 아니라면, 형 변환의 결과는 박스된 인스턴스에 대한 참조이다.

한 예시를 살펴보자. 리스트 4-10의 Clone 메서드는 Coordinate 값 타입의 새로운 지역 인스턴스를 생성하고 그 인스턴스에 대한 object 참조를 반환한다. 반환된 값은 박스된 Coordinate에 대한 참조이다.

```
public readonly struct Coordinate
{
    public int X { get; init; }
    public int Y { get; init; }

    public object Clone()
    {
        var item = new Coordinate { X = this.X, Y = this.Y };
        return item;
    }
    --생략--
}
```

리스트 4-10: **박스된 값 타입 변수에 대한 참조 반환하기**

이 Clone 메서드를 호출하면 박스된 Coordinate 인스턴스에 대한 object 참조를 반환받는다. 이 박스하기는 메서드가 존재하기 직전에 발생한다. 아이템 값의 복사본을 위해 힙에 공간이 할당되고, 해당 박스에 대한 참조가 메서드로부터 반환된다.

언박스하기(박스하기의 반대)는 힙의 박스 안에 있는 값을 원래 값 타입 인스턴스로 복사한다. 언박스하기는 언제나 명시적으로 수행돼야 하며 이는 박스된 값을 대상 타입으로 명시적으로 형 변환하는 것과 문법적으로 동일하다. 리스트 4-11을 살펴보자.

```
var original = new Coordinate( --생략-- );
object box = original.Clone();

Coordinate clone = (Coordinate)box;
```

리스트 4-11: **원래 타입으로 언박스하기**

값 타입이 하나 이상의 인터페이스를 구현하면 인터페이스들은 해당 인터페이스 타입의 모든 값을 사용해서 참조될 수 있으며 이를 위해서는 인스턴스들은 박스돼야 한다.

인터페이스로 박스하기

값은 대상 참조 타입으로 암묵적으로 변환될 수 있을 때만 박스될 수 있다. 모든 값 타입은 봉인돼 있으므로(즉, 상속이 금지돼 있으므로) 객체 변수 참조, System.ValueType(이 자체는 유효한 타입이 아니다), 혹은 해당 값 타입을 사용해서 구현된 인터페이스로의 변환만 유효하다. 그 값이 enum의 멤버라면 System.Enum 클래스 혹은 System.Enum을 사용해서 구현된 모든 인터페이스로도 변환될 수 있다.

값에 대한 직접적인 object 참조가 필요하는 경우는 극히 드물다. 순수하게 학습적인 목표를 위한 예시를 제외하고는 System.ValueType으로 박스하는 것에도 예외는 없다. 값 타입 변수는 해당 타입을 사용해서 구현된 모든 인터페이스로 암묵적으로 변환할 수 있다. Color 구조체를 사용해 구현된 IComparable 인터페이스를 살펴보자(리스트 4-12).

```
public readonly struct Color : IComparable<Color>
{
    public Color(uint val) => rgb = val;

    int IComparable<Color>.CompareTo(Color other)
        => rgb.CompareTo(other.rgb);

    private readonly uint rgb;
}
```

리스트 4-12: **Color 구조체를 사용해서 구현된 IComparable 인터페이스**

IComparable\<T> 인터페이스는 CompareTo라는 이름을 가진 한 메서드를 정의한다. 이 메서드에서는 비교 조작을 정의하고 있으며, 이를 사용하면 T 컬렉션을 정렬할 수 있다. 여기에서 Color에 대한 구현은 단순히 그 uint 필드를 나타내며, 이는 IComparable\<uint> 인터페이스를 구현한다.

IComparable\<Color>.CompareTo 구현은 명시적 구현이라는 점에 주목하자. 이는 우리가 그 인터페이스 타입에 대한 참조를 사용해서만 CompareTo를 호출할 수 있음을 의미한다. Color 변수에 대해 직접적으로 CompareTo를 호출하는 모든 시도는 컴파일 에러를 발생시킨다. Color 변수를 IComparable\<Color> 인터페이스로 형 변환하면, 그 값은 IComparable\<Color> 참조 안으로 박스된다(리스트 4-13).

```
var red = new Color(0xFF0000);
var green = new Color(0x00FF00);

IComparable<Color> compare = red;
var less = compare.CompareTo(green);
```

리스트 4-13: **명시적으로 인터페이스 타입으로 박스하기**

이 compare 변수를 초기화하면 red의 값은 박스된다. 모든 인터페이스 타입 변수는 참조이기 때문이다. CompareTo를 비명시적으로 만들어서, 다시 말해 그 인터페이스로 형 변환하지 않고 red 변수를 사용해 직접 호출하도록 함으로써 이 박스를 피할 수 있다. 그렇다고 해서 비명시적 구현을 선호해야 한다는 것은 아니다. 명시적 인터페이스 메서드는 타입의 public 인터페이스를 분리하는 좋은 방법이다.

명시적 인터페이스 구현을 호출할 수 있다. 이때는 그 인터페이스에 한정된 제네릭 타입 매개변수를 사용한다. 이 경우에는 형 변환이 필요하지 않으며 박스하기도 발생하지 않는다. 예시를 통해 살펴보자. 리스트 4-14의 제네릭 LessThan 메서드는 그 매개변수를 박스하지 않는다. 심지어 그 인수로 Color 값을 전달해도 마찬가지다. 제네릭 매개변수 T는 IComparable\<T> 인터페이스에 한정되기 때문이다.

```
public static bool LessThan<T>(T left, T right)
    where T : IComparable<T>
{
    return left.CompareTo(right) < 0;
}

var red = new Color(0xFF0000);
var green = new Color(0x00FF00);
```

```
Assert.That(LessThan(green, red), Is.True);
```

리스트 4-14: 제네릭 유형 매개변수 T를 IComparable 인터페이스 타입으로 한정하기

제네릭 타입 매개변수를 이런 방식으로 한정하면 그 제네릭 타입의 변수는 그 제약에 사용된 타입이라 간주된다. 이 예시에서 left는 IComparable<T> 변수인 것처럼 사용된다. T 값이 나타내는 것에 관계없이 직접 이 메서드를 호출할 수 있으며, 심지어 구현 메서드가 명시적 구현인 경우에도 그러하다.

메서드 호출 안

코드에서 종종 값 타입 인스턴스를 참조 변수에 할당함으로써 박스하는 것을 볼 수 있다. 하지만 값 타입 인스턴스를 참조 타입 메서드 매개변수의 인수로 전달할 때도 박스하기는 발생한다. 값을 참조 변수에 할당하면 해당 매개변수의 타입으로의 암묵적 변환이 존재할 경우 그 값은 암묵적으로 박스된다. 박스하기는 일반적으로 암묵적이기 때문에 이를 발견하기는 어렵다. 예를 들어 리스트 4-15에서는 now 변수를 박스한다. DateTime은 값 타입이고 Console.WriteLine은 타입 string 매개변수 뒤에 이어서 object? 매개변수를 받기 때문이다.

```
DateTime now = DateTime.Now;
--생략--
Console.WriteLine("Time now: {0}", now);
```

리스트 4-15: Console.WirteLine에 대한 now 인수 박스하기

참조 타입 매개변수에 대한 인수로 값 타입을 전달하는 것을 인식한다면, 해당 인수를 박스할 필요를 최소화하거나 코드를 변경해서 이 박스를 피할 수 있다. 하지만 박스하기의 비용을 측정할 때는 코드의 나머지 부분의 컨텍스트를 살펴야 한다.

예를 들어 리스트 4-15와 같이 now 변수를 그저 Console.WriteLine의 인수로 전달하기 보다, now.ToString을 전달할 수 있다. now.ToString을 전달하면 박스가 필요하지 않다. DateTime 구조체는 ToString 메서드를 오버라이드하고, WriteLine 메서드는 toString 메서드를 호출할 것이기 때문이다. 논란의 여지는 있지만 명시적으로 ToString 메서드를 호출하는 것은 코드의 직접성을 줄이며, now 변수를 박스하는 비용은 콘솔에 쓰는 비용에 비해 작다.

기본 클래스의 가상 메서드를 명시적으로 오버라이드하지 않은 값 타입 인스턴스에

대해 기본 클래스의 가상 메서드를 호출하면, 그 인스턴스는 기본 클래스의 구현을 호출하기 위해 박스된다. DateTime의 ToString과 같이 이 메서드가 해당 타입을 사용해 오버라이드됐다면 박스하기는 발생하지 않는다. 이런 상황에서 우리는 object에서 상속한 모든 가상 메서드(ToString, Equals, GetHashCode)를 오버라이드함으로써 우리가 직접 정의한 값 타입을 박스하지 않을 수 있다.

그러나 값에 대해 GetType 메서드를 호출하면 그 값은 언제나 박스된다. GetType 메서드는 변수의 런타임 타입을 얻기 위해 사용하며 object에 대해 구현돼 있다. 그러나 GetType은 가상이 아니므로 오버라이드할 수 없다.

여기에서의 교훈은 값 타입에 대해서는 GetType의 호출을 피해야 한다는 점이다. 값에 대한 타입 정보가 필요하다면 대신 typeof를 사용할 수 있다. 값 타입은 봉인돼 있고 다른 타입을 상속할 수 없으므로 typeof가 반환하는 컴파일 타임 타입은 GetType이 반환하는 런타임 타입과 항상 일치한다.

메서드 매개변수와 인수

대부분의 값의 복사본은 쉽게 피할 수 없으며 메서드에 변수를 전달할 때 대부분의 복사본이 만들어진다. 이런 복사하기를 피하는 것이 항상 이익이 되지는 않는다. 하지만 메서드 호출의 메커니즘을 이해하는 것은 필수다. 이번 절에서는 속성, 인덱서, 연산자, 변환, 메서드 호출의 내부적인 결과에서 숨겨진 복사를 찾을 수 있는 위치들을 살펴본다.

메서드는 값으로 혹은 참조로 매개변수를 가질 수 있다. 3장에서 봤듯 참조 매개변수는 이들을 선언하기 위해 ref, out, 혹은 in 키워드 중 하나를 사용해야 한다는 점과 이들에게 전달하는 인수에 ref 혹은 out 매개변수를 사용해야 한다는 점에서 독특하다. 참조 매개변수가 아닌 매개변수들은 값 매개변수라 알려져 있다. 값 매개변수에 인수를 전달하는 것은 매우 일반적이기 때문에 그 결과 복사본이 만들어진다는 사실을 잊기 쉽다. 메서드 호출의 결과를 잡는 것 역시 일반적으로 반환값의 복사본을 만든다.

또한 값 타입과 참조 타입의 시맨틱과 동작의 차이는 우리가 메서드에서 반환된 값을 사용할 때 중요한 결과를 낳는다. 심지어 우리가 메서드를 호출하는지 혹은 메서드에서 반환된 값을 사용하는지조차 항상 명확하지도 않다. 그러니 이 상황들에 관해 살펴보기 전에 값 매개변수와 반환값의 필수 매커니즘에 관해 다시 살펴보자.

값으로 전달하기와 반환하기

리스트 4-16은 간단한 값 타입인 Speed를 나타낸다. Speed는 정적인 Incremented 메서드를 가지며 이 메서드는 하나의 값 매개변수인 original을 받고 새로운 값을 반환한다. Incremented 메서드 안에서의 반환 구문은 모두 Speed 인스턴스의 복사본들을 나타낸다.

```
public readonly struct Speed
{
    private Speed(double ms) => InMetersPerSecond = ms;

    public double InMetersPerSecond { get; }
    public static Speed FromMetersPerSecond(double val) => new Speed(val);

    public static Speed Incremented(Speed original)
    {
        var result =
            Speed.FromMetersPerSecond(original.InMetersPerSecond + 10);
        return result;
    }
}

var start = Speed.FromMetersPerSecond(40);
var end = Speed.Incremented(start);

Assert.That(end.InMetersPerSecond, Is.EqualTo(50));
```

리스트 4–16: Speed 인스턴스에 값으로 전달하고 반환하기

Incremented 메서드는 original 매개변수를 값으로 받는다. 다시 말해 original은 메서드 안에서의 지역 변수이다. 마찬가지로 값으로 반환하므로 이 메서드를 호출하면 새로운 Speed 인스턴스 전체가 새로운 값으로 반환된다. 최적화를 위해 컴파일러는 result 지역 변수를 사용해서 대상 변수에 직접 할당함으로써 복사를 피할 수도 있다. 단 관찰할 수 있는 효과는 복사본을 만들었을 때의 효과와 동일해야 한다. 또한 예시와 같이 이 값을 새로운 변수에 할당할 수 있다. 혹은 새로운 값을 사용해 최초에 인수로 전달된 start 변수의 값을 덮어쓸 수도 있다.

일반적인 정적 메서드 대신 확장 메서드를 사용할 수 있다. 확장 메서드는 인스턴스 메서드처럼 호출할 수 있다. 확장 메서드의 첫 번째 매개변수는 특별하다. 왜냐하면 이 매개변수는 this 식별자를 나타내며, 이 식별자는 암묵적으로 보통의 인스턴스 멤버 안에서 사용할 수 있기 때문이다. 확장 메서드는 다른, 어쩌면 더 일반적인 unit 단위를 제공하는 좋은 후보이다. 리스트 4-17은 InMph라는 확장 메서드를 사용해서 Spped의 값을 시간당 마일(miles per hour)값으로 얻는다.

```
public static class SpeedExtensions
{
    public static double InMph(this Speed speed)
        => speed.InMetersPerSecond * 2.236936;
}

var mph = initial.InMph();
```

리스트 4-17: **Speed를 위한 InMph 확장 메서드 정의하기**

InMph 확장 메서드 선언에서의 이 특별한 this 구문에도 불구하고, 첫 번째 매개변수는 여전히 값 매개변수이며 인수를 값으로 받는다. 초기 변수의 값은 따라서 speed 매개변수에 복사되고 메서드가 호출된다. Speed 타입은 구조체이므로 우리가 만드는 각각의 복사는 모두 Speed 인스턴스 전체를 나타낸다.

📝 NOTE 이런 유형의 변환을 위해 선택할 수 있는 여러 온라인 변환기가 있다. 리스트 4-17에서는 Inch Calculator 웹사이트에서 제공하는 변환기를 사용했다.
• https://www.inchcalculator.com/convert/meter-per-second-to-mile-per-hour/

속성에 접근하기

우리는 속성에 접근할 때마다 실제로 메서드를 호출하고, 그 값을 얻거나 새로운 값을 설정한다. get 접근자와 set 접근자는 모두 그 타입에 대한 숨겨진 메서드로 구현된다. 기본적으로 set은 하나의 값 매개변수를 가지며 get은 값으로 반환한다. 따라서 두 경우 모두 속성에 접근하면 값의 복사본을 만들게 된다. 이 프로세스는 간과하기 쉽다. 왜냐하면 속성을 사용하기 위한 구문은 그 구문이 직접 필드를 얻거나 설정하는 것으로 보이기 때문이다.

Velocity 값 타입의 Speed 속성에 관해 살펴보자(리스트 4-18).

```
public readonly struct Velocity
{
    public Velocity(Speed speed, Angle angle)
        => (Speed, Direction) = (speed, angle);

    public Speed Speed { get; }
    public Angle Direction { get; }
}
```

리스트 4-18: **Velocity 구조체의 속성 정의하기**

Velocity 구조체의 Speed 속성에 대한 컴파일된 CIL을 보면, 속성 접근자가 숨겨진 get_Speed 메서드 호출처럼 방출된 것을 볼 수 있다.

```
.property instance valuetype Speed Speed()
{
    .get instance valuetype Speed Velocity::get_Speed()
} // Velocity::Speed 속성의 끝
```

CIL이 지정한 마커인 .property, instance, valuetype을 제외하고 set_Speed 호출은 정규적 메서드 호출이다. 컴파일러는 get_Speed 메서드도 합성했으며, 그 시그니처는 CIL에서 다음과 같이 보인다.

```
.method public hidebysig specialname instance valuetype Speed
    get_Speed() cil managed
{
    --생략--
```

Speed가 이에 해당하는 set 접근자를 가졌다면 그 접근자는 set_Speed라는 이름의 메서드로 방출된다. 이 메서드는 Speed 매개변수를 받고 void를 반환한다. CIL 마커인 hidebysig과 specialname은 실행하는 동안 사용되지 않지만 CIL을 다루는 도구에서 이들을 사용한다.

컴파일러는 get_Speed 접근자를 메서드로 구현하다. 이 메서드는 매개변수를 받지 않으며 Speed 값을 값으로 반환한다. 이 메서드는 우리가 Speed를 반환하는 사용자 메서드를 작성한 것과 거의 동일하다.

```
public Speed get_Speed()
{
    // Speed 값을 반환한다.
}
```

Speed 속성의 get 접근자는 Speed 인스턴스의 복사본을 값으로 반환한다. 이는 Speed를 값으로 반환하는 다른 모든 메서드와 정확하게 같은 방식이다.

필드에 직접 접근하기 위해 속성이나 인덱서를 사용하는 실수를 하기 쉽다. 왜냐하면 컴파일러에 의해 삽입된 메서드 호출은 쉽게 숨겨지기 때문이다. 하지만 속성이나 인덱서에 접근하는 것은 메서드를 호출하므로 전형적으로 값을 복사한다는 것을 아는 것은 중요하다.

인덱서는 특별한 인스턴스 메서드이며 이 메서드를 사용하면 마치 배열 혹은 유사한 시퀀스 객체에 접근하는 것처럼 객체에 접근할 수 있다. 인덱서들은 속성과 같은 방법으로 메서드를 통해 구현된다.

연산자와 함께 표현식 사용하기

+ 혹은 ==와 같은 연산자를 가진 표현 또한 자주 메서드 호출을 나타내며, 매개변수에 및 반환값을 위한 복사본을 요구하고 내부적으로 다른 복사본을 만들 수 있다. 예를 들어 리스트 4-19에서는 2개의 Speed 값을 더한다.

```
var start = Speed.FromMetersPerSecond(55);
var increase = Speed.FromMetersPerSecond(15);

var final = start + increase;
```

리스트 4-19: **2개의 Speed 변수 더하기**

이 덧셈 연산 이면에 있는 메서드 호출은 즉시 눈치채지 못할 수 있다. 하지만 가까이 들여다보면 단순히 인스턴스들을 함께 추가하는 행위는 여러 개의 복사본을 나타낼 수 있다. 리스트 4-20은 2개의 Speed 값을 더하기 위한 + 연산자의 전형적인 형태를 보여준다.

```
public static Speed operator+(Speed left, Speed right)
    => new Speed(left.InMetersPerSecond + right.InMetersPerSecond);
```

리스트 4-20: **Speed에 대한 덧셈 연산자 정의하기**

+ 연산자의 left 및 right 매개변수는 각각 하나의 복사본을 나타낸다. 개념적으로 하나의 복사본은 반환값을 위해 만들어진다. 그럼에도 컴파일러는 자유롭게 그 복사본을 최적화하고 직접 새로운 Speed 인스턴스를 할당된 대상 변수 안에서 생성한다.

우리는 == 등치 연산자, < 같은 같은 비교 연산자, |과 & 같은 바이너리 조합 연산자, true와 false 같은 논리 연산자를 오버로드할 수도 있다. 참/거짓 연산자를 오버로드하면 if (Speed) {...} 같은 불리언 테스트 표현식 안에서 변수를 포함할 수 있다. Speed와 같은 타입에 관해 논리 유형에 대해 논리 연산자를 오버로드하는 유혹을 받지 않길 바란다.

이런 연산자 오버로드는 모두 해당 타입에 대한 정적 메서드로 구현되며, 적어도 하나의 매개변수를 받는다. 이 매개변수 역시 그들이 속한 타입이다. 이 매개변수는 일반적으로 값으로 받기 때문에 복사본을 나타낸다.

사용자 정의 변환 연산자들도 메서드이며 이들의 매개변수 혹은 반환 타입이 값 타입이면 매개변수 혹은 반환값은 같은 방식으로 값으로 복사된다. 암묵적 형 변환이 호출되는 위치를 발견하는 것은 상당히 어려울 수 있다. 이 프로세스는 코드에 문법적인 단서를 거의 남기지 않기 때문이다. 리스트 4-21의 Velocity 타입을 살펴보자. 여기에서는 Velocity에서 Speed로의 암묵적 변환을 정의한다.

```
public readonly struct Velocity
{
    public Velocity(Speed speed, Angle angle)
        => (Speed, Direction) = (speed, angle);

    public Speed Speed { get; }
    public Angle Direction { get; }

    public static implicit operator Speed(Velocity velocity)
        => velocity.Speed;
}
```

리스트 4-21: **사용자 정의된 암묵적 변환**

이 변환 연산자는 1개의 Velocity 복사본을 매개변수를 위해 사용하고, 2개의 Speed 복사본을 하나는 velocity 매개변수의 속성으로 다른 하나는 값을 반환하기 위해 사용한다. 다른 메서드와 마찬가지로 컴파일러는 반환값의 명시적 복사본을 피할 수 있을 것이다. 리스트 4-22에서 DistanceInKm 메서드는 1개의 Speed 매개변수를 받고 Velocity 인스턴스와 함께 호출된다. velocity.Speed 속성은 사용하지 않는다.

```
public double DistanceInKm(Speed speed, TimeSpan elapsed)
    => speed.InMetersPerSecond / 1000 * elapsed.TotalSeconds;

var velocity = new Velocity(initial, direction);

var distance = DistanceInKm(velocity, TimeSpan.FromHours(2));
```

리스트 4-22: **암묵적 변환을 사용해서 인수 전달하기**

이 코드는 DistanceInKm 메서드에 대한 정규적 호출로 보이지만, velocity 인수는 먼저 Speed로 변환돼야 한다. 타입 변환 연산자를 사용하면 이를 가능케 할 수 있으며 우리가 이 변환을 암묵적으로 만들었기 때문에, 컴파일러는 단순히 우리가 DistanceInKm를 호출할 때 그 연산자를 호출하고 그 과정에서 Velocity 인수와 Speed 반환값을 복사한다.

타입 변환은 현명하게 사용돼야 한다. 타입 변환은 그들이 일반적으로 가리키는 복사본으로부터 모든 종류의 복잡성을 멀찌감치 숨긴다. 암묵적 변환은 설계적으로 눈에 보이지 않게 발생하며 리스트 4-22에서의 DistanceInKm 메서드 호출에서 보듯 이들을 사용하는 코드에 아주 미묘한 단서만을 담긴다. 명시적 사용자 정의 변환들은 그 변환을 사용하는 코드 안에서 문법적으로 보다 명확하다. 하지만 그들이 메서드 호출임을 나타낸 것은 여전히 간과하기 쉽다.

메서드가 변수를 참조로 반환하면(3장에서 처음 설명한 것처럼), 우리는 그 참조로 전달하는 변수를 사용해서 참조 변수와 변수가 모두 읽기 전용이 아닌 경우 직접 변수 내부를 변경할 수 있다. 그러나 ref return은 최적화 기능이며 무분별하게 적용해서는 안 된다는 점을 기억하자.

void가 아닌 모든 다른 메서드들은 변수가 아니라 값을 생성한다. 즉, 우리는 결과에 직접 할당할 수 없다. 이를 망각하고 반환값을 잘못 사용하면 그 결과 놀라운 동작을 할 수 있다.

반환 타입 인스턴스 수정하기

2장에서는 변수는 할당될 수 있지만 값은 할당될 수 없는 것에 관해 살펴봤다. 값은 메서드 호출을 포함한 표현식의 결과이며 변경할 수 없다. 모든 메서드에서 반환된 값은 직접 수정할 수 없다.

일반적으로 혼동하는 이유 중 하나는 값 타입 인스턴스와 참조 타입 인스턴스가 다음과 같은 두 가지 관점에서 다르게 행동하기 때문이다. 첫 번째, 메서드가 참조를 변경할 수 있는 타입으로 반환하면 우리는 반환된 값을 사용해서 직접 메모리의 해당 인스턴스를 수정할 수 있다. 하지만 두 번째, 먼저 반환된 값을 변수에 복사해야만 변경할 수 있는 값 타입 인스턴스를 수정할 수 있다. 이런 관점에서 값 타입이 참조 타입이 어떻게 다른지 이해하는 것은 몇 가지 일반적인 위험을 피하고 모든 값 타입을 변경할 수 없게 만드는 베스트 프랙티스에 더욱 감사하는 데 도움이 될 것이다.

반환값이 값 타입 인스턴스이면 이 반환값을 사용해 속성값을 설정하거나 값의 모든 public 필드를 변경할 수 없다. 값을 변수에 할당해야만 그 값을 변경할 수 있다. 리스트 4-23은 의도적으로 변경할 수 있는 InMetersPerSecond 속성과 FromKmh라는 이름의 정적 클래스 팩토리 메서드를 가진 구조체를 보여준다.

```
public struct Speed
{
    public double InMetersPerSecond { get; set; }

    public static Speed FromKmh(double val)
        => new Speed(val * 1000 / 3600);

    private Speed(double ms) => InMetersPerSecond = ms;
}
```

Speed.FromKmh(70).InMetersPerSecond = 15.2;

리스트 4-23: **FromKmh의 반환값 수정하기**

마지막 행에서 이 정적 메서드에서 반환된 값의 InMetersPerSecond 속성을 위한 값을 설정하려고 시도한다. 이는 컴파일 에러를 발생시킨다.

[CS1612] Cannot modify the return value of 'Speed.FromKmh(double)' because it is not a variable

이 코드는 컴파일되지 않는다. FromKmh 메서드는 Speed 값을 반환하기 때문이다. 컴파일러는 InMeterPerSecond 속성이 public set 접근자를 가지고 있더라도 값에 대한 모든 변경을 거부한다.

📝 NOTE   *C++ 프로그래머들은 반환된 값을 rvalue라고 부른다.*

반환값 수정이 허용됐다면 이 수정은 컴파일러가 메서드에 의해 반환되는 값을 캡처하기 위해 도입한 임시 인스턴스에서 이루어질 것이다. 리스트 4-23에서 FromKmh 메서드에서 생성된 Speed 인스턴스의 수명은 그 메서드가 반환하는 시점에 끝난다. 따라서 반환값은 어딘가(인스턴스의 숨겨진 복사본)에 저장돼야 한다.

어떤 경우든 우리는 일반적으로 FromKmh에 의해 반환된 Speed 값을 다른 변수에 할당할 것이다. 우리는 대상 변수의 InMetersPerSecond 속성을 수정할 수 있는데 이는 Speed가 public set 접근자를 갖기 때문이다.

```
var start = Speed.FromKmh(70);
start.InMetersPerSecond = 15.2;
```

반환된 값의 수정을 금지하는 것은 속성에만 국한되지 않는다. 반환값에서 public 필드를 수정하고자 할 때도 적용된다. 컴파일러는 이런 수정을 방지한다. 왜냐하면 메서드로부터의 반환값은 변수가 아니기 때문이다. 그러나 앞서 본 것처럼 코드의 여러

부분은 메서드와 같이 보이지 않고 컴파일된 코드에서 비로소 메서드처럼 표현된다. 반환값 수정에 대한 이 제한은 이들에게 동일하게 적용된다. 왜냐하면 이들 역시 일시 복사본을 생성하기 때문이다.

참조 타입 속성

메서드(혹은 속성, 인덱서, 연산자)로부터 반환된 값이 참조이면, 그 참조가 가리키는 인스턴스를 수정할 수 있다. 그 값에 대한 임시 복사본이 같은 인스턴스에 대한 다른 참조이기 때문이다. 따라서 그 반환된 참조를 사용해 공개적으로 변경할 수 있는 속성을 설정할 수 있다. 참조 자체의 값은 다른 객체로 할당해서 변경할 수 없지만 말이다. 리스트 4-24에서는 Data 메서드로부터 반환된 값을 사용해서 참조 타입 인스턴스의 속성을 설정한다.

```
public class ReadBuffer
{
    public StringBuilder Data()
        => buffer;

    private readonly StringBuilder buffer = new();
}

var buffer = new ReadBuffer();

buffer.Data().Capacity = 128;
```

리스트 4-24: **참조 타입 속성 설정하기**

StringBuilder 타입은 공개적으로 쓰기 가능한 Capacity 속성을 가진 클래스이다. ReadBuffer.Data로부터 반환된 값은 ReadBuffer의 필드로 저장된 StringBuilder 인스턴스에 대한 참조이다. 따라서 Data 메서드로부터 반환된 이 참조를 사용해서 buffer의 필드로서 저장된 인스턴스의 Capacity를 설정할 수 있다.

하지만 그 참조를 StringBuilder의 새로운 인스턴스에는 할당할 수 있다. 이는 인스턴스가 아니라 반환된 값을 변경하기 때문이다.

```
buffer.Data() = new StringBuilder();
```

이 코드는 컴파일에 실패한다. 변수가 아니라 값에 할당하고자 시도하기 때문이다.

[CS0131] The left-hand side of an assignment must be a variable, property or indexer

참조를 반환하는 메서드와 값 타입 인스턴스를 반환하는 메서드 사이의 동작의 차이가 모든 값 타입을 변경할 수 없게 만들도록 권장하는 이유 중 하나이다. 그렇게 함으로써 값 타입 인스턴스가 수정될 수 있는 위치가 어디인지 혼동하는 일을 없앨 수 있다. 값 타입 인스턴스는 무엇으로도 수정할 수 없기 때문이다. 반환된 값을 수정하려 시도하면 코드는 컴파일에 실패한다. 그 값이 값 타입 인스턴스라면 컴파일 실패는 좋은 것이다. 그 수정이 허용되면 우리는 우리가 변경한다고 생각한 인스턴스를 변경할 수 없게 된다. 값 타입이 정말로 변경 불가능하지 않는 한, 읽기 전용 구조체 혹은 읽기 전용 레코드 구조체, 심지어 숨겨진 복사본인 경우에도 인스턴스 메서드를 사용해서 인스턴스를 수정할 수 있다.

인스턴스 메서드와 가변성

반환된 값 타입 인스턴스에 대한 속성값을 설정할 수는 없지만 그 인스턴스에 대한 메서드를 호출할 수는 있다. 그 타입이 비읽기 전용 피드 혹은 set 접근자가 있는 속성을 갖는다면, 우리가 호출할 수 있는 메서드는 인스턴스를 변경할 수 있다. 다음 예시에서는 변경할 수 있는 Speed 구조체를 보여준다. 이 구조체는 Reset 메서드를 가지며 이 메서드는 InMetersPerSecond 속성의 값을 변경한다.

```
public struct Speed
{
    public double InMetersPerSecond { get; set; }

    public void Reset() => InMetersPerSecond = 0;

    --생략--
}
```

이 Reset 메서드는 메서드 혹은 속성으로부터 반환된 값을 포함해 모든 Speed 값에 대해 호출될 수 있다. 리스트 4-25에서는 Velocity 객체의 Speed 속성값을 사용해서 Reset을 호출한다.

```
var velocity = new Velocity(Speed.FromKmh(55), Angle.FromDegrees(45));

velocity.Speed.Reset();

Assert.That(velocity.Speed.InMetersPerSecond, Is.EqualTo(0));
```

리스트 4-25: Velocity의 Speed 속성에 의해 반환된 값에 대한 Reset 메서드 호출하기

velocity.Speed에 대해 Reset을 호출할 때 velocity 변수 안에 저장된 값을 변경했다고 생각하고 싶을 수도 있다. 하지만 velocity는 여기에서 변경되지 않으며 테스트는 실패한다. 왜냐하면 Reset 메서드는 그것을 호출할 때 사용한 인스턴스만 변경하기 때문이다. Speed 속성으로부터 반환된 인스턴스는 임시값이다. 리스트 4-23에서 값을 사용해 직접적으로 InMetersPerSecond 속성의 값을 변경할 수 없었지만 Speed의 인스턴스 메서드를 통해 그 속성의 값을 변경할 수 있었던 것을 기억하자.

인덱서를 통해 얻은 값도 같은 방식으로 변경할 수 있다. 그리고 숨겨진 복사본만 변경된다는 사실을 간과하기 쉽다. 리스트 4-26에서 Journey 타입의 인덱서로부터 반환된 값에 대해 메서드를 호출하는 모습을 볼 수 있다.

```
public class Journey
{
    --생략--

    public Velocity this[int idx]
    {
        get => legs[idx];
        set => legs[idx] = value;
    }

    private List<Velocity> legs = new List<Velocity>();
}

journey[0].Speed.Reset();
```

리스트 4-26: Journey의 인덱서에 의해 반환된 값에 대해 호출하기

인덱서는 속성과 같은 방식으로 메서드로서 구현되고 정확하게 같은 동작을 한다. 반복하여 말하지만, 속성은 변수가 아니라는 것을 잊기 쉽다. 특히 속성이 값 타입 인스턴스일 때 그렇다. 컴파일러는 우리가 반환된 값에 대해 메서드를 호출하는 것을 막을 수 없다. 왜냐하면 그것은 합리적으로 충분히 하고자 할 수 있는 일이기 때문이다. 이 에러를 일으킬 수 있는 동작을 방지하는 유일한 방법은 Speed를 변경할 수 없는 타입으로 만들어서 변경하는 모든 메서드를 완전히 허가하지 않는 것뿐이다. 이것은 모든 값 타입을 변경할 수 없게 만드는 또 다른 좋은 이유이다.

읽기 전용 매개변수를 위한 인수로서의 속성

메서드가 변수가 아니라 값을 반환하여 생기는 또 다른 결과는 이들을 직접 ref 혹은 out 매개변수의 인수로 전달할 수 없다는 것이다. 3장에서 봤듯 참조로 전달되는 매

개변수는 그 인수들의 주소를 받는데 오직 변수만 주소를 갖는다. 만약 우선 메서드 반환 혹은 속성 결과를 변수에 할당한다면 해당 변수를 참조로 전달할 수 있다.

3장에서는 in 매개변수가 변경할 수 없는 참조로 전달되는 변수라고 설명했다. in 매개변수는 ref 및 out 매개변수가 하는 것과 동일한 방식으로 인수의 주소를 받지만, 이 인수들이 값 매개변수인 것처럼 동작하도록 설계돼 있다. 따라서 컴파일러는 in 매개변수에 대해 변수가 아닌 것을 인수로 전달할 수 있게 하지만 그 값을 숨겨진 변수에 복사한다. 그리고 그것이 전달되는 변수의 주소이다.

리스트 4-27에서는 2개의 in 매개변수를 갖는 BallisticRange 메서드를 정의하고, Velocity 타입의 Speed와 Direction 속성을 사용해서 그 메서드를 호출한다.

```
public static double BallisticRange(in Speed initialSpeed, in Angle
initialDirection)
{
    const double Gravity = 9.81;

    return initialSpeed.InMetersPerSecond * initialSpeed.InMetersPerSecond *
        Math.Sin(initialDirection.InRadians * 2) / Gravity;
}

public readonly struct Velocity
{
    public Velocity(Speed speed, Angle angle)
        => (Speed, Direction) = (speed, angle);

    public Speed Speed { get; }
    public Angle Direction { get; }
}

var velocity = new Velocity(Speed.FromMetersPerSecond(55), Angle.
FromRadians(0.78));

var distance = BallisticRange(velocity.Speed, velocity.Direction);
```

리스트 4-27: 속성을 in 인수로 전달하기

ref 및 out 인수와 달리 in 매개변수를 위해 전달되는 변수는 in 키워드를 사용해서 변경할 필요가 없다. 컴파일러는 velocity.Speed와 Velocity.Direction으로부터 얻은 값의 복사본을 얻는다. 이후 그 복사본들에 대한 참조를 BallisticRange 메서드의 in 매개변수로 전달한다. 이것은 다음과 같다.

```
var __temp_Speed = velocity.Speed;
var __temp_Angle = velocity.Direction;
var distance = BallisticRange(in __temp_Speed, in __temp_Angle);
```

__temp_Speed와 __temp_Angle 복사본은 속성의 get 접근자에 대한 접근이 변수가 아닌 값을 생성하기 때문에 만들어진다. 참조로 인수를 효과적으로 전달하려면 컴파일러는 메모리에 있는 인수의 주소를 가져야 하는데 이 주소는 변수만 가질 수 있다. get 접근자는 임시값을 반환하고, 이 임시값은 변수에 할당돼 그 주소를 얻을 수 있거나 값 매개변수에 전달될 수 있어야 한다. 이는 값의 복사본을 만든다. in 매개변수는 애플리케이션이 만드는 복사본의 수를 줄이는 데 도움을 주지만 이 이점은 변수를 인수로 전달할 때만 확인할 수 있다.

숨겨진 복사본은 상수나 값 타입 메서드 반환값과 같이 변수가 아닌 다른 표현식에 대해서도 만들어진다. 그리고 이 복사본들은 읽기 전용 in 매개변수를 위해서만 만들어진다. 우리가 속성값 혹은 다른 비변수를 ref 혹은 out 매개변수에 전달하려 하면 컴파일러는 단순히 그 코드를 거부한다. 이런 변경할 수 있는 참조 변수들은 호출된 메서드에 의해 수정되도록 의도되는데, 이런 수정은 상수 혹은 get 접근자에 의해 반환된 임시값에 대해서는 불가능하다.

방어적 복사본

컴파일러가 읽기 전용 변수를 요구하지만 그 값이 절대로 변경되지 않는다는 것을 보장하지 못할 때마다, 컴파일러는 방어적 복사본(defensive copy)을 생성한다. 결과적으로 모든 변경은 (우연에 의한 것이라 하더라도) 그 숨겨진 복사본에 일어나며 눈에 보이는 변수에 일어나지 않는다. 따라서 변경은 관찰할 수 없다.

리스트 4-8에서 컴파일러가 값 타입 인스턴스의 방어적 복사본을 만드는 예시를 봤다. 인수를 갖는 값 타입을 생성하는 경우 숨겨진 임시 인스턴스가 생성된다. 이후 생성자가 완료됐을 때 컴파일러는 그것을 대상 변수에 복사한다. 이 프로세스는 생성자 바디 안에서 발생할 수 있는 모든 예외로부터 기존값을 보호한다. 예외가 발생하더라도 원래의 값은 영향을 받지 않고 유지된다.

컴파일러는 값 타입 인스턴스의 방어적 복사본을 만들어서 읽기 전용 변수를 수정으로부터 보호할 수도 있다.

방어적 복사본은 참조에 대해서는 필요하지 않다. 컴파일러는 참조값에 대한 변경을 항상 감지할 수 있기 때문이다. 참조 변수가 읽기 전용이라면 그 참조 변수에 새로운 참조를 할당하려는 모든 시도는 컴파일되지 않는다. 참조된 인스턴스가 변경할 수 없다해도 차이는 없다. 그 인스턴스가 읽기 전용이어야 함을 요구한다면 그것이 변경되지 않아야 하는 것은 우리가 보장해야 한다. 값 타입 변수의 값은 그 인스턴스이고 변경할 수 있는 값은 해당 인스턴스 메서드에 의해 변경될 수 있다. 따라서 그 변수가 읽기 전용이어야 한다면 우리가 메서드들을 호출할 때 컴파일러는 방어적 복사본을 만들 수 있다.

변경할 수 있는 값 타입과 in 매개변수

3장에서 메서드 매개변수에 in 한정자를 사용해서 그 메서드의 구현이 해당 매개변수의 값을 수정하지 않는 경우 인수의 복사를 회피하는 방법에 관해 살펴봤다. 하지만 컴파일러가 그 매개변수 값에 대한 우연한 변경조차 불가능하다고 보장할 수 없는 한 컴파일러는 그 값들의 방어적 복사본을 만든다.

리스트 4-27의 BallisticRange 메서드는 2개의 읽기 전용 참조 매개변수인 initial-Speed와 initialDirection을 갖는다. 메서드 구현부에서는 이 매개변수들의 속성(각각 InMetersPerSecond와 InRadians)을 사용해 반환값을 계산한다. 그 속성들의 타입이 명시적으로 변경할 수 없는 것이 아니라면 컴파일러는 그 값들의 방어적 복사본을 만들어서 in 매개변수에 대한 읽기 전용 특성을 보장한다. BallisticRange에 의해 사용되는 Speed와 Angle 구조체 타입은 리스트 4-28에 나타냈다. 두 타입의 속성들은 모두 변경할 수 있지 않지만, 타입 그 자체는 readonly로 표시되지 않았다는 것에 주목하자.

```
public struct Speed
{
    --생략--
    public double InMetersPerSecond => amount;

    private readonly double amount;
}

public struct Angle
{
    public double InRadians { get; }
    --생략--
}

public static double BallisticRange(in Speed initialSpeed, in Angle
initialDirection)
{
    const double Gravity = 9.81;

    return initialSpeed.InMetersPerSecond * initialSpeed.InMetersPerSecond *
        Math.Sin(initialDirection.InRadians * 2) / Gravity;
}
```

리스트 4-28: BallisticRange 메서드에 대해 in 매개변수 사용하기

BallisticRange 안에서 컴파일러는 initialSpeed.InMetersPerSecond를 사용할 때마다 initial 매개변수의 복사본을 만든다(총 2개의 복사본). BallisticRange 안의 initialSpeed 매개변수의 수정을 시도하지 않아도 복사본을 생성한다. 한편 initial-Direction 매개변수는 InRadian 속성에 접근할 때도 복사되지 않는다. 하지만 Speed와 마찬가지로 Angle 구조체는 읽기 전용 타입은 아니다.

Speed 매개변수는 복사되고 Angle 매개변수는 복사되지 않는 이유를 결정하기 위해서는 컴파일러가 제공하는 것이 무엇인지와 컴파일러가 가정하는 것이 무엇인지에 관해 이해해야 한다.

자동 속성 vs 비자동 속성

리스트 4-28에서 Speed 타입과 Angle 타입 모두의 속성은 get 전용이지만 이들의 구현 방식에는 차이가 있다. Angle 타입의 InRadians 속성은 자동 속성(automatic property)이다. 자동 속성이란 컴파일러가 그 속성에 대한 숨겨진 백킹 필드를 만들고, 그 필드의 값을 얻을 수 있는 get 접근자에 대한 구현을 생성한다는 의미이다. 또한 InRadians에 대한 set 접근자를 지정했으므로 컴파일러는 백킹 필드의 값을 설정하기 위해 해당 구현을 생성한다.

반면 Speed 타입의 InMetersPerSecond 속성은 표현식 바디를 가진 속성(expression-bodied property)이다. 표현식 바디를 가진 속성은 명시적으로 선언된 private 필드의 값을 반환한다는 의미이다. 표현식 바디를 가진 속성은 다음과 같이 set 접근자를 갖지 않은 비자동 속성(nonautomatic property)과 동등하다.

```
public double InMetersPerSecond
{
    get { return amount; }
}
```

일반적으로 이것을 읽기 전용 속성이라고 이해했다. set 접근자가 없으면 일반적으로 그 속성의 값을 변경할 수 없었기 때문이다. 하지만 C#에는 get 접근자가 타입의 필드를 수정할 수 없다고 알리는 규칙이 없다. BallisticRange 안에서는 변경할 수 없는 참조를 통해 InMetersPerSecond 속성에 접근한다. get 접근자가 실제로 그 매개변수의 값을 수정했다면 그 변경은 BallisticRange 메서드 외부에서 보이게 된다. 왜냐하면 그 인수는 참조로 전달됐기 때문이다.

in 매개변수와 같이 매개변수가 변경되지 않아야 한다면 컴파일러는 반드시 해당 변수를 사용하는 어떤 방법의 경우에도 그 값이 변경되지 않음을 만족해야 한다. 이를 보장하지 못하면 컴파일러는 속성에 접근하거나 메서드를 호출하기 위해 그 매개변수가 사용되는 모든 곳에서 방어적 복사본을 만든다. 그 메서드나 속성이 값을 변경했다면 숨겨진 복사본만 영향을 받는다. 그 변경은 메서드 매개변수에 전달된 인수를 통해서는 BallisticRange 메서드 밖에서 절대 관찰할 수 없다.

리스트 4-28에서 Angle 타입의 InRadians 속성도 get 전용이다. 하지만 이것은 자동 속성이기 때문에 컴파일러는 get 접근자 메서드에 새로운 속성을 추가해서 이것이 읽기 전용의 구현임을 나타낸다. 리스트 4-29는 get_InRadians 메서드에 대해 생성된 CIL을 나타낸다.

```
.method public hidebysig specialname instance float64
get_InRadians() cil managed
{
    .custom instance void [System.Runtime]
        System.Runtime.CompilerServices.IsReadOnlyAttribute::.ctor()
    = (01 00 00 00 )
    --생략--
```

리스트 4-29: **읽기 전용 자동 속성**

컴파일러는 컴파일된 코드의 자동 속성을 위해 IsReadOnlyAttribute 인디케이터를 추가하며, 이를 통해 다르게 컴파일된 어셈블리에서 이 매개변수 타입이 선언되더라도 이 속성의 존재를 낮은 비용으로 확인할 수 있다. 위치 레코드 구조체에서 컴파일러는 이 타입에 주어지는 매개변수의 속성을 생성한다. 생성된 속성들의 get 접근자에도 IsReadOnlyAttribute 인디케이터가 적용된다.

in 매개변수를 사용해서 메서드를 호출하거나 속성값에 접근하면 컴파일러는 그 메서드와 속성을 확인한다. 이 속성이 주어지면 컴파일러는 방어적 복사본을 만들지 않아도 된다는 것을 알게 된다.

읽기 전용 참조 변수

방어적 복사본은 읽기 전용 지역 참조 변수를 사용할 때도 필요하다. 컴파일러가 그 변수에 접근하는 것이 그 값을 바꿀 수 없다고 만족하기 전까지는 말이다. 우리는 3장에서 지역 참조 변수를 참조 반환값과 함께 사용하는 방법에 관해 살펴봤다.

클래스 혹은 레코드(구조체나 레코드 구조체는 예외)의 메서드 혹은 속성은 인스턴스 필드를 참조로 반환할 수 있다. 값을 참조로 반환하면 그 값의 복사본이 만들어지지

않는다. 값을 읽기 전용으로 만들면 해당 값이 그 참조를 사용해서 수정되지 않음을
보장한다. 예를 들어 리스트 4-30의 Projectile 클래스는 인스턴스 필드를 참조로 반
환하는 속성을 갖는다.

```
public sealed class Projectile
{
    public Projectile(Speed speed, Angle angle)
        => (initial, direction) = (speed, angle);

    public ref readonly Speed Speed => ref initialSpeed;
    public ref readonly Angle Angle => ref initialDirection;

    private readonly Speed initialSpeed;
    private readonly Angle initialDirection;
}
```

리스트 4-30: **Projectile 클래스에 대한 ref 반환값 정의하기**

Angle과 Speed 속성에 의해 반환된 이 참조들은 Projectile 인스턴스보다 오래 살아
남을 수 없다. 왜냐하면 Projectile은 클래스이기 때문에 그 인스턴스들은 힙에 할당
되며, 인스턴스들의 수명은 가비지 컬렉터가 제어하기 때문이다. 값 타입은 그 필드
들을 참조로 반환할 수 없다. 인스턴스의 수명은 그 내부를 가리키는 모든 참조보다
먼저 끝나기 때문이다.

ref readonly 속성들의 경우 우리는 일반적으로 반환된 참조를 지역 읽기 전용 참조
변수에 담는다. 이 지역 읽기 전용 참조 변수를 ref readonly 로컬이라 부른다. 다음
코드에서는 ref readonly 로컬을 사용해 리스트 4-30의 Projectile 속성으로부터 반
환된 참조를 받는다.

```
var dart = new Projectile(initial, direction);

ref readonly var speed = ref dart.Speed;
ref readonly var angle = ref dart.Angle;

var kmh = speed.InMetersPerSecond;
var degrees = angle.InRadians;
```

Projectile의 속성은 읽기 전용 참조를 반환하기 때문에 이들을 읽기 전용 참조 변수
에 할당하거나 대상 변수에 ref 키워드를 모두 생략해서 그 값들을 명시적으로 복사
해야 한다.

읽기 전용 참조 변수는 in 매개변수에서와 같은 방법으로 변경할 수 없음을 보장해야

만 한다. 따라서 컴파일러는 우리가 나중에 InMetersPerSecond 속성을 사용할 때 그 속성이 값을 변경할 경우에 대비해 speed 변수의 방어적 복사본을 만든다.

Angle의 InRadians 속성은 자동 속성이며 IsReadOnlyAttribute 인디케이터를 가지므로 컴파일러는 angle 변수에 대한 복사본을 필요로 하지 않는다. 우리가 수작업으로 ref 반환값을 복사한다면 Projectile의 읽기 전용 필드가 그 변수를 통해 변경될 위험은 전혀 없기 때문에 컴파일러는 이 경우 추가적인 복사본을 만들지 않는다.

읽기 전용 필드

읽기 전용 필드의 각 속성에 접근하면 컴파일러가 해당 속성이 그 인스턴스를 변경하지 않는다고 만족하지 않는 한 방어적 복사본을 생성한다. 읽기 전용 필드의 인스턴스 메서드를 호출할 때도 동일하게 동작한다.

리스트 4-31에서는 리스트 4-28에서 만든 BallistinReange를 Projectile 클래스의 인스턴스 멤버로 만들고 in 매개변수를 받는 대신 클래스의 인스턴스 필드를 사용하도록 구현을 변경했다.

```
public sealed class Projectile
{
    public double BallisticRange()
    {
        const double Gravity = 9.81;

        return initialSpeed.InMetersPerSecond * initialSpeed.InMetersPerSecond *
            Math.Sin(initialDirection.InRadians * 2) / Gravity;
    }

    private readonly Speed initialSpeed;
    private readonly Angle initialDirection;
}
```

리스트 4–31: Projectile 클래스의 읽기 전용 필드 속성에 접근하기

Speed 타입과 Angle 타입은 리스트 4-28의 그것과 같지만 매개변수가 아닌 읽기 전용 필드이다. 읽기 전용 필드는 변경할 수 없어야 하므로 컴파일러는 initialSpeed 필드의 InMetersPerSecond 속성에 접근할 때마다 그 필드의 방어적 복사본을 만든다. Angle.InRadians 속성은 자동 속성이므로 방어적 복사본이 만들어지지 않는다.

흥미로운 점은 Projectile의 필드를 비읽기 전용으로 만들면 컴파일러는 방어적 복사본을 생략한다는 점이다. 이제는 그 이유가 명확할 것이다. 방어적 복사본은 읽기 전용 변수들이 노출돼 원하지 않게 수정되는 것을 방지하기 위해 필요하기 때문이다.

변수가 읽기 전용이 아니면 그들을 변경해도 아무런 문제가 발생하지 않으며 컴파일러에 의한 방어적인 개입도 필요하지 않다.

하지만 개념적으로 변경할 수 없는 필드와 속성을 변경할 수 있게 만드는 것은 실제로 해결책이 되지 않는다. 우리가 선호하는 것은 몇 개의 방어적 복사본을 선호해 불변성을 희생하는 것이 아니라 보다 강력한 불변성을 보장하는 것이다. in 매개변수, ref 로컬 변수 및 읽기 전용 필드를 사용하는 조치를 취함으로써 컴파일러에 의해 생성되는 추가적인 방어적 복사본을 위한 추가 비용을 발생시키지 않을 수 있다.

방어적 복사본의 원인

읽기 전용 참조와 읽기 전용 필드를 둘러싼 여러가지 주의 사항이 존재한다. 따라서 컴파일러에 의해 생성되는 잠재적인 복사본을 회피하고자 한다면 많은 것들을 고려해야 한다. 컴파일러는 여러 상황에서 방어적 복사를 사용할 수 있지만 그 규칙은 다음과 같이 간단하게 요약할 수 있다.

x.Y라는 표현식(여기에서 Y는 속성 혹은 메서드)에서 컴파일러는 다음 조건이 모두 참이면 x 값의 방어적 복사본을 만든다.

- x는 읽기 전용 필드, in 매개변수, 혹은 ref readonly 로컬 변수이다.
- x의 타입은 비읽기 전용 값 타입이다.
- Y는 readonly로 표기되지 않는다.

Y가 필드이면 모든 상황에서 방어적 복사본이 필요하지 않다. 필드의 값을 읽는 것만으로는 그것을 변경할 가능성이 없기 때문이다. 또한 Y에 무언가를 쓰려는 모든 시도는 컴파일러에 의해 붙잡힌다. x는 읽기 전용이기 때문이다. 하지만 방어적 복사본을 피하는 것은 구조체 혹은 레코드 구조체에 대한 public 필드를 노출하기 위한 좋은 이유는 아니다. 그렇게 함으로써 캡슐화된 데이터가 주는 모든 이익을 잃기 때문이다. 타입(최소한 속성과 메서드)에 대해 readonly 한정자를 사용하면 불변성의 의도를 훨씬 효과적으로 인코딩할 수 있다.

변경 방어하기

몇 가지 방법으로 코드를 변경해서 방어적 복사하기의 필요성을 없앨 수 있다. 각 접근 방식에서 메서드 혹은 속성이 절대로 인스턴스의 값을 변경하지 않는다는 보장을 제공한다. 즉, 컴파일러는 읽기 전용 변수를 보호하기 위해 복사본을 만들지 않아도 된다.

앞서 학습한 내용을 복습해보면 다음 유형의 변수들은 읽기 전용이다.

- in 매개변수

- `ref readonly` 지역 변수
- 읽기 전용 필드

읽기 전용 값 타입 변수를 사용해서 속성에 접근하거나 메서드를 호출하면, 컴파일러는 그 값의 방어적 복사본을 요구할 수 있다. 그 변수의 타입이 참조 타입이라면 방어적 복사본은 필요하지 않다. 하지만 참조 변수가 읽기 전용일 때도 그 인스턴스는 여전히 변경될 수 있다는 점을 기억해야 한다. 값 타입 인스턴스의 방어적 복사본은 해당 값이 변경할 수 없음을 컴파일러가 보장할 수 없을 때 요구된다.

많은 방어적 복사본을 피하는 간단한 방법은 수동으로 구현된 속성보다 자동 속성을 사용하는 것이다. 앞서 논의했듯 컴파일러는 자동 속성의 get 접근자에 IsReadOnly-Attribute 마커를 추가해서 해상 속성인 값을 어떤 방식으로도 변경하지 않음을 확정한다. 그 속성에 접근이 발생하면 컴파일러는 IsReadOnlyAttribute 특성을 보고 방어적 복사본이 필요하지 않다고 판단한다.

하지만 자동 속성을 사용하는 것이 항상 가능하거나 바람직하지는 않다. 여러 속성에 의해 사용되는 공통 백킹 필드 혹은 계산을 수행하는 속성을 필요로 하는 경우이다. 속성을 자동으로 만드는 것은 또한 읽기 전용 변수를 통해 메서드를 호출할 때 컴파일러가 방어적 복사본을 생성하는 것을 막지 못한다. 어떤 접근 방식을 선택할 것인지는 애플리케이션의 필요에 따라 다르다. 하지만 각 경우에 따라 메서드를 호출하거나 속성에 접근하는 것이 인스턴스의 상태를 변경할 수 없음을 명시적으로 보장한다.

읽기 전용 접근자와 메서드

비자동 속성에 접근할 때 방어적 복사본을 피하는 한 가지 옵션은 해당 속성에 readonly 한정자를 추가하는 것이다. 리스트 4-32의 InMetersPerSecond 속성을 참조하자. InKmh 속성과 같이 set 접근자도 필요로 하는 속성인 경우에는 get 접근자에 대해서만 readonly를 사용할 수 있다.

```
public struct Speed
{
    --생략--

    public readonly double InMetersPerSecond => amount;

    public double InKmh
    {
        readonly get => amount / 1000 * 3600;
        private set { amount = value / 3.6; }
    }
```

```
    private double amount;
}
```

리스트 4-32: **읽기 전용 get 접근자 선언하기**

in 매개변수와 같은 읽기 전용 변수를 사용해서 변경할 수 있는 **InKmh** 속성에 대한 값을 설정하려고 시도하면, 컴파일러는 그 변수가 읽기 전용이라는 에러 메시지를 보낼 것이다. 이와 유사하게 읽기 전용 속성은 그 타입의 인스턴스 필드를 수정할 수 없다. 수정하려 시도하면 컴파일러는 에러를 발생시킨다.

구조체와 레코드 구조체의 개별 인스턴스 메서드도 **readonly**로 마킹될 수 있다. **Angle** 타입의 **Sin** 메서드를 참조하자.

```
public struct Angle
{
    public readonly double InRadians { get; }

    public readonly double Sin()
        => Math.Sin(InRadians);
}
```

속성 접근자와 메서드에 **readonly** 한정자를 추가해 컴파일러에게 컴파일된 메서드가 **IsReadOnlyAttirbute** 특성을 갖는다고 알릴 수 있다. 그러면 컴파일러는 해당 속성 혹은 메서드가 읽기 전용 변수와 함께 사용되는 시점을 쉽게 확인할 수 있다.

읽기 전용 타입

구조체 혹은 레코드 구조체가 그 필드 혹은 속성을 수정할 필요가 없는 경우에는 타입 전체를 읽기 전용으로 만들 수 있다. 리스트 4-33에서는 타입 선언에 **readonly** 키워드를 추가함으로써 **Speed** 구조체 전체를 변경할 수 없도록 만들었다.

```
public readonly struct Speed
{
    public Speed(double amount) => this.amount = amount;

    public double InMetersPerSecond => amount;
    public double InKmh => amount / 1000 * 3600;

    private readonly double amount;
}
```

리스트 4-33: **읽기 전용 구조체 선언하기**

이것은 불변성에 관한 궁극적인 대책이다. 읽기 전용 구조체의 모든 필드는 반드시 읽기 전용이어야 하며, 그 속성들은 set 접근자를 가질 수 없다. 그러므로 개별 속성이나 Speed의 모든 메서드에 readonly 한정자를 추가할 필요가 없다. 컴파일러는 IsReadOnlyAttribute 특성을 읽기 전용 타입의 모든 메서드와 속성에 추가한다.

값 타입을 읽기 전용으로 만들면 거의 모든 방어적 복사본을 피할 수 있다. 왜냐하면 이 접근 방식은 그 인스턴스 메서드와 속성들이 그 값을 변경하지 않는다는 가장 강력한 보장을 컴파일러에게 제공하기 때문이다.

값 타입을 읽기 전용으로 만드는 것은 컴파일러가 만드는 모든 보이지 않는 복사본을 회피하는 데는 충분하지 않다. 속성을 in 매개변수에 대한 인수로 사용하는 경우 그것이 값 타입이면 항상 그 속성값을 복사한다. 타입의 불변성에 관계없이 속성은 변수가 아니므로 컴파일러는 그 값을 반드시 복사해서 그 값에 대한 참조를 in 매개변수에 전달해야 한다.

컴파일러가 잠정적인 변경으로부터 값을 보호하기 위해 방어적 복사본이 필요하다고 결정하면 해당 복사본은 보이지 않는다. 참조 매개변수, 그리고 특별히 지역 참조 변수의 목적은 불필요한 복사를 회피함으로써 코드를 보다 효율적으로 만드는 것이다. 방어적 복사본은 값 타입 인스턴스를 참조로 전달할 때 얻을 수 있는 이익을 무효화한다. 모든 구조체 및 레코드 구조체에 대해 readonly 키워드를 사용하는 것은 그 보이지 않는 복사본에 대한 필요를 줄이는 가장 효과적인 방법이다.

정리

진짜 문제는 프로그래머들이 잘못된 장소와 잘못된 시간에 효율성에 관해 걱정하는 데 너무 많은 시간을 소비했다는 것이다.

– 도널드 E. 커누스, "Computer Programming as an Art,:
Communications of the ACM 1974

대부분의 프로그램에서 값은 수없이 복사된다. 아마도 많은 프로그래머들이 생각하는 이상일 것이다. 예를 들어 우리가 속성에 접근할 때 그 값의 복사본을 만든다는 사실, 그리고 값 타입 인스턴스의 값으로 전달되는 특성이 이것을 숨겨진 비용으로 만든다는 사실은 간과하기 쉽다. 실질적으로 값 타입 인스턴스에 대한 모든 접근은 복사본을 동반한다. 몇몇 복사본은 명확하며 코드를 읽는 즉시 알아챌 수 있다. 다른 복사본들은 조금 더 눈에 띄지 않으며 심지어 놀랍기까지 하다. 우리가 복사하는 것이 참조이든 인스턴스이든 그 복사본은 암묵적으로 빈번하게, 때로는 예상치 못하게 발생한다.

일반적으로 값 타입을 작게 만들어 값 타입을 복사하는 비용을 최소화하는 것이 널리 권장된다. 그러나 실제로는 값 타입의 크기를 너무 강조하고 있다. 값의 복사본을 만드는 것은 (그 값이 여러 필드를 가진 인스턴스라 하더라도) 일반적으로 그리 비싸지 않으며 참조를 복사하는 것보다 비용이 덜 들 수 있다.

값을 클래스로 모델링하거나 값과 유사한 동작을 하는 레코드를 사용해서 복사본의 비용을 완화하고자 시도할 수 있다. 복사가 언제 발생하는지(그리고 얼마나 자주 발생하는지) 알면 값을 값 타입으로 구현할지 혹은 참조 타입으로 구현할지 선택하는데 도움을 얻을 수 있다. 이 지식은 기존 프로그램의 알고리즘 병목을 식별하는데도 중요한 역할을 한다. 복사를 최소화하는 것은 분명 매우 작은 범위의 최적화이다. 하지만 복사 비용의 중요 여부는 측정을 통해서만 결정할 수 있다. 우리는 다른 페널티(예를 들어 참조 타입을 도입함으로써 추가한 가비지 컬렉션과 같은)를 고려해 값 타입 인스턴스를 복사하는 비용을 측정해야 한다.

심지어 숨겨진 복사본은 성능에 거의, 혹은 전혀 영향을 미치지 않을 수도 있다. 많은 경우에서 컴파일러가 방어적 복사본을 생성하더라도 저스트-인-타임(JIT) 컴파일러가 그 복사본들을 최적화할 수도 있다. 그럼에도 불구하고 몇 가지 유용한 기법들을 도입해 컴파일러과 JIT 컴파일러가 성능을 최대화하도록 지원할 수 있다. 메모리는 유한한 자원이므로 복사본에 주의해야만 한다.

값 타입을 변경할 수 없게 만드는 일은 프로그램을 효율적으로 만들 수 있다. 하지만 그렇게 함으로써 얻는 다른 중요한 이점이 있다. 변경할 수 있는 값들은 예상치 못한 동작으로도 이어질 수 있는데, 이 동작들은 차례로 에러로 이어진다. 값 타입을 기본적으로 변경할 수 없게 만들 수 있다면 예상치 못한 앨리어싱과 관련된 많은 문제들로 인한 고통을 겪지 않을 수 있다. 또한 컴파일러가 정말로 읽기 전용인 값에 대해 만드는 가정으로부터 최고의 이익을 얻을 수 있다. 이것은 섣부른 최적화가 아니다. 이것은 의도적으로 우리가 작성한 프로그램이 덜 효율적이게 동작하지 않도록 선택하는 것이다.

값 복사하기는 해당 인스턴스가 극단적으로 크지 않은 한 일반적으로 그 비용이 비싸지 않다. 값 타입 인스턴스를 복사함으로써 성능에 미치는 영향 정도 이외에 다른 것들을 고려해야 한다. 타입으로부터 우리가 기대하는 동작이 값 타입으로써 모델링할 수 있다면, 구조체 혹은 레코드 구조체를 사용해서 그것을 구현해야 한다.

5

등치 타입

프로그램에서는 어떤 값들이 같은 지 확인하기 위해 변수들을 빈번하게 비교한다. 하지만 이 조작은 암묵적으로 수행되기 때문에 종종 간과된다. 모든 타입은 object 기본 클래스로부터 Equals 메서드를 상속하므로 주어진 2개의 값 x, y에 대해 x.Equals(y)는 항상 유효하다.

C#은 ==, 혹은 등호-등호(equals-equals) 연산자를 제공하며 이는 명시적으로 두 값의 등치를 확인하기 위해 사용한다. 비교 시 ==를 사용하는 것은 Equals 메서드를 사용하는 것과 여러 면에서 다르다. 이번 장에서는 C#은 등치 비교를 위해 2가지 기법을 제공하는 이유와 각 기법이 타입들 사이의 차이점에 따라 어떤 영향을 받는지 살펴본다.

이번 장에서 다루는 내용은 다음과 같다.

- Equals 메서드와 ==를 사용한 비교의 차이가 프로그램에 미치는 영향

- 컴파일러가 비교를 위해 지원하는 것과 우리가 직접 제공해야만 하는 것
- 등치 비교화 해시 코드가 밀접하게 관련돼 있는 이유
- 커스텀 타입에 대해 등치 비교를 커스터마이즈해야 하는 시점
- 값 타입이 등치 (비교) 동작에 미치는 영향

이번 장에서는 포렌식 방식을 사용해서 컴파일러가 다른 타입에 대해 등치를 다루는 방법에 관해 살펴보고 등치라는 주제에 대해 Equals와 == 이상의 것이 존재하는 이유에 관해 살펴볼 것이다. 값을 비교하는 방법이 두 가지 이상이라는 점은 이 가장 기본적인 비교가 얼마나 중요한지 강조한다. 먼저 내장 타입에 대해 등치가 동작하는 방법에 관해 살펴보자.

내장 등치

이번 절에서는 C#의 내장 타입(정수와 부동소수점 수, 참조 변수, 배열을 포함한) 사이의 등치 비교의 기본과 일부 내장 타입들이 기본 등치 동작을 오버라이드하는 방법에 관해 살펴본다.

✒️ NOTE 등호-등호(equals-equals) 혹은 이중 등호(double-equals) 라고 알려진 표기는 여러 언어에서 사용되며 등치 비교와 할당 연산자 =(단순 등호)를 구분한다. 자바스크립트는 세 번째 형태인 등호-등호-등호(===) 를 사용해서 2개의 변수가 같은 타입과 값을 갖는지 확인한다.

C#의 모든 타입은 object로부터 Equals 메서드를 상속하기 때문에 이 메서드를 사용해서 2개의 변수를 비교할 수 있다. 하지만 ==를 사용해서 내장 타입 변수를 비교하는 것이 보다 효율적이며 앞으로 보겠지만 Equals를 사용했을 때 그 동작이 다를 수 있다.

==를 사용해서 등치 비교를 하는 것은 모든 본질적인 타입(10진수(내장 컴파일러 지원을 하지만 네이티브 CLR 타입이 아님), char와 bool 타입, 참조를 제외한 모든 숫자 타입)에 대해 CLR로 구워진다(baked). CLR은 2개의 본질적인 값을 비교하는 내장 명령을 가지고 있으므로 이 값들은 항상 ==를 사용해서 비교할 수 있다. 가능한 ==를 사용하는 것이 효율적이다.

정수

내장 완전(integral) 타입(int, short, long, byte)은 정수(whole number)를 나타내며, char 타입은 UTF-16 문자를 나타낸다. 이들은 모두 등치 비교 목적에서는 동일

하게 동작한다. bool 타입의 값은 엄밀하게 말하면 숫자값은 아니지만 같은 방식으로 비교된다. 리스트 5-1에서는 == 연산자를 사용해서 2개의 정수를 비교한다.

```
int x = 10;
int y = x;

Assert.That(x == y, Is.True);
```

리스트 5-1: **내장 숫자 비교**

여기에서 우리는 x의 값을 복사해서 y에 할당했다. 따라서 2개의 변수는 같은 값을 갖는다. 그 결과 이들은 같은 것으로 비교된다. 컴파일러가 생성한 CIL을 보면 이 내장 타입들이 런타임에 어떤 특별한 지원을 받는지 확인할 수 있다.

```
① L_0001: ldc.i4.s 10
  L_0003: stloc.0 // x

② L_0004: ldloc.0 // x
  L_0006: stloc.1 // y

③ L_0007: ldloc.0 // x
  L_0008: ldloc.1 // y

④ L_0009: ceq
```

CIL 명령은 모두 유사한 저수준 타입을 따른다. 각 행에는 L_0XXX 타입의 라벨이 있고 그 뒤에 명령어 자체와 명령어에 필요한 모든 인수가 위치한다. 첫 번째 명령인 ldc.i4.s는 값이 10인 인수를 평가 스택에 넣는다(①). 다음 명령인 stloc.0은 인수를 갖지 않는다. 하지만 평가 스택의 맨 위에서 값을 꺼내서 위치 0에 있는 변수에 넣는다. 이 변수는 디컴파일러(decompiler)가 주석에 표시한 것과 같이 변수 x이다. 이 첫 번째 2개 행을 실행한 결과로 변수 x에 값 10이 할당된다.

다음으로 앞에서 x에 저장된 값이 로드돼 y에 저장된다(②). 다음으로 x와 y의 값이 평가 스택으로 다시 넣어지고, 다음 명령에 의해 해석된다(③). 마지막으로 내장 명령 ceq가 평가 스택에 맨 위에 있는 2개의 값에 대한 등치를 비교한다(④). ceq 명령은 2개의 내장값 사이의 == 비교와 직접적으로 일치한다.

비교에서 ceq를 사용하는 방법은 JIT 컴파일러가 결정한다. JIT 컴파일러는 런타임에 CIL을 기계 코드로 변환한다. 이것은 2개의 숫자값 사이의 비트와이즈 비교라고 생각할 수 있다. 2개의 숫자값이 같다고 비교되면 정수 1(불리언값 true로 해석됨)이 평가 스택에 넣어진다. 같지 않다고 비교되면 정수 0(불리언값 false로 해석됨)이 평가 스택에 넣어진다.

불리언 결과는 Assert.That 메서드의 첫 번째 인수로 전달된다(CIL 목록에서는 보이지 않는다). 테스트는 성공한다. 왜냐하면 x와 y가 같은 숫자값을 같기 때문이다.

부동소수점값

float나 double 값을 ==를 사용해서 비교할 때 동일한 ceq 명령이 사용된다. 그러나 부동소수점수의 경우 이 비교 메서드는 우리가 기대한 것처럼 동작할 필요가 없다. C#에서 float와 double 값은 전기전자공학자협회(Institute of Electrical and Electronics Engineers, IEEE)에서 발간한 부동소수점 대수 연산 표준(Standard for Floating-Point Arithmetic)에 정의된 바이너리 타입으로 나타낸다. IEEE-754 표준은 float, double에 대한 고정된 정밀도를 명시하며, 결과적으로 많은 숫자들을 정확하게 표현할 수 없다.

숫자가 정확한 표현을 갖지 못하면 그 숫자를 가장 정확하게 나타낼 수 있는 가까운 숫자로 반올림된다. 표현할 수 있는 가장 가까운 숫자는 원래 값에 비해 크거나 작을 수 있다. 정확하게 표현할 수 있는 이웃한 두 숫자의 차이는 그 숫자들의 크기에 비례한다. 따라서 매우 큰 숫자에서의 반올림의 차이는 매우 작은 숫자에서의 반올림의 차이보다 일반적으로 훨씬 클 것이다.

반올림된 여러 숫자를 계산하는 일은 반올림 에러를 더 많이 발생시키며, 이 문제는 숫자의 크기에 관계없이 발생한다. 리스트 5-2에서는 직관적으로 봤을 때 같을 것이라 기대되는 2개의 double 값을 비교한다.

```
double x = 0.3;
double y = 0.1 + 0.2;

Assert.That(x == y, Is.True);
```

리스트 5-2: **간단한 부동소수점 계산**

이 테스트는 실패한다. 왜냐하면 모든 상수값은 정확한 double 타입으로 표현될 수 없기 때문이다. x와 y에 주어지는 값은 가장 가까운 표현할 수 있는 값으로 반올림된다. 그 상태에서 덧셈의 결과는 정확하지 않은 표현이 되므로 다시 반올림되며, x에 할당된 값과 다른 값이 생성된다. x와 y의 등치 비교는 실패한다. 가장 작은 유효 숫자값이 다르기 때문이다.

한 부동소수점수에서 다른 부동소수점수를 빼는 것 또한 예상하지 못한 결과를 낳는다. 2개의 숫자가 거의 같다면 뺄셈을 한 결과는 가장 작은 유효 숫자값만 갖게 되는데, 바로 여기에서 반올림이 눈에 띌 것이다. 따라서 결과값의 유효 숫자 일부 혹은 전부가 사라질 수 있다. 이 문제는 종종 취소(cancellation)라 부른다.

반올림과 취소 문제는 부동소수점값의 IEEE-754 표현에 따른 것이며 C#에만 국한되지 않는다. 하지만 정확하게 우리가 달성하고자 하는 것이 무엇인지에 따라 그로 인해 발생하는 문제를 일부 완화할 수 있다.

반올림과 취소로 인한 한계 완화하기

반올림의 바이너리 표현의 정밀도와 직접적으로 관련돼 있으므로 그 크기를 예측할수 있다. 여기에서 정밀도(precision)란 해당 타입에 저장될 수 있는 2진 숫자의 개수를 의미한다. 하지만 그보다 중요한 것은 주어진 타입 안에서 정확하게 표현되지 않는 모든 숫자들은 같은 타입 안에서는 항상 같은 방법으로 반올림됨을 의미한다는 것이다.

반복된 (반올림) 계산에 의해 만들어진 에러는 예측하기 더욱 어렵다. 그리고 계산 안에서의 연산 순서는 결과에 큰 영향을 미친다. 심지어 같은 순서의 연산을 두 번 수행한 결과가 다를 수도 있다. 이는 최적화 및 결과가 저장되는 위치와 같은 요소에 의해 좌우된다. 부동소수점수를 비교하는 여러 접근 방식에 대해 완벽하게 분석하는 것은 여기에서 다루기에는 너무 큰 주제이다. 그러나 본질적으로 부동소수점수의 정확한 등치를 비교하는 대신 2개의 수가 거의 같은지 결정하는 구현을 제공할 수 있다.

한 가지 접근 방식은 2개의 숫자가 정해진 소수점 범위 안에서 같은지 비교하는 것이다(리스트 5-3).

```
public static bool ApproximatelyEqual(double x, double y)
    => Math.Round(Math.Abs(x - y), 7) == 0;
```

리스트 5-3: **부동소수점수에 대한 간단한 대략적인 비교**

Math.Round 메서드를 사용해서 2개의 값이 소수점(여기에서는 소수점 이하 7자리)의 절대값 안에서 같은지 비교했다. 하드코딩된 상수가 아니라 필요한 소수점 자릿수를 전달하는 방식도 고려할 수 있다. 어떤 법을 사용하든 이것은 부동소수점수를 비교하는 빠르고 간단한 메서드이다.

이 방법의 단점은 지정된 소수점수보다 작은 차이를 갖는 숫자에 대해 민감하지 않다는 점과 매우 큰 순자를 비교할 때 정확하지 않다는 점이다.

두 번째 방법은 2개 숫자의 차이가 특정한 한계값 보다 작은지 확인하는 방법이다.

```
public static bool ApproximatelyEqual(double x, double y)
    => Math.Abs(x - y) < Tolerance;
```

ApproximatelyEqual 메서드는 두 부동소수점수의 절대값의 차이가 미리 정한 한계값(Tolerance)보다 작으면 true를 반환한다. 그러나 충분히 민감한 Tolerance 값을 정의해야 한다. 이 값을 정하는 것은 직관적이지 않다. 두 부동소수점값의 차이는 이들의 크기에 따라 달라질 수 있기 때문이다. 리스트 5-4에서는 비교 대상 숫자 중 작은 수의 크기에 따라 가중치를 부여한 한계값을 사용한다.

```
private const double Tolerance = 1E-15;

public static bool ApproximatelyEqual(double x, double y)
    => Math.Abs(x - y) <
        Math.Max(Tolerance, Math.Min(x, y)) * Tolerance;
```

리스트 5-4: 가중치를 부여한 한계값을 사용한 대략적인 비교

Tolerance 상수를 추가해서 비교의 정밀도를 원하는 정도를 나타냈으며, 부적격인 값을 비교에 사용하지는 않는다. 매우 큰 값의 반올림 에러는 매우 작은 수의 반올림 에러보다 훨씬 크며, 한계값은 그에 충분히 민감해야 한다. 대신 여기에서는 비교 대상 숫자에 따라 한계값을 조정한다. 조정을 위해서 두 값 중 작은 값을 사용한다. 작은 값이 반올림 에러에 가장 민감할 것이기 때문이다. 가장 작은 값이 Tolerance보다 작을 경우 0이 곱해지는 것을 피하기 위해 Tolerance 자체를 조정했다. 매우 작은 값을 비교하기 위해 어느 정도의 정밀도는 요구된다.

여기에서 Tolerance를 위해 선택한 값은 충분히 민감하며 값이 0에 가까울 때 소수점 25자리 안에서 차이를 비교할 수 있다. 값이 1.0에 가까운 경우 이 조정은 소수점 15 혹은 16자리에서 차이를 발견할 수 있음을 의미한다. 그리고 값의 크기가 증가함에 따라 민감도는 줄어든다. 부동소수점수의 등치를 결정하는 이 접근 방식이 모든 경우에 적합한 것은 아니다. 애플리케이션에 따라 보다 훨씬 정교한 구현이 필요할 것이다.

대안적인 숫자 표현 사용하기

수학적인 관점에서 부동소수점수는 실수(real number)가 아니라는 점을 항상 염두에 둬야 한다. 수많은 실수들은 부동소수점수로 표현될 수 없다. 실수의 정밀도는 무한하다. 하지만 컴퓨터 메모리는 유한하기 때문에 고정되거나 제한된 정밀도를 갖는

double과 float 값을 일종의 타협으로 사용한다.

부동소수점값의 비정밀성(imprecision)의 중요도는 우리가 목적하는 바에 따라 다르다. 한 가지 대안은 2진수가 아닌 10진수(decimal)로 표현되고 double보다 큰 정밀도를 갖는 decimal과 같은 다른 타입을 사용하는 것이다. 실제로 decimal은 실수를 보다 정확하게 표현할 수 있다. 훨씬 많은 유효 숫자를 가지며 이를 사용해 실수를 나타낼 수 있기 때문이다. 즉, decimal 값은 반올림되는 경향이 적다. 하지만 모든 타입은 나름의 트레이드오프를 가지며, decimal은 범용 타입이 아니라는 약점이 있다. decimal은 회계 계산과 같이 10진수로 가장 자연스럽게 표현되는 계산을 목적으로 한 것이다. decimal 표현은 float나 double보다 범위가 작기 때문에 가장 큰 양수값 혹은 가장 작은 양수값은 float나 double이 표현할 수 있는 값보다 작거나 크다. 또한 decimal 값은 double 값보다 많은 메모리를 요구한다.

double과 decimal의 선택에 관한 현실적인 의미를 보여주는 예로 Math 클래스에서 제공하는 Sin과 Cos같은 삼각 함수 메서드에 관해 생각해 보자. 이 메서드들은 매개변수로 double을 받으며 decimal 값을 받는 메서드 오버로드를 제공하지 않는다. 우리가 작성하는 코드에서 이 메서드들을 사용한다면 double을 decimal로 대체할 수 없다. 왜냐하면 decimal 타입은 화폐값을 표현하기 위해 특별하게 설계된 것이기 때문에 삼각 함수 조작의 결과를 표현할 수 없기 때문이다.

유효하지 않은 숫자 다루기

double과 float 값을 다룰 때 만날 수 있는 또 다른 결과는 일부 연산에서 숫자로 표현할 수 없는 NaN(Not a number)이라는 결과가 만들어질 수 있다는 것이다. double 혹은 float 값을 사용할 때는 계산 결과가 NaN인 시점을 정확하게 식별해야만 한다. 왜냐하면 NaN은 전염성이 있기 때문이다. NaN을 포함하는 모든 계산의 결과는 NaN이 된다. 예를 들어 0.0을 0.0으로 나눈 결과는 NaN이 된다.

==를 사용한 직접적인 비교를 통해 NaN을 식별할 수 있다고 생각할 수도 있다(리스트 5-5).

```
var x = 0.0 / 0.0;

Assert.That(x == double.NaN, Is.True);
```

리스트 5-5: NaN 비교하기

0.0을 0.0으로 나누면 그 결과는 확실히 NaN이므로 많은 프로그래머들은 NaN을 포함

한 이 등치 테스트가 성공할 것이라고 생각하겠지만 그렇지 않다. IEEE-754 표준에서는 2개의 NaN이 같게 비교되지 않는다고 정의한다. 그래서 이 테스트는 실패하는 것이 올바른 동작이다. 대신 C#에서는 IsNaN 정적 메서드를 제공하며 다음과 같이 사용할 수 있다.

```
Assert.That(double.IsNaN(x), Is.True);
```

C# v8.0부터 상수 패턴을 사용해서 보다 자연스럽게 비교할 수 있다.

```
Assert.That(x is double.NaN, Is.True);
```

컴파일러는 이 패턴 표현식을 double.IsNaN(x)로 변환한다. 따라서 == 혹은 Equals를 사용한 비교는 존재하지 않는다. IsNaN 메서드는 항상 올바른 결과를 반환한다. 이 메서드는 ==를 사용해 부동소수점값을 비교하는 것과 double.Equals 메서드를 사용하는 것간의 중요한 차이를 시사한다. Equals 메서드는 ceq를 사용해서 부동소수점값을 비교한다. 그러나 == 연산자와 달리 Equals는 값이 같지 않을 때 IsNaN을 호출한다. Equals 메서드를 사용해서 2개의 NaN값을 비교한 다음 테스트를 살펴보자.

```
var x = 0.0 / 0.0;

Assert.That(x.Equals(Double.NaN), Is.True);
```

이 테스트는 성공한다. 왜냐하면 Equals 메서드에 따라 double과 float 값은 그 값들이 정확하게 같거나 모두 NaN일 때 같다고 비교되기 때문이다. 부동소수점수에 대한 Equals의 결과는 ==를 사용했을 때의 결과와 다를 수 있다. ==는 IsNaN의 결과를 비교하지 못한다. Equals와 == 모두 궁극적으로는 ceq를 사용해서 float와 double 값을 비교한다. 그래서 부동소수점수를 비교할 때는 이 접근 방식들에 의존해서는 안된다. 왜냐하면 그 결과가 우리가 기대하는 바와 다를 수 있기 때문이다.

> **NOTE**
>
> 일부 계산 결과는 양의 무한대 혹은 음의 무한대일 수 있으며, 이는 각각 *double.PositiveInfinity*와 *double.NegativeInfinity*로 표현된다. 이 두 값은 모두 정확하지 않은 값일 수 있지만 무한대값은 일반적으로 NaN과 같이 유효하지 않다고 간주되지 않는다. *is* 키워드를 사용하는 상수 패턴을 통해 값과 *double. PositiveInfinity* 혹은 *double.NegativeInfinity*을 비교할 수 있다. 하지만 ==를 사용해도 값과 두 가지 무한대값을 비교할 수 있다.

참조 등치

2장에서 설명한 것처럼 참조는 null 혹은 힙에 있는 객체에 대한 불투명한 접근일 수 있다. 객체는 자신에 대한 여러 참조를 가질 수 있으며 같은 객체에 대한 2개의 참조는 같은 것으로 비교된다. 모든 객체 인스턴스는 고유한 신원을 가지며 null이 아닌 참조의 값은 그 참조가 가리키는 객체의 신원이 된다. 따라서 2개의 참조가 같은 객체를 가리키는지 혹은 다른 인스턴스를 가리키는지 확인하려면 등치 비교를 사용하면 된다.

아니면 참조가 null인지 아닌지에 흥미가 있을 수도 있다. 이제 한 참조를 다른 참조와 비교하거나 null 참조인지 확인하는 메커니즘에 관해 살펴보자.

2개의 참조 비교하기

x와 y가 모두 같은 객체에 대한 참조이면 이들은 같은 신원을 가지므로 == 혹은 Equals를 사용하면 같다고 비교된다. 이들이 다른 객체를 가리키면 심지어 그 객체들의 상태가 동일하더라도 x와 y는 같다고 비교되지 않는다. 리스트 5-6에서는 ==를 사용해 2개의 참조 변수를 비교한다.

```
public sealed class MusicTrack
{
}

var x = new MusicTrack();
var y = new MusicTrack();

Assert.That(x == y, Is.False);
```

리스트 5-6: **참조 비교하기**

이 x와 y 참조 변수들은 같지 않다. 왜냐하면 다른 객체를 가리키기 때문이다. 심지어 그 객체들이 같은 상태라도 그렇다. 리스트 5-1에서 2개의 변수에 상수값을 할당하는 대신 힙에 새로운 객체들을 만들었으며, 변수들은 그 객체들에 대한 참조가 된다. 생성된 CIL을 살펴보면 마지막 행에서 리스트 5-1에서와 마찬가지로 같은 ceq 명령을 사용해서 2개의 참조에 대한 등치 비교가 수행되는 것을 볼 수 있다.

```
IL_0001: newobj instance void MusicTrack::.ctor()
IL_0006: stloc.0 // x
IL_0007: newobj instance void MusicTrack::.ctor()
IL_000c: stloc.1 // y
IL_000d: ldloc.0
```

```
IL_000e: ldloc.1
IL_000f: ceq
```

newobj 명령은 주어진 타입의 새로운 인스턴스를 만들고 해당 인스턴스에 대한 참조를 평가 스택에 저장한다. MusicTrack은 클래스이므로 힙에 2개의 MusicTrack 인스턴스를 만들고 변수 x, y에 그들에 대한 참조를 각각 저장한다. x와 y는 다른 인스턴스를 가리키므로 변수는 다른 값을 가지며 ceq를 사용하면 다르다고 비교된다.

ceq 명령에 관한 런타임에서 참조는 그저 비트의 나열이며, 숫자가 비트의 나열로 표현되는 것과 마찬가지이다. ceq 명령은 그저 2개의 비트 패턴을 비교해서 이들이 일치하는지 판단한다. 힙의 다른 객체 인스턴스에 대한 2개의 참조가 갖는 비트 패턴이 다르므로 이 둘은 다르다고 비교된다.

null 참조와 비교하기

참조 변수의 값은 힙의 객체에 대한 참조이거나 null이다. ==를 사용해서 모든 참조를 null과 비교함으로써 해당 참조가 객체를 가리키는지 판단할 수 있다. 리스트 5-7과 같이 참조가 객체를 가리킨다면 그 참조는 null과 같지 않다.

```
var x = new MusicTrack();

Assert.That(x == null, Is.False);
```

리스트 5-7: **참조를 null과 비교하기**

이 비교에서도 내장 ceq 명령을 사용한다.

```
IL_0016: newobj instance void MusicTrack::.ctor()
IL_001c: ldloc.1 // x
IL_001d: ldnull
IL_001e: ceq
```

null 참조는 상수값이며 ldnull 명령에 의해 평가 스택에 넣어진다. null은 그 자체로는 타입을 갖지 않지만 암묵적으로 모든 타입으로 변환될 수 있다. null을 참조 변수에 할당하거나 메서드에 인수로 전달하면 null은 자동으로 대상 변수의 타입으로 변환된다. 여기에서는 x와 null을 비교할 수 있다. null 참조는 MusicTrack 참조 타입과 호환되기 때문이다.

배열 변수 비교하기

C# 배열은 항상 참조 타입이며 따라서 배열 변수를 비교하는 것은 참조를 비교하는 것과 동일하게 동작한다. C# 배열은 이어진 요소들을 선언하고 사용하기 위한 내장 구문이며, 이 요소들은 언제나 힙에 할당된다. 배열 변수는 배열의 요소에 대한 참조이다. 리스트 5-8에서는 같은 요소들을 갖는 2개의 배열을 생성하고 ==를 사용해 그들을 비교한다.

```
int[] x = { 10, 20 };
int[] y = { 10, 20 };

Assert.That(x == y, Is.False);
```

리스트 5-8: 2개의 배열을 암묵적으로 초기화하고 비교하기

컴파일러는 우리가 배열을 초기화할 때 사용한 값을 기반으로 각 배열의 크기를 추론한다. 2개의 배열은 동일한 요소들을 갖지만 다르다고 비교된다. 왜냐하면 ==를 사용해서 2개의 배열을 비교하는 것은 본질적으로 ceq 명령을 사용해서 참조 비교를 수행하기 때문이다. 리스트 5-8에서 x와 y 변수는 다른 배열에 대한 참조이므로 같다고 비교되지 않는다. 따라서 테스트는 성공한다.

2개의 배열 변수를 비교할 때 비교에서는 배열의 요소들을 고려하지 않는다. 단지 2개의 배열 변수의 신원만 사용한다. 따라서 2개의 배열 참조는 그들이 같은 배열 인스턴스를 가리킬 때만 같다고 비교된다. 2개의 배열이 같은 요소들을 갖는지 확인할 때는 각 요소를 직접 비교하거나 System.Enumerable.SequenceEqual과 같은 라이브러리를 사용해야 한다.

문자열 등치 및 값 등치

string 변수들은 참조이지만 이들을 비교할 때 우리는 일반적으로 이들이 동일한 string 인스턴스를 가리키는지 아닌지보다는 이들의 내용이 동일한지에 관심을 둔다.

string 클래스는 ==와 Equals의 기본 동작을 오버로드해서 문자열에 값과 같은 시맨틱을 제공한다. ==나 Equals로 문자열을 비교하면 참조 기반 비교가 아닌 값 기반 비교를 수행한다. 힙에 존재하는 하나의 string 인스턴스에 대해 1개 이상의 참조를 가질 수 있으며, 이 참조들은 여전히 같다고 비교된다. 하지만 동일한 내용을 가지는 2개의 독립된 string 인스턴스를 가질 수도 있으며 이 인스턴스들도 같다고 비교된다. 예를 들어 리스트 5-9에서 x와 y 변수는 동일한 string 인스턴스를 가리키지 않지만

런타임에 같은 값을 갖는다.

```
var monarch = "Henry";
var number = "IV";

var x = $"{monarch} the {number}";
var y = $"{monarch} the {number}";

Assert.That(x == y, Is.True);
Assert.That(x.Equals(y), Is.True);

Assert.That(ReferenceEquals(x, y), Is.False);
```

리스트 5-9: **string 값 비교하기**

string 클래스는 ==와 Equals 메서드 모두의 동작을 커스터마이즈하며, 따라서 x와
y 변수는 같다고 비교된다. 두 변수는 다른 인스턴스에 대한 참조이지만 그 콘텐츠가
모두 동일하기 때문이다. string은 ==의 동작을 오버라이드하므로 여기에서는 Refer-
enceEquals 메서드를 사용해서 참조 비교를 수행한다. ReferenceEquals는 object에
대해 정의된 정적 메서드이며 2개의 모든 참조 변수에 대해 그 타입에 관계없이 신원
비교를 수행한다. 이 예시에서 ReferenceEquals는 false를 반환한다. 왜냐하면 그 인
수는 힙의 다른 객체에 대한 참조이기 때문이다.

리스트 5-9의 x와 y 변수는 모두 문자열 보간(string interpolation)을 사용해서 그 문
자열 안에서 이름있는 변수의 값을 삽입한다. 이는 x와 y가 실제로 (적어도 디버그 모
드에서는) 별도의 인스턴스임을 보장한다. 리스트 5-10에서와 같이 2개의 단순한 문
자열 리터럴을 사용하면 ReferenceEquals는 다른 결과를 제공한다.

```
var x = "Henry the IV";
var y = "Henry the IV";

Assert.That(ReferenceEquals(x, y), Is.True);
```

리스트 5-10: **문자열 리터럴 값 비교하기**

이 테스트는 x와 y가 실제로 메모리에서 같은 인스턴스임을 보여준다. 2개의 변수가
독립적으로 2개의 명백하게 다른 문자열에 할당됐음에도 말이다. 이렇게 다른 동작을
하는 이유는 컴파일러가 문자열 인터닝(string interning)을 사용해서 메모리를 보존
하기 때문이다. 이는 프로그램에서 사용되는 각 고유 문자열 리터럴의 단일 인스턴스
를 포함하는 인턴 풀(intern pool)을 유지한다. 이를 통해 동일한 문자열 리터럴이 코

드에서 한 번 이상 나타나더라도 메모리에는 한 인스턴스만 존재한다. 문자열은 변경할 수 없으며 한 인스턴스에 대한 여러 참조를 갖는다 하더라도 앨리어싱 문제를 절대로 야기할 수 없다.

우리가 직접 런타임에 이 인턴 풀을 사용할 수 있다. 하지만 메모리와 관련해 또 다른 고려할 사항이 있다. 각각의 문자열값에 대한 메모리를 절약할 수는 있겠지만, 인턴 풀 그 자체는 일반적으로 가비지 컬렉션되지 않으며 프로그램이 종료될 때까지 메모리에 남아 있는다.

2개의 string 변수가 ReferenceEquals 혹은 다른 메서드를 사용해 별도의 인스턴스를 가리키는지 결정할 수 있지만 어느 쪽이든 그다지 중요하지 않다. 2개의 string 변수가 하나의 string 인스턴스에 대한 참조이든 혹은 같은 콘텐츠를 가진 2개의 별도 인스턴스를 가리키든 그들은 같다고 비교된다.

클래스에 대한 커스텀 등치

우리가 작성한 클래스 타입에 대해 참조 기반 등치보다 값 기반 등치를 비교하고 싶을 때는 Equals 메서드를 오버라이드하거나 클래스에 대한 operator==를 정의해서 등치 비교 동작을 커스터마이즈해야 한다. 클래스 안에서 등치 비교의 완전한 구현을 하는 데는 여러 측면을 다루어야 한다. 여기에서 우리는 단계적으로 각각의 부분을 차례로 만들 것이다. 그리고 여러분은 모든 요소들이 어떻게 들어맞는지 더 잘 이해할 수 있을 것이다.

첫 번째 작업은 클래스에 대한 가상 Equals 메서드를 커스터마이즈하는 것이다. 리스트 5-11의 MusicTrack 클래스는 2개의 string 문자열을 가진다. 그리고 두 MusicTrack 인스턴스가 가진 필드들이 값이 같은 경우 두 인스턴스가 같다고 비교하도록 Equals 메서드를 정의한다.

```
public sealed class MusicTrack
{
    public MusicTrack(string artist, string name)
        => (Artist, Name) = (artist, name);

    public string Artist { get; }
    public string Name { get; }

    public override bool Equals(object? obj)
        => obj is MusicTrack other &&
            this.Artist == other.Artist &&
```

```
        this.Name == other.Name;
}
```

리스트 5-11: Equals 메서드 오버라이드하기

여기에서 상속된 가상 메서드의 구현을 커스터마이즈했기 때문에 override 키워드를 사용하고, 메서드의 시그니처는 오버라이드되는 기본 클래스 메서드의 시그니처와 일치해야 한다. 이 코드를 컴파일하면 GetHashCode를 오버라이드하지 않았다는 경고가 발생한다. 이 이슈는 곧 해결할 것이다.

가상의 Equals 메서드는 하나의 nullable object 참조를 받는다. 이 참조를 우리가 구현한 타입으로 형 변환해서 현재 인스턴스와 비교해야 한다. 여기에서는 선언 패턴 (declaration pattern)을 사용해 obj 매개변수가 null이 아니면 other 변수를 선언하고, 신원 변환(identity conversion) 혹은 obj 타입에서 MusicTrack으로의 암묵적 참조 변환(implicit reference conversion)을 수행한다. 신원 변환은 단순히 어떤 타입이 그 자신으로 변환될 수 있다는 것을 의미한다. 암묵적 참조 변환은 여러 형태를 띨 수 있다. 하지만 여기에서는 단순함을 위해 MusicTrack이 obj의 런타임 타입의 기반 타입이 된다는 것을 의미한다. 이 예시에서 MusicTrack은 봉인된 클래스이므로 이 타입은 정확하게 일치하거나(신원 변경) 전혀 일치하지 않는다.

obj 변수의 타입이 패턴과 일치하면 obj는 지정한 타입으로 형 변환돼 other 변수에 할당된다. 따라서 other 변수는 MusicTrack 참조이며, 우리는 이를 사용해 그 속성과 현재 인스턴스의 속성의 등치를 확인할 수 있다.

등치 연산자 정의하기

Equals 메서드를 직접 사용하는 일은 좀처럼 많지 않다. 왜냐하면 대부분의 프로그래머들은 Equals를 사용하기보다 ==를 사용하는 것을 더 자연스럽게 여기기 때문이다. 일반적으로 생각할 때 ==와 Equals가 동일하게 동작하는 것이 바람직하다. Music-Track 클래스의 경우 operator==가 우리가 앞서 정의한 Equals 메서드를 호출하도록 구현하면 이를 간단히 달성할 수 있다.

operator== 같은 연산자 정의는 정적 메서드이다. operator==의 정의는 2개의 매개변수를 가지며, 적어도 그 매개변수 중 하나는 그 연산자를 구현하는 타입이어야 한다. 반환 타입은 주로 bool이지만 반드시 그래야 하는 것은 아니다. 일반적인 구현에서는 두 매개변수가 같은 타입이므로 ==를 사용해서 두 인스턴스를 비교할 수 있다(리스트 5-12).

```
public static bool operator==(MusicTrack? left, MusicTrack? right)
{
    if(left is null)
    {
        return right is null;
    }
    else
    {
        return left.Equals(right);
    }
}

public static bool operator!=(MusicTrack? left, MusicTrack? right)
    => !(left == right);
```

리스트 5-12: **MusicTrack 클래스에 대한 operator== 정의하기**

operator==를 제공한다면 이 연산자의 쌍인 operator!=도 구현해야만 한다. 단순히 == 연산자 메서드를 호출한 결과를 뒤집으면 된다.

MusicTrack은 클래스이므로 연산자에 전달되는 하나 혹은 모든 인수가 null일 수 있다. 따라서 매개변수에 대해 null을 허용하는 참조 구문을 사용해서 기대를 명확하게 해야 한다. 두 인수가 모두 null이면 같다고 비교된다. left가 null이 아니면 Equals 메서드를 호출하고 right를 인수로 전달한다. right가 null 참조이더라도 동일하게 동작한다. 우리가 구현했던 Equals는 이미 매개변수로 전달되는 null을 처리할 수 있다.

null과의 비교 다루기

리스트 5-12에서 상수 패턴과 is 키워드를 사용해서 left와 right 매개변수를 null과 비교했다. 이들을 ==을 사용해서 비교하면 operator==는 재귀적으로 자신을 호출한다. 왜냐하면 그 비교에서 null은 암묵적으로 MusicTrack으로 변환되기 때문이다. 여기에서 상수 패턴을 적용하면 그 함정을 피할 수 있다. 왜냐하면 is null 표현식은 절대로 사용자가 정의한 operator== 구현을 호출하지 않기 때문이다. 컴파일러는 모든 비교를 내재된 ceq 명령으로 변환한다.

if and else 블록의 콘텐츠는 단순한 표현식이므로 operator==의 구현을 삼항 연산자를 사용해 더 간략하게 만들 수 있다(리스트 5-13). 간략한 구현은 **표현식 ? 결과 if true : 결과 if false**의 형태이다.

```
public static bool operator==(MusicTrack? left, MusicTrack? right)
{
```

```
    return left is null? right is null : left.Equals(right);
}
```

리스트 5-13: **보다 간략한 연산자 구현**

null 조건 연산자 ?.를 도입해서 operator==에 대한 코드를 한층 간략하게 만들 수 있다. ?. 연산자는 호출하기 위해 사용된 변수가 null이 아닐 때만 인스턴스 메서드를 호출한다. x?.y 라는 표현식에서 x가 null이면 전체 표현식의 결과는 null이 된다. 그렇지 않으면 결과는 x.y가 된다. null 조건 연산자를 사용해서 operator==를 구현하면 훨씬 간략하게 구현할 수 있다. 특히 이 연산자를 표현식 바디 메서드로 만드는 경우 효과적이다.

```
public static bool operator==(MusicTrack? left, MusicTrack? right)
    => left?.Equals(right) ?? right is null;
```

여기에서 Equals 메서드는 left 매개변수가 null이 아닐 때만 호출된다. left 변수에 대해 null 조건 연산자를 사용했기 때문이다. null 조건 연산자와 null 병합 연산자 (null-coalescing operator) ??를 조합했다. null 병합 연산자는 왼쪽 표현식 전체가 null일 때만 오른쪽 표현식을 평가한다. left가 null이면 right도 null이므로 left와 right는 같다.

null 상수 패턴, null 조건 연산자, null 병합 연산자는 모두 참조가 null과 같은지 테스팅하는 서로 다른 방법들이다. 이들을 사용하면 Equals 메서드는 물론 사용자가 정의한 operator== 구현을 호출하지 않는다. Equals 메서드와 operator== 모두를 커스터마이즈할 수 있지만, is 키워드 혹은 혹은 null 조건/병합 연산자를 사용해서 만들어지는 비교 동작은 변경할 수 없다.

타입 안전한 비교 만들기

값의 등치를 비교할 때 일반적으로 대부분 같은 타입의 2개의 값을 비교한다. 그래서 일반인 operator== 구현 시 사용하는 2개의 매개변수 타입이 동일하다. 그러나 우리가 구현한 Equals 메서드는 object 매개변수를 받으며, object 매개변수는 MusicTarack으로 다시 형 변환돼야 개별 속성값을 비교할 수 있다. Equals가 MusicTrack 매개변수를 받도록 오버라이드해서 이 형 변환을 회피할 수 있다(리스트 5-14).

```
public bool Equals(MusicTrack? other)
    => other is not null &&
```

```
        this.Artist == other.Artist &&
        this.Name == other.Name;
```

리스트 5-14: 타입 안전한 Equals 메서드

우리는 여전히 인수를 null과 비교해야 하므로 operator==에서 했던 것처럼 상수 패턴을 사용해 그 비교를 가능한 효율적으로 하도록 만든다. 속성값들을 비교하기 위한 코드의 중복을 피하기 위해 Equals(object?) 메서드가 타입 안전한 오버로드를 호출하도록 수정한다.

```
public override bool Equals(object? obj)
    => Equals(obj as MusicTrack);
```

as 키워드를 사용해서 런타임 형 변환을 도입했지만 리스트 5-14에서 MusicTrack? 매개변수를 받는 Equals의 오버로드는 object? 매개변수를 사용해서 오버로드된 이 메서드보다 훨씬 더 많이 호출될 것이다. 특히 우리가 구현한 operator==는 타입에 특화된 오버로드를 호출할 것이다. 왜냐하면 연산자에 전달되는 매개변수가 모두 MusicTrack 변수이기 때문이다.

MusicTrack 클래스에 대한 Equals를 오버라이드했기 때문에 컴파일러는 GetHashCode도 오버라이드해야 한다는 경고를 발생시킬 것이다.

해시 코드 다루기

Equals와 GetHashCode 메서드는 깊이 밀접하게 관련돼 있다. Equals와 마찬가지로 GetHashCode는 object에 의해 정의돼 있으며 가상 메서드이다. GetHashCode 메서드는 효율적으로 키를 조정하고 찾기 위해 Dictionary 및 HashSet과 같은 컬렉션에 의해 사용된다. 본질적으로 해시 테이블과 같은 데이터 구조체는 객체의 해시 코드(hash code)를 사용해서 데이터 구조체 안에서 객체의 위치를 식별한다. 새로운 키를 추가하거나 기존 키를 찾고자 시도할 때, 조회 알고리즘(lookup algorithm)은 해시 코드를 사용해서 테이블 안에서 올바른 위치를 빠르게 식별한다.

하지만 테이블의 특정한 해시 코드는 여러 다른 키들을 식별할 수도 있다. 왜냐하면 해시 테이블에 있는 아이템들은 일반적으로 고유함에도 불구하고 해시 코드는 그럴 필요가 없다. 해시 테이블에 새로운 아이템을 추가하고 그 아이템의 해시 코드가 테이블 안에 이미 존재하면(이 상황은 충돌(collision)이라 불린다) Equals 메서드는 일치하는 해시 코드를 가진 각 키에 사용돼 테이블에 새로운 아이템이 이미 존재하는지 확인한다. 바로 이것이 Equals와 GetHashCode가 밀접하게 관련된 이유이다.

키는 다음 2개의 규칙을 만족하는 한 어떤 객체든 될 수 있다.

- Equals에 따라 같은 객체들은 동일한 해시 코드를 갖는다.
- 키로 사용된 객체에 대한 해시 코드는 변경되지 않는다.

이상적으로 고유한 각각의 해시 코드는 하나의 키를 식별할 것이기 때문에(즉, Equals 를 사용해서 여러 객체들을 비교할 필요는 없음을 의미하므로) 키를 검색하는 편이 훨씬 빠르다. 테이블에서 키를 검색할 때 해시 코드가 하나의 키에만 일치한다면 위 규칙을 따르는 한 그것은 반드시 요청된 키이다. 해시 코드가 널리 분산돼 있음을 보장하는 것은 권장된다. 왜냐하면 각각의 해시 코드가 하나의 키를 고유하게 식별할 가능성이 높아지기 때문이다.

클래스 타입에 대한 GetHashCode의 기본 구현에서는 객체가 가진 값을 사용해서 해시 코드를 생성하기 보다는 객체의 신원을 사용한다. 이는 Equals의 기본 구현이 객체의 상태가 아닌 객체의 신원을 비교하는 것과 같다. 2개의 참조가 같다면 이 참조들은 반드시 같은 해시값을 갖는다. 왜냐하면 이들은 같은 인스턴스를 가리키기 때문이다. 하나의 인스턴스에 대한 기본 해시 코드 또한 변하지 않는다. 하지만 클래스에 대한 GetHashCode의 기본 동작을 받아들인다면, 클래스 타입을 키로 사용할 때 반드시 더 욱 주의를 기울여야 한다.

우리는 GetHashCode 메서드를 오버라이드하지 않은 모든 클래스 타입을 키로 안전하게 사용할 수 있다. 하지만 Dictionary 혹은 HashSet과 같이 해싱 컬렉션안에서 객체를 검색하는 경우에는 원래 삽입됐던 객체의 정확하게 동일한 인스턴스를 사용하는 것을 반드시 보장해야 한다. 다른 인스턴스를 사용해서 아이템을 조회하려 하면 해당 아이템을 찾을 수 없다. 리스트 5-15를 살펴보자. 여기에서는 새로운 객체 인스턴스를 사용해서 HashSet에서 하나의 키를 찾는다.

```csharp
public sealed class Character
{
    public Character(string name)
        => Name = name;

    public string Name { get; }
}

var cast = new HashSet<Character>
{
    new Character("MacReady")
```

```
};

var key = new Character("MacReady");

Assert.That(cast.Contains(key), Is.True);
```

리스트 5-15: Character 클래스의 신원을 키로 사용하기

이 테스트는 실패한다. Character 클래스의 다른 인스턴스를 검색한 뒤 HashSet에 추가되기 때문이다. Character는 GetHashCode 메서드를 오버라이드하지 않으므로 비록 두 인스턴스가 같은 상태를 가지더라도 검색된 인스턴스는 HashSet에 포함된 그 아이템과는 다른 해시 코드이다.

적절한 키 생성하기

컬렉션에서 키를 찾는 데 실패하는 것은 중요한 결과를 야기한다. HashSet 안의 요소와 Dictionary의 키는 고유해야 한다. 새로운 키를 삽입하려고 하는 경우에는 해당 키가 컬렉션에 존재하지 않을 때만 추가돼야 한다. 하지만 키가 존재함에도 불구하고 찾지 못하면 키가 중복되고 만다. 새로운 객체는 잘못해서 테이블에 추가되고, 결과적으로 컬렉션을 망가뜨린다.

단일 객체 인스턴스에 의존해서 해싱 컬렉션에 특정한 키를 삽입하고 검색하는 것은 보통 지나치게 제한적이다. 예를 들어 파일 혹은 사용자 입력으로부터 컬렉션이 만들어졌다면, 특정 항목을 검색할 때 원래 인스턴스가 즉시 나타나지 않는 경우가 많다. 키로 사용된 객체들을 사용해서 이들의 신원이 아니라 상태에 따라 이들에 대한 해시 코드를 생성하는 것이 훨씬 편리하다. 이런 방식으로 동일한 상태를 가지는 키를 사용해서 테이블에 존재하는 객체를 식별할 수 있다.

여기에서 알 수 있듯 리스트 5-11에서 정의한 MusicTrack 클래스는 HashSet 혹은 Dictionary를 위한 키로 적합하지 않다. 2개의 규칙 중 첫 번째 규칙(같은 객체는 동일한 해시 코드를 생성)을 깨뜨리기 때문이다. 그것은 우리가 등치를 커스터마이즈해서 객체의 상태를 비교했기 때문이다. MusicTrack이 올바르게 동작하게 하려면 GetHashCode를 오버라이드하고 커스터마이즈된 Equals 메서드에 의해 같다고 비교된 2개의 MusicTrack 인스턴스들이 동일한 해시 코드를 생성하게 해야한다. 이렇게 하기 위해 개의 인스턴스를 같다고 판단하는 동일한 속성을 사용해서 해시 코드를 생성할 것이다. 리스트 5-16은 MusicTrack 클래스에 대한 GetHashCode를 생성하는 방법 중 하나다.

```
public override int GetHashCode()
    => HashCode.Combine(Artist, Name);
```

리스트 5-16: **GetHashCode 오버라이드하기**

표준 라이브러리로부터 HashCode 정적 클래스를 사용한다. 이 클래스는 여러 인수를 조합해서 합리적으로 잘 분산된 해시 코드를 생성한다. GetHashCode의 구현에서는 리스트 5-14의 Equals 메서드와 마찬가지로 MusicTrack의 동일한 속성을 사용한다. 따라서 같다고 비교된 2개의 객체는 항상 동일한 해시 코드를 생성하게 된다.

부동소수점수를 키로 사용하기

해시 테이블에서 부동소수점수를 키로 사용하면 키가 유실될 수 있다. 이는 클래스 유형에 대해 GetHashCode의 기본 객체 구현에 의존하는 것과 마찬가지이다. 앞에서 봤듯 엄격한 등치를 위해 부동소수점수를 비교하는 것은 믿을만하지 않다. 리스트 5-17에서는 컬렉션이 특정한 double 값을 갖는지 식별하려 한다.

```
var history = new HashSet<double>();

var rate = 0.1 + 0.2;
history.Add(rate);

Assert.That(history.Contains(0.3));
```

리스트 5-17: **부동소수점수를 키로 사용하기**

이 테스트는 실패한다. 왜냐하면 값 0.3은 0.1 + 0.2라는 표현과 정확하게 일치하지 않기 때문이다. double 값을 사용한 계산은 부정확하기 때문에, 해시된 컬렉션에서 이들을 키로 사용하는 것은 일반적으로 좋지 않은 선택이다. 이를 확장하면 부동소수점 필드값을 갖는 사용자 정의 타입에도 같은 추론을 적용할 수 있다. 이러한 유형의 객체를 동일하게 비교한다는 것은 오류 가능성이 동일한 부동소수점 필드를 비교한다는 것을 의미한다.

부동소수점 필드를 갖는 타입에서 리스트 5-3, 리스트 5-4의 ApproximatelyEqual 구현과 유사한 접근 방식을 사용해 그 Equals 메서드를 오버라이드하고 싶은 유혹을 받을 수도 있다. 하지만 이는 2가지 문제점을 야기한다. 첫 번째, 등치는 값 사이의 전이적 관계(transitive relationship)이다. 즉, 3개의 값 x, y, z가 있을 때 x가 y와 같고, y가 z와 같다면 x는 z와 같아야만 한다. Equals를 대략적으로 같다는 의미로 구현하는 것은 전이적 관계가 반드시 유지되는 것은 아님을 의미한다. x.Equals(y)와

y.Equals(z)가 true라 하더라도 x와 z의 차이가 우리가 정의한 한계값보다 클 수 있기 때문이다.

두 번째 문제는 해시 코드와 직접적인 관련이 있다. 같다고 비교된 객체들은 동일한 해시 코드를 갖는다는 점을 상기하자. ApproximatelyEqual을 사용해서 Equals를 구현하는 것은 이 규칙을 쉽게 깨뜨린다. 거의 같은 2개의 값은 여전히 다른 해시 코드를 생성할 것이기 때문이다. GetHashCode를 구현해서 모든 부동소수점 필드를 무시할 수도 있지만, 이는 해시 코드가 적정한 분배를 막게 될 것이다. 또한 1장에서 개발한 Speed 및 Angle 타입과 같이 부동소수점값인 단일 필드만 갖는 유형의 처리 방법에 대한 문제도 제기한다.

부동소수점수 및 부동소수점값을 포함한 타입은 해시 테이블, 딕셔너리, GetHasCode의 구현에 의존하는 다른 데이터 구조체에 대한 좋은 키를 만들지 않는다. 안타깝게도 C#은 해시 테이블 혹은 유사한 데이터 구조체에 대해 특정 타입을 키로 사용하는 것을 방지하는 기능을 제공하지 않는다. GetHashCode는 객체에 대해 정의되면 숨길 수 없기 때문이다. 우리가 사용하는 키가 목적에 적합한지 직접 보장해야 한다.

문자열은 해시 테이블을 위한 훌륭한 키를 생성한다. string 클래스는 Equals 메서드와 GetHashCode를 오버라이드해서 문자열의 콘텐츠를 비교하기 때문이다. 이 동작은 레코드와 레코드 구조체 타입에서 컴파일러가 우리에게 제공하는 것과 같은 동작이다. Equals 메서드와 GetHashCode는 모두 컴파일러에 의해 합성되며, 레코드와 레코드 구조체 인스턴스는 그들의 값을 사용해 등치 비교를 수행하고 해시 코드를 생성한다. 레코드는 참조 타입이기는 하지만, 앞서 논의한 부동 소수점 필드와 관련된 주의 사항을 제외하면 문자열과 마찬가지로 키로서 매우 잘 동작한다.

컴파일러는 또한 레코드와 레코드 구조체에 대해 operator==와 그 쌍인 operation!=을 생성한다. 이들은 우리가 MusicTrack에 사용했던 동일한 일반적인 패턴을 따른다. operation==은 Equal 메서드를 사용하고, operator!=는 operator==의 결과를 뒤집어서 반환한다. 컴파일러는 일반적인 구조체에 애해서는 이 메서드들을 생성하지 않는다. 대신 모든 구조체 타입에 공통되는 ValueType 기본 클래스에 의존한다.

구조체와 등치

값 타입 인스턴스들은 값으로 복사되기 때문에 모든 값 타입 변수는 해당 타입의 분명한 인스턴스이다. 따라서 2개의 인스턴스는 절대로 그들의 신원에 따라 같다고 비교될 수 없다. 우리는 이들의 값, 즉, 대신 이들의 상태를 비교해야 한다. 이 과정에서는 일반적으로 한 인스턴스의 각 필드를 다른 인스턴스의 해당 필드와 비교하는 것을 포함한다.

구조체는 암묵적으로 System.ValueType 클래스를 상속하므로 값 타입에 필요한 값 기반 등치가 제공된다. 기본적으로 구조체에 대해 Equals를 호출하면 Equals가 가상 메서드이기 때문에 ValueType 구현을 사용한다. 2장에서 설명했듯 그 구현에서 ValueType.Equals 메서드는 반영에 의존하며, 이는 성능을 희생하더라도 모든 가능한 구조체 타입에 대해 올바른 동작을 제공한다. 가장 효율적인 비교는 아닐 수 있지만 ValueType.Equals 메서드는 각 필드의 Equals 메서드를 사용해서 해당 필드를 그 비교 대상과 비교한다. 이것이 우리가 원하는 동작이다. 이와 유사하게 ValueType은 GetHashCode를 오버라이드해서 구조체의 필드에 기반한 해시 코드를 생성한다. 따라서 Equals를 통해 같다고 비교된 2개의 구조체 인스턴스는 모두 동일한 해시 코드를 생성한다.

구조체에 대한 Equals 오버라이드하기

구조체 타입의 기본 Equals 및 GetHashCode 메서드에 대한 ValueType 구현이 최적이 아닌 문제점을 해결하기 위해 이 메서드들을 일반적으로 오버라이드한다. 구조체에 대한 효율적인 등치를 구현하는 것은 클래스에 대한 구현과 유사한 패턴을 따른다. 리스트 5-18에서는 색상값을 표현하는 구조체를 만들었다.

```csharp
public readonly struct Color
{
    public Color(int r, int g, int b)
        => (Red, Green, Blue) = (r, g, b);

    public int Red { get; }
    public int Green { get; }
    public int Blue { get; }

    public bool Equals(Color other)
        => Red == other.Red &&
            Green == other.Green &&
            Blue == other.Blue;

    public override bool Equals(object? obj)
        => obj is Color color && Equals(color);

    public override int GetHashCode()
        => HashCode.Combine(Red, Green, Blue);
}
```

리스트 5-18: Color 구조체에 대한 등치(비교) 오버라이드하기

앞 절의 MusicTrack에서와 같이 여기에서는 기본 클래스의 Equals 메서드를 오버라이드하고 Color 매개변수를 받는 타입에 특화된 오버로드를 추가했다. MusicTrack에서의 메서드 구현과 약간의 차이가 있는데 이는 null과 관련된 것이다. 구조체 타입인 Color 인스턴스는 null이 될 수 없으므로 타입 안전한 Equals 메서드는 Color 매개변수를 nullable 참조가 아닌 값으로 받는다. 따라서 Equals(Color)의 구현에서는 null을 확인하지 않는다.

Equals(object?) 오버라이드에서는 선언 패턴을 사용해서 obj 변수를 올바른 타입으로 형 변환한다. 리스트 5-11에서 MusicTrack에 대해 선언 패턴을 사용했지만 이후 이를 보다 단순한 as 런타임 형 변환으로 변경했다. 구조체 구현에서는 as를 사용할 수 없다. 왜냐하면 형 변환이 실패하면 결과는 null이 되는데 null은 구조체 변수에 할당될 수 없기 때문이다. 2장에서 언급했듯 as는 nullable Color로 형 변환하기 위해 사용할 수는 있지만, 그 경우에는 인수가 우리가 만든 타입 안전한 오버로드가 아니라 object? 매개변수를 갖는 Equals 메서드에 일치해야 한다. 그렇지 않으면 메서드 재귀가 발생한다. 여기에서는 선언 패턴을 적용하면 그 문제를 회피할 수 있다.

GetHashCode 구현은 원칙적으로 리스트 5-16의 MusicTrack 구현과 동일하다.

구조체 타입은 기본적으로 ==를 사용한 비교를 허용하지 않는다. 이 비교를 지원하고 싶다면 이 타입에 대한 operator==를 직접 정의해야 한다. 등치 연산자는 우리가 구현한 Equals 메서드를 사용해서 쉽게 구현할 수 있다.

```
public static bool operator==(Color left, Color right)
    => left.Equals(right);

public static bool operator!=(Color left, Color right)
    => !left.Equals(right);
```

Equals는 가상 인스턴스 메서드이고 ValueType에 의해 오버라이드된 반면, operator==는 정적 메서드이므로 가상이 될 수 없다. 정적 메서드는 상속되지 않으므로 이 연산자들은 ValueType 클래스에 의해 유용하게 구현될 수 없다.

Color 변수는 null이 될 수 없으므로 left 변수를 사용해서 간단하게 Equals를 호출할 수 있다. 이때 right를 인수로 전달해서 Color 변수를 값으로 받는 타입 안전한 구현을 호출한다. 등치 연산자는 일반적인 클래스에서의 등치 연산자보다 단순하다. 또한 무엇보다 left와 right 변수는 Equals 메서드를 호출할 때 박스되지 않는다. 그리고 ==의 결과를 뒤집는 대신 Equals 호출 결과를 뒤집는다. 결과는 동일하지만 이는 operator== 호출에 의한 추가적인 간접성 및 인수의 추가적인 복사본을 줄일 수 있다.

ValueType이 제공하는 구조체에 대한 기본 구현이 불필요한 다른 이유는 앞서 논의했듯 연산자 오버로드 시 적어도 매개변수 중 하나의 타입이 구현하는 타입과 일치해야 하기 때문이다. 예를 들어 2개의 object 변수를 비교하는 operator==는 정의할 수 없다. 왜냐하면 이는 object 변수에 대한 ==의 동작을 가로챌 것이기 때문이다. 2개의 object 변수를 ==로 비교하는 것은 항상 신원을 비교한다. 왜냐하면 이 변수들은 참조이기 때문이다. 이것은 object 변수가 박스된 Color와 같은 값 타입 인스턴스를 가리키고 있을 때 중요한 결과를 가져온다.

값 박스하기 및 신원 비교하기

참조 타입 변수를 사용해서 값 타입 인스턴스를 가리킬 때마다 값은 암묵적으로 박스된다. 값 타입은 값 기반 등치를 갖고 참조 타입 변수는 참조 기반 등치를 가지므로, 박스하기는 객체의 신원과 등치에 영향을 준다. Color 인스턴스들을 비교할 때 Equals와 ==가 동일한 동작을 하는 것을 보장하기 위해 약간의 노력을 들였다. 하지만 박스된 Color 값들을 비교하는 경우에는 Equals와 ==가 다르게 동작한다.

박스하기가 등치에 미치는 영향을 설명하기 위해 리스트 5-19에서는 Color 구조체의 인스턴스를 2개 만들었다. 하지만 컴파일러가 그 변수의 타입을 Color 추론하도록 하는 대신 명시적으로 이들을 object로 선언함으로써 값들이 박스되도록 했다. ==를 사용하면 이 변수들은 같다고 비교되지 않는다.

```
object x = new Color(0xFF, 0xA0, 0);
object y = new Color(0xFF, 0xA0, 0);

Assert.That(x == y, Is.False);
```

리스트 5-19: **명시적으로 값 박스하기**

이 테스트는 성공한다. 왜냐하면 참조 변수들은 신원으로 비교되기 때문이다. x와 y 변수는 힙에 존재하는 다른 박스된 Color 값을 가리킨다. 그림으로 나타내면 5-1과 같다.

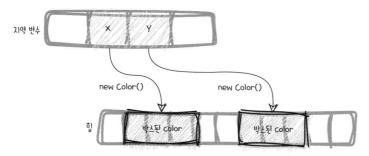

그림 5-1: 메모리의 박스된 값

그림 5-1에서 2개의 Color 인스턴스에 대한 박스는 힙의 임의의 위치에 존재할 수 있다. 메모리가 할당되는 방법은 CLR이 결정한다. ==를 사용해서 x와 y 변수를 비교할 때 인스턴스의 값은 고려되지 않는다. Color가 operator==의 오버로드를 가지고 있어서 2개의 Color 값을 ==로 비교할 수 있다 하더라도, 그 커스텀 등치 구현은 2개의 object 참조를 비교할 때 호출되지 않는다. 왜냐하면 operator==는 2개의 object 인수가 아니라 2개의 Color 인수를 필요로 하는 정적 메서드이기 때문이다. 따라서 ==를 사용한 비교는 올바르게 false를 반환한다. 2개의 object 변수가 독립된 인스턴스를 가리키기 때문이다.

대신 Equals 메서드를 사용해서 비교를 수행하면 두 변수는 같다고 비교된다. Equals 메서드가 가상이기 때문이다.

```
Assert.That(x.Equals(y), Is.True);
```

Equals 메서드를 호출하기 위해 사용된 변수 x는 object 참조이지만 여전히 Color의 인스턴스를 가리키므로, 여기에서는 우리가 작성한 Equals의 오버라이드가 호출된다. Color가 Equals를 오버라이드하지 않았다면 ValueType 구현이 대신 호출된다. 어떤 구현이 호출되든 Equals는 true를 반환한다. 2개의 Color 인스턴스가 정확하게 동일한 상태를 갖기 때문이다.

박스된 값은 힙에 저장된 단순한 참조 타입 인스턴스로 간주할 수 있다. 이 인스턴스는 원래 값과 같은 타입의 필드 안에 그 값의 복사본을 포함한다. 박스는 힙에 존재하므로 하나 이상의 참조 변수에 의해 참조될 수 있다(리스트 5-20).

```
var color = new Color(0xFF, 0xA0, 0);

object x = color;
object y = x;
```

```
Assert.That(x == y, Is.True);
Assert.That(x.Equals(y), Is.True);
```

리스트 5-20: 1개의 박스된 값에 대한 2개의 참조

예시에서 x는 박스된 값에 대한 참조이고 y는 같은 박스에 대한 다른 참조이다(그림 5-2).

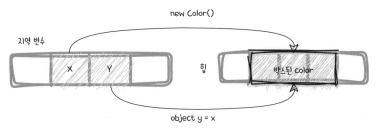

그림 5-2: 기존 박스에 참조 추가하기

변수 x와 y는 ==로 같다고 비교된다. x와 y는 모두 단일 인스턴스에 대한 참조이기 때문이다. Equals의 가상 호출을 통한 비교에서도 true가 반환된다. 1개의 인스턴스는 항상 그 자신과 같다고 비교되기 때문이다.

박스된 메서드 매개변수

값은 object 혹은 다른 참조 타입 매개변수를 받는 메서드에 전달될 때 자동으로 박스된다. 그 결과는 리스트 5-19에서와 같이 object 변수를 직접 할당할 때와 동일하다. 하지만 코드에서 박스는 덜 분명하다.

리스트 5-21을 살펴보자. 여기에서는 같은 값을 object.ReferenceEquals 메서드에 2번 전달한다. 이 메서드는 2개의 object 매개변수를 받아 신원 등치를 비교한다.

```
Color x = new Color();

Assert.That(object.ReferenceEquals(x, x), Is.False);
```

리스트 5-21: 값을 박스된 인수로 전달하기

이 테스트에서는 ReferenceEquals에 전달된 2개의 인수가 같지 않은지 확인한다. 이 테스트가 성공해야 할까?

그렇다. 이 테스트는 성공해야 한다. ReferenceEquals의 인수들은 다른 object 변수이다. 값 타입을 object 매개변수에 인수로 전달하면 그 값을 박스한다. 심지어 동일

한 값을 2개의 매개변수에 전달해도 각 인수는 개별적으로 박스된다. 그 결과 2개의 독립된 박스가 만들어진다. 결과는 명시적으로 같은 값을 별도의 object 값으로 박스하기한 것과 동일하다.

```
object a = x;
object b = x;

Assert.That(object.ReferenceEquals(a, b), Is.False);
```

x의 값은 명시적으로 2개의 다른 object 참조로 박스된다. ReferenceEquals를 호출하는 것은 a == b와 동등하며 이 둘은 다른 객체이므로 같다고 비교되지 않는다.

리스트 5-21과 다음 코드를 비교해보자. 여기에서는 명시적으로 값을 object 변수에 박스한 뒤 ReferenceEquals를 호출했다.

```
object x = new Color();

Assert.That(object.ReferenceEquals(x, x), Is.True);
```

ReferenceEquals의 2개의 매개변수에 동일한 참조를 전달했으므로 이들은 같다고 비교된다. 이 인스턴스 안에서 ReferenceEquals를 호출하는 것은 x == x라는 표현식과 동일하고, 변수 x는 박스된 Color에 대한 참조이다(그림 5-3).

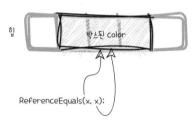

그림 5-3: 이미 박스된 값을 메서드에 전달하기

ReferenceEquals 메서드는 2개의 인수를 받으며 이 인수들은 힙에 존재하는 동일한 박스된 값에 대한 참조이다.

변수의 등치 비교 테스트와는 별개로 우리는 값들이 박스되는 위치가 어디인지, 우리가 작성한 코드가 박스된 값을 사용하지 이해해야만 한다. 박스하기는 값에 대해서 신원이 의미하는 것이 무엇인지에 영향을 준다. 이는 2개의 값을 비교할 때 가장 분명한 부분이면서 동시에 우리가 앨리어싱 혹은 사이드 이펙트를 고려해야 하는지 같은 보다 넓은 의미를 갖는다.

인터페이스 박스

객체는 해당 타입으로 구현된 모든 인터페이스를 통해서 참조할 수 있다. 리스트 5-22에서 Angle 값 타입은 IFormattable을 구현한다. 이것은 표준 라이브러리가 제공하는 일반적인 시스템 인터페이스의 하나이다. 이 코드 스니펫에서는 인터페이스 이름을 사용해서 Angle의 인스턴스 2개를 참조한다.

```
public readonly struct Angle : IFormattable
{
    --생략--
}

IFormattable x = new Angle();
IFormattable y = new Angle();

Assert.That(x == y, Is.False);
```

리스트 5-22: **인터페이스 이름을 통해 1개의 값 참조하기**

인터페이스 타입(interface type)은 참조 타입이며, 인터페이스가 구현한 타입에 대해 보장되는 공개된 조작을 정의한다. 인터페이스 타입 변수들은 구현 타입에 관계없이 항상 참조이다. 따라서 인터페이스 변수를 통해 값 타입 인스턴스를 참조하는 것은 반드시 해당 값을 박스한다. 그러므로 리스트 5-19에서 object 변수에 박스된 값들과 같이 리스트 5-22의 비교 결과는 결과적으로 동일하다.

이 예시에서 x == y 표현식은 참조 등치 비교를 수행하며 이는 객체 신원을 비교한다. 각각의 new Angle 표현식에서 반환된 값들은 박스되며 참조 x와 y는 이 값들을 참조할 수 있으며, 각각 다른 박스를 가리킬 것이다. 변수 x와 y는 x.Equals(y)를 사용하면 같다고 비교된다. 이는 Equals 메서드의 가상 특성에 기인한다.

제네릭 변수 비교하기

다른 타입의 범위(주로 참조 타입과 값 타입 모두)에서 동작하는 기능을 구현하기 위해 제네릭 타입 혹은 제네릭 메서드를 사용한다. 제네릭 타입 혹은 제네릭 메서드의 컨텍스트에서 주어진 변수는 프로그램이 실행되는 동안 다른 시점에 값 혹은 참조를 나타낼 수 있다.

이는 제네릭 변수의 등치 비교에 관한 문제를 낳는다. 특히 ==를 사용해서 제네릭 매개변수에 의해 타입이 정의된 변수들을 비교하는 것은 절대로 사용자가 정의한 operation== 구현을 호출하지 않을 것이다. 제네릭 매개변수를 제약하지 않으면 ==를 사용해서 동일한 제네릭 타입 변수들도 비교할 수 없다.

> 📝 **NOTE**
>
> *C# v11.0에서는 정적 추상 인터페이스 멤버(static abstract interface member) 라는 미리보기 기능을 제공한다. 이를 사용하면 operator==를 포함한 사용자 정의 연산자를 제네릭 코드에서 사용할 수 있다. 이 기능에 관한 더 자세한 정보는 다음 사이트를 참조하길 바란다.*
> - *https://learn.microsoft.com/en-us/dotnet/csharp/whats-new/tutorials/ static-virtual-interface-members.*

리스트 5-23의 간단한 제네릭 클래스를 살펴보자. 이 클래스는 ==를 사용해서 제네릭 타입 매개변수 T를 사용해 선언된 2개의 변수를 비교한다. 보면 알 수 있겠지만 이 클래스는 컴파일되지 않는다.

```
public class Playlist<T>
{
    public void PlayNow(T item)
    {
        if(item == current)
        {
            --생략--
        }
    }
    private T current;
}
```

리스트 5-23: **제네릭 타입 매개변수 비교**

Playlist는 하나의 타입 매개변수(관례적으로 T라는 이름을 사용함)를 갖는 제네릭 클래스이다. 일반적으로 이 클래스를 T의 Playlist라 부른다.

==를 사용해서 item 매개변수와 current 필드를 비교할 수 없다. 왜냐하면 T는 this와 같이 제약되지 않은 타입 매개변수이며, ==와 != 연산자는 T의 인스턴스에 대해 null과의 등치 혹은 비등치 비교에만 사용될 수 있기 때문이다.

T에 대해 일반적인 클래스 제약 사항이나 특정한 기본 클래스 혹은 인터페이스 타입을 추가하면, item == current 비교는 컴파일되기는 하지만 이 비교가 항상 참조 비교를 나타내게 된다. C#은 T에 대해서 x == y 표현식으로 사용해서 오버로드된 operator==를 호출하도록 추가할 수 있는 일반적인 제약 사항을 제공하지 않는다. 앞의 표현식에서 x 혹은 y는 제네릭 매개변수에 의해 타입이 정의된다.

Equals 메서드를 호출할 수도 있다. 이는 런타임에 T가 나타내는 타입이 어떤 것이든 존재하면 오버라이드된 구현을 호출한다. Equals 메서드는 object 기본 클래스에 대해 정의돼 있으므로 변수의 실제 타입에 관계없이 모든 변수가 사용할 수 있다. 하지만 T의 타입이 값 타입이면 인수는 object?를 매개변수로 받는 Equals 메서드를 호출함으로써 박스될 수 있다.

제네릭 코드와 Equals 메서드

리스트 5-11에서 우리가 작성한 MusicTrack 타입에 대한 등치를 구현해서 MusicTrack 타입의 인스턴스들을 신원이 아닌 값으로 비교했다. 리스트 5-18에서 Color 구조체에 대해 같은 방식으로 ValueType.Equals 메서드를 오버라이드했다. 보다 효율적인 비교를 하기 위해 두 타입에 대해 타입 안전한 오버로드를 추가했으며, 이때 object 대신 각각 MusicTrack과 Color를 매개변수로 받게 함으로써 인수가 박스되는 것을 방지했다.

하지만 MusicTrack과 Color의 현재 구현에서 Equals의 타입 안전한 오버로드는 제네릭 타입 매개변수를 사용해서 호출되는 경우에는 사용되지 않을 것이다. 제네릭 변수를 사용해서 Equals를 호출하면 object? 매개변수를 받는 가상 메서드가 기본적으로 호출된다. MusicTrack 클래스에서는 그저 런타임 비용을 추가할 뿐이지만 Color 구조체에서는 매개변수가 object로 박스되고 Color의 속성을 비교하기 위해 다시 언박스된다.

예시를 통해 살펴보자. 리스트 5-24에서는 Color를 제네릭 HashSet 컬렉션 타입에 대한 타입 인수로 사용한다. HashSet<T>.Contains 메서드는 GetHashCode와 Equals의 조합을 사용해 컬렉션의 아이템 중 orange 인수와 일치하는 것이 있는지 결정한다.

```
var colors = new HashSet<Color>();
var orange = new Color(0xFF, 0xA0, 0);

colors.Add(orange);

Assert.That(colors.Contains(orange), Is.True);
```

리스트 5-24: Color 값의 컬렉션 검색하기

테스트는 성공하지만 Equals(object?) 메서드가 사용될 것이다. HashSet.Contatins 구현은 Color가 Color 매개변수를 직접 받도록 타입 안전한 Equals의 오버로드를 구현할 것을 모르기 때문이다. 이것은 Color에게 있어서 중요하다. Color는 구조체이기에 따라서 모든 비교는 object 참조에 대한 인수를 박스할 것이기 때문이다. HashSet이 많은 요소를 포함한다면, 그 박스하기는 불필요한 많은 Color의 복사본들을 잘 나타낼 것이다.

이는 MusicTrack 요소를 포함하는 HashSet에 대해서도 참이다. 그 영향은 상대적으로 작지만 그것은 여전히 불필요한 비효율성이다.

제네릭 코드가 우리가 구현한 타입 안전한 Equals를 object로부터 상속된 더 일반적인 구현보다 우선하게 하려면, 우리가 작성한 타입은 IEquatable<T> 인터페이스를 구현해야만 한다.

IEquatable<T> 인터페이스

임의의 클래스 혹은 구조체에 대한 IEquatable<T> 인터페이스를 구현할 때, 우리는 제네릭 코드에 그 타입이 Equals의 공개된 타입 안전한 구현을 갖고 있다는 것을 전달한다. IEquatable<T> 인터페이스는 T로 표현되는 해당 타입이 T를 그 매개변수로 받은 Equals의 구현을 포함하고 있음을 지정한다. HashSet<T>와 같은 제네릭 코드는 제네릭 타입이 IEquatable<T>를 구현한 것을 식별할 수 있으며 사용할 수 있다면 그 특정 타입의 Equals 오버로드를 사용할 것이다. 리스트 5-25는 우리가 구현한 Color 구조체가 IEquatable<T> 인터페이스를 구현하는 방법을 보여준다.

```
public readonly struct Color : IEquatable<Color>
{
    --생략--
    public bool Equals(Color other)
        => other.Red == Red &&
            other.Green == Green &&
            other.Blue == Blue;

    --생략--
}
```

리스트 5-25: IEquatable 인터페이스

이 Equals 메서드는 리스트 5-18에서 구현한 원래의 타입 안전한 메서드와 동일하다. 차이가 있다면 IEquatable<Color>를 명시적으로 구현함으로써 Color가 그 오버로드의 존재를 나타낸다는 점이다. 이제 우리가 Color를 HashSet 혹은 다른 컬렉션에 대한 요소 타입으로 사용하면, Equals를 사용하는 모든 비교는 우리가 구현한 타입 안전한 구현을 사용하며 인수를 박스하지 않는다.

이렇게 작동하는 이유는 HashSet과 같은 제네릭 컬렉션이 Equals를 직접 호출하지 않기 때문이다. 대신 제네릭 컬렉션은 비교를 EqualityComparer<T>라는 헬퍼 클래스로 미룬다. 이 헬퍼 클래스는 내부적으로 T가 IEquatable<T> 인터페이스를 구현했다면 특정 타입의 Equals 메서드를 선택한다. T가 그 인터페이스를 구현하지 않았다면 대신 가상 Equals(object?)를 사용한다.

우리가 작성한 제네릭 코드에서는 EqualityComparer 클래스를 사용해서 자동으로 제네릭 매개변수 타입 변수에 대해 가장 적합한 Equals 메서드 구현을 선택한다. 리스트 5-26은 EqualityComparer 객체를 사용해서 등치를 확인하는 일반적인 패턴을 보여준다.

```
public void PlayNow(T item)
{
    var comparer = EqualityComparer<T>.Default;
    if(!comparer.Equals(Current, item))
        Current = item;
}
```

리스트 5-26: **EqualityComparer 클래스를 사용한 등치**

EqualityComparer<T>.Default 정적 속성은 표준 IEqualityComparer<T> 인터페이스의 구현과 T 타입 매개변수에 대한 적절한 동작을 반환한다. T가 IEquatable<T>를 구현했다면 Default 속성은 그 Equals 메서드의 특정 타입의 오버로드를 사용하는 IEqualityComparer<T>를 반환한다.

HashSet 외에 Dictionary 컬렉션과 일부 LINQ 알고리즘은 IEqualityComparer<T>를 사용해서 요소 사이의 등치를 정의한다. 이들은 모두 특정한 IEqualityComparer<T> 구현을 받을 수 있으므로, 우리가 직접 구현한 IEqualityComparer<T>를 전달해서 그 동작을 커스터마이즈할 수 있다. 8장에서는 이 기법을 사용해서 SequenceEqual 메서드의 동작을 수정한다.

EqualityComparer<T> 클래스는 제네릭 코드를 위해 설계됐지만 등치 비교를 가능한 가장 일반적이고 효율적인 방식으로 만들어야 할 때 유용할 수 있다. 컴파일러에 의해 생성된 코드에서의 등치 비교가 하나의 예이다.

컴파일러에 의해 생성된 등치

컴파일러 자체는 일부 타입에 대한 올바르고 완벽한 등치의 구현을 합성할 수 있다. 컴파일러에 의해 생성된 코드는 앞에서 살펴본 것과 같은 기법들을 사용한다. 이번 절에서는 예시를 살펴보면서 변수의 등치 비교와 같은 기본적인 것에 관해 컴파일러가 우리를 대신하여 생성할 준비가 돼 있음을 더 잘 이해할 것이다.

레코드 및 레코드 구조체

레코드와 레코드 구조체를 사용하면 간단하게 값 시맨틱을 내장한 타입을 만들 수 있다. 레코드는 문법적으로 클래스 및 구조체와 다르지만 CIL에서는 이들은 그저 컴파일러가 생성한 몇 가지 기능을 갖는 클래스일 뿐이다. 여기에는 Equals와 GetHashCode 메서드의 오버라이드도 포함된다. 마찬가지로 레코드 구조체는 컴파일된 코드의 구조체이며 레코드와 마찬가지로 같은 컴파일러가 제공하는 기능들의 대부분을 갖는다.

눈에 띄는 차이는 컴파일러가 레코드에 대해서는 Clone 메서드를 구현하지만, 레코드 구조체에 대해서는 그렇지 않다는 점이다. Clone은 값으로 레코드 인스턴스를 복사하는 것을 흉내내며 비파괴적 변경을 지원한다(4장에서 살펴봤다). 레코드 구조체는 본질적으로 값으로 복사되므로 Clone 메서드가 필요하지 않다.

레코드와 레코드 구조체는 모두 IEquatable<T>를 구현하며 컴파일러에 의해 생성된 Equals 메서드의 특정 타입 오버로드는 해당 타입의 각 필드를 비교하는데 이는 우리가 앞서 MusicTrack과 Color에 대해서 수행한 것과 정확하게 같다. GetHashCode 메서드 구현은 모든 필드를 사용해서 잘 분산된 해시 코드를 제공한다. 이 모든 것은 일반적인 구조체와 대비된다. 일반적인 구조체에서는 기본값 기반 등치 동작이 공통 기본 클래스인 ValueType에의 제공된다.

이 단순한 Color 타입은 위치 레코드로서 구현되며 이는 레코드 정의가 얼마나 간결한지 매우 잘 보여준다.

```
public sealed record Color(int Red, int Green, int Blue);
```

레코드에 대한 이 위치 구문에 의해 컴파일러는 Color를 위해 3개의 속성을 생성한다. 각 속성은 그 타입을 위해 정의된 각각의 위치 매개변수와 이름과 타입이 같다. 컴파일러는 그 3개의 매개변수에 대한 공개된 생성자를 제공하며 이를 사용해 3개의 속성값을 초기화할 수 있다. 위치 구문은 레코드와 레코드 구조체에 대해서 사용할 수 있다.

레코드 등치의 내부

모든 레코드는 클래스이지만 값 기반 등치 시맨틱을 갖는다. 이는 컴파일러에 의해 자동으로 제공되는 IEquatable<T> 인터페이스 구현에 기인한다. 리스트 5-27의 Equals 메서드들은 컴파일러에 의해 Color 레코드를 위해 생성된 메서드들과 거의 같다(완전히 같지는 않다).

```
public bool Equals(Color? other)
    => (object?)other != null &&
        GetType() == other.GetType() &&
        EqualityComparer<int>.Default.Equals(Red, other.Red) &&
        EqualityComparer<int>.Default.Equals(Green, other.Green) &&
        EqualityComparer<int>.Default.Equals(Blue, other.Blue);

public override bool Equals(object? obj)
    => Equals(obj as Color);
```

리스트 5-27: **레코드를 위해 생성된 등치 구현**

컴파일러에 의해 생성된 특정 타입 Equals 메서드는 **직접적으로** Red, Green, Blue 속성을 위한 백킹 필드에 접근할 수 있으며 리스트에서 나타내는 속성값에 접근하기 위해 추가적인 메서드 호출을 회피한다. Equals 메서드가 EqualityComparer<T> 클래스를 사용해서 각 값을 비교하는 방법을 확인하자. 어떤 속성의 해당 타입이 IEquatable<T>를 구현하면 그 타입 안전한 Equals의 구현이 사용된다.

기본적으로 레코드는 다른 레코드를 상속할 수 있다. 그래서 등치는 각 객체의 필드를 비교하는 것만큼 간단하지 않다. 그 경우 Equals를 위한 다른 매개변수는 보다 파생된 레코드의 인스턴스를 가리킬 수도 있다. 서로 다른 런타임 타입을 가질 수 있는 객체의 등치를 비교하기 위해서는 추가 노력이 필요하다. 대부분의 경우 다른 타입의 객체는 같지 않다. 그렇기 때문에 리스트 5-27의 Equals(Color?) 메서드의 두 번째 행에서 GetType을 사용했다.

우리가 구현한 Color 레코드는 봉인돼 있으며 다른 레코드를 상속하지 않는다. 따라서 그 타입을 확인하고 싶다면 코드가 장황해진다. 다른 매개변수는 오로지 Color의 인스턴스만 가릴 수 있기 때문이다. Color 레코드는 봉인돼 있고 베이스 타입을 갖지 않으므로 이를 레코드 구조체로 만드는 것을 고려해야 한다. 레코드 구조체는 구조체 정의로 컴파일되므로 상속되거나 null 값을 가질 수 없으며 내부는 더욱 단순해진다. 레코드 구조체 타입에 대한 타입 안전한 Equals 메서드는 null인지 혹은 그 타입이 일치하는지 확인하지 않지만 그 외에는 레코드 타입에 대한 것과 같다.

Equals 메서드와 GetHashCode 메서드 구현과 함께 컴파일러는 레코드와 레코드 구조체에 대해 operator==와 그 쌍인 operator!=를 생성한다. operator==의 구현은 Equals 메서드를 호출하므로 레코드 변수들은 클래스가 가진 기본 신원 기반 비교가 아닌 ==를 사용해서 비교됐을 때 값 기반 등치를 나타낸다. 리스트 5-28에서 우리가 작성한 Color 레코드에서 이 동작을 확인할 수 있다.

```
var red1 = new Color(0xFF, 0, 0);
var red2 = new Color(0xFF, 0, 0);

Assert.That(red1 == red2, Is.True);

Assert.That(ReferenceEquals(red1, red2), Is.False);
```

리스트 5-28: ==를 사용해서 레코드 비교하기

여기에서 2개의 **Color** 변수는 같다고 비교된다. 이들이 단일 인스턴스에 대한 2개의 참조가 아님은 분명하지만 그 인스턴스들의 상태가 동일하기 때문이다.

레코드 등치 커스텀 구현

컴파일러는 일반적으로 최소한 레코드와 레코드 구조체에 대해 **Equals**의 2개 버전을 생성한다. 한 버전은 하나의 **object** 매개변수(혹은 nullable 컨텍스트 안에서 ob-ject?)를 가지며, 다른 하나는 **IEquatable<T>** 인터페이스를 구현한 것으로 이것은 각 인스턴스의 필드들을 비교한다. 하나의 **object** 매개변수를 받는 버전은 그 인수를 필요한 타입으로 형 변환하고 형 변환에 성공하면 우리가 리스트 5-27에서 **Color**에 대해 수행했던 것처럼 특정 타입 오버로드를 호출한다. 레코드와 레코드 구조체 타입에 대해 타입 안전한 **Equals**의 구현을 직접 제공할 수 있으므로, 그 경우 컴파일러는 컴파일러가 생성한 메서드 대신 우리가 구현한 메서드를 사용한다. 이렇게 하면 그에 맞는 **GetHashCode**를 직접 구현해야 하며, 이는 컴파일러에 의해 생성된 **GetHashCode** 구현을 대체한다.

하지만 2개의 레코드 혹은 2개의 레코드 구조체 인스턴스를 비교하기 위해 우리가 직접 구현한 operator== 혹은 operator!= 구현을 제공할 수는 없다. 이를 시도하면 컴파일러는 다음과 같이 에러를 발생시킨다.

[CS0111] Type 'Color' already defines a member called 'op_Equality' with the same parameter types

op_Equality는 정적 메서드의 이름이며 컴파일러는 이 정적 메서드를 operator==로 변환한다. operator!=의 이름은 op_Inequality이며 컴파일러는 항상 2개의 메서드를 제공하기 때문에 우리가 직접 그 메서드들을 정의하는 것을 방지한다.

레코드와 레코드 구조체에 대해서는 거의 항상 등치의 기본 구현을 받아들여야 한다. 컴파일러에 의해 생성된 코드가 올바른 동시에 효율적이기 때문이다. 하지만 레코드와 레코드 구조체에 대한 등치의 동작을 커스터마이즈해야 한다면 타입 안전한 **Equals** 메서드만 오버라이드해야 한다. 1개의 **object** 매개변수를 받는 **Equals** 메서드의 오버라이드를 포함해 다른 등치 메서드들은 궁극적으로 특정 타입 오버로드를 사용해서 실제 비교를 수행한다. 컴파일러가 구현한 == 연산자는 Color에서 보인 것과 동일하다. 그래서 그 Equals 메서드의 동작을 변경하면, 그 동작은 컴파일러에 의해 제공되는 operator==와 operator!=에도 반영된다.

```
public static bool operator==(Color left, Color right)
{
    if((object)left == (object)right) return true;
    return (object)left != null && left.Equals(right);
}

public static bool operator!=(Color left, Color right)
    => !(left == right);
```

위치 레코드 혹은 위치 레코드 구조체를 정의하면, 컴파일러는 등치 비교를 지원하는 메서드를 가진 완전한 타입을 합성한다. 컴파일러는 또한 nullable 값 타입에 대한 등치 비교를 지원하는 코드를 생성한다. 다만 그 방법은 매우 다르다.

nullable 값에 대한 등치

우리는 값 타입 변수에 대해 특별한 ? 표기를 사용해서 nullable 값 타입임을 나타낸다. 컴파일러는 nullable 값 타입으로 nullable 시스템 타입인 Nullable<T>의 인스턴스로 변환한다. Nullable<T>는 구조체이며 그 인스턴스는 T 타입의 값을 갖거나 아무 값도 갖지 않는다(null로 표현된다).

nullable 값 타입을 변경하는 것은 null일 수 있는 참조를 비교하는 것과 다르다. 이 두 nullable 값 타입 변수에 대해서는 그 값이 존재한다면 내부의 값을 각각 비교해야 하기 때문이다. 리스트 5-29를 살펴보자. 여기에서는 2개의 nullable 값 타입 변수를 비교하는데 그 중 하나는 값이고 다른 하나는 null이다.

```
public readonly struct Color
{
    --생략--

    public static bool operator==(Color left, Color right)
        => left.Equals(right);

    public static bool operator!=(Color left, Color right)
        => !left.Equals(right);
}

Color? fg = new Color(0xFF, 0xA0, 0);
```

```
Color? bg = null;

Assert.That(fg == bg, Is.False);
```

리스트 5-29: nullable 값 비교하기

이 예시에서 fg와 bg는 모두 nullable하다. 하지만 fg가 Color 값을 갖고 있는 한편 bg
는 null이다. 값들이 같지 않으므로 테스트는 성공한다. 2개의 nullable 값 타입 변
수들은 2개 변수가 모두 값을 갖지 않거나, 모두 값을 가지면서 그 값들이 같을 때
같다. 이 예시에서 흥미로운 점은 Color가 2개의 Color 값을 비교하기 위한 커스텀
operator==를 가지고 있지만, 2개의 비nullable인 Color 매개변수를 받는다는 점이
다. Color는 구조체이므로 null은 그 값으로 유효하지 않다. 비록 null이 nullable
Color에 대해서는 유효한 값이기는 하지만 말이다.

Nullable<T> 구조체 자체는 오버로드된 operator==를 갖지 않는다. 컴파일러가 2개의
nullable 값 타입을 비교하는 코드, 혹은 1개의 nullable 값 타입과 일반적인 값 타입
인스턴스를 비교하는 코드를 만나면 컴파일러는 그 비교를 다시 작성한다. 이때 내부
의 null을 허용하지 않는 값 타입에 대한 적절한 연산자 정의의 구현을 삽입한다. 이
프로세스는 연산자 들어올리기(lifting)라 불린다. 한 인수 혹은 두 인수가 모두 값을
갖지 않으므로, 들어올려진 연산은 값의 존재를 추가적으로 확인한 뒤 원래의 null을
허용하지 않는 비교를 사용해서 마지막으로 그 값들을 비교한다.

이 이유로 인해 T에 operator==가 정의돼 있지 않으면 2개의 T? 변수의 비교는 컴파일
되지 않는다. 컴파일러는 들어올릴 연산자의 구현을 가지고 있지 않기 때문이다. 리
스트 5-30의 lifted_op_Equality 메서드는 허구의 것이다. 하지만 들어올려진 등치
비교 연산에 대한 기본적인 알고리즘을 보여준다.

```
bool lifted_op_Equality(Color? fg, Color? bg)
{
    if(fg.HasValue && bg.HasValue)
        return fg.Value == bg.Value; // Color.operator==를 사용한다
    else
        return !fg.HasValue && !bg.HasValue;
}
```

리스트 5-30: 들어올린 등치 연산자

이 알고리즘에 대해서 컴파일러는 새로운 메서드를 생성하지 않고 우리가 작성한 코
드에 인라인으로 로직을 삽입해서, 리스트 5-29에서 ==를 사용했던 원래 비교를 다음
의 동등한 코드로 대체한다.

```
Assert.That(
    fg.HasValue == bg.HasValue &&
    (!fg.HasValue || fg.GetValueOrDefault() == bg.GetValueOrDefault()),
Is.False);
```

이 코드의 로직은 리스트 5-30과 본질적으로 동일하다. 하지만 이것은 단일 표현식이 므로 컴파일러가 인라인으로 삽입하기 쉽다. Value 속성 대신 GetValueOrDefault를 사용하는 Value 속성은 유효한 값이 존재하는지 확인하고 값이 존재하지 않는 경우 예외를 던지기 때문이다. 따라서 GetValueOrDefault가 조금 더 효율적이다.

nullable 값 타입은 특별한 시스템 타입인 Nullable<T>의 인스턴스이지만 Nullable<T> 에 그저 비교를 수행하기 위한 operator==를 갖게 하는 것만으로 같은 기능을 구현할 수는 없다. 내부 타입의 operator==를 들어올리는 목적은 두 변수가 값을 가졌을 때 그들이 null을 허용하지 않는 타입(즉, 원래 값 타입의 직접적인 인스턴스)인 것처럼 정확한 비교를 보장하기 위함이다. Nullable<T>에 대한 operator== 구현은 2개의 제 네릭 타입 T의 인스턴스를 비교하기 위해 ==를 사용하려고 할 것인데, 우리가 알고 있 듯이 이것은 허용되지 않는다.

내부 타입의 operator==를 들어올림으로써 컴파일러는 올바른 동작이 유지됨과 함께 어떤 값들이 null을 허용하는 타입이든 아니든 동일한 방식으로 비교됨을 보장한다.

컴파일러는 또한 인라인 코드를 작성해서 값 튜플 변수의 비교를 지원한다. 이는 C# v7.0에서 도입됐으며 값 튜플에 대한 프로세스는 앞에서 설명한 것과 약간 다르다.

값 튜플과 등치

튜플은 많은 모던 프로그래밍 언어의 공통된 기능이며 이를 사용하면 여러 관련된 값 을 함께 모아 하나의 가벼운 데이터 스트럭처를 구성할 수 있다. C#의 튜플은 모든 필드가 public이고 멤버 메서드를 갖지 않는 구조체와 유사하다. 단 튜플을 선언하고 사용하는 문법은 구조체의 문법과 다르다.

튜플 타입에 대한 컴파일러 지원은 .NET v4.0에서 도입된 System.Tuple 클래스를 대 체한다. C# v7.0 이후 사용할 수 있는 더욱 모던한 기능은 값 튜플(value typle)이라 불린다. 값 튜플은 ValueType이라는 이름의 시스템 타입에 기반하지만 이 타입은 직 접 사용하도록 의도되지 않았다. 대신 완전한 사용자 정의 클래스나 구조체를 추가하 는 오버헤드 없이 여러 필드를 함께 묶고자 할 때 값 튜플 구문을 사용한다.

값 튜플은 컴파일러가 제공하는 세련된 지원을 활용한다. 변수들이 선언되는 방식과 변수들이 사용되는 방식을 모두 지원한다. 리스트 5-31에서는 값 튜플 변수의 등치를 비교하는 예시를 보여준다.

```
var x = (10, "October");
var y = (ShortMonth: 10, LongMonth: "October");

Assert.That(x == y, Is.True);
```

리스트 5-31: **값 튜플 변수의 등치 비교하기**

2개의 변수 x, y를 선언한다. 이때 선언한 변수들을 괄호(())로 감쌌다. 이 구문은 튜플을 지원하는 여러 언어에서 일반적이므로 여러 프로그래머들에게 친숙할 것이다. 하지만 변수 x와 y가 같은 값임에도 불구하고 선언된 방식에는 차이가 있다. 특히 y는 그 이름을 컴포넌트 부분에 제공하지만 x는 그렇지 않다. x와 y가 같은지 비교하는 테스트는 성공한다.

📋 NOTE *==를 사용한 값 튜플의 비교 지원은 C# v7.3에서 도입됐으며, 직후 값 튜플이 도입됐다.*

값 튜플 변수를 ==로 비교하면 컴파일러는 값 튜플의 각 요소를 다른 값 튜플의 해당 요소들과 비교하는 코드를 생성한다. 값 튜플의 각 요소는 속성이 아닌 public 필드이다. 즉, 값을 읽거나 쓰는 경우 그 필드에 직접적으로 접근한다는 의미이다. nullable 값들을 사용할 때 컴파일러는 비교 표현식을 다시 작성하며 x와 y 필드를 직접 비교하는 코드를 삽입한다.

리스트 5-32의 CIL은 리스트 5-31의 튜플의 첫 번째 컴포넌트의 비교를 보여준다.

```
IL_0021: ldloc.2 // V_2
IL_0022: ldfld !0/*int32*/ valuetype System.ValueTuple`2<int32, string>::Item1
IL_0027: ldloc.3 // V_3
IL_0028: ldfld !0/*int32*/ valuetype System.ValueTuple`2<int32, string>::Item1
IL_002d: bne.un.s IL_0042
```

리스트 5-32: **새로운 형태의 값 튜플 비교 CIL**

컴파일러는 ldfld 명령을 사용해서 직접 필드를 로드한 뒤 bne(break if not equal을 의미) 명령을 사용해서 그 값들을 비교한다. bne 명령은 리스트 5-1에서 살펴봤던 ceq 명령과 쌍을 이룬다. ceq가 결과를 평가 스택에 넣는 반면, bne는 비교되는 값이 같지 않으면 지정된 라벨(이 예시에서는 IL_0042)로 점프한다. 그렇지 않으면 bne에 이어지는 다음 명령을 계속 실행한다.

우리가 하나의 단순한 튜플과 elements라는 이름이 있는 요소를 가진 튜플을 비교하려고 한다는 사실은 관계가 없다. 생성된 코드는 우리가 필드에 제공한 이름을 사용하려고 시도하지 않는다. 컴파일러는 그들의 값만 비교하므로 x == y는 true이다. x를 다른 이름을 사용하는 튜플과 비교해도 결과는 동일하다. 필드의 타입과 값만이 중요하다.

우리가 튜플 컴포넌트에 지정한 이름은 순수하게 우리의 편의를 위한 컴파일 타임 구조이다. 사실 우리가 지정한 y 변수의 컴포넌트에 지정한 이름은 컴파일된 코드에서는 전혀 포함되지 않는다.

Nullable<T> 값의 비교를 위해 생성되는 코드에서 컴파일러는 필요한 경우 사용자 정의 operator==를 호출하기 위한 코드를 삽입할 것이다. 리스트 5-33에서 이를 확인할 수 있다. 리스트 5-33에서는 튜플의 두 번째 컴포넌트인 string 필드의 비교를 위한 CIL을 보여준다.

```
IL_002f: ldloc.2  // V_2
IL_0030: ldfld    !1/*string*/ valuetype System.ValueTuple`2<int32, string>::Item2
IL_0035: ldloc.3  // V_3
IL_0036: ldfld    !1/*string*/ valuetype System.ValueTuple`2<int32, string>::Item2
IL_003b: call     bool [System.Runtime] System.String::op_Equality(string, string)
```

리스트 5-33: 컴파일러에 의해 삽입된 사용자 정의 비교 연산자 호출

컴파일러는 int 필드의 비교에서 사용했던 bne 명령 대신, 우리기 손으로 작성한 코드처럼 on_Equality에 대한 호출을 합성했다. 값 튜플의 필드들은 이들이 나타난 순서대로 비교되므로 one의 첫 번째 필드는 해당하는 변수의 첫 번째 필드와 비교되고, 이후 필드들도 그 순서대로 비교된다.

이 접근 방식은 레코드에서의 접근 방식과 다르다. 레코드에서는 == 대신 Equality-Compare 프로토콜을 사용해서 필드들을 비교했다. 레코드에서 컴파일러는 내부 클래스 혹은 구조체 타입에 대한 올바른 메서드를 생성해서 등치를 구현했다. 2개의 레코드를 ==로 비교하면 우리는 그 레코드 타입을 위해 생성된 op_Equality 메서드를 호출한다. 이 메서드는 레코드의 Equals 메서드를 사용해서 각 필드를 순서대로 비교한다.

값 튜플의 경우에는 nullable 값 타입과 같이 컴파일러는 비교 코드를 인라인으로 생성한다. 이 코드는 2개 튜플의 비교를 각 튜플 타입의 컴포넌트 필드의 직접 비교로 효과적으로 대체한다. 그 튜플의 컴포넌트 필드에 대해 operator==가 정의돼 있다면 해당 구현을 이용한다. 하지만 Nullable<T>와 같이 ValueTuple 타입은 자체적으로

operator==를 갖지 않는 값 튜플을 구현한다.

ceq 혹은 operator==를 사용해서 필드들을 비교할 수 없으면 ==를 사용해서 값 튜플을 비교하는 코드는 컴파일되지 않는다. ValueTuple 타입은 Equals 메서드를 오버라이드하며 IEquatable<T> 인터페이스를 구현한다. 따라서 필드가 operator==를 갖지 않으면 우리는 여전히 Equals를 사용해서 값 튜플 변수를 비교할 수 있으며 이는 차례로 각 필드가 가진 Equals 메서드를 호출한다. 어떤 타입을 사용하든 Equals는 항상 존재하므로 이는 안전하다.

정리

모든 동물들은 같다. 하지만 일부 동물들끼리는 다른 동물들끼리보다 더 같다.

– 조지 오웰(George Orwell), 동물 농장

표현은 단순하지만 2개 변수의 등치를 비교한다는 것은 매우 다양한 동작으로 나타난다. 컴파일된 코드 안에서 ceq를 사용한 단순한 내장 등치 확인을 하는 것에서부터 컴파일러가 자동적으로 비교를 수행하기 위한 올바른 코드를 생성하는 것까지 매우 다양하다. 앞에서 참조를 비교하는 방법, Equals 메서드와 == 연산자 오버로딩이 비교 동작에 미치는 영향, "올바른 동작(right thing)"을 보장하기 위해 컴파일러가 코드를 생성하는 방법 등에 관해 살펴봤다.

많은 프로그래머에 있어 ==를 사용해서 변수를 비교하는 것을 Equals 메서드를 호출하는 것보다 자연스럽다고 생각한다. 내장 숫자 타입에서 ==를 사용하는 것은 보다 효율적이다. 하지만 2진 부동소수점 타입의 float와 double에 대해서는 두 가지 접근 방식을 사용할 때 모두 주의해야 한다. 메서드를 호출하는 비용이 매우 낮더라도 근본적인 ceq 명령을 호출하는 것만큼 빠를 수는 없다.

이처럼 복잡한 세부 사항에 관해 검토하는 목적은 프로그램이 실행될 때 이런 단순한 표현식이 수행하는 것이 반드시 당연하지는 않음을 보여주기 위함이다. 모든 표현식의 런타임 복잡도는 겉에서는 보이지 않을 수 있다. 어쩌면 2개의 변수를 직접 비교하는 대신 예상하지 않은 메서드 오버로드나 오버라이드를 선택한 컴파일러에 의해 가려질 수도 있다. 그런 경우의 성능 비용은 분명 작지만, 이들 또한 프로그램의 "중요한" 경로에서는 중요할 것이다.

값 타입 인스턴스를 박스하는 것은 성능에 중요한 영향을 미칠 수 있다. 박스하기는 값의 복사본을 생성할 뿐만 아니라 그 복사본들은 힙에 놓이며 가비지 컬렉터에 부담을 주기 때문이다. 표준 IEquatable<T>과 EqualityComparer<T> 타입을 사용하면 특히 제네릭 코드에서 박스하기가 필요할 수 있는 여러 상황들을 회피할 수 있다.

컴파일러가 우리를 위한 코드를 생성하는 상황에는 예의 주시해야 한다. 하지만 등치 비교의 경우에는 컴파일러가 해당 코드가 가능한 효율적인지 확인하기 위한 많은 수고를 대신해 준다.

6

값의 특성

C#에서 값 타입(value type)이라는 용어는 특별한 의미를 갖는다. 하지만 값의 개념이 비단 C#에서만 고유한 것은 아니다. 이번 장에서는 값에 관해 보다 일반적으로 다시 살펴보고 우리가 무엇인가를 값 타입으로 구현해야 하는 이유에 관한 몇 가지 특성을 식별할 것이다. 값의 고유하고 중요한 역할에 관해, 그리고 잘 동작하는 값 타입을 구현하는 것이 단지 구조체와 레코드 구조체를 사용하는 것 이상임에 관해 살펴본다.

이번 장에서 다루는 내용은 다음과 같다.

- 값 타입 객체를 도입해 동작을 캡슐화해서 설계를 개선하는 방법
- 일부 타입에서 네이티브 참조 시맨틱을 오버라이드하는 것이 그들의 동작에 미치는 부정적인 영향

- 다양한 객체 타입에 의해 만족되는 애플리케이션의 역할과 그 역할을 정의하는 특성들
- 등치(equality)가 동등(equivalence)과 동일하지 않은 이유
- 우리가 작성하는 애플리케이션에서 값 타입의 적절한 후보를 식별하는 방법

모든 애플리케이션은 다르며 특정한 프로그램에 특화된 문제에 대한 해결책을 만드는 것은 우리의 책임이다. 궁극적으로 이를 위해 프로그래밍 언어를 가장 잘 적용하는 방법에 관해 스스로 판단해야 한다. C#의 관점에서 보자면 그것은 우리가 만드는 타입에 대해 클래스, 구조체, 레코드 혹은 레코드 구조체 중 무엇을 사용할 것인지에 관한 선택이다.

모든 것을 값 타입으로 만드는 것은 적절하지 않다. 때로 값 시맨틱은 우리가 원하는 기능에 적합하지 않기도 하다. 여러 타입 중에서 사용할 대상을 선택할 때, 그 타입에 대해 값 시맨틱을 사용하는 것이 언제 적절한지(그리고 무엇보다 언제 적절하지 않은지) 결정해야 한다.

값 vs 참조 시맨틱

값 시맨틱(value semantics)이라는 용어는 값 타입을 사용하는 데 널리 사용된다. 일반적으로 그 반대편에 있는 참조 시맨틱(reference semantics)과 대조된다. 하지만 참조 시맨틱은 참조 변수(혹은 다른 언어의 경우 이와 비슷한 메커니즘)를 통해 인스턴스에 간접적으로 접근한다는 식으로 쉽게 정의되지만, 값 시맨틱은 종종 잘못 정의되거나 값 타입이 가진 무엇인가와 같이 피상적으로 정의된다. C#에서는 구조체가 전형적인 값 타입이다.

C#에서 구조체는 클래스와 다르다. 아마도 구조체 인스턴스는 값으로 복사된다는 점, 즉 복사본이 완전한 새로운 인스턴스라는 점이 가장 다를 것이다. 결과적으로 구조체는 일반적으로 값 시맨틱을 갖는다고 불린다. 그리고 우리는 값 시맨틱은 인스턴스가 값으로 복사된다고 추론할 수 있다. 그리고 C# 언어 명세에서도 확실히 이 정의를 지원한다(https://docs.microsoft.com/en-gb/dotnet/csharp/language-reference/language-specification/structs).

[Structs] can be conveniently implemented using value semantics where assignment copies the value instead of the reference.

([구조체]는 값 시맨틱을 사용해서 편리하게 구현될 수 있다. 값 시맨틱에서 할당은 참조 대신 값을 복사한다.)

이전 장들에서 논의했듯 값으로 복사하기는 값 타입 변수가 메모리를 사용하는 방법의 직접적인 결과이다. 모든 값 타입 변수의 값은 그 타입의 완전한 인스턴스이다. 값이 복사되면 그 복사본은 반드시 그 타입의 완전한 새 인스턴스이며, 원래 인스턴스로부터 각 필드의 값의 복사본을 포함한다. 이것은 참조 변수를 복사하는 것과 다르다. 참조 변수 복사에서 복사본은 메모리에 존재하는 같은 인스턴스에 대한 새로운 참조이며, 원래 변수와 마찬가지이다. 원래 객체의 필드값은 전혀 복사되지 않는다.

복사하기 동작의 차이는 값 타입과 참조 타입이 표현되는 방법의 차이에 따른 결과일 뿐이다. 참조 변수는 빈번하게 복사될 수 있으나 그들이 가리키는 인스턴스는 거의 복사되지 않는다. 이는 메모리 사용 측면에서 편리하며 효율적이다. 구조체와 레코드 구조체 변수는 값이 복사된다. 왜냐하면 이들은 다른 방식으로 복사될 수 없기 때문이다. 하지만 복사하기 동작의 차이는 값 시맨틱과 참조 시맨틱 사이에 존재하는 차이의 일부일 뿐이다.

복사 및 등치 비교 동작

등치 비교 동작은 변수들이 복사되는 방식과 밀접하게 관련돼 있다. 변수를 복사할 때, 그 복사본은 원래 변수와 같다고 비교돼야 한다. 이것은 명확해 보일 수 있지만 이것은 모든 구조체가 ValueType의 Equals를 상속하는 이유, 그리고 구조체에 대한 Equals의 기본 구현이 매우 중요한 이유이다. ValueType이 없다면 구조체 변수의 복사본은 원래 값과 같다고 비교될 수 없다. 구조체 변수는 값으로 복사되기 때문이다. 이 복사본은 구분된 인스턴스로 그 자체로도 권한을 가지며, object.Equals가 제공하는 참조 비교는 복사본과 원래 값을 절대 같다고 비교하지 않는다. ValueType으로부터 상속된 Equals 메서드는 값 기반 비교를 수행하며, 값 타입 인스턴스를 복사할 때 그 복사본이 원래 변수와 같다고 비교되는 것을 보장한다.

참조를 비교하는 경우에는 그 참조들이 동일한 구체적인 인스턴스인지 확인한다(그 인스턴스들이 비슷해 보이는지 확인하지 않는다). object의 클래스 타입에 의해 상속된 Equals 메서드의 동작은 참조의 복사하기 동작과 일치한다. 참조 변수 복사하기는 그 인스턴스를 복사하지 않기 때문이다.

값으로 복사되는 것 자체가 값 시맨틱을 갖는 값 타입임을 허용하지는 않는다. 그것은 단지 구조체 타입의 변수를 복사하기 위해 언어에서 정의된 메커니즘일 뿐이다. 실제로 값으로 복사하기 동작은 값 시맨틱의 필수 조건조차 아니다. 예를 들어

string 클래스를 예로 들어보자. string 클래스는 Equals와 operator==의 기본 동작을 오버라이드해서 값 기반 비교를 수행한다. 5장에서 봤듯 string은 클래스이고 string 변수는 참조이다. 하지만 2개의 string 변수를 비교하는 경우의 관심사는 2개의 변수가 같은 콘텐츠를 가졌는지, 다시 말해 문자열이 같은지에 있다.

적어도 등치 비교의 목적에 있어서 문자열의 값은 문자의 나열이지 참조의 실제 값이 아니다. 2개의 변수가 메모리의 같은 문자열을 가리키는지는 비교에서 거의 의미가 없다. string 변수는 참조이므로 string 인스턴스는 일반적으로 값으로 복사되지 않지만 값으로 비교된다. 값 시맨틱을 정의하거나 이해하려고 할 때, 등치 비교 동작은 변수가 복사되는 방식보다 훨씬 중요하다. 넓은 관점에서 값 타입은 그 상태에 대한 등치 비교에 기반하는 모든 타입이다. 이를 확장하면 값 시맨틱은 그저 구조체 혹은 레코드 구조체로 정의된 타입 이상의 의미를 갖는다. 우리가 값 타입에 대해 C# 언어 명세에서 정의하는 것보다 넓은 의미의 해석을 받아들일 수 있다면, 값 시맨틱을 갖는 것은 어떤 타입을 값 타입으로 만드는 것을 의미한다.

이 동작을 우리가 작성한 모든 클래스 타입에도 오버라이드할 수 있다. 하지만 그렇게 하는 것이 항상 적절하다고는 할 수 없다.

참조 기반 비교

대부분의 객체들은 그것이 private 인스턴스 필드이든 public 속성값이든 몇몇 상태를 갖는다. 우리는 우리가 작성한 모든 클래스에 대해 기본 참조 등치 동작을 오버라이드해서 그 상태를 비교를 위한 객체의 값으로 사용하고 싶은 유혹을 느낄 수도 있다. 하지만 C#은 string에 대해서 하듯 클래스를 사용해서 값을 모델링할 수 있다 하더라도 값을 가지는 것과 값으로 존재하는 것은 매우 다르다. 대부분의 타입들은 값으로 존재하도록 의도되지 않았으며, 기본 참조 비교는 우리가 생성한 대부분의 클래스들에 대해 더욱 적합하다.

객체에 대한 참조 기반 비교의 중요성을 보여주는 예시로, 리스트 6-1의 Login 클래스를 생각해 보자. 이 클래스는 로그인한 사용자를 추적하는 시스템을 위한 것이다. Login은 클래스이므로 참조 비교 시맨틱이 의미가 있다. 우리는 개별 인스턴스를 구분할 수 있어야 하기 때문이다.

```
public sealed class Login
{
    public string UserName { get; }
    public DateTime Established { get; }
    public bool Active { get; private set; }
    --생략--
```

```
    public void Disconnect()
    {
        Active = false;
    }
}
```

리스트 6-1: **참조 기반 등치는 클래스 타입에 있어 중요하다**

public 속성들이 Login 인스턴스의 상태를 직접적으로 노출하기는 하지만 그 속성들을 사용해서 등치를 구현하는 것은 실수이다. 같은 속성값을 갖는 2개의 Login 인스턴스들은 쉽게 다른 커넥션을 나타낼 수 있다. 모든 사용자에 대해 UserName 속성이 고유하다고 가정하더라도, 여전히 같은 사용자에 의한 동시 연결을 허용하는 시스템에서 각 개별 로그인을 식별할 수 있어야 할 것이다. 심지어 같은 사용자가 정확하게 같은 순간에 두 번 로그인할 수도 있으므로 Established 속성을 사용해서 다른 연결을 구분하는 것만으로는 충분하지 않다.

Login에 대한 Equals 메서드를 오버라이드해서 그 속성값을 비교하게 한다면, Equals 메서드를 사용해서 동일한 속성을 갖는 다른 인스턴스들을 구별할 수 없을 것이다. 인스턴스의 Disconnect 메서드를 호출함으로써 특정한 연결을 강제로 끊어야 한다면, 올바른 연결을 끊는다는 것을 확신하고 싶을 것이다! 그러므로 특정한 로그인 인스턴스를 식별할 수 있어야 하며, 이는 해당 인스턴스의 public 속성값과는 무관하다.

Equals가 아닌 다른 메커니즘을 사용해서 동일한 상태를 갖는 다른 인스턴스들을 구별할 수 있을 것이다. 하지만 일반적인 참조 기반 비교가 이미 제공하는 기능을 지원하기 위해 복잡성을 추가해야 한다.

참조 시맨틱과 사이드 이펙트

값 시맨틱과 참조 시맨틱의 차이는 참조 앨리어싱을 통한 사이트 이펙트의 가능성에 의해서도 부분적으로 정의된다. 이 사이드 이펙트는 차례로 가변성에도 영향을 미친다. 한 변수를 통해서 객체를 변경했을 때 다른 변수를 통해 그 변경을 볼 수 있게 하고자 한다면 참조 시맨틱이 필요하다.

리스트 6-1의 Login 클래스는 Disconnect 메서드를 가진다. 이 메서드는 인스턴스의 내부 상태를 변경한다. 하나의 참조 변수를 사용해서 Disconnect 메서드를 호출할 때 우리는 그 인스턴스에 대한 모든 참조가 비활성화되길 원한다. 리스트 6-2에서와 같이 어떤 인스턴스도 영향을 받지 않길 기대한다.

```
var mac = new Login("macreadyrj");
var norris = new Login("norrisv");

Assert.That(mac.Active, Is.True);
Assert.That(norris.Active, Is.True);

var thing = norris;
thing.Disconnect();

Assert.That(norris.Active, Is.False);
Assert.That(mac.Active, Is.True);
```

리스트 6-2: **공유된 참조를 통해 의도적으로 인스턴스 변경하기**

여기에서느 norris 참조 변수를 복사하고 그 복사본에 대해 Disconnect 메서드를 호출해서 Active 속성을 false로 설정했다. Disconnect 메서드를 호출하기 위해 norris 변수는 전혀 사용하지 않았지만, 인스턴스 norris가 가리키는 상태는 Disconnect가 호출된 뒤 변경된다. 그 인스턴스는 다른 참조에 의해 수정됐기 때문이다. mac 변수는 별도의 Login 인스턴스를 가리키므로 이 변경에 의한 영향을 받지 않는다.

우리는 Login 클래스에 참조 시맨틱을 원한다. 그래야 특정한 Login 인스턴스에 대해 많은 참조를 가질 수 있기 때문이다. 우리는 메서드에 참조를 인수로 전달할 수 있고 그 메서드들을 조정해서 의도적으로 그 인스턴스를 수정할 수 있다. 수정된 인스턴스에 대한 다른 참조들이 그 변경에 따라 업데이트됐는지 확인하기 위해 다른 참조들까지 모두 검색할 걱정은 필요없다. 참조는 그 동작을 내장하고 있기 때문이다.

참조 시맨틱의 조금 더 미묘한 결과는 하나의 참조를 통해 참조 타입 인스턴스의 상태를 변경해도, 그 변수는 같은 인스턴스에 대한 다른 참조들과 여전히 같다고 비교된다는 점이다. 리스트 6-3은 2개의 참조 중 한 변수에 의해 인스턴스가 수정된 뒤 그 2개의 변수가 여전히 같다고 비교되는지 확인한다.

```
var norris = new Login("norrisv");
var thing = norris;

Assert.That(norris.Equals(thing), Is.True);

thing.Disconnect();

Assert.That(norris.Equals(thing), Is.True);
```

리스트 6-3: **참조 등치 확인하기**

이 예시는 우리가 참조 타입 인스턴스를 변경할 때, 그 변경을 하기 위해 사용된 참조와 같다고 비교된 다른 모든 참조를 통해 해당 변경을 볼 수 있음을 보여준다. 2개의 참조 변수가 참조 기반 비교에서 일단 같다고 비교되고 두 변수가 다른 인스턴스에 할당되지 않는다면, 이 변수들은 언제나 같다고 비교된다. 참조는 동일한 신원을 가질 때 같다고 비교되기 때문이다.

객체 신원

객체의 신원(identity)이란 그 객체를 같은 타입의 다른 객체로부터 구분하는 요소이다. 2개의 참조 타입 인스턴스는 다른 신원을 갖는다. 즉, 이들은 독립적인 객체이며 같은 값을 포함하는 필드를 가지는지는 아무런 관계가 없다. 비유이기는 하지만 객체의 주소는 그 객체의 신원이라고 생각할 수 있다. 객체의 주소는 그 객체가 메모리에서 이동할 때 힙 파편화 혹은 다른 메모리 관리 작업으로 인해 변경될 수 있지만 객체는 그 신원을 유지한다.

2장에서 lock 구문이 참조 시맨틱에 의존하는 방법에 관해 살펴봤다. 그것은 객체의 신원이 객체가 포함하는 상태보다 더 중요함을 나타내는 예시이다. 내부의 Monitor 클래스가 lock으로 사용된 객체를 변경하려는 시도를 하지 않지만 말이다. Monitor의 구현은 지정한 객체 인스턴스의 신원과 그 신원이 여러 스레드 실행 사이에서 유효함을 아는 것에 의존한다.

참조 시맨틱은 매우 중요한 요소이다. 참조 시맨틱 덕분에 특정한 객체 인스턴스를 식별할 수 있고 동시에 한 객체가 다른 객체와 동일한 상태를 갖는지도 판단할 수 있다. 정확하게 같은 상태를 갖는 다른 클래스 인스턴스에 대한 2개의 참조는 일반적으로 같다고 비교돼서는 안 된다.

한 가지 예외는 클래스를 사용해서 값 타입을 모델링할 경우이다. 이 경우 신원은 중요하지 않다. 왜냐하면 우리는 의도적으로 그 클래스에 값 시맨틱을 제공하기 때문이다. string 타입은 고전적인 예시다. 이 타입은 대부분 효율성과 관련된 유효한 이유에서 구조체가 아니다. 클래스로서 문자열 변수는 값으로 비교돼 등치에 대한 값 시맨틱 덕분에 문자열을 직관적으로 사용할 수 있다. 그러나 대부분의 클래스들은 값을 모델링하도록 의도되지 않는다.

값 시맨틱을 갖도록 의도된 타입에서 인스턴스 신원은 거의 혹은 전혀 중요하지 않다. 값은 참조적으로 투명(referentially transparent)해야 한다. 두 인스턴스의 상태가 동일하다면 프로그램의 논리나 동작에 영향을 주지 않고 값의 한 인스턴스를 다른 인스턴스로 전환할 수 있다.

객체의 신원은 그 객체의 상태를 변경할 수 있을 때 중요하다. 신원은 한 객체를 다른 객체로부터 구분하는 유일한 특성이기 때문이다. 참조 타입의 본래적인 참조 등치는 우리가 특정한 인스턴스에 가한 변경을 어떤 변수가 반영하는지에 관해 말해준다.

값 기반 비교

리스트 6-1의 Login의 타입이 클래스가 아닌 구조체 혹은 레코드 구조체였다면 리스트 6-2와 6-3의 마지막 어서션들은 실패했을 것이다. Disconnect 메서드가 어서션에서 사용된 변수로부터 다른 인스턴스를 변경하기 때문이다. 값 타입은 우리가 참조 시맨틱의 앨리어싱된 동작을 필요로 하지 않거나 단일 인스턴스에 대한 여러 참조를 가질 수 있는 기능을 필요로 하지 않을 때 유용하다. 리스트 6-1의 Login 타입과 리스트 6-4의 Color 타입을 비교해보자.

```
public readonly struct Color
{
    public int Red { get; init; }
    public int Green { get; init; }
    public int Blue { get; init; }
}
var crayon = new Color { Red = 0xFF };
var pencil = new Color { Red = 0xFF };
```

리스트 6-4: 두 Color 값의 상태 비교하기

이 Color 타입은 구조체이며 값 타입이다. 2개의 변수 crayon과 pencil은 명확하게 다른 인스턴스이지만 같은 색상값을 가지므로 같다고 비교돼야 한다. 최소한 2개 인스턴스의 등치를 비교하는 관점에서 봤을 때 Color 타입의 유일한 흥미로운 측면은 그 상태이다. 2개의 Color 인스턴스는 외부에서 보이는 속성값이 일치할 때만 같다고 비교돼야 한다.

이 관점에서 Color의 값은 그 신원이다. 신원은 한 객체를 다른 객체와 구별하는 것이기 때문이다. 언제든 주어진 상태에 따라 값을 생성할 수 있다는 점에서 값은 일시적이다. 다른 시점 혹은 다른 메서드 안에서 같은 상태를 갖는 하나의 값 타입의 여러 인스턴스를 만든다면 (프로그래밍 언어의) 메커니즘에서는 이들이 분명히 별도의 인스턴스라고 의미하겠지만, 모든 의도와 목적에서 봤을 때 이 인스턴스들은 서로 구분할 수 없으므로 정확하게 같은 값이다.

같은 값들이 서로를 대신할 수 있다고 말하는 것은 문제가 없다. C#에서의 전형적인 값 타입인 int를 예로 들어보자. 같은 값을 갖는 2개의 정수는 같은 정수가 된다. 이 것은 당연하게 들리지만 중요한 점은 우리(그리고 우리가 작성한 프로그램)는 이 정수들이 메모리에서 같은 int인지 혹은 2개의 독립된 변수인지 신경 쓰지 않는다는 점이다.

어떤 의미로 값들은 범위 혹은 메모리 관리에 의해 부여된 기술적 경계를 뛰어넘는 수명을 갖는다. 2개의 값 타입 인스턴스가 정확하게 같은 콘텐츠를 갖는다면(그리고 중요한 것이 이뿐이라면), 이 인스턴스들은 서로 구분할 수 없다. 이후 보겠지만 이런 관점에서 값들은 일반적으로 변경할 수 없다.

가변성

값은 때때로 영원하다(eternal)고 특성 지어진다. 값의 수명은 프로그램 안의 범위로 제한되지 않는다. 혹은 심지어 프로그램 자체의 수명을 뛰어넘는다. 어떤 의미로는 값은 허공에서 꺼내 사용할 수 있다. 100이라는 숫자가 필요하다면 단지 상수값으로 그것을 물질화(materialize)하면 된다.

이 특성은 비단 내장 값 타입으로만 제한되지 않는다. $9.99와 같은 통화량, "To be, or not to be"와 같은 문자열, January 1st 2024와 같은 날짜 등의 다른 값에 대해서도 동일하다. 값은 필요할 때 그저 거기에 존재한다.

사실, 실제 변수들은 분명 측정할 수 있는 수명을 가지며 각 인스턴스는 저장 공간을 필요로 하기 때문에 단순히 환경에 관한 기술적인 필요를 무시할 수는 없다. 그럼에도 불구하고 영원이라는 이론적 관점에서 봤을 때 변경할 수 없는 값은 우리가 작성한 값 타입이 동작해야 하는 방법을 모델링하는 유용한 방법이다.

2개의 숫자를 더할 때 그 숫자들 중 어떤 것도 변경하지 않는다. 2개의 숫자의 합을 나타내는 새로운 숫자를 얻는다. 마찬가지로 하루를 DateTime에 더하거나 금액을 가장 가까운 달러로 반올림하는 것은 원래 숫자를 변경하지 않는다. 그냥 새로운 값을 만든다.

100이라는 값은 변경할 수 없다.[1] 하지만 100과 다른 숫자를 표현식에서 사용해서 새로운 숫자를 만들 수 있다. 1을 100에 더하면 표현식의 결과로 새로운 값을 갖게 되지만 100이라는 값은 사라지지 않는다. 날짜, 속도, 길이, 온도 및 다른 자연값도 마찬가지다. 값은 본질적으로 변경할 수 없다.

불변성은 값을 나타내는 타입을 만드는 경우에는 불필요한 제한인 것처럼 보인다. 결국 속도값을 증가시킨다면 이전 값에 대해서는 전혀 신경 쓰지 않을 것이니 말이다.

---

1 포트란(FORTRAN) 프로그래머들이여, 여기에 관해서는 침묵해주기 바란다(https://softwareengineering.stackexchange.com/questions/254799/ever-change-the-value-of-4-how-did-this-come-into-hayes-thomas-quiz).

변경된 값을 갖는 새로운 인스턴스를 만드는 것보다 값을 직접 변경하는 것이 일반적으로 훨씬 효율적인지 않은가? 그럴지도 모르지만, 직접 측정해봐야 안다. 하지만 불변성은 그 밖의 미묘한 결과와 이익을 제공한다.

같다고 비교된 2개의 변경할 수 없는 값(4장에서 읽기 전용이 항상 변경할 수 없다는 것과 동일하지는 않다고 설명했던 것을 기억하자)은 항상 같다. 이는 Dictionary 컬렉션과 같이 해시된 컨테이너의 키에 관해 중요한 의미를 갖는다. 해시된 컨테이너는 그 키들의 불변성에 의존한다. 특정한 키가 컨테이너에 추가된 뒤 그 값을 변경한다면 그 값을 사용해서 더이상 아이템을 조회할 수 없다. 어떤 의미에서 우리는 그 값을 변경함으로써 키의 신원을 변경한 것이기 때문이다.

상태와 인스턴스 신원의 차이는 주로 등치에 관한 것이다. 구체적으로 한 값이 다른 값과 같은지 확인할 때 우리는 그들이 같은 상태를 갖는지에 흥미를 가지는가, 아니면 같은 객체인지에 흥미를 가지는가? 후자에 흥미가 있다면 클래스가 필요하다. 전자에 흥미가 있다면, 즉, 콘텐츠에 흥미가 있고 변수 자체가 같은 인스턴스인지 아닌지에 신경 쓰지 않는다면 값 타입이 필요하다.

기계적 문법(메커니즘) vs 의미적 문법(시맨틱)

마이크로소프트에서 제공하는 문서에는 프레임워크 디자인 지침(Framework Design Guidelines)이라는 절이 있다. 이 절에서는 클래스와 구조체 간의 선택에 관한 조언을 포함하고 있지만 어떤 타입에 대해 값 시맨틱을 선택하는 것이 긍정적인지에 관해서는 많은 설명을 하지 않는다. 여러 제안들 중에서 다음이 참고할 만하다(https://docs.microsoft.com/en-us/dotnet/standard/design-guidelines/choosing-between-class-and-struct).

타입의 인스턴스가 작고 일반적으로 수명이 짧거나 다른 객체에 일반적으로 포함된 경우 클래스 대신 구조체를 정의하는 것이 좋습니다.

이 설명을 글자 그대로 받아들인다면 그리 비합리적이지는 않게 보인다. 실제로 값 유형이 작다고 하는 이유는 메모리 사용과 값으로 복사하는 동작과 관련돼 있다. 많은 필드를 가진 구조체는 더 많은 메모리 공간을 차지하고 한 위치에서 다른 위치로 값을 복사하는 비용 또한 더 높아진다.

하지만 이 조언은 순전히 메모리 사용과 성능적인 의미에만 집중하고 있을 뿐, 언제 레코드 혹은 레코드 구조체를 사용해야 하는지에 관해서는 언급하지 않는다. 값 타입과 다른 타입 사이에는 우리가 주의할 다른 시맨틱 차이들이 존재한다. 이 조언과 같은 권장 사항이 도움이 되기는 하지만 이는 이야기의 극히 일부분일 뿐이다. 모든 애플리케이션은 고유의 요구 사항, 제약 사항, 동작을 갖는다. 모든 상황과 대상에 적절하게 적용할 수 있는 단 하나의 규칙은 존재하지 않는다.

값 타입이 거의 데이터 멤버를 갖지 않고 수명이 짧다고 주장하는(혹은 최소한 제안하는) 정책들은 그 타입이 보여야 하는 동작이 무엇인지에 관한 개념적인 전제보다는 메모리 표현과 사용에 대한 기술적 메커니즘에 초점을 둔다. 값들은 주로 작지만 그렇다고 해서 모든 작은 타입이 구조체야만 한다는 것을 의미하지는 않는다. 참조 타입도 단일 필드만을 가질 수 있다. 하지만 그것이 자동적으로 그 타입이 구조체 혹은 다른 값의 유사 타입임을 나타내지는 않는다.

따라서 우리가 여러 필드를 갖는 타입을 필요로 한다는 것이 해당 타입이 아니어야 한다는 의미가 되지는 않는다. 값 시맨틱이 우리가 원하는 타입에 적합하다면, 그 타입이 다루는 데이터의 양에 관계없이 그 타입을 값 타입으로 만들어야 한다. 객체에 의해 요구되는 필드의 수를 의사 결정의 주요 요소로 삼아서는 안 된다. 많은 값을 복사하는 비용이 걱정된다면 참조 타입에 값과 같은 동작을 부여해서 그 우려 사항을 해결할 수 있다. 이 주제에 관해서는 8장에서 다룬다.

값 타입의 사용 여부를 결정할 수 있는 방법의 하나는 프로그램에서 값 타입의 특성을 다른 타입의 특성과 비교하는 것이다. 모든 잠재적인 애플리케이션에 대해 가능한 모든 객체 타입에 대해 고려할 수는 없지만, 많은 프로그램에서는 몇 가지 공통된 객체 역할의 분류를 공유한다. 다음 절에서 이에 관해 살펴본다.

객체 관계

객체 지향 애플리케이션은 다양한 역할, 책임, 상호 작용을 갖는 수많은 객체들로 구성된다. 이 역할들은 객체 사이의 관계, 그 객체들이 응집된 애플리케이션을 만들기 위해 협업하는 방식에 따라 특성 지어진다.

애플리케이션을 설계할 때 값과 값 타입이 수행하는 중추적인 역할을 간과하기 쉽다. 이들의 중요성을 인식하면 설계를 단순화하고 프로그램을 보다 명확하며 이해하기 쉽게 만들 수 있다.

우리는 값이 int의 표현이든 힙에 저장된 객체의 속성이든 그것을 그저 변수의 페이로드라 생각할 수 있다. 우리가 사용하는 값을 애플리케이션의 목적에 맞춰 사용하는 흔한 것으로 보고 싶은 유혹을 느낄 수도 있다. 이는 우리로 하여금 내장 타입에 지나치게 의존하게 하고 커스텀 값 타입 구현을 지나치게 단순화하게 만드는데, 마틴 파울러(Martin Fowler)는 이를 빈약한 도메인 모델(anemic domain model)이라 불렀다.

빈약한 설계(anemic design)에서 사용되는 타입들은 설계에서 일반적인 개념에 대한 타입적 표현이다. 특히 값 타입은 더욱 그렇다. 이런 타입들은 주로 **public** 속성으로만 구성되고 이 속성들은 모두 **public getter**와 **setter**를 갖는다. 이들은 관련된 어떤 동작도 갖지 않는다. 대신 주위의 코드에 의존해서 데이터 검증, 계산, 심지어 비교 관리와 같은 작업을 수행한다. 이는 차례로 중복된 코드, 흩어진 에러 처리, 파편화된 책임으로 이어진다.

빈약한 설계에 대한 해결책은 **풍부한 도메인 모델(rich domain model)**이다. 이 모델에서 다양한 종류의 타입들은 각기 역할과 잘 정의된 책임을 갖는다. 각 타입은 해당 타입에 특화된 동작들을 가지며, 이런 동작들은 나머지 코드에 흩어져 있지 않다. 우리가 작성하는 애플리케이션에 필요한 타입을 성공적으로 식별하려면 객체들이 모두 같지 않다는 점을 기억해야 한다. 하지만 가장 복잡한 시스템 안에 존재하는 모든 객체들은 몇 가지 분류로 나눌 수 있다.

객체의 종류

우리가 작성하는 애플리케이션의 역할을 나누는데 주의를 기울이지 않으면 설계의 결합력이 낮아질 수 있으며, 이는 애플리케이션의 관리와 유지보수를 어렵게 만든다. 다양한 종류의 객체가 수행하는 주요한 역할을 인식했다면 그 역할에 따라 타입들을 분류할 수 있으며, 설계는 보다 구조화되고 쉽게 이해하고 작업할 수 있게 된다. 객체들은 크게 4가지로 분류할 수 있다.

값

값은 애플리케이션의 데이터가 유효하고 일관적임을 보장하며 그 데이터에 대한 접근을 제어하는 책임을 진다. 값은 일반적으로 표면상 시스템 안에서 다른 값을 포함하는 경우를 제외하고는 다른 객체와 협력하지 않는다. 값의 속성은 일반적으로 시간이 지나도 변경되지 않지만 다른 속성을 가진 새로운 값들은 빈번하게 발생한다.

서비스

서비스는 경계 객체이며 애플리케이션 관점에서 외부에 있는 시스템에 대한 인터페이스를 나타낸다. 서비스들은 주로 상태를 갖지 않는다(stateless). 필요한 시점이 됐을 때 이들에 접근하고 사용한다. 이들은 영구적일 수 있다. 즉, 이들은 정적 타입이거나 전역 인스턴스를 갖거나 필요할 때마다 일시적으로 인스턴스화될 수 있다. 서비스는 많은 객체들에 의해 사용되며 서비스들 사이에는 일반적으로 거의 협력하지 않는다.

엔티티

엔티티는 애플리케이션 안의 고차 설계 요소이다. 값이 정보의 흐름인 한편, 엔티티는 해당 정보를 사용하거나 정보를 조치하는 트랜잭션을 나타낸다. 엔티티는 일반적으로 영구적이다. 이들은 메모리에 머무르며 자주 생성되거나 파괴되지 않는다. 시간이 지나면서 이들의 속성은 시스템의 필요에 따라 (아마도 빈번하게) 변경되며 다른 엔티티와 자주 협력한다. 엔티티의 속성은 일반적으로 엔티티 혹은 값이다.

컨트롤러

컨트롤러는 시스템의 작업 객체이며, 일을 수행한다. 일반적으로 엔티티와 컨트롤러가 협력해 액티비티를 수행한다. 컨트롤러는 주로 영속적이며 몇 가지 상태를 가지는데, 이 상태는 주로 다른 객체와의 협력과 관련된다. 컨트롤러는 주로 엔티티와 서비스 사이의 상호 작용을 중재하는 역할을 한다.

이 4가지는 애플리케이션 역할이며 특정한 설계와 해결책 도메인의 동작을 정의한다. 이 4가지 역할은 대부분의 시스템에서 공통되지만 모든 애플리케이션이 4가지 역할을 모두 사용하거나 필요로 하지는 않는다. 다른 객체 분류(컬렉션, 수명 관리자, 예외 등)는 시스템 안에서의 설계 요소라기 보다는 애플리케이션 안에서의 지원 역할을 한다.

C#의 값은 일반적으로 구조체, 레코드 혹은 레코드 구조체(비록 string에서 봤듯 이들은 클래스를 사용해서 모델링 되지만)에 의해 표현된다. 다른 역할들은 거의 항상 클래스에 의해 달성된다. 지금 이 시점까지 객체라는 용어는 참조 타입 인스턴스를 위해 예약돼 왔다. 값이 다른 종류의 객체가 될 수 있다는 점을 고려한다면 애플리케이션 안에서 모든 객체들의 특성을 비교할 수 있는 공통적이고 획일적인 기반을 갖게 된다.

그렇다면 특정한 객체의 특성은 그 객체가 달성하고 있는 역할을 제안하게 된다고 할 수 있다. 달리 표현하면 우리는 어떤 객체의 구현이 갖는 특징을 살핌으로써 그 객체의 역할을 식별할 수 있다.

객체 특성

값 이외의 3개 역할(서비스, 엔티티, 컨트롤러)은 우리가 조작이나 작업을 수행하기 위해 그들을 사용한다는 점에 있어 매우 동작 중심이다. 반면 값은 시스템에서 수동적인 역할을 가지며 일반적으로 다른 객체들에 의해 사용된다.

동작은 시스템의 그래디 부치(Grady Booch)와 공동 저자들은 Object-Oriented Analysis and Design with Applications(Addison-Wesley, 2007)에서 언급했듯 모든 객체들에 의해 공유되는 3가지 주요한 특성 중 하나이다. 다른 2가지 주요한 특성은 상태와 신원이다(그림 6-1). 그리고 서로에 대한 상대적인 중요성은 각 애플리케이션 역할에 따라 다르다.

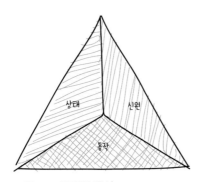

그림 6-1: **객체의 특성**

그래디 부치와 공동 저자들은 이 3가지 특성에 대해 다음과 같이 설명한다.

동작

객체의 동작은 그 객체가 할 수 있는 것 혹은 그 객체의 보이는 특성을 설명한다. 이 2가지 측면은 빈번하게 서로 연관돼 있다. 객체가 어떤 동작을 수행하면, 그 결과는 객체의 보이는 속성을 변경할 수 있다. 보이는 속성은 객체의 상태 일부 혹은 전부를 형성한다. 타입의 public 인터페이스는 그 타입의 인스턴스의 동작을 정의한다. 즉, 그 인터페이스는 그 객체가 구현된 방법보다 그 객체가 할 수 있는 것을 알려준다.

상태

객체의 상태는 그 객체의 멤버 데이터에 의해 정의된다. 멤버 데이터는 영속적이고 변경이 불가능하거나 시간에 따라 변경될 수 있다. 앞서 언급했듯 상태는 인터페이스에서 공개적으로 보이거나 private로 숨겨져 있을 수 있으며, 타입 내부 구현 안에서만 사용된다.

신원

타입의 각 인스턴스는 앞에서 본 것처럼 고유한 신원을 갖는다. 이를 사용해 어떤 객체와 다른 객체를 구분할 수 있다. 신원은 변수가 공유된 인스턴스를 나타내는지 혹은 지역값을 나타내는지 식별하기 위해 중요하다.

각 객체의 역할은 다양한 객체 특성의 우선 순위를 결정한다. 경우에 따라 여러 특성이 주어진 역할에 대해 중요할 수도 있다. 객체가 달성하는 역할은 이 특성들에 대한 객체의 프로파일을 통해 식별할 수 있다.

값

모든 애플리케이션 역할 중에서 값은 그 상태를 가장 중시한다. 글자 그대로 이들의 구분되는 기능이다. 값은 항상 언제나 그들이 나타내는 개념과 관련된 유형의 동작을 가지지만, 그 동작이 상태를 변경하지는 않는다. 대부분의 경우 동작은 상태의 컴포넌트 파트에 접근하는 속성에 의해 표현된다. 값은 그 상태의 다른 표현을 반환하는 메서드를 가질 수 있고 혹은 새로운 값을 생성하기 위한 팩토리 메서드를 가질 수 있다. 어떤 경우든 값 객체의 모든 동작은 그 상태와 직접적으로 관련된다.

값은 등치 시맨틱에 의해 강력하게 대표된다. 등치 시맨틱에서 한 값은 같은 상태를 가진 다른 값과 같다. 값은 변경할 수 없으며 일반적으로 다른 객체 타입과 협력하지 않는다. 값은 주로 다른 값 타입을 필드처럼 사용한다. 리스트 6-5의 Product와 Purchase 타입에서 이를 확인할 수 있다.

```
public readonly struct Product : IEquatable<Product>
{
    public Product(string desc, decimal amount)
        => (Description, Price) = (desc, amount);

    public string Description { get; }
    public decimal Price { get; }

    --생략--
}

public readonly struct Purchase : IEquatable<Purchase>
{
    public Purchase(DateTime time, Product product, int qty)
        => (Time, Product, Quantity) = (time, product, qty);

    public DateTime Time { get; }
    public Product Product{ get; }
    public int Quantity { get; }
```

```
    --생략--
}
```

리스트 6-5: **값 객체 정의하기**

Product와 Purchase는 모두 IEquatable<T> 인터페이스를 구현한다. 이는 5장에서 살펴봤던 값 타입과 유사하다. 그들의 속성과 함께, Product와 Purchase는 등치 동작을 강조한다. 비록 이 등치 동작은 그들의 상태에 부차적이고 전적으로 의존적이지만 IEquatable<T>에 의해 표현된다(그림 6-2).

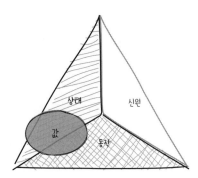

그림 6-2: **값 객체의 특성**

여기에서 값 객체의 상태가 어떻게 그 주요 기능인지 알 수 있다. 우리는 값의 다름을 그들의 신원이 아닌 상태에 의해 구분할 수 있고, 같은 상태를 갖는 값들은 서로 바꿔 사용할 수 있다. 등치 시맨틱이 중요함에도 불구하고 값에 대한 동작 특성은 상태보다 덜 두드러진다. 하지만 값의 신원은 크게 중요하지 않으므로 그림에서 음영 처리되지 않았다.

서비스

서비스 객체는 종종 동작만 캡슐화하며 상태를 갖지 않는다. 서비스 객체들은 일반적적으로 인터페이스에 대한 특정 유형의 퍼사드(façade)나 적응 로직을 제공하는데, 이는 애플리케이션 외부 시스템을 나타낸다.

서비스의 객체에서는 일반적으로 신원은 중요하지 않다. 서비스는 전역적일 수 있고 애플리케이션 전체에서 사용할 수 있는 잘 알려진 인스턴스를 가질 수 있다. 혹은 필요에 맞춰 생성될 수도 있다. 하지만 상태를 갖지 않으므로 각 인스턴스를 다른 인스턴스와 구별할 수는 없다. 때때로 서비스는 완전히 정적 인터페이스로 구현된다(정적 메서드만 갖는 정적 클래스와 같다). 리스트 6-6의 InternetTime 클래스가 여기에 해당한다.

```
public static class InternetTime
{
    public static async Task<DateTime> CurrentTime(Uri provider)
    {
        using var client = new HttpClient();
        var body = await client.GetStringAsync(provider);

        return Deserialize.DateAndTime(body);
    }
}
```

리스트 6-6: **정적 서비스 구현하기**

이 InternetTime 클래스는 하나의 정적 메서드만 노출하는 서비스이다. 객체가 존재하지 않으므로 신원을 갖지 않는다.

그림 6-3은 서비스 객체의 동작이 단순히 가장 중요한 특성이 아님을 나타낸다. 일반적으로 동작은 서비스 객체가 가진 유일한 특성이다.

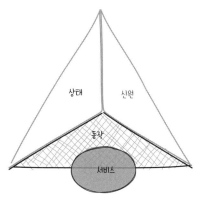

그림 6-3: **서비스 객체 특성**

서비스의 경우 값과 마찬가지로 객체 신원은 관계가 없다. 하지만 그 이유는 다소 다르다. 서비스 객체가 신원을 가지면(예를 들어 서비스 객체가 전역적으로 접근할 수 있는 객체로 구현되는 등), 그 인스턴스의 public 인터페이스가 같은 한 다른 객체로 대체할 수 있다. 우리가 알고 있는 것처럼 값은 같은 상태를 가지면 바꿔 사용할 수 있다. 값과 달리 서비스는 거의 상태를 갖지 않기 때문에 그림 6-3에서 상태와 신원은 모두 음영 처리되지 않았다.

엔티티

엔티티는 종종 몇 가지 상태 유형을 갖는다. 이는 한 인스턴스를 다른 인스턴스와 구별할 필요가 있음을 의미한다. 엔티티의 상태는 일반적으로 그 동작을 통해서만 관찰할 수 있으며, 이 동작은 상태를 읽거나 수정하는 것을 포함할 수 있다. 엔티티는 공통적으로 직접 그들의 상태를 노출하지 않으며, 대신 다른 형태로 그 상태를 조작하거나 상태 표현에 접근할 수 있는 메서드를 제공한다.

리스트 6-7의 Account 클래스를 살펴보자. 이 클래스는 하나의 메서드를 갖는다. 이 메서드는 계정(account)에 구매(purchase)를 추가하며, 이는 계정 잔고(balance)에 영향을 준다. 계정 잔고 자체는 Account 클래스에서 상태로 직접 표현되지 않지만 미납 요금(outstanding charge)를 통해 계산된다.

```csharp
public class Account
{
    public virtual decimal ChargeToAccount(Purchase item)
    {
        activity.Add(item);
        return CalculateBalance();
    }

    public virtual decimal CalculateBalance()
        => activity.Sum(item => item.Product.Price * item.Quantity);

    public virtual IEnumerable<Purchase> Statement
        => activity.OrderBy(item => item.Time);

    private readonly List<Purchase> activity = new();
}
```

리스트 6-7: **엔티티 객체 생성하기**

엔티티는 그 상태와 직접적으로 관련되지는 않지만 다른 엔티티 객체 매개변수를 업데이트하거나 수정할 수 있는 동작을 가질 수 있다. 추상 및 가상 메서드는 예시에서의 Account 엔티티와 마찬가지로 엔티티 타입이 가진 매우 공통적인 기능이다. 추상 및 가상 메서드를 통해 엔티티는 기본 클래스의 동작을 커스터마이즈한 파생된 타입과 함께 상속될 수 있다.

우리는 일반적으로 한 엔티티 타입의 특정 인스턴스를 사용하는 데 흥미를 갖는다. 따라서 여러 인스턴스가 같은 상태를 가지는 것과 관계없이 객체 신원은 매우 중요하다. 따라서 그림 6-4와 같이 엔티티에서는 3개 객체 특성 모두에 대해서 상당히 중요하다.

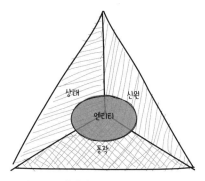

그림 6-4: **엔티티 객체 특성**

컨트롤러

컨트롤러도 종종 몇 가지 유형의 상태를 갖지만 그 상태는 컨트롤러가 그들의 작업을 수행하는 방식에 영향을 준다는 점에서 엔티티와 다르다. 한 예시로 데이터베이스 Command 객체를 들 수 있다. 이 객체의 상태는 데이터 소스에 대한 커넥션과 SQL 명령에 대한 표현을 포함한다. 컨트롤러는 상태를 공개적으로 잘 노출할 수 있고 심지어 그 상태를 직접 변경하는 것(컨트롤러의 동작에 영향을 준다)을 허용할 수도 있다. 예를 들어 리스트 6-8에서 Command 클래스의 Execute 메서드는 Query 속성을 사용한다.

```
public class Command
{
    public Command(DatabaseConnection connection)
        => (this.connection, Query) = (connection, string.Empty);

    public string Query { get; set; }

    public QueryResult Execute()
    {
        connection.Open();
        var result = connection.ExecuteQuery(Query);
        connection.Close();

        return result;
    }

    private readonly DatabaseConnection connection;
}
```

리스트 6-8: **컨트롤러 정의하기**

Command 객체를 사용하면 변경할 수 있는 Query 속성을 통해서 그 SQL 명령을 변경할 수 있다. 각각의 쿼리에 대해 새로운 Command를 생성하지 않고 Command 인스턴스에 대해 Execute 메서드를 반복적으로 호출해서 다른 결과를 얻을 수 있다.

그림 6-5에 나타낸 것처럼 컨트롤러는 주로 그 신원과 동작에 의해 특성 지어진다. 컨트롤러는 그 상태에 어느 정도 의존하지만 엔티티보다는 그 의존도가 덜한 경향을 보인다. 그 데이터는 컨트롤러의 상세한 구현을 숨기기보다 컨트롤러의 동작을 지원하거나 수정하는 데 사용되기 때문이다.

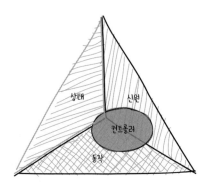

그림 6-5: **컨트롤러 객체의 특성**

컨트롤러 객체의 개별적인 구현에서는 요구 사항에 따라 객체의 상태, 동작에 어느 정도 중요성을 부여할 수 있다. 그러나 엔티티와 마찬가지로 컨트롤러 객체의 신원은 거의 항상 중요하다. 왜냐하면 서로 다른 인스턴스를 구분해야 하기 때문이다. 참조 시맨틱은 많은 경우 엔티티와 컨트롤러 모두에게 중요하기 때문에 인스턴스에 대한 모든 변경은 그 인스턴스에 대한 모든 참조에 반영된다.

객체 역할 모델링을 위한 설계 개선

신원, 상태, 동작이라는 3가지 특성은 상대적으로 단순한 지표를 제공한다. 이를 적용해 어떤 객체가 값, 엔티티, 컨트롤러 혹은 서비스 중 무엇에 가장 가까운지를 결정할 수 있다. 이 정보를 사용해서 설계를 개선하거나 코드를 리팩터링할 수 있다. 객체의 특성을 살펴보면 그 객체가 너무 많은 책임을 가졌는지 혹은 조합된 애플리케이션 역할을 나타내고 있는지 알 수 있으므로 이에 따라 코드를 조정해야 한다.

상태에 크게 의존하고, 같다고 간주되는 동일한 상태를 가진 다른 인스턴스를 가진 객체는 값으로 존재해야 할 강력한 후보이다. 하지만 특정 인스턴스의 신원이 중요하다면 그 객체는 값이 돼서는 안될 가능성이 높으므로, 다른 특성을 고려해서 값이 그 객체가 가장 잘 나타내는 값이 아닌 역할이 무엇인지 결정해야 한다. 객체 특성에 기반해 구체적인 역할을 명확하게 식별할 수 없다면 그 타입을 분해해서 별도의 추상화를 통해 개별 역할을 더 잘 모델링할 수 있는 방안을 모색해야 한다.

시스템을 설계할 때 프로그래머들은 자주 주인공(즉, 서비스, 엔티티, 컨트롤러 역할)을 찾는다. 값 타입 후보를 식별하는 것이 항상 그렇게 직관적인 것은 아니다. 그렇기 때문에 값 타입은 많은 경우 int, double, string과 같은 내장 타입으로 표현된다.

객체는 단일 책임을 가져야 하며 하나의 애플리케이션 역할만 달성해야 한다. 신원, 상태, 동작이라는 상대적 지표를 생각함으로써 객체의 역할을 보다 밀접하고 명확하게 모델링할 수 있다. 값에서는 상태가 대단히 중요하기 때문에 값에 관한 모든 것(값 얻기, 값 확인하기, 값 조작하기 등)은 그 상태에 초점을 둔다. 애플리케이션에서 값 타입을 식별하는 것은 책임을 나누고 동작을 캡슐화해서 설계를 단순화하는 데 도움을 준다.

추상과 용어

몇몇 객체들은 값의 좋은 후보임을 나타낸다. 예를 들어 속도, 온도, 거리, 길이, 돈과 같은 간단한 측정값과 정량값이 이에 해당한다. 이런 객체들은 주로 int 및 double과 같은 원시 타입에 대한 간단한 래퍼이다. 각 객체는 논리적으로 추상화로서 단일 개념을 나타낸다. 이 객체들은 원시 타입을 사용하도록 변환하는 것 외에 쉽게 분해할 수 없다.

우리는 이 타입들의 이름을 사용해서 프로그램의 용어(어휘, vocabulary) 일부를 형성한다. 우리는 double과 같은 범용 타입 대신 Speed와 Length 같은 구체적인 개념에 관한 용어를 사용해서 프로그램을 작성한다. 그 밖에도 우리가 같은 프로젝트에서 작업하는 다른 사람들과 이야기를 나눌 때, 코드에서의 이름과 일치하는 이름을 사용한다.

내장 원시 타입 대신 구체적인 이름을 가진 타입을 사용하는 것은 또한 간단한 에러(예를 들어 길이를 의미하고 싶을 때 실수로 온도값을 사용하는 등)를 방지할 수 있다. 예를 들어 Temperature 타입의 인스턴스를 Length를 기대하는 메서드에 전달하면 프로그램은 컴파일되지 않는다. 이런 에러는 double같은 내장 타입을 사용해 길이나 온도와 같은 값들을 표현할 때 놓치기 쉽다.

또 다른 값의 후보들은 원시 타입으로 덜 쉽게 표현된다. 이 후보들은 여러 컴포넌트로 구성되기 때문이다. 환율, 색 공간, 카테시안(Cartesian) 좌표, 전화번호와 같은 개념들을 표현하기 위한 타입은 여러 관련 부분으로 구성된다. 이들은 모두 다른 추상화를 나타내며 우리는 여기에 FxRate, Color, Coordinate, PhoneNumber 같은 의미 있는 이름을 부여할 수 있다.

우리가 타입에 부여한 이름들은 그 목적에 맞는 필수적인 정보를 제공해야 한다. 우리는 RGB 색공간의 빨강색, 녹색, 파란색을 하나의 단순한 튜플 타입으로 모을 수도 있다. 하지만 이렇게 하면 3차원 좌표값의 x, y, z 컴포넌트를 포함하는 튜플값과 구별하기 어렵게 될 Color와 Coordinate에 대한 별도의 사용자 정의 타입을 만듦으로써 다른 프로그래머들이 우리가 작성한 코드를 더 쉽게 이해하게 할 수 있다.

추상화의 이름을 사용할 때 우리는 암묵적으로 그 추상화와 관련된 동작을 가리킨다. 이름은 개념을 잘 축약하고, 그 추상화를 나타내는 타입이 단일하고 응집된 아이디어이고, 그 동작을 잘 캡슐화했을 때 이해하기 쉽다. 동일한 원칙은 모든 타입에 적용되지만, 그 중에서도 값 타입은 이런 아이디어들을 탐험하기에 훌륭한 정맥이다.

캡슐화와 응집

우리가 직접 타입을 설계할 때 그저 목적을 전달하는 이름을 부여하는 것을 넘어, 우리가 모델링하는 추상화에 적합한 동작을 수집하는 것도 유용하다. 이것이 캡슐화(encapsulation)가 일반적으로 의미하는 것이다. 캡슐화는 객체의 데이터와 객체를 지원하는 메서드를 조합하는 것을 의미한다. 하지만 캡슐화는 그저 멤버 메서드를 추가하는 것 이상이다. 우리는 훨씬 덜 구체적인 개념인 타입의 응집을 염두에 둬야 한다.

타입에 대해 정의된 조작들이 모두 함께 동작해서 잘 정의돼 그 타입의 인스턴스를 사용할 수 있도록 잘 정의되고 민감한 인터페이스를 제공할 때 그 타입은 응집돼(cohesive) 있다. 이 컨텍스트에서 우리는 다른 프로그래머들이 어떤 타입을 쉽게 이해할 수 있는지에 관해 이야기하고 있다. 컴파일러는 문법적으로 옳은지 아닌지에만 신경 쓴다. 하지만 사람은 대부분 돈과 관련돼 있는 타입에 문자열을 대문자로 변환하는 메서드가 존재한다면 매우 놀랄 것이다.

타입은 메서드를 정의하기 위한 장소 이상이다. 그 메서드들은 우리가 나타내고자 하는 추상화에 기여해야 한다. 반대로 앞에서 언급했듯 리스트 6-9의 Speed와 같이 아무런 동작도 갖지 않는 타입은 종종 단순하다.

```
public struct Speed
{
    public double InMetersPerSecond { get; set; }
}
```

리스트 6-9: **빈약한 타입 설계**

이 Speed 구조체는 어떤 것도 캡슐화하지 않는다. InMetersPerSecond 속성은 그저 public 필드 이상도 이하도 아니다. 타입의 이름을 통해 우리는 그 의도한 목적에 관한 단서를 얻을 수 있고 컴파일러는 적어도 많은 부적절한 사용을 잡아낼 수 있지만,

Speed는 빈약한 타입의 예시이다. 우리가 추가하는 모든 동작은 Speed라는 이름이 내포하는 추상화를 지원하고 기여해야 한다.

이 조언은 시스템의 값 타입뿐만 아니라 모든 타입에 동일하게 적용된다. 우리가 만든 타입의 목적이 무엇이든 설계 안에서 개별적인 추상화를 담아내야 한다. 좋은 추상화는 잘 캡슐화된다. 좋은 추상화는 그 세부적인 구현을 유출하지 않는다. 응집력이 있는 타입은 그저 메서드를 모아놓은 것보다 이해하기 쉽다. 캡슐화와 응집은 모두 추상화의 품질에 기여한다.

우리가 만든 많은 객체들은 일종의 상태를 갖는다. 하지만 그것은 값을 나타내는 상태와 같지는 않다. 값 타입에 있어 우리가 나타내는 추상화는 그 값이다. 우리가 속력을 나타내는 타입을 정의한다면, 그 타입에 대해 정의하는 조작은 일반적으로 용인되는 Speed의 개념과 일치하는 하나의 인터페이스를 제공해야 한다. 값은 우리가 달성하고자 하는 캡슐화와 응집의 핵심이다.

> **NOTE** 캡슐화라는 용어는 때때로 데이터 숨김을 나타내는 의미로만 사용된다. 필드를 직접적으로 노출하는 것은 일반적으로 나쁜 아이디어라는 것은 분명 사실이다. 곧 살펴보겠지만 캡슐화는 데이터를 *private*로 만드는 것 이상을 포함한다. 캡슐화는 응집과 밀접하게 관련돼 있으며 이들은 함께 정확하게 사용하기 쉽고, 잘못 사용하기 어려운 타입을 설계하는 데 중요한 역할을 한다.

중복 제거하기

이름 있는 타입에 동작을 캡슐화하면 한 위치에 공통된 코드를 담을 수 있다. 1장에서 봤듯 속력에 대해 민감한 값들은 특정 범위 안에 들어온다. 그래서 그 범위를 벗어난 속력값을 사용하려 시도하면 에러가 발생한다. 과도하게 단순한 타입을 사용해서 속력을 표현하면 그 속력값이 사용된 모든 곳에서 그 검증을 중복해서 수행해야 하며, 검증 코드는 여러 곳에 존재하게 될 것이다. 리스트 6-10의 메서드에서는 리스트 6-9에서 작성한 Speed 구조체를 사용한다. Speed가 사용될 때마다 그 값을 검증해야 한다.

```
private const double C = 299792458;

public static double Distance(Speed speed, double time)
{
    if(speed.InMetersPerSecond > C ||
       speed.InMetersPerSecond < 0 ||
       speed.InMetersPerSecond is double.NaN)
    {
        throw new ArgumentOutOfRangeException(...
        --생략--
}
```

```
public static double Time(Speed speed, double distance)
{
    if(speed.InMetersPerSecond > C ||
      speed.InMetersPerSecond < 0 ||
      speed.InMetersPerSecond is double.NaN)
    {
        throw new ArgumentOutOfRangeException(...
        --생략--
}
```

리스트 6-10: **중복된 검증 코드**

이 메서드에 유효하지 않은 속력값이 전달되는 것을 방지하기 위해서는 매개변수가
허용된 최대값을 넘지 않는지, 음수값이 아닌지, 실수인지 보장함을 검증해야 한다.
우리가 사용한 테스트는 **Speed**를 사용하는 모든 메서드에 대해 동일하며, 시간과 거
리 매개변수에 대해서도 똑같은 검증을 수행해야만 한다. 속력, 시간, 혹은 거리 등을
사용하는 새로운 함수를 작성할 때 이런 확인들을 쉽게 놓치거나 허용되는 속력의 최
대값을 넘는 값을 우발적으로 사용하기 쉽다.

검증 코드의 중복은 유지보수 문제도 발생시킨다. 만약 속력에 대한 허용 범위를 변
경해야 한다면 모든 검증 코드를 변경했는지 보장해야만 한다. 또한 검증 로직이 적
용된 모든 메서드에서 검증 로직을 테스트해야 한다. 따라서 그 테스트들도 중복된
다. 만약 검증 로직을 Speed에 대한 생성자 안에 캡슐화할 수 있다면 그 특성을 한 위
치에서만 테스트할 수 있고 다른 필요한 테스트로부터 고립할 수 있다. 그 값이 **Speed**
값을 사용하는 메서드에서 범위를 벗어날 걱정을 할 필요가 없다. **Speed**를 사용하는
모든 메서드는 **Speed**에 캡슐화된 검증에 의존할 수 있다. 그러면 중복된 검증 코드는
물론 모든 중복된 테스트도 제거할 수 있다.

클래스 불변량 구축하기

타입의 값에 대해 필요한 모든 검증을 수행하는 생성자를 갖는 것은 **클래스 불변량**
(class invariant)(여기에서 **클래스**는 class 키워드가 아니라 타입 이론 관점에서의
클래스이다)을 구축하는 한 예시이다. 이 접근 방식은 모든 인스턴스가 그 타입에 적
합한 값들을 가짐을 보장한다. 리스트 6-11은 switch 표현식과 패턴 매칭을 조합해 생
성자 안에서 효율적으로 숫자 검증을 수행하는 방법을 나타낸다.

```
public readonly struct Speed
{
    private const double C = 299792458;
```

```
    public Speed(double val)
        => amount = val switch
    {
    ①  double.NaN => throw new ArgumentException(
                        message: "Must be a number",
                        paramName: nameof(val)),

    ②  < 0 or > C => throw new ArgumentOutOfRangeException(
                        paramName: nameof(val),
                        message: $"Must be between 0 and {C}"),

    ③  _ => val
    };
    --생략--

    private readonly double amount;
}
```

리스트 6–11: 검증을 포함한 단순한 값 타입 정의하기

Speed의 생성자는 우리가 숫자가 아닌, 음수인, 빛의 속도보다 큰 값을 절대 갖지 않음을 보장해준다.

 switch 표현식 안의 구문은 위에서 아래 방향으로 일치하며, 테스트되는 값(여기에서는 val 매개변수)이 그 패턴과 일치할 때마다 관련된 표현식이 평가돼 결과를 생성한다. 여기에서 첫 번째 2개 패턴은 에러 조건이며 이 조건을 만족하면 값을 생성하는 대신 예외를 던진다.

첫 번째 패턴은 NaN과 일치하는 상수 패턴으로 5장에서 봤다(①). 두 번째 패턴은 val이 0 미만 혹은 상수 C를 초과하면 ArgumentOutOfRange 예외를 던진다(②). 이 패턴은 C# v9.0부터 사용할 수 있게 된 관계형 패턴(relational pattern)과 분리 패턴(disjunctive pattern)을 조합해서 사용한다.

관계형 패턴(relational pattern)은 모든 내장 숫자 타입에 적합하며 관계 연산자(<, >, <= 혹은 >=)를 사용해 어떤 숫자가 주어진 범위 안에 있는지 결정한다. 분리 패턴(disjunctive pattern)은 or 키워드를 사용해서 다른 패턴들을 조합하며, 조합된 표현식 중 하나라도 일치하면 패턴은 일치한다. (여기에서는 사용하지 않은) 결합 패턴(conjunctive pattern)은 and 키워드를 사용해서 다른 패턴들을 조합하며 조합된 모든 표현식이 일치하면 패턴은 일치한다.

val 값이 첫 번째 2개 패턴 모두에 일치하지 않으면 마지막 무시 패턴과 일치한다. 무시 패턴의 표현식은 단순히 val의 값이다(③). 이것은 전체 switch 표현식의 결과이며 amount 필드에 할당된다. 이 무시 패턴은 항상 일치하므로 switch 표현식의 마지막 패턴이 돼야만 한다.

Speed 타입 안에 검증 로직을 캡슐화하는 것과 함께 Speed를 변경 불가능하게 만들었다. 이는 그 인스턴스가 성공적으로 검증되면 절대로 유효하지 않은 상태가 되지 않음을 보장한다. 상태가 변경될 수 없으면 클래스 불변량은 생성자에서 단 한 번만 확인하면 된다.

대칭성을 사용해 명확하게 만들기

인터페이스에서 대칭성의 역할은 종종 과소 평가된다. 하지만 대칭성은 우리가 작성하는 타입을 쉽게 사용하고 이해할 수 있게 만드는데 중요할 수 있다. 예를 들어 1장에서 클래스 팩토리 메서드를 사용하면 단위를 Speed와 같은 타입으로 나타내는 데 도움이 되는 것을 봤다. public 생성자에 직접 접근하는 대신 그런 메서드들을 사용하고, 각 메서드는 그것이 나타내는 단위의 이름을 캡슐화한다. 리스트 6-12는 클래스 팩토리 메서드와 그 해당 속성들을 결합해서 다른 단위의 값을 얻는 방법을 보여준다.

```
public static Speed FromMetersPerSecond(double value) => new Speed(value);
public double InMetersPerSecond => amount;

public static Speed FromKmh(double value) => new Speed(value * 1000 / 3600);
public double InKmh => amount * 3600 / 1000;
```

리스트 6-12: **클래스 팩토리 메서드와 그 속성을 조합해 대칭성 적용하기**

아마도 시속 킬로미터 값을 사용해서 Speed를 생성할 수 있다면 나중에 같은 단위의 값을 얻을 수 있을 것이라 기대할 것이다. 우리는 특정한 단위에 대한 각 쌍을 함께 선언함으로써 클래스 팩토리 메서드와 해당 속성 사이의 대칭성을 강조한다.

리스트 6-12의 메서드와 속성들은 우리가 잘못된 단위를 사용하는 것을 방지하지 않는다. 여전히 kmh 값을 FromMetersPerSecond 팩토리 메서드에 전달할 수 있다. 그러나 우리가 사용하는 단위를 클래스 팩토리 메서드와 속성의 이름에 인코딩함으로써 일반적인 생성자를 사용할 때보다 명확하고 분명하게 단위를 표현할 수 있다.

명시적인 것은 Speed에 대한 인스턴스에 일관성을 부여하고 인스턴스를 보다 올바르게 사용하는 데 도움을 준다. Speed 타입은 원시값에 대한 단순한 래퍼 이상의 역할을 하게 된다.

FromKmj와 InKmh와 같이 명시적 이름을 통해 Speed 인스턴스에서 사용할 수 있는 변환을 나타냄으로써 내부 표현의 캡슐화를 유지할 수 있다. 하나의 double 매개변수와 단순하게 그 값을 반환하는 보호한 이름의 속성을 받는 생성자는 **Speed**가 특정한 내부 표현을 갖는다는 세부 사항을 유출한다. 여기에서 본 클래스 팩토리 메서드와 속성은 이 세부 구현을 숨기고 사용자들에게 몇몇 공통적인 변환의 형태로 가치를 더한다.

유사한 클래스 팩토리 메서드와 속성을 사용하면 예를 들어 섭씨 온도를 화씨 온도로, 미터를 피트로 변환하는 등 다른 단위 사이에서의 변환을 쉽게 할 수 있을 것이다.

캡슐화와 public 인터페이스

캡슐화는 데이터를 private하게 만드는 것을 넘어 타입의 내부 데이터에 그 타입의 메서드가 아닌 코드에서 직접적으로 접근할 수 없다는 것(특별히 변경할 수 없다는 것)을 전체로 구축된다. private 데이터에 대한 접근은 그 타입의 public 인터페이스를 통해서만 제어된다.

잘 캡슐화된 타입은 코드를 추론하는 데 도움이 된다. 왜냐하면 **private** 필드가 일관된 값을 가지며, 그 값들은 우리가 알지 못하는 방법으로 절대 변경되지 않는다고 확신할 수 있기 때문이다. 또한 설계자들에게 캡슐화는 인터페이스를 변경하지 않고 내부 표현을 변경할 수 있다는 것을 의미한다. 타입의 데이터를 직접 노출하지 않으면 해당 타입의 멤버 인스턴스 메서드 이외의 코드는 그 표현에 의존할 수 없다.

Speed의 **double amount** 필드를 캡슐화하고 멤버 메서드와 속성에 의해 제공되는 통제된 조건에서만 그 필드를 노출하고 조작함으로써, 해당 표현의 변경 범위와 영향을 그 멤버로만 제한할 수 있다.

이와 함께 필드에 직접 접근하는 멤버의 수를 제한하면 변경 범위를 한층 더 줄일 수 있다. **Speed**의 **public** 인터페이스에만 의존하는 메서드를 작성하면 내부 데이터 타입을 변경하더라도 이들은 지속적으로 동작할 것이다.

인터페이스 확장하기

타입에 너무 많은 인스턴스 메서드를 추가하면 인터페이스가 어수선해질 위험이 있다. 어떤 타입이 가끔 사용할 수 있는 유용한 메서드를 가지고 있는 경우 해당 타입의 핵심 인터페이스를 발견하기는 어렵다. 반면 어떤 타입의 메서드의 수를 적절한 최소 수준으로 유지하면 코드를 이해하기 더 쉽게 만든다.

인스턴스 멤버 메서드에 대한 한 가지 대안은 확장 메서드를 사용하는 것이다. 확장 메서드는 그들의 확장한 타입의 외부에서 정의된다. 리스트 6-13은 **Speed**에 대한 확장 메서드의 예시이다. WithPercentAdded 메서드는 Speed에 정의된 public 메서드와 속성을 사용해서 다른 값을 가진 새로운 Speed를 생성한다.

```
public static class SpeedExtensions
{
    public static Speed WithPercentAdded(this Speed speed, double percent)
        => Speed.FromMetersPerSecond(speed.InMetersPerSecond +
                percent / 100 * speed.InMetersPerSecond);
}

var start = Speed.FromMetersPerSecond(100);
var end = start.WithPercentAdded(25);

Assert.That(end.InMetersPerSecond, Is.EqualTo(125));
```

리스트 6-13: Speed 인터페이스 확장하기

WithPercentAdded 메서드는 전달된 Speed 인스턴스를 변경하지 않는다. 사실 변경할 수 없다. Speed는 읽기 전용 구조체이기 때문이다. 대신 원하는 값을 가진 Speed의 새로운 인스턴스를 반환한다. 확장 메서드는 정적 클래스 안에서 정의돼야만 하며, 항상 정적 메서드이다. 일반적으로 특정 타입을 확장한 메서드들을 하나의 정적 클래스 정의 안에 모으므로 SpeedExtensions 클래스는 Speed의 인터페이스를 확장하는 여러 메서드를 포함한다.

확장 메서드는 주요한 내부 인터페이스에 부담을 주지 않으면서 타입에 유틸리티 메서드들을 추가하는데 유용하다.

내부 인터페이스 줄이기

타입의 인터페이스는 해당 타입의 객체가 시스템 안의 다른 객체들과 가질 수 있는 협업을 정의한다. 해당 타입 안에 정의된 public 메서드, 생성자, 속성들은 내부적인 (혹은 본질적인) 인터페이스를 형성하며 다른 객체들이 그 타입의 인스턴스에 대해 수행할 수 있는 작업을 정의한다. 타입은 외부적인(external, 혹은 부수적인(inci-dental)) 인터페이스를 가지며 이 인터페이스들은 인스턴스 외부에서 생성된 해당 타입이 매개변수를 받는 메서드들을 구성한다. 외부 인터페이스는 다른 객체들의 해당 타입에 대한 의존을 정의한다. 외부 메서드들은 타입의 내부에 접근할 수 없으며, 따라서 내부 표현의 변경에 영향을 받지 않는다.

많은 public 멤버를 가진 타입의 본질적인 특성은 구별하기 어려울 수 있다. 클래스의 물리적인 정의 자체가 크기 때문이다. 내부 인터페이스 멤버들을 해당 타입의

private 세부 구현에 접근을 필요하는 것만으로 제한하면, 타입 정의는 짧아지고 결과적으로 이해하기 쉬워진다. 내부 public 인터페이스만으로 완전하게 구현될 수 있는 메서드들은 별도의 클래스로 분류될 수 있다. 이들을 확장 메서드로 만들지, 일반적인 정적 메서드로 만들지는 가장 자연스러운 사용 방법에 따라 결정한다.

논리적인 결론을 내리자면 타입의 캡슐화를 깨거나 그 응집력을 줄이지 않으면서 가능한 한 능동적으로 내부 인터페이스를 줄이도록 노력해야 한다. 이 접근 방식은 두 가지 경쟁적인 관점을 갖는다. 먼저 Speed의 다른 public 메서드를 사용해서 구현된 WithPercentAdded와 같은 메서드를 추출함으로써 Speed를 보다 작고 이해하기 쉽게 만들 수 있다. 또한 Speed의 내부 표현을 변경할 가능성이 있는 변경의 잠재적인 영향을 줄일 수 있다. 다른 한편으로 WithPercentAdded는 여전히 Speed의 접근 가능한 전체 인터페이스의 일부이므로 이 메서드를 별도로 추출하게 되면 이를 발견하기 어려워진다.

Speed의 내부 인터페이스와 외부 인터페이스 사이의 균형을 찾아야 한다. WithPercentAdded 메서드가 Speed 값들에 대한 유용한 유틸리티라 하더라도 Speed의 개념에 실제로 본질적이지는 않다. WithPercentAdded를 확장 메서드로 추출하는 것은 Speed의 응집성을 줄이지 않거나, 필요하지 않거나 private 멤버를 public하게 변경해야 하는 새로운 속성을 도입함에 따라 캡슐화를 깨뜨리지 않는다. WithPercentAdded 같은 확장 메서드들을 한 곳에 모으는 것은 외부 인터페이스를 발견하기 쉽게 만드는 한 가지 방법이다.

한편 FromKmh 팩토리 메서드는 Speed의 멤버로 훨씬 적합하다. FromKmh는 다른 타입에 대한 정적 메서드로, FromMetersPerSecond를 사용해서 구현할 수 있다. 하지만 그렇게 하는 것은 Speed의 응집성을 줄인다. 왜냐하면 FromKmh와 FromMetersPerSecond는 자연스럽게 함께 하기 때문이다. 이 두 메서드를 별도의 타입으로 추출하면 Speed의 생성자를 public으로 만들어야 하며, 이는 캡슐화를 감소시킨다. FromKmh 메서드는 Speed의 인터페이스에 대해 본질적이다. 왜냐하면 FromKmh 메서드는 특정한 단위로 Speed를 생성하는 방법을 나타내며 다른 본질적인 메서드들과 자연스럽게 친화적이기 때문이다.

몇몇 메서드들은 다른 public 속성과 메서드들을 사용해서 구현된다 하더라도 반드시 그 타입의 멤버여야 한다. Equals(object?) 메서드는 기본 클래스 구현을 오버라이드하며 반드시 인스턴스 메서드여야 한다. 오버로드 된 연산자들은 모두 정적 멤버 메서드여야 한다. 연산자 오버로드는 최소한 하나의 매개변수를 자신이 속한 타입의 것으로 가져야 하기 때문에, 이를 별도 타입으로 구현할 수 없다.

추상화 조합하기

값은 double과 같은 원시 타입에 대한 단순한 래퍼 이상일 수 있다. 구조체는 다른 사용자 정의 타입을 필드로 가질 수 있으므로 기존의 것들을 조합해서 새로운 추상화를 생성할 수 있다. 예를 들어 Speed 타입과 Angle 타입을 조합해서 Velocity를 나타내는 사용자 정의 타입을 만들 수 있다. 리스트 6-14의 Velocity 타입은 그 자체의 동작을 갖지는 않지만 Angle과 Speed를 사용해 표현되는 보다 풍부한 추상화의 이익을 취할 수 있다.

```
public readonly struct Velocity
{
    public Velocity(Speed speed, Angle angle)
        => (Speed, Angle) = (speed, angle);

    public Speed Speed { get; }
    public Angle Angle { get; }
}

var velocity = new Velocity(100.Kmh(), 45.Degrees());
```

리스트 6–14: **Velocity를 위한 새로운 추상화 구성하기**

Velocity 타입은 Speed와 Angle이 가질 수 있는 값에 대한 검증된 제약 사항이라는 이익을 가지며 Speed와 Angle의 모든 확장 메서드를 포함해 모든 public 조작 및 속성을 사용할 수 있다. 이미 포함한 타입을 기반으로 산술 조작이나 다른 표현 사이의 변환 등 Velocity에 특화된 동작을 추가할 수 있다. Velocity는 다른 타입의 값에 대한 컨테이너 유형이지만 특정한 단일 개념을 나타낸다. Velocity의 Speed 및 Angle 속성은 임의적이지 않다. 이 속성들은 속도의 측정값을 의미한다. Velocity 추상화는 Speed, Angle과 함께 프로그램의 어휘를 형성한다.

Velocity는 특별히 Speed 및 Angle 타입에 맞는 간결한 위치 구문을 사용하기 때문에 레코드 혹은 레코드 구조체로 구현하기 좋은 후보이다. 그러나 위치 구문은 Speed와 Angle 타입에는 덜 적합하다. 이에 관해 설명하기 위해 다음 절에서는 타입을 정의하는 다양한 방법 사이의 트레이드 오프와 타협에 관해 살펴본다.

값 시맨틱과 참조 시맨틱 선택하기

대부분의 프로그램에서 대다수의 사용자 정의 타입은 클래스일 것이다. 클래스는 C#이 제공하는 수많은 기능들을 지원한다. 클래스는 C#에서 사용자가 직접 타입을 생성할 때 사용되는 가장 범용적인 방법이다. 클래스는 상속, 가상 메서드와 같이 언어가 제공하는 모든 객체 지향 요소를 활용할 수 있기 때문이다. 클래스 인스턴스들은 힙에 할당되는 객체들에 제공되는 자동 메모리 관리의 이점을 누릴 수 있다. 일반적으로 값 시맨틱과 관련된 동작이 필요할 때만 타입을 다르게 정의해야 한다.

몇 가지 지표를 통해 우리가 정의하는 타입에 대해 값 시맨틱이 적절한지 판단할 수 있다. 값은 그 상태에 대한 변경을 지원해서는 안된다. 그래서 값 타입은 다른 값만 포함하도록 권장한다. 클래스, 레코드, 구조체 혹은 레코드 구조체를 사용해서 구현됐는지에 관계없이 모든 값 타입은 변경할 수 없다면, 어떤 객체의 상태가 예상치 못하게 변경되는 것을 걱정할 필요가 없다. 왜냐하면 코드의 동작은 보다 예측 가능하기 때문이다. 상태에 대한 무제한적인 쓰기 접근을 요구하는 타입은 일반적으로 값에 대한 형편없는 후보이다.

관련된 지표에는 관련된 지표에는 상태의 완전한 깊은 복사(deep copy) 지원이 있다(클론(clone)이라고도 알려져 있다). 참조 앨리어싱과 관련된 사이드 이펙트를 피하고 싶다면 변경할 수 있는 상태를 복사할 때 깊은 복사가 필요하다. 가장 일반적으로 상태는 클론 직후에 쓰여야만 새로운 객체는 원래 객체와 다른 속성을 가질 수 있다. 2장과 4장에서 살펴봤던 비파괴적 변경 기능은 값 유사 타입에 대한 제한적인 변경 가능성을 제공하는 좋은 예시이다.

또 다른 강력한 지표는 클래스에 대한 등치 동작을 커스터마이즈해서 2개의 인스턴스를 그들의 상태에 따라 비교될 수 있도록 할 때마다, 그 타입이 완전한 완전한 자격을 갖춘 값(full-fledged value)으로 구현돼야 한다는 것이다.

상태 기반 등치 동작과 깊은 복사 지원을 통한 앨리어싱 문제 회피는 값 시맨틱이 필요하다는 가장 강력한 2가지 징표이다. 클래스를 사용해서 값을 구현하는 것이 가능하긴 하나(string에서 본 것처럼) 다른 유형으로 타입을 정의하는 것이 일반적으로 더 낫다.

레코드, 구조체, 레코드 구조체는 모두 값을 나태나는 타입을 생성하기 위해, 즉, 값 시맨틱을 가진 타입을 정의하기 위해 사용할 수 있는 편의 기능이다. 이들은 각각 장단점을 가지고 있으므로 이들의 선택 기준이 반드시 명확하지는 않다.

기본 변수의 함정 회피하기

구조체와 레코드 구조체 타입에서는 인스턴스가 항상 기본 초기화되기 때문에, 기본 값은 두 타입의 구현 및 해당 타입을 사용하는 코드에서 유효하다고 고려되야 한다는 점을 기억해야 한다. Speed와 Length 같은 단순한 숫자 타입에서는 이것이 문제되지 않는다. 이런 타입의 기본값은 0이며 단위에 관계없이 완벽하게 받아들일 수 있는 값이다. 0 미터는 0 마일 혹은 0 인치와 정확하게 같다.

하지만 모든 값에 대해 이것이 항상 참이지는 않다. 예를 들어 온도에서는 저장된 값의 단위가 중요하다. 0°C는 32°F이고 0°F는 약 −17.78°C에 해당한다. 온도의 기본 단위를 섭씨로 설정하는 관계를 정할 수도 있다. 하지만 각각의 단위마다 (불필요하게 보이는) 별도의 타입을 갖지 않으면 그것을 명시적으로 표현하기 어렵다.

구조체나 레코드 구조체에 대한 클래스 혹은 레코드를 사용하면 기본값을 방지하고 사용자가 인스턴스를 생성할 때 올바른 단위를 지정하게 강제할 수 있다. 그러나 클래스와 레코드는 모두 참조 타입이며, 변수는 null 값을 가질 수 있다. C# v8.0 및 이후 버전에서는 모든 가능한 오사용을 방지할 수는 없지만, null을 허용하지 않는 참조를 사용해서 이를 어느정도 완화할 수 있다.

그럼에도 불구하고 클래스 혹은 레코드 중 하나를 사용해서 값과 유사한 특성을 갖는 타입을 모델링해야 한다면 언제나 레코드를 우선하는 것이 좋다. 레코드는 값 시맨틱을 갖는 타입을 정의하도록 구체적으로 의도돼 있으며 컴파일러는 비교되는 인스턴스의 상태에 기반해 레코드에 대한 기본 등치 동작을 제공한다.

커스텀 동작 vs 생성된 동작 구현하기

클래스에 값 기반 등치 기능을 제공하고 싶다면 해당 기능은 직접 정의해야만 한다. 최소한 Equals(object?) 와 GetHashCode 메서드는 오버라이드해야 한다. 하지만 5장에서 본 것처럼 보다 완전하게 정의하려면 IEquatable<T> 인터페이스를 구현 및 operator== 연산자와 그 쌍인 operator!= 연산자 오버로딩을 통해 등치 비교를 자연스럽고 쉽게 할 수 있도록 해야 한다.

대부분의 값 유사 타입에 있어서 여러분이 일반적인 실수를 피하는 데 주의하기만 한다면 그 메서드들은 직관적으로 구현할 수 있다. 하지만 클래스 대신 레코드를 사용한다면, 컴파일러는 이 모든 메서드의 구현을 생성한다. 그렇기 때문에 레코드 타입정의는 작고 이해하기 쉬우며, 우리는 모든 잠재적인 함정들을 일일이 기억하지 않아도 된다.

앞으로 구현할 Temperature 타입에 있어 위치 레코드를 고려할 수 있다. 위치 레코드는 완전한 정의와 관련된 문제들을 해소해줄 수 있다. 위치 레코드로서의 Temperature의 잠정적인 구현은 리스트 6-15에 정의된 것과 같을 것이다. 하지만 위치 레코드의 몇 가지 제한 사항을 고려해야 한다.

```csharp
public sealed record Temperature(double InCelsius)
{
    public static Temperature FromCelsius(double val)
        => new Temperature(val);

    public double InFahrenheit => InCelsius * 1.8 + 32;
    public static Temperature FromFahrenheit(double val)
        => new Temperature((val - 32) / 1.8);
};
```

리스트 6-15: **위치 Temperature 레코드**

컴파일러는 Temperature 정의의 매개변수를 사용해서 자동으로 InCelsius라는 이름의 속성을 생성한다. 하지만 변환을 수행하는 코드를 추가하기 위해서는 InFahrenheit 속성을 직접 작성해야 한다. 사용자는 클래스 팩토리 메서드를 호출해서 다른 단위를 갖는 Temperature 인스턴스를 생성할 수 있지만, 컴파일러에 의해 생성된 Temperature의 생성자는 공개적(public)이다. 또 생성된 생성자는 그 매개변수를 검증하지 않으므로 Temperature가 절댓값 0 미만의 값을 갖지 않는지 보장하고 싶을 수 있다.

사용자들이 단위를 명시적으로 사용하게 하고 싶다면 사용자들에게 이 클래스 메서드를 사용하도록 강제해야 하는데, 위치 레코드는 그 필요를 충족시키지 못한다. 같은 이유에서 위치 구문은 리스트 6-14에서 Velocity 안에서 사용한 Speed와 Angle에게 적합하지 않다.

생성된 메서드 오버라이드하기

위치 레코드 구문이 우리의 필요를 만족시키지 않을 때는 완전한 레코드 정의를 사용할 수 있다. 이 정의는 위치 타입 인수를 갖지 않는다. 이제 우리는 우리가 작성한 private 생성자를 제공하고 이를 사용해 초기값을 검증할 수 있다.

Temperature에 대해서는 위치 레코드를 사용해서 얻을 수 있는 몇몇 편의성을 포기한다. 컴파일러는 위치 레코드만을 위한 속성을 생성하므로 InCelsius 속성을 우리가 직접 작성해야 하기 때문이다. 리스트 6-16의 레코드 정의는 컴파일러에 의해 제공되는 다른 코드의 이익을 여전히 취하면서 레코드 타입에 대해 동작을 커스터마이즈하는 방법을 보여준다.

```
public sealed record Temperature
{
    private const double ZeroKelvin = -273.15;

    private Temperature(double celsius)
        => value = celsius switch
    {
        Double.PositiveInfinity or < ZeroKelvin
            => throw new ArgumentOutOfRangeException( --생략-- ),

            double.NaN => throw new ArgumentException( --생략-- ),

            _ => celsius
    };

    public double InCelsius => value;
    public static Temperature FromCelsius(double val)
        => new Temperature(val);

    public double InFahrenheit => value * 1.8 + 32;
    public static Temperature FromFahrenheit(double val)
        => new Temperature((val - 32) / 1.8);

    public static Temperature AbsoluteZero
        => new Temperature(ZeroKelvin);

    private readonly double value;
}
```

리스트 6-16: Temperature에 대한 전체 레코드 정의

컴파일러는 여전히 메서드를 생성해서 비위치 레코드에 대한 값 기반 등치 비교를 구현한다. 따라서 우리는 Temperature와 같은 레코드 타입에 특화된 다른 동작만 올바르게 구현하는 데 집중하면 된다.

위치 구문의 모든 기본 동작을 받아들인다면 레코드와 레코드 구조체는 각각 클래스와 클래스 구조체에 비해 훨씬 큰 이익을 제공한다. 리스트 6-4의 Color 타입이 좋은 예시다. Color 타입은 위치 레코드 구조체이며 다음과 같다.

```
public readonly record struct Color(int Red, int Green, int Blue);
```

Color에 대해 기본 초기화된 인스턴스는 유효한 Color이고 모든 속성이 0인 인스턴스

와 같다고 비교된다.

```
var background = new Color();
var black = new Color(0, 0, 0);

Assert.That(background == black, Is.True);
```

우리는 그 어떤 메서드나 속성도 직접 추가할 필요가 없다. 따라서 위치 구문은 간결하며 우리에게 필요한 모든 것을 정확하게 수행한다.

레코드와 레코드 구조체는 Color와 같은 단순한 값 타입을 정의하는 데 편리할 수 있다. 하지만 컴파일러는 그 타입에 필요한 모든 것을 제공하지는 않을 수 있다. 특히 2개 값의 대소를 비교해야 한다면 그 비교에 대한 구현을 항상 우리가 직접 제공해야 한다.

순서 비교

값 기반 등치의 원칙은 값이 된다는 것의 의미를 정의하는 유일한 요소(one thing)이다. 어떤 것이 값 타입인지 아닌지에 관해 이야기할 때, 그것은 실제로 2개의 인스턴스가 그들의 상태에 따라 같다고 비교되는지 혹은 그들의 신원에 따라 같다고 비교되는지를 의미한다. 상태를 등치의 기반으로 사용하는 것은 모든 값에 있어 본질적이다. 하지만 어떤 값들은 동등할 수는 있지만 반드시 같지 않을 수 있다.

보통 2개의 값은 같은 상태를 가질 때 같다. 리스트 6-17에서 LogEntry 레코드 구조체의 2개의 인스턴스는 그들의 속성이 모두 같을 때 같으며, 각 LogEntry 인스턴스의 신원은 중요하지 않다.

```
public enum Severity { Debug, Info, Warning, Error }

public readonly record struct LogEntry(DateTime stamp,
                                       Severity Level,
                                       string Message);
```

리스트 6-17: **값 타입의 등치**

모두는 아니지만 일부 값들은 자연스러운 순서를 가지며, 이를 사용하면 값의 컬렉션을 정렬할 수 있다. 많은 정렬 알고리즘이 존재하지만, 일반적으로 모든 정렬 알고리즘은 컬렉션의 각 아이템을 다른 아이템과 차례로 비교해서 아이템의 대소 여부를 결정한다. 왼쪽 아이템의 값이 오른쪽 아이템의 값보다 작으면 아이템들은 순서대로 정렬돼 있다고 간주한다.

'~보다 작다' 라는 의미는 커스터마이즈할 수 있다. 즉, 목적에 맞춰 순서를 커스터마이즈할 수 있다. C#에서 '~보다 작다'를 정의하는 프로토콜은 IComparable<T> 인터페이스이며, 이 인터페이스는 우리가 해당 타입에 대해 CompareTo라는 이름의 단일 메서드를 구현할 것을 요구한다. 왼쪽 인수가 오른쪽 인수보다 작으면 CompareTo는 음의 정수를 반환한다. 오른쪽 인수가 왼쪽 인수보다 작으면 양의 정수를 반환한다. 그렇지 않으면 0을 반환한다.

2개의 LogEntry 값이 같은 지 비교할 때는 모든 속성을 사용한다. 그러나 순서에서는 TimeStamp 속성에만 신경을 쓸 것이다. 우리는 엔트리들을 기록된 순서대로 놓기를 원할 것이기 때문이다. 메시지를 기준으로 LogEntry 값의 순서를 정하는 것은 상식적이지 않으며, 우선 순위에 따라 순서를 정하는 것 역시 우리가 원하는 것과 맞지 않다. LogEntry의 TimeStamp 속성은 DateTime 인스턴스이며 그 자체로 IComparable 인터페이스를 구현하므로, 리스트 6-18에서는 LogEntry에 대해 단순하게 TimeStamp 속성만 비교하는 ComparetTo를 구현한다.

```
public readonly record struct LogEntry(DateTime TimeStamp,
                                       Severity Level,
                                       string Message)
    : IComparable<LogEntry>
{
    public int CompareTo(LogEntry other)
        => TimeStamp.CompareTo(other.TimeStamp);
}
```

리스트 6-18: LogEntry 값에 대해 TimeStamp를 사용한 순서 정의하기

일반적으로 LogEntry 인스턴스에 대해 CompareTo를 직접 호출하지는 않을 것이다. 보통 CompareTo는 LogEntry 값의 컬렉션을 정렬할 때 간접적으로 호출된다. 우리가 명시적으로 다른 비교를 지정해서 정렬을 수행하지 않는 한, CompareTo 메서드가 호출돼 LogEntry 요소를 정렬하는 방법을 결정한다. 그래서 LogEntry 값에 대한 기본 순서는 온전히 TimeStamp 속성을 기반으로 하게 된다.

값은 확장성(extensionality)을 갖는다. 2개의 인스턴스가 동일한 관찰 가능한 속성을 갖고 있을 때 이들을 같다. 이것이 고의성(intentionality)이라 불리는, 같은 구조적 정의를 갖는다는 것과 반드시 같을 필요는 없다. 상대적으로 희소하지만 값에 의미 있는 방식으로 기여하지 않는, 그래서 등치 비교를 위한 테스트에 사용되지 않는

추가적인 데이터를 필요로 할 수도 있다. 이런 데이터는 일반적으로 구현과 관련된 비공개 세부 사항이다.

고의성과 확장성의 구분은 우리가 값의 등치를 비교하는 것뿐만 아니라 정렬을 원할 때 더욱 중요하다. 값을 순서대로 놓기 위해서는 다르지만 밀접하게 관련된 비교를 해야 한다. 여기에서는 2개의 같지 않은 값을 정렬하기 위한 목적을 위해서 동등한 것으로 판단할 수도 있다.

동등 vs 등치

대부분의 값 타입에 대해 CompareTo가 0을 반환하면 2개의 값은 실제로 같으며, Equals를 호출하면 true를 반환할 것이다. 이것은 TimeStamp 속성 내부의 DataTime 값에 대해서도 마찬가지다. 이 결과는 일반적으로 우리가 기대하는 것이지만 엄격한 요구 사항은 아니다. CompareTo 메서드는 어떤 값도 다른 값보다 작지 않을 때 0을 반환해야 한다. 그 값들이 실제로는 같지 않을 수도 있다. 그 값들은 정렬의 목적에서 볼 때 동등하다(equivalent).

LogEntry 값에서 2개의 값은 TimeStamp 속성이 정확하게 일치할 때 동등하다. 그렇다 하더라도 2개의 값은 전혀 같지 않을 수 있다. Severity 혹은 Message 속성이 다를 수 있기 때문이다. 리스트 6-19의 간단한 테스트가 이를 보여준다.

```
var logTime = new DateTime(year:2020, month:5, day:31, 15, 35, 01, 12);

var log1 = new LogEntry(logTime, Severity.Debug, "Debug Message");
var log2 = new LogEntry(logTime, Severity.Info, "Info Message");

Assert.That(log1.Equals(log2), Is.False);
Assert.That(log1.CompareTo(log2), Is.Zero);
```

리스트 6-19: LogEntry에서의 동등 vs 등치

코드에는 아무런 모순도 없다. 2개의 엔트리는 명확하게 다른 값을 가진다. 하지만 LogEntry 인스턴스를 정렬하는 목적에 있어서는 의심의 여지없이 동등하다. 한 엔트리가 다른 엔트리에 앞에 있거나 뒤에 있더라도 아무런 문제가 없기 때문이다. 동등이 꼭 등치임을 내포하지는 않는다. 따라서 CompareTo의 관점에서 등치를 구현하고자 하는 유혹을 피해야만 한다.

동등과 등치의 차이를 보여주는 매우 일반적인 예시는 문자열 값의 비교이다. 때때로 우리는 등치가 아니라 정렬을 위해 대소문자를 구분하지 않는 문자열 비교를 사용하

려 한다. 2개의 문자열 값 "September"와 "september"는 분명히 같지 않지만, 정렬에 관해서는 동등한 것으로 간주된다.

비교를 위한 계약

CompareTo 메서드에 대해서는 특정한 기대를 반드시 만족해야 한다. 특히 단일값을 자신과 비교하면 반드시 동등하다는 결과를 반환해야 한다. 즉 x.CompareTo(x)는 반드시 0이어야 한다. 보다 일반적으로 Equals 메서드에 따라 같다고 비교된 2개의 객체에 대해 CompareTo는 0을 반환해야 한다. IComparable 인터페이스는 계약이며, 한 객체를 자신과 비교하는 시맨틱은 그 계약의 한 측면일 뿐이다.

CompareTo 구현을 사용해서 LogEntry에 대한 비교 연산자 <를 정의할 수 있다. 이를 사용하면 log1 < log2 인지 자연스러운 방법으로 확인할 수 있고 계약의 나머지를 보다 간결하게 표현할 수 있다. '~보다 작다' 관계에 대한 계약은 그 관계가 다음 특성을 가진다는 것을 나타낸다.

반재귀적이다

x < x는 항상 false이다.

반대칭적이다

x < y가 true이면 y < x는 반드시 false이다.

전이적이다

x < y와 y < z가 true이면 x < z도 반드시 true이다.

안정적이다

x < y의 결과는 두 값이 모두 변경되지 않는 한 동일하게 유지된다.

안전하다

같은 타입의 값을 비교하면 예외를 던지지 않는다.

참조 타입에 대해서도 유사한 방식으로 CompareTo와 operator<를 정의할 수 있다. 다만 null 참조에 관해서도 고려해야 한다. null 값은 항상 null이 아닌 값보다 작다고 비교된다.

다른 유형의 순서

DateTime 혹은 숫자의 순서를 정하는 것은 크기(magnitude)를 사용한 순서 정의의 예시이다. 그러나 다른 방식으로 순서를 정할 수도 있다. 문자열을 일반적으로 사전적(lexicographical)으로 순서를 정한다. 어떤 문자열이 다른 문자열보다 어휘, 즉, 사전에서 먼저 등장한다면 그 문자열이 더 작은 것이라는 의미이다.

다른 값들은 자연에서의 차례(ordinal)를 따른다. 예를 들어 한 해의 달(month) 등을 들 수 있다. 차례 비교를 할 때는 종종 추가적인 고려를 해야 한다. 영어에서 한 주의 요일을 비교하는 경우를 예로 들어보자. 일요일(Sunday)가 월요일(Monday) 앞에 와야 하는가? 이 질문에 대한 대답은 주의 첫 번째 요일을 무엇으로 정하는지에 따라 달라진다.

어떤 값들은 본질적으로 다른 값들보다 작지 않다. Color 타입이 좋은 예시다. 무지개에서의 색상(이들의 상대적인 주파수 길이 속성)을 나열할 때는 빨간색이 파란색보다 앞에 온다. 하지만 영어 사전에서는 파란색이 빨간색보다 앞에 온다. 상황에 따라 Color 객체에 대한 다양한 순서 중 하나를 적용할 것이지만, 그 순서의 정의는 색상의 본질적인 개념을 벗어난다.

개별적인 상황에 따라 요소의 순서를 커스터마이즈할 수도 있다. 직접 비교자를 생성할 수 있고 심지어 다양한 시나리오를 다루는 여러 비교자를 만들 수도 있다. 5장에서 IComparer<T> 인터페이스는 IEqualityComparer<T> 인터페이스를 보완한다. IEqualityComparer<T>가 비교 대상 타입에 대해 외부적인 등치 비교를 구현하는 것처럼, IComparer<T> 구현은 외부적인 순서 비교를 정의한다. 리스트 6-20은 커스텀 비교자 타입을 보여준다. 이 비교자는 시간이 아닌 Message 속성에 기반해 LogEntry 객체의 순서를 결정한다.

```
public sealed class LogEntryComparer : IComparer<LogEntry>
{
    public int Compare(LogEntry x, LogEntry y)
        => string.Compare(x.Message, y.Message, StringComparison.Ordinal);
}
```

리스트 6-20: **LogEntry 객체를 위한 외부 비교자 정의하기**

Compare 메서드의 시맨틱은 IComparable.CompareTo의 그것과 일치하며 x가 y보다 작으면 음의 정수, y가 x보다 작으면 양의 정수, 그렇지 않으면 0을 반환한다. 표준 라이브러리의 여러 정렬 알고리즘은 명시적 비교자 객체를 인수로 받는 오버로드를 갖는다. 다음에 나타낸 Order 메서드도 포함된다.

```
var log = new List<LogEntry>();

--생략--
```

```
var comparer = new LogEntryComparer();
var alphabeticalLog = log.Order(comparer).ToList();
```

이 alphabeticalLog는 LogEntryComparer.Compare 비교를 사용해 알파벳 순서대로 정렬된 LogEntry 요소를 갖는 새로운 리스트이다. List<T>.Sort, List<T>.BinarySearch, SortedList를 위한 생성자 등 유사한 오버로드가 제공된다.

순서는 값의 일반적인 특성이다. 그러나 값 기반 등치와 마찬가지로 본질적인 특성은 아니다. 값이 자연스러운 순서를 갖는다면 CompareTo 메서드를 구현하는 것은 이치에 맞다. 한편 참조 타입에서는 그 타입이 Equals를 오버라이드하지 않는 한 일반적으로 CompareTo를 오버라이드하지 않는다. 신원 기반 등치와 값 기반 순서를 혼합하는 것 (혹은 그 반대)은 혼동을 야기하기 쉬우며 추적하기 어려운 에러를 일으킬 수 있다. 특히 참조는 자연스러운 순서를 갖지 않기 때문에, 한 참조값이 다른 참조값보다 작다는 것은 상식적이지 않다.

균일성과 일관성의 위험성

때때로 코딩 가이드라인들은 모든 타입에 대해 Equals를 오버라이드하고 CompareTo를 구현해야만 한다고 조언한다. 이런 규칙 뒤에 존재하는 생각은 일반적으로 객체의 사용에 대한 제약 사항을 없애고자 하는 것이다. IComparable을 구현하지 않은 타입은 SortedList에서 키로 사용될 수 없다. Equals와 GetHashCode를 오버라이드하지 않은 타입은 Dictionary의 신뢰성 있는 키로 사용될 수 없다. ICompare<T>의 구현을 사용해 전자를 해결하고, IEqualityCompare<T>를 사용해서 후자를 해결할 수 있지만 그 구현을 명시적으로 사용해야 한다는 것을 반드시 기억해야 한다.

이런 가이드라인은 일관성을 개선하고 평범한 요구 사항에 대한 장벽을 제거하는 것을 목적으로 한다. 목표는 일반적으로 모든 객체를 해싱 컨테이너의 키로 사용할 수 있게 하거나, 외부 비교자를 명시적으로 정의할 필요없이 객체의 컬렉션을 상태에 따라 정렬될 수 있게 하는 것이다.

이런 유형의 균일성(uniformity)을 제안하는 가이드라인들은 값과 값이 아닌 것이 의미적/개념적으로 다르며, 그 차이가 참조 타입과 값 타입의 기술적 특성에까지 이른다는 사실을 무시한다. 참조 시맨틱은 그 자체의 바람직한 특성을 갖는다. 특히 우리가 적극적으로 단일한 변경할 수 있는 인스턴스에 대한 여러 앨리어싱 참조를 필요로 할 때 그렇다. 그런 특성들은 컬렉션에서 키로 사용하기에 적합하지 않으며, 때로 순서를 정할 때도 충돌을 일으킨다. 변경할 수 있는 객체들의 정렬된 컬렉션은 그 요소의 상태를 변경함으로써 쉽게 순서가 정해지지 않은 상태가 될 수 있으며, 이는 우리가 사용하는 모든 값 타입은 변경할 수 없어야 한다는 당위성을 준다. 정렬된 값의 컬렉션은 정렬된 상태로 유지돼야 한다.

앞서 논의했듯 일부 타입들은 자연스러운 순서를 갖지 않는다. Color의 예시로 다시 돌아가보자. Color 타입이 IComparable을 구현해야 하는 주장은 다음과 같은 질문을 남긴다. 2개의 Color 값에 대해 CompareTo는 어떻게 동작해야 하는가? 이 질문에 대해 한 가지 그럴듯한 구현을 선택할 수 있겠지만, 그 선택은 모든 유스 케이스를 만족시키지 않을 것이며 다른 측면에서 코드에 어려움을 야기할 것이다. 바로 이것이, 레코드와 레코드 구조체가 IEquatable<T> 인터페이스 구현을 제공하면서도 IComparable<T>를 구현하지 않는 이유이다. 심지어 개별 필드들이 CompareTo를 사용해서 비교될 수 있다 하더라도, 그것이 항상 전체 타입을 같은 방식으로 비교할 수 있음을 의미하지는 않는다. Color의 모든 필드는 int 값이며 IComparable<int>를 구현하지만, 결국 '~보다 작다' 는 비교는 Color 값에 대해 아무런 의미를 갖지 않는다.

값 타입에 대해 Equals 메서드를 오버라이드하는 주요 목적은 이들을 키로 사용하도록 허용하려는 것이 아니다. 값은 참조 등치를 위해서는 쓸모가 없다. 하나의 값은 같은 속성을 가진 다른 값만큼 좋기 때문이다. 값 기반 등치는 값인 변수들을 비교하는 단일한, 자연스러운 방법이다.

반면 참조 타입은 주로 신원 기반 등치에 의존한다. 값 시맨틱을 갖도록 특별히 의도되지 않은 모든 타입은 Dictionary에서 키로 사용돼서는 안 된다.

산술 타입과 비산술 타입

모든 값이 자연스러운 순서를 갖지는 않는 것처럼 어떤 값들은 자연스럽게 산술 계산이 가능하고, 어떤 값들은 그렇지 않다. 예를 들어 리스트 6-11의 Speed 타입 인스턴스에 대해서는 인스턴스를 더하는 연산을 정의할 수 있을 0은 레코드 구조체이므로 컴파일러는 등치 연산자 정의를 자동적으로 제공한다. LogEntry에 대해 IComparable<LogEntry>를 구현했으므로 컴파일러가 제공하지 않는 operator<와 operator>를 오버라이드 하는 것도 고려해야 한다. 리스트 6-21은 CompareTo의 관점에서 이 연산자들을 구현하는 것이 직관적임을 보여준다.

```
public static bool operator<(LogEntry left, LogEntry right)
    => left.CompareTo(right) < 0;

public static bool operator>(LogEntry left, LogEntry right)
    => left.CompareTo(right) > 0;
```

리스트 6-21: **동등 비교 연산자 정의**

이 연산자 정의들은 LogEntry 인스턴스에 대한 등치 및 비교를 보다 자연스럽게 다룰 수 있게 해준다.

비표준적 연산자의 동작

종종 산술 연산자들은 산술 연산자 이상으로 유용하다. 예를 들어 string 인스턴스들은 서로 "더해질 수" 있으며, 대부분의 프로그래머들은 1개의 문자열을 더하는 것이 이들을 연결하는 것임을 이해한다. 따라서 "key" + "board"는 "keyboard"가 된다. 산술 연산에서 덧셈은 뒤바꿀 수 있으므로 a + b와 b + a의 결과는 같다. string 인스턴스에 이를 사용한 결과는 명확하게 참이 아니지만 +를 사용해서 2개의 문자열을 연결하는 것은 널리 사용되며 관례로 받아들여진다.

이런 식으로 규칙을 구부린다면 우리는 관례, 자연스러운 사용법, 기대 등을 특별히 중요하게 생각해야 한다. 예를 들어 산술 연산에서 숫자를 더하는 능력은 뺄셈까지 이어진다. 한 문자열을 다른 문자열에서 뺀다는 것이 어떤 의미인지 생각해보자. 오른쪽 인수의 모든 인스턴스를 왼쪽 문자열에서 제거해야 하는가? 아니면 문자열의 끝네 나타날 때만 해당하는가? 문자열 빼기는 문자열 더하기/연결하기만큼 자연스럽거나 관례적이지는 않다.

우리는 일반적으로 +와 -사이에서 대칭성을 찾기를 기대하며, 대칭성 자체는 일반적으로 바람직한 특성이다. ==를 오버로드할 때 컴파일러는 != 연산자도 구현해야 한다고 강조한다. string 값에 대해 덧셈과 뺄셈을 결합하는 것은 대칭성이 적절하지 않은 예시 중 하나다. 그것이 예상과 충돌하기 때문이다.

대칭성이 적절하지 않은 다른 상황들이 더 있다. 예를 들어 모든 속성이 get 접근자 및 이와 쌍을 이루는 set 접근자를 가지는 것은 표면상으로는 매력적이지만 값 타입은 변경할 수 없어야 한다는 권장 사항과 모순된다. 이것은 대칭성이 긍정적인 특성인지 우리가 직접 판단해야 하는 또 다른 예시이다.

정리

여러분의 가치가 무엇인지 안다면 결정을 내리는 것은 어렵지 않다.

– 로이 디즈니(Roy Disney), 미국 영화 작가 및 제작자

C#은 자체적인 ValueType의 정의를 갖고 있지만 값의 보다 넓은 개념은 C#에만 국한되지 않는다. 값 타입에 관한 보다 일반적인 아이디어는 C#의 정의와 공통점을 갖지만, 눈에 띄는 차이도 존재한다.

값 타입에 관한 언어 정의는 구조체와 관련된 메모리 요구 사항 및 동작에 주로 초점을 둔다. 하지만 값을 프로그램에서 언제 어떻게 도입할지 결정하기 위해서는 다른 요소들도 고려해야 한다. 이번 장에서는 값 타입과 참조 타입을 대조함으로써 그런 고려 사항들 중 몇 가지에 관해 다루었다. 특히 값들이 프로그램에서 특정한 중요한 역할을 달성하는 방법들을 검토했다.

객체 지향 시스템들은 여러 유형의 객체들로 구성되며, 이 객체들은 신원, 상태, 동작 등의 특성 중 강조하는 측면이 다르다. 객체의 역할이 인스턴스의 신원을 중시한다면 해당 타입이 값 타입이면 안 된다는 강력한 지표이다. 객체의 상태를 우선하고 신원을 중시하지 않는다면 그 타입은 거의 확실하게 값으로 모델링하기에 최적이다.

어떤 타입이 단일 필드를 가지고 있는지 혹은 여러 필드를 가지고 있는지는 그 타입을 값으로 만들지 선택하기 위해 고려해야 할 최선의 지표는 아니다. 때로 우리는 값 시맨틱을 원하고, 때로 참조 시맨틱이 더 중요하기도 하다. 값 시맨틱과 값으로 복사한다는 문구는 때때로 상호 교환하여 사용되며 서로를 정의하는 데 사용되기도 한다. 하지만 값 시맨틱은 복사보다 값 기반 등치와 더 많은 관련이 있다.

값 타입을 다른 타입과 구분하는 것은 애플리케이션에서 이들의 책임을 나누는 데 있어 중요한 첫 걸음이다. 값 타입의 후보를 식별하는 것은 동작과 책임을 캡슐화하는 특화된 타입을 도입함으로써 설계를 명확하게 하는 데 도움이 된다. 차례로 보다 모듈화된 시스템을 통한 구현과 요구되는 테스팅 관점에서 이익을 취할 수 있다. 어떤 타입이 값으로 모델링된다고 결정했다면 그것을 구현할 수 있는 보다 많은 선택지를 갖게 된다. C#은 모든 사용자 정의 타입에 대한 풍부한 지원을 제공하지만, 값 타입에 대해 제공하는 편의 기능들은 종종 제대로 인정받지 못한다.

7

값 타입과 다형성

객체 지향 프로그래밍(OOP) 언어로서 C#이 지원하는 좋은 기능들을 사용하면 클래스, 가상 메서드, 상속과 같은 복잡한 아이디어를 잡아내고 그들을 직관적으로 표현할 수 있다. 하지만 상속에 대한 언어적 지원은 값 타입으로는 확장되지 않는다. 구조체와 레코드 구조체는 암묵적으로 ValueType 클래스에서 파생되고, ValueType 클래스는 object에서 직접 파생된다. 하지만 구조체와 레코드 구조체는 다른 타입을 상속할 수 없고, 이들 자체도 상속될 수 없다. 즉, 구조체와 레코드 구조체는 암묵적으로 봉인돼 있다. 상속은 OOP의 중추적인 기능이며, 이 기능이 있기 때문에 우리는 파생된 클래스에 대한 참조를 기본 클래스를 가리키는 것처럼 취급할 수 있고, 기본 클래스의 속성과 메서드를 오버라이드해서 필요한 만큼 새로운 동작을 만들 수 있다. 이 기능들은 값 타입에 적용되지 않지만, 그렇다고 값 타입이 열등하다는 의미는 아니다.

다형성(polymorphism)과 상속(inheritance)을 섞어서 사용하는 경우가 많지만 다형성은 보다 일반적인 개념이다. 다형성은 다양한 타입에 대해 동일하게 동작하는 코드를 작성해 중복을 줄이는 것과 관련된다. 이번 장에서 논의하겠지만 상속은 다형성의 일종이다. 값 타입이 상속 관계를 가질 수 없는 데는 정당한 기술적, 시맨틱적 이유가 있다. 값 타입은 다른 종류의 다형성의 이점을 갖는다.

이번 장에서 다루는 내용은 다음과 같다.

- 값 타입이 봉인돼 있는 이유와 값 유사 타입이 일반적으로 상속을 사용하지 않는 이유
- 서브타이핑과 서브클래싱의 차이와 그 중요성
- 타입 대체성(type substitutability)의 의미 및 상속과의 관계
- 상속이 아닌 다른 유형의 다형성을 사용해서 객체 사이의 관계를 모델링하는 경우

값 타입이 봉인돼 있는 이유

구조체(및 레코드 구조체)에 대해 상속을 금지하는 가장 근본적인 기술상의 이유는 이들이 참조 타입과 다른 수명과 저장소 특성을 가지기 때문이다. 이 제한은 단순한 임의의 규칙이 아니다. 값 타입 변수가 메모리에서 동작하는 방법과 그 동작이 참조 유형과 어떻게 다른지에 따른 직접적인 결과다.

클래스 사이의 상속으로 인해 기본 클래스 타입에 대한 참조를 사용해서 파생된 클래스의 인스턴스를 가리킬 수 있다. 따라서 참조 변수의 정적인 컴파일 타임 타입은 반드시 동적인 런타임 인스턴스 타입과 같을 필요가 없다. 이 특성은 메서드 호출의 가상 디스패치(virtual dispatch, 적절한 메서드 구현은 런타임에 객체의 실제 타입에 기반해 호출된다)를 허용하며, 참조에 의해 제공되는 추가적인 수준의 간접성에 의존한다. 그렇기 때문에 상속은 참조 타입에 대해서만 적합하다.

값 타입 변수는 직접적으로 그들의 데이터를 포함한다. 그래서 방식 이외의 방법으로는 한 타입이 다른 타입의 인스턴스를 나타내도록 변수를 선언할 수 없다. 따라서 구조체로부터 속하는 것은 이치에 맞지 않으며, 컴파일러는 이를 금지한다.

하지만 클래스를 사용해서 값 유사 동작을 모델링할 수 있음을 기억하자. 6장에서 봤듯, string은 값과 같이 동작하지만 참조 타입으로 구현돼 있다. string 타입은 (신원

기반 보다) 값 기반 등치 비교를 사용하고, 변경할 수 없으며, 그것을 값으로 식별하는 여러가지 특성을 갖는다. 클래스로서 string은 가상 메서드 디스패치를 지원할 수 있지만, string 클래스는 명시적으로 봉인돼 있기 때문에 직접 상속할 수 없다. 이것은 우리가 DateTime, Guid 혹은 다른 값 타입을 상속하는 것 외에 string의 증강된 서브클래스(augmented subclass)를 더이상 생성할 수 없다는 의미이다.

string 클래스와 마찬가지로 레코드는 참조 타입이지만 값 타입과 유사한 등치 동작을 갖는다. 레코드는 다른 레코드에서 파생할 수 있으며 가장 메서드를 가질 수도 있다. 그래서 그들은 값과 상속에 관한 아이디어를 통일하는 듯 보인다. 하지만 레코드를 사용하는 것은 그렇게 직관적이지는 않다. 클래스 사이든 레코드 사이든 상속을 사용할 때는 그 미묘함을 파악하고 함정을 피해야만 한다.

우리가 사용하는 타입이 상속 관계에 참여하게 하려면 그 타입으로부터 상속한다는 것이 어떤 결과를 수반하는지 염두에 둬야 한다. 구현(implementation) 상속과 인터페이스(interface) 상속은 다르다. 구현을 상속하는 것은 값 타입을 파생하는 것만큼이나 어렵다. 구현을 상속하는 것이 왜 잘못된 조언인지 값 유사 특성을 갖는 클래스를 살펴보고 상속을 구현해서 이 조언을 따라 하는 것이 어떤 문제를 일으킬 수 있는지 확인해본다.

구현 상속

구체 클래스(즉, 완전히 추상적이지 않은 클래스)에서 상속하는 것은 정의에 따르면 그 구현을 상속하는 것이다. 리스트 7-1은 간단한 상속 관계를 보여준다. TranslucentColor 클래스는 Color 기본 클래스에서 파생됐고 자체적으로 하나의 새로운 기능을 추가한다.

```
public class Color
{
    public Color(int red, int green, int blue)
        => (Red, Green, Blue) = (red, green, blue);

    public int Red   { get; }
    public int Green { get; }
    public int Blue  { get; }
}

public class TranslucentColor : Color
{
    public TranslucentColor(int red, int green, int blue, int alpha)
        : base(red, green, blue) => Alpha = alpha;
```

```
    public int Alpha { get; }
}
```

리스트 7-1: Color의 구현을 상속하는 파생 클래스 TranslucentColor 생성하기

이 TranslucentColor 클래스는 Color 클래스의 서브클래스이며 Color의 모든 구조적 표현, 메서드, 속성을 상속한다. 두 클래스 모두 자동 속성들을 가지며, 이는 각각 이 예제의 int 속성과 동일한 유형의 백업 필드가 주어진다. TranslucentColor는 Color 의 모든 필드를 상속한다.

Color의 private 필드를 사용하고 속성을 사용해서 그 값들을 반환한다 해도 해당 필드는 TranslucentColor 클래스에서 상속된다. 하지만 상속된 public 속성을 통해서만 접근할 수 있다.

TranslucentColor가 상속한 Color의 구현은 private 필드에 의존한다. Translucent-Color의 인스턴스는 기본 클래스에 의해 선언된 모든 필드의 복사본을 가지므로 Color로부터 상속된 속성들은 올바르게 동작한다. 우리는 TranslucentColor 변수를 통해 Color의 속성을 TranslucentColor 멤버로 선언된 것처럼 사용할 수 있다. 다음 코드를 보자.

```
var foreground = new TranslucentColor(red: 0xFF, green: 0, blue: 0, alpha: 0x77);

Assert.That(foreground.Red, Is.EqualTo(0xFF));
Assert.That(foreground.Alpha, Is.EqualTo(0x77));
```

이 단순한 테스트에서는 TranslucentColor 변수의 Red 속성을 사용했다. 이 속성은 Color의 속성을 상속했다. 또한 TranslucentColor의 멤버로 선언된 Alpha 속성도 사용할 수 있다.

이렇게 상속을 사용하는 것(즉, TranslucentColor에서 Color의 구현을 재사용하는 것)은 매력적이다. TranslucentColor 타입 정의에서 Color의 속성을 중복하지 않아도 된다는 것을 의미하기 때문이다. Color를 상속함으로써 TranslucentColor 클래스는 그 상속들을 거저 얻을 수 있다.

Color와 TranslucentColor는 값 타입의 좋은 후보로 보인다. 왜냐하면 등치 비교는 각 인스턴스의 상태를 비교해야 하기 때문이다. 하지만 인스턴스 위계 안에서 값 기반 등치 동작을 올바르게 만드는 일에는 바람직하지 않은 동작을 야기할 수 있는 복잡성이 숨어있다. 이를 확인하기 위해 Color와 TranslucentColor에 값 시맨틱을 부여해보자. 5장의 권장 사항을 따라 두 클래스에 대해 Equals 메서드와 그 쌍인 메서드를 오버라이드한다.

클래스에 대한 값 기반 등치

기본 클래스인 Color부터 시작한다. 리스트 7-2와 같이 구현하면 2개의 Color 인스턴스를 비교해서 그들의 속성이 같은지 확인할 수 있다.

```
public class Color : IEquatable<Color>
{
    public int Red { get; }
    public int Green { get; }
    public int Blue { get; }

    public bool Equals(Color? other)
        => (object?)this == (object?)other ||
           other is not null &&
           GetType() == other.GetType() &&
           Red == other.Red && Green == other.Green && Blue == other.Blue;

    public override bool Equals(object? obj)
        => Equals(obj as Color);

    public override int GetHashCode()
        => HashCode.Combine(Red, Green, Blue);

    public static bool operator==(Color? left, Color? right)
        => left?.Equals(right) ?? right is null;

    public static bool operator!=(Color? left, Color? right)
        => !left?.Equals(right) ?? right is not null;
}
```

리스트 7-2: **기본 클래스인 Color에서 값 등치 정의하기**

이 등치 구현은 클래스에 대 값 기반 등치 구현의 일반적인 프랙티스를 따르며, 마이크로소프트 문서에 제공된 가이드라인을 포함한다. Color 클래스는 구체적으로 Color에 대한 Equals 메서드의 오버로드를 요구하는 IEquatable<Color> 인터페이스를 구현한다. 이 오버로드를 사용해서 완전한 구현을 제공할 수 있으며 object 기본 클래스에서 오버라이드된 Equals 메서드를 포함해 다른 메서드에서 이 오버로드를 호출할 수 있다. Equals(object?)를 오버라이드했으므로 GetHashCode도 오버라이드해서 2개의 같은 Color 인스턴스가 같은 해시 코드를 생성하도록 보장해야 한다. 마지막으로 == 와 != 등치 연산자에 대한 구현을 제공한다.

각 단계를 자세히 살펴보자.

Equals의 전형적인 형태

먼저 object에서 상속된 가상 Equals 메서드를 오버라이드해야 한다(리스트 7-3). Color는 클래스이므로 기본적으로 Equals 메서드는 객체의 신원을 비교한다. 따라서 이 동작을 오버라이드해서 Color에 값 기반 구현을 제공해야 한다.

```
public override bool Equals(object? obj)
    => Equals(obj as Color);
```

리스트 7-3: Equals 오버라이드하기

Equals의 오버라이드는 기본 클래스의 시그니처와 일치해야 한다. 이 예시에서는 nullable 컨텍스트 안에서 타입을 선언하므로 Equals에 대한 매개변수 타입으로 object?를 사용했다. 이는 우리가 매개변수가 null이 될 수 있음을 알고 있으며 그 상황을 안전하게 처리할 수 있음을 나타낸다. 여기에서는 타입 안전한 Equals 메서드를 호출하기 위해 as 연산자를 사용해서 타입 obj를 Color로 형 변환한다. obj가 Color가 아니거나 null이면 전달된 인수는 null이 되며, 이는 타입 안전한 오버로드에 의해 명시적으로 처리된다(리스트 7-4).

```
public bool Equals(Color? other)
    => (object?)this == (object?)other ||
        other is not null &&
        GetType() == other.GetType() &&
        Red == other.Red && Green == other.Green && Blue == other.Blue;
```

리스트 7-4: IEquatable 구현하기

IEquatable<Color> 인터페이스의 타입 안전한 Equals 구현은 nullable Color 매개변수를 받는다. 이 오버로드는 object? 매개변수를 받는 메서드보다 항상 선호된다. operator== 혹은 operator!= 메서드에서 이 오버로드를 호출할 때를 포함해서 정적 타입이 Color인 2개의 변수를 비교할 때 이 오버로드를 사용한다.

Color가 참조 타입임을 나타내는 한 가지 이유는 다른 매개변수가 같은 인스턴스를 this라고 가리킬 수 있다는 점이다. 이 시나리오를 다루기 위해 리스트 7-4에서는 this와 other 모두를 object로 형 변환해서 우리가 참조 비교를 의도한다는 것을 명확하게 한다. 리스트 7-3에서 우리가 사용한 형 변환은 object를 보다 파생된 타입으로 형 변환했는데, 이는 상대적으로 많은 비용이 드는 런타임 변환이다. Color에서 그 object를 기본 클래스로 변환하는 것은 매우 효율적이며 이렇게 함으로써 5장에서 살펴본 것처럼 본질적인 ceq 명령을 사용해서 비교를 수행할 수 있게 된다. 한 가지 대안은 ReferenceEquals(this, other)를 사용하는 것으로 참조 기반 비교를 명시적으로 만든다.

2개의 변수가 같은 객체를 가리키는지 확인하기 위해 비교하는 것은 간단하지만 꼭 필요한 최적화는 아니다. || 논리 연산자는 왼쪽 표현식이 true이면 오른쪽 표현식의 결과를 무시하기 때문에, 비교의 나머지 부분은 this와 other가 다른 인스턴스를 가리킬 때만 수행된다. 이 코드에서 비교 순서는 연산자 우선 순위에 따른다는 점을 기억하자. AND 논리 연산자(&&)는 OR 논리 연산자(||) 보다 우선 순위가 높으므로 || 연산자 오른쪽의 비교는 괄호로 묶은 것과 마찬가지로 모두 묶인다. 추가적인 괄호는 설명이 중복되기도 하고 동작에 아무런 영향을 미치지 않지만, 일부 프로그래머들은 괄호를 사용해서 연산자 우선 순위 규칙을 기억하지 않는 방법을 선호한다.

Color는 참조 타입이고 전달되는 인수는 null이 될 수 있으므로, is not 상수 패턴을 사용해서 다른 null과 비교할 수 있으며 우리가 작성한 Equals 메서드를 재귀적으로 호출하는 흔한 함정을 피할 수 있다.

Color 클래스는 의도적으로 봉인되지 않았으므로 other 값이 this와 정확하게 같은 타입인지 GetType 메서드를 호출해서 확인할 수 있다. GetType 메서드는 object 기본 클래스에 정의돼 있다. 이 메서드는 인스턴스의 런타임 타입을 반환하며, other가 TranslucentColor와 같이 보다 파생된 타입이면 타입이 일치하지 않는다. 다른 타입의 객체는 그 타입이 상속에 의해 연관돼 있다 하더라도 일반적으로 같다고 비교되지 않는다.

마지막으로 타입이 일치하면 차례로 각 속성값을 비교한다. 속성값들이 모두 일치하면 Equals 메서드는 true를 반환한다. 여기에서는 Equals 대신 ==를 사용하는데, 이는 Color의 모든 속성이 단순한 int 값이기 때문이다. 이런 내장값들은 본질적으로 비교될 수 있으며 이는 각각에 대해 Equals 메서드를 호출하는 것보다 훨씬 간결하다.

Color 인스턴스를 자연스럽게 비교할 수 있게 하기 위해 operator==와 operator!=도 구현한다. 두 연산자는 타입 안전한 Equals 메서드를 따른다.

```
public static bool operator==(Color? left, Color? right)
    => left?.Equals(right) ?? right is null;

public static bool operator!=(Color? left, Color? right)
    => !left?.Equals(right) ?? right is not null;
```

== 연산자는 왼쪽 매개변수가 null이 아니면 Equals의 결과를 반환한다. 그렇지 않은 경우 두 매개변수가 모두 null이면 true를 반환한다. != 연산자는 == 비교 결과를 뒤집어서 반환한다.

등치에 대한 계약

그 자체로 일관성 있는 방식으로 등치를 구현하는 것은 매우 중요하다. 같은 Color 인스턴스를 가리키는 2개의 참조가 있을 때 이들이 같다고 비교되지 않는 상태는 이상하며, 이들의 값을 비교할 때 Equals가 false를 반환하는 것은 더 이상하다. 등치는 3장의 '~보다 작다' 비교에서 본 것과 유사한 계약을 갖는다. 즉, 등치는 다음과 같은 특성을 갖는다.

재귀적이다

x == x는 항상 true이다.

대칭적이다

x == y이면 y == x이다.

전이적이다

x == y이고 y == z이면 x == z이다.

안전하다

null이 아닌 값들은 null과 절대로 같지 않다.

안정적이다

x == y의 결과는 x와 y가 바뀌지 않는 한 바뀌지 않는다.

리스트 7-5에서는 몇 가지 테스트를 작성해서 이 등치 계약의 요구 사항을 만족했음을 증명한다.

> **NOTE** 이 테스트들은 어서션을 작성하는 좋은 스타일을 보이기 위한 것이 아닌, 위 계약을 강조하기 위해 작성한 것이다.

첫 번째 테스트는 또한 참조를 비교하지 않고 값으로 변수를 비교함을 보장한다.

```
var pencil = new Color(0xFF, 0, 0);
var crayon = new Color(0xFF, 0, 0);
var brush = new Color(0xFF, 0, 0);

// 재귀적, 값 기반 등치
Assert.That(pencil == pencil, Is.True);
Assert.That(pencil == new Color(0xFF, 0, 0), Is.True);

// 대칭적
Assert.That(pencil == crayon, Is.True);
Assert.That(crayon == pencil, Is.True);
```

```
// 전이적
Assert.That(pencil == crayon, Is.True);
Assert.That(crayon == brush, Is.True);
Assert.That(pencil == brush, Is.True);

// null에 대해 안전
Assert.That(pencil != null, Is.True);
Assert.That(null != pencil, Is.True);
```

리스트 7-5: **Color에 대한 등치 계약 테스트하기**

비교의 안정성을 위한 테스트 작성은 보다 어렵기 때문에 리스트 7-6에서는 반대를 테스트한다. 두 값 중 하나가 바뀌면 인스턴스들은 더이상 같지 않다.

```
var pencil = new Color(0xFF, 0, 0);
var crayon = new Color(0xFF, 0, 0);

Assert.That(pencil == crayon, Is.True);

pencil = new Color(0, 0xFF, 0);

Assert.That(pencil != crayon, Is.True);
```

리스트 7-6: **등치의 안정성 테스트하기**

Color의 속성은 변경할 수 없으므로 pencil의 값은 새로운 인스턴스에 할당하는 것을 통해서만 변경할 수 있다. 하지만 하나 혹은 그 이상의 속성을 변경한 것과 결과는 같다. Color 인스턴스가 값으로 비교되도록 조정했기 때문이다.

Equals 메서드와 그 쌍에 대해 한 가지 요구 사항이 더 존재한다. 이들은 예외를 던져서는 안 된다. 우리가 구현한 코드는 그럴 위험이 없다. 이미 null에 대해 안전한 것을 테스트했기 때문이다.

파생된 클래스에서의 등치 동작

다음으로 파생된 TranslucentColor 클래스에 대한 등치를 구현한다. 이 구현에서는 우리가 알고 있는 Color로부터 모든 메서드와 속성을 상속한다. TranslucentColor는 값 유사 타입이기 때문에 자체적인 IEquatable<T> 인터페이스를 구현해야 한다. 여기에서 T를 TranslucentColor로 대체한다. 리스트 7-7에서와 같이 Color 기본 클래스가 대부분의 작업을 이미 수행하므로 IEquatable<TranslucentColor>를 구현하는 것은 보다 단순하다.

```
public class TranslucentColor : Color, IEquatable<TranslucentColor>
{
    public int Alpha { get; }

    public bool Equals(TranslucentColor? other)   ①
        => base.Equals(other) && Alpha == other.Alpha;

    public override bool Equals(object? obj)
        => Equals(obj as TranslucentColor);

    public override int GetHashCode()
        => HashCode.Combine(Alpha, base.GetHashCode());

    public static bool operator==(TranslucentColor? left, TranslucentColor? right)   ②
        => left?.Equals(right) ?? right is null;

    public static bool operator!=(TranslucentColor? left, TranslucentColor? right)
        => !left?.Equals(right) ?? right is not null;
}
```

리스트 7-7: **파생된 클래스 TranslucentColor에서의 동작 상속**

Color 구현을 사용해서 TranslucentColor는 Equals(object?) 메서드를 오버라이드하고, TranslucentColor에 전달되는 object 매개변수를 변환해서 Equals(TranslucentColor?) 메서드를 호출한다(①). 그 메서드는 또한 우리가 단일 인스턴스에 대한 2개의 참조를 비교하는지 확인하고 other 매개변수가 null이 아님을 보장한다.

Color가 이미 동일한 참조, null과의 비교, 타입 확인 및 Red, Green, Blue 속성에 대한 비교를 수행하므로 그런 비교를 중복해서 구현할 필요가 없다. 단지 기본 클래스의 Equals 메서드를 호출하고 마지막으로 TranslucentColor만 가지고 있는 Alpha 속성을 비교하면 된다. TranslucentColor 참조는 Color 베이스 타입으로 변환되므로 other를 base/Equals 메서드에 전달하는 것은 아무런 문제가 되지 않는다.

또한 TranslucentColor는 고유의 operator==와 operator!=의 구현을 갖는다. 이들 역시 Color 안에서 같은 패턴을 따른다. 단, 이들은 2개의 TranslucentColor 매개변수를 받는다(②).

등치에 관한 계약은 Color는 물론 TranslucentColor에도 적용된다. 리스트 7-5에서와 유사한 테스트를 사용해서 TranslucentColor가 계약의 요구 사항을 만족함을 보장할 수 있다. 리스트 7-8에서는 리스트 7-6에서 수행한 Color에 대한 안정성 확인의 변형을 보여준다. TranslucentColor 클래스의 Alpha 속성값의 차이가 TranslucentColor 인스턴스들이 같지 않다고 비교되는 것을 테스트한다.

```
var pencil = new TranslucentColor(0xFF, 0, 0xFF, 0x77);
var crayon = new TranslucentColor(0xFF, 0, 0xFF, 0x77);

Assert.That(pencil == crayon, Is.True);

pencil = new TranslucentColor(0xFF, 0, 0xFF, 0);

Assert.That(pencil != crayon, Is.True);
```

리스트 7-8: **TranslucentColor에 대한 등치 계약 테스트하기**

이 예시에서 2개의 TranslucentColor 인스턴스의 Alpha 속성만 다르며 따라서 같지
않다고 올바르게 비교된다. 이를 바탕으로 모든 것이 올바르다고 결론지을 수도 있지
만… 사실 이 결론은 틀렸다.

등치 비교와 타입 대체

일련의 테스트를 사용해서 Color, TranslucentColor에 대한 등치 계약이 손상되지 않
았는지 다시 한 번 보증했다. 동적(런타임) 인스턴스 타입을 갖는 변수를 사용할 때
이들이 정적(컴파일 타임) 변수 타입과 같은지 확인한 것이다. 하지만 이 타입들은 항
상 일치하지 않는다. 컴파일러는 우리가 Color 참조가 요구되는 모든 곳에 Translu-
centColor를 전달할 수 있게 한다. 왜냐하면 Color는 TranslucentColor의 직접적인
기본 클래스이기 때문이다. 런타임에 모든 Color 참조는 실제로 TranslucentColor 인
스턴스를 가리킨다.

파생된 클래스 인스턴스에 대한 기본 클래스 참조를 사용하는 등치에 대한 영향에 관
해 살펴본다. 리스트 7-9에서는 명시적으로 Color 기본 클래스 참조를 사용해서 2개
의 TranslucentColor 값을 선언한다. 이 값들의 Alpha 속성이 다르므로 같지 않다고
비교된다.

```
Color pencil = new TranslucentColor(0xFF, 0, 0xFF, 0x77 );
Color crayon = new TranslucentColor(0xFF, 0, 0xFF, 0 );

Assert.That(pencil == crayon, Is.False);
```

리스트 7-9: **기본 클래스로부터 등치 테스트하기**

이 테스트는 실패한다. pencil과 crayon 변수는 인스턴스들이 다른 값을 가짐에도 불
구하고 같다고 비교된다. ==를 사용하든 Equals 메서드를 사용하든 비교 결과는 같다.
비교되는 정적 타입은 Color 변수이며, 여기에서 호출되는 것은 기본 클래스의

operator== 구현이다. 이는 차례로 Equals 메서드를 호출한다. Color의 Equals 메서드는 TranslucentColor의 Alpha 속성에 대한 정보를 갖고 있지 않기 때문에, Equals는 Red, Green, Blue 속성만 비교해서 등치를 결정한다. 이 속성들은 모두 같으므로 Color.Equals는 두 객체를 같다고 비교한다.

이는 pencil과 crayon 변수가 부정확하게 같다고 비교되는 이유를 설명해준다. 하지만 타입 대체를 항상 발견하기 쉬운 것은 아니며, 그 결과가 미치는 영향 범위는 훨씬 넓다.

타입 대체의 영향

명시적으로 TranslucentColor에 대해 Color 참조를 사용하는 일은 거의 없을 것이다. 하지만 TranslucentColor 참조를 Color 매개변수를 받는 메서드에 인수로 사용할 수는 있다. Color가 필요할 때 TranslucentColor로 대체할 수 있다.

리스트 7-10에서는 Alpha 값만 다른 TranslucentColor 객체들에 대한 2개의 참조를 Color 매개변수를 받는 메서드에 전달한다. 그 매개변수들은 메서드 안에서 같다고 비교된다. 같은 참조들을 TranslucentColor 매개변수를 받는 메서드에 전달하면 값들이 변경되지 않았더라도 같다고 비교되지 않는다.

```
bool EqualViaBase(Color left, Color right)
    => left.Equals(right);

bool EqualViaDerived(TranslucentColor left, TranslucentColor right)
    => left.Equals(right);

var pencil = new TranslucentColor(0xFF, 0, 0xFF, 0x77);
var crayon = new TranslucentColor(0xFF, 0, 0xFF, 0);

Assert.That(EqualViaBase(pencil, crayon), Is.True);

Assert.That(EqualViaDerived(pencil, crayon), Is.False);
```

리스트 7-10: 안정성 프로미스 테스트하기

첫 번째 어서션 pencil과 crayon 참조는 EqualViaBase 메서드를 호출할 때 자동으로 Color 참조로 변환한다. 왜냐하면 파생된 클래스에 대한 참조는 그 기본 클래스에 대한 참조와 암묵적으로 호환되기 때문이다. EqualViaBase 안의 Equals를 호출하면 Color의 구현을 호출한다. 이 구현은 매개변수들이 같다고 잘못 결정한다. EqualVia-Derived 메서드는 TranslucentColor.Equals를 직접 호출하며, 이 메서드는 매개변수들이 같지 않다고 올바르게 비교한다.

TranslucentColor에 대한 등치 구현은 안정적이지 않다. 이 구현은 같은 2개의 인스턴스에 대해, 해당 인스턴스를 가리킬 때 사용한 변수의 정적 타입에 따라, 심지어 그들의 내부 상태가 변경되지 않았음에도 다른 결과를 생성한다.

채무불이행

리스트 7-10의 테스트의 동작은 TranslucentColor가 등치 계약에 따라 성립된 안정성에 대한 약속(비교되는 값이 변경되지 않으면 Equals의 결과가 바뀌지 않는다)을 깨뜨린 것을 보여준다. 다른 값을 갖는 2개의 변수를 비교한다면 이들은 같지 않다고 비교돼야 한다. 그리고 그 값들의 상태가 변경되지 않는 한 비교 결과는 바뀌어서는 안 된다.

현재 Equals 구현의 한 가지 문제점은 Color 클래스 안의 Equals의 특정 타입의 오버로드가 가상이 아니기 때문에 이 오버로드는 TranslucentColor 안에 오버라이드될 수 없다는 점이다. object 매개변수를 받는 Equals의 가상 버전 오버로드 관점에서 간주되지 않는다. 왜냐하면 런타임 타입이 Color에서 파생됐다 하더라도 Color 매개변수를 가지는 오버로드보다 더 일치하기 때문이다.

리스트 7-9에서 수행한 테스트를 성공하게 하려면, 타입 특정한 Equals 메서드를 Color 안에서 가상으로 만들고, TranslucentColor 안에서 그에 대한 오버라이드를 추가해야 한다. 가능한 또 다른 방법으로는 Color에 대한 IEquatable<T> 인터페이스의 구현을 제거해서 Equals 메서드만 가상이 되도록 하는 방법이 있다. 타입 특정한 비교 기능을 잃게 되고 성능이 다소 하락하겠지만 이 방법은 안정성과 관련된 문제를 해결할 것이다. 두 가지 접근 방식 모두 잘못된 문제를 해결할 것이다.

실제로 내재된 문제는 등치의 구현이 잘못된 것이 아닌 우리가 상속을 적절하지 않게 사용했다는 것이다. 그 이유를 완전히 이해하기 위해서는 서브클래스와 서브타입의 차이를 명확하게 알아야 한다.

포함 다형성과 서브타이핑

우리는 우리가 작성하는 클래스, 구조체, 레코드, 레코드 구조체를 사용자 정의 타입이라 생각한다. 그렇다면 그 연장선에서 클래스의 정의를 그 타입이라고 생각하는 것이 자연스럽다. 이 인식은 부부적으로 참이지만 타입(type)과 클래스(class) 사이에는 보다 공식적인 구분이 존재하다.

상속을 사용함으로써 얻어지는 다형성은 포함(inclusion) 다형성이라 부른다. 시스템 안의 모든 객체를 타입에 따라 묶으면, 특정 타입의 각 그룹은 그 그룹으로부터 상속된 모든 타입을 포함한다. 이는 서브타입(subtype)이라 알려져 있다. 우리가 다루고 있는 예시에서 Color 타입에 대한 그룹은 Color 타입과 TranslucentColor 타입을 모두 포함한다.

어떤 객체의 타입은 그 상속에 대한 계약이며 해당 객체에 대해 수행할 수 있는 조작을 설명한다. 따라서 타입에 의해 정의된 조작은 그 그룹 안의 서브타입에 대해 유효하다. 구체적으로 말해 특정한 주어진 타입으로부터 파생하면, 베이스 타입의 객체에 유효한 모든 조작은 파생된 타입의 객체에 대해서도 반드시 유효하며 올바르게 동작해야 한다.

우리 예시에서 TranslucentColor 객체는 Color 타입의 인스턴스이며 동시에 TranslucentColor 타입이다. 이 관계는 TranslucentColor에 대해 Color의 모든 조작을 호출할 수 있다는 의미이며, 이는 다시 Color 매개변수를 받는 메서드에 Translucent 인스턴스를 전달할 수 있음을 의미한다. 컴파일러에 관한 한, TranslucentColor는 그 베이스 타입의 모든 조작을 반드시 지원해야 하므로 컴파일러는 대체를 허용한다.

객체의 타입은 그 서브타입이 반드시 지원해야 하는 조작이 무엇인지 규정하지만, 그 어떤 구조적인 상세나 구체적인 구현을 명시하지 않는다. 우리는 자유롭게 여러 클래스를 사용해서 다양한 방식으로 같은 인터페이스를 구현할 수 있다. 비록 타입에 대한 계약이 구체적인 구현을 필수로 요구하지는 않기는 하지만, 그 모든 조작에 대한 기대 동작은 정의한다. 구체 클래스를 상속하면 우리는 그 구현을 상속하며, 이것은 그 동작에 대한 기대를 설정한다. 어떤 타입을 클래스 혹은 레코드로 구현하면, 우리는 서브타이핑과 서브클래싱의 구분에 관해 반드시 염두에 둬야 한다. 왜냐하면 참조 타입은 명시적으로 봉인되지 않은 한 그들을 상속할 수 있기 때문이다. C#의 값 타입에서는 이것이 그다지 문제가 되지 않는다. 왜냐하면 값 타입은 명시적으로 봉인되어 있으며 파생 타입을 갖지 않기 때문이다.

이번 장 앞부분에서 언급했듯 구현과 인터페이스 상속은 다르다. 다시 말해 단순히 클래스를 상속하는 것은 그 동작 특성을 존중하는 것과 실제로 완전히 같지는 않다. 보다 일반적인 타입을 사용해서 작성된 코드(인터페이스를 정의하는 코드)는 클래스의 구체적인 특성(이는 특정한 구현을 나타낸다)에 의존할 수 있다. 파생된 클래스가 그 타입의 계약에 대한 동작적인 측면을 존중하지 않는다면, 그 베이스 타입에 대해 작성된 코드 안에 있는 파생된 클래스 인스턴스를 사용했을 때 그 코드는 예상치 못한 동작을 할 가능성이 매우 높다.

클래스를 상속하면 그 동작, 특성, 그에 대한 기대를 모두 상속하다. 따라서 다른 구체 클래스를 상속한 클래스는 서브클래스이며, 기본 클래스 타입을 사용하는 코드가 관찰할 수 있는 동작의 변화없이 그 파생된 클래스를 투명하게 사용할 수 있을 때만 서브타입이 된다. 타입만 상속하면 고려해야 할 동작 구현은 없다.

기술적으로 말해 Color가 필요한 곳에서 TranslucentColor에 대한 참조로 대체할 수 있다. 왜냐하면 베이스 타입을 기대하는 메서드에 파생 타입에 대한 참조를 사용할 수 있기 때문이다. 그러나 Equals의 동작에서 본 것처럼 Color 인스턴스와 TranslucentColor 인스턴스를 상호 교환해서 사용하기는 거의 불가능하다.

Color와 TranslucentColor 사이의 대체 불가 문제는 TranslucentColor가 Color의 실제 서브타입(subtype)이 아니라 서브클래스(subclass)이기 때문에 발생한다.

가상 메서드의 Input과 Output 타입 다루기

서브타입과 서브클래스의 차이는 상속된 Equals 메서드를 구현하는 방법을 넘어선다. 우리는 파생된 클래스에 적합한 구현을 갖는 모든 가상 메서드를 오버라이드할 수 있다. 사이드 이펙트를 포함해 보다 파생된 메서드를 호출했을 때 발생할 수 있는 기본 클래스의 효과와 동일하며, 파생된 타입은 그 베이스 타입의 좋은 대체제이다. 즉, 파생된 타입은 적절한 서브타입이다. 사이드 이펙트는 파일 혹은 화면에 쓰기, 혹은 메서드 외부에서 보이는 변수의 값 업데이트하기 등이 포함될 수 있다. 기본 클래스가 이런 일을 하지 않을 때 파생된 클래스가 이런 일들 중 어떤 것이라도 수행한다면, 파생된 클래스는 진짜 서브타입이 아니다.

메서드의 동작은 그 메서드가 유효한 입력과 출력으로 간주하는 것, 즉, 메서드가 받아들이는 매개변수와 메서드가 반환하는 것을 포함한다. 입력과 출력은 메서드 호출자에게 직접적인 영향을 준다. 이에 관해 설명하기 위해 Color 클래스에 가상 메서드를 추가했다고 가정해보자. 리스트 7-11에서 Subtract 메서드는 한 Color 값에서 다른 Color 값을 뺀다.

```
public virtual Color Subtract(Color? other)
{
    --생략--
}
```

리스트 7-11: 가상 Subtract 메서드를 Color에 추가하기

Subtract 메서드는 가상 메서드이므로 TranslucentColor 안에서 그 구현을 특화해서 TranslucentColor 인스턴스에 적절한 빼기를 다루도록 만들 수 있다. Subtract를 구현하기 위해 사용되는 실제 알고리즘에 관계없이 그 반환값은 메서드

의 관찰 가능한 동작이므로 사이드 이펙트를 갖지 않는다.

Color의 Subtract 구현은 절대로 null 참조를 반환하지 않지만, TranslucentColor의 오버라이드된 버전은 null 참조를 반환할 수 있다. 따라서 TranslucentColor 메서드는 기본 클래스 메서드에 비해 그 동작상의 계약이 약하다. TranslucentColor 구현이 null 값을 반환할 수 있도록 허용한다면 이를 호출하는 코드에서 null-참조 예외가 발생하는 것을 대비하기 위해 추가적인 확인을 해야 한다. 호출하는 코드는 Color 타입에 대해서만 알고 있을 것이며, 합리적으로 null이 아닌 값을 기대할 것이다. 반환 타입에 대한 약한 요구 사항은 TranslucentColor가 Color를 대신하지 못함을 의미한다.

같은 상황은 우리가 오버라이드된 메서드의 매개변수에 대한 요구 사항을 강화할 때도 발생한다. 기본 클래스가 null 참조를 받는데 파생된 타입에서 null이 아닌 값을 받게 강제하면, 기본 클래스 메서드에 의해 만들어진 계약을 깨뜨리는 것이다. 반복하지만 기본 클래스를 사용해서 작성된 코드는 파생된 클래스에서의 해당 요구 사항들에 관해 알 수 없으며 따라서 그 계약을 위반하기 쉽다.

리스트 7-11의 Subtract 메서드는 이 2가지 잠재적인 문제를 nullable 참조 타입 기능 (C# v8.0부터 사용 가능)을 사용해서 해결한다. 베이스 Struct 메서드의 반환 타입은 null을 허용하지 않는다. 컴파일러는 이 메서드를 null을 허용하는 참조 타입을 사용해 오버라이드하거나, 메서드가 null 참조를 반환하도록 시도하면 경고를 발생시킨다. 마찬가지로 Color.Subtract 메서드에 대한 매개변수는 null을 허용하는 참조이므로 null은 받을 수 있는 인수이다. 이 메서드를 null을 허용하지 않는 참조 타입으로 오버라이드하면 컴파일러는 메서드의 시그니처가 베이스 메서드의 선언과 일치하지 않는다는 경고를 발생시킨다.

베이스 메서드가 null을 허용하는 참조를 반환하는 경우에는 그 메서드를 오버라이드해서 null을 허용하지 않는 참조를 반환하게 하더라도 컴파일러는 경고를 발생시키지 않는다는 점을 기억하자. 이 케이스에서는 파생된 메서드에서 동작상의 계약을 강화하지 않기 때문이다. 그리고 기본 클래스에서 null 반환을 허용하더라도 파생된 클래스에서 null 반환을 금지하는 것은 완전히 합리적이다. 이 요구 사항은 베이스 타입의 메서드를 호출하는 어떤 코드에도 영향을 미치지 않는다.

마찬가지로 베이스 메서드가 null을 허용하지 않는 매개변수를 갖는 경우에는 파생된 메서드에 null 참조를 전달하는 것을 허용하도록 오버라이드하더라도 컴파일러가 경고를 발생시키지 않는다. 파생된 타입에서 매개변수에 대한 계약을 약화하는 것은 안전한 동시에 합리적이기 때문이다. 변경은 보다 파생된 타입을 직접 사용하는 코드에서만 드러나며, 베이스 타입 참조를 사용하는 코드에서는 보이지 않는다.

타입의 계약 유지하기

리스트 7-9에서 기본 클래스 참조를 사용한 등치 테스트는 실패한다. 왜냐하면 파생된 클래스는 Color.Equals에 대한 계약을 적절하게 달성하지 못하기 때문이다. TranslucentColor는 Color에 의해 성립된 기대를 만족시키지 못한다. TranslucentColor는 Equals에 대해 새로운 요구 사항을 부과한다. TranslucentColor 인스턴스 사이의 등치 비교에서는 Alpha 속성을 반드시 비교해야 하기 때문이다. 테스트의 실패는 실제로 TranslucentColor가 Color를 대체할 수 없는 상황에서 구현 상속을 사용하고 타입 대체성을 기대했기 때문에 발생한 직접적인 결과이다. 구현 상속의 의미는 값 시맨틱의 모델링만 아니라 모든 상속 관계에 적용된다.

타입의 계약을 유지하는 것은 실질적으로 중요하다. 상속된 메서드의 동작은 그 계약의 일부이며, 계약 유지에 실패하는 것은 분석하기 극단적으로 어려운 에러를 야기할 수 있다. 기본 클래스의 인터페이스 계약을 만족하는 데 실패하면, 예를 들어 오버라이드된 메서드에서 기본 클래스의 메서드와 다른 시그니처를 사용하면 컴파일러는 에러를 발생시킨다. 하지만 컴파일러는 우리가 기본 클래스의 동작 약속을 지켰는지도 확인할 수 있다. 여기에서는 우리가 직접 판단해야 하는데 그 과정이 보이는 것처럼 항상 직관적인 것은 아니다.

가장 중요한 규칙은 상속을 사용할 때마다 구현 상속을 피하는 것이다. 이를 보장하는 가장 간단한 방법은 구체적인 동작을 갖는 클래스(비추상 메서드를 갖는 추상 클래스 포함)을 상속하지 않는 것이다. interface 키워드를 사용해서 정의된 타입은 어떤 형태의 구현도 가질 수 없으므로, 인터페이스를 구현하는 클래스는 모두 진짜 서브타입이다.

다른 규칙은 클래스로 구현된 값 타입은 어떤 것에서도 상속돼서는 안되며 봉인돼야 한다는 규칙이다. 사실 이 두 번째 규칙은 첫 번째 규칙으로 인한 결과이다. 값 타입은 완전히 추상적으로 만드는 것은 상식적이지 않다. 값 타입 및 값 유사 타입의 기정을 정의하는 것은 이들을 그들이 나타내는 값에 따라 비교하기 때문이다. 따라서 그 값 타입들은 구체 타입이 된다. 내장값 유사 클래스인 string은 이 규칙을 따른다. 그래서 string은 의도적으로 봉인된 클래스이다.

문자열과 마찬가지로 레코드는 참조 타입이며 Equals를 사용한 비교를 목적으로 하는 값 시맨틱을 갖는다. 문자열과 달리 레코드는 다른 레코드로부터 상속할 수 있지만, 구체 클래스에서 파생하면 파생된 레코드는 베이스 레코드의 모든 동작을 상속한다. 따라서 파생된 클래스 안에서 베이스 레코드의 약속들을 유지하기 위해서는 여전히 주의가 필요하다. 하지만 클래스와 마찬가지로, 그렇게 하는 것이 항상 보이는 것처럼 쉽지는 않다. 레코드가 상속을 허용함에도 불구하고, 레코드는 구체적으로 값 타입을 모델링하도록 의도됐으므로 값 타입을 봉인해야 한다는 조언은 동일하게 적용된다.

레코드 타입 상속하기

레코드 타입을 컴파일하면 클래스가 된다. 이 클래스는 컴파일러에 의해 생성된 몇몇 메서드를 가지며 값 기반 등치 비교를 위해 필요한 모든 메서드를 포함한다. 또한 위치 구문을 사용해서 정의된 레코드는 기본적으로 변경할 수 없다. 따라서 클래스 대신 레코드를 사용해 값 유사 타입을 만들면 많은 보일러플레이트 코드 작성을 생략할 수 있다.

레코드는 구조체와 달리 다른 레코드를 상속할 수 있다. 하지만 클래스의 상속 관계의 일부가 될 수는 없다. 따라서 Color와 TranslucentColor 타입을 레코드로 다시 형 변환할 것이다(리스트 7-12).

```
public record Color(int Red, int Green, int Blue);

public record TranslucentColor(int Red, int Green, int Blue, int Alpha)
    : Color(Red, Green, Blue);
```

리스트 7-12: **레코드 타입 상속하기**

여기에서는 Color와 TranslucentColor를 위치 레코드로 정의했다. 이들은 각 이름을 나타내는 읽기 전용 위치 매개변수, 및 같은 타입의 매개변수를 받는 하나의 생성자를 갖는다. 레코드의 상속 구문은 클래스의 상속 구문과 약간 다르다. 베이스 레코드 안에서 위치 매개변수를 초기화해야 하기 때문이다. TranslucentColor 레코드는 Color 레코드를 상속하고 Red, Green, Blue 매개변수를 Color의 각 위치 매개변수에 전달한다.

5장에서 살펴봤듯 컴파일러는 생성자와 속성에 대한 구현을 생성한다. 여기에는 Equals의 몇 가지 메서드(GetHashCode, ToString 및 다른 메서드 포함)의 다양한 오버라이드 구현이 포함된다. 레코드 변수 사이의 등치 비교에서는 각 속성의 값을 비교하며, 두 레코드 변수는 그 가진 속성들이 모두 같을 때 같다고 비교된다.

필요하다면 컴파일러가 생성한 타입 안전한 Equals 메서드를 직접 구현할 수도 있다. 하지만 컴파일러가 제공하는 Equals의 구현은 상속을 고려해 특별하게 다듬어져 있다.

레코드와 등치 계약

등치 계약은 다른 타입과 마찬가지로 레코드에도 적용된다. 그리고 컴파일러가 제공하는 코드는 기본 클래스 참조를 통한 비교의 안정성을 포함해 존중돼야 할 계약의 모든 측면을 보장한다. 리스트 7-13의 테스트는 리스트 7-10의 테스트와 다르다. 리스트 7-13에서 Color 타입과 TranslucentColor 타입은 클래스가 아닌 레코드이다. 여기에서는 Alpha 속성이 다른 2개의 TranslucentColor 레코드를 비교하는데, 이들의 구체 타입을 사용해 직접적으로 비교할 때 혹은 기본 클래스 참조를 통해 간접적으로 비교할 때 이들이 다르게 비교되는지 확인한다.

```
bool EqualViaBase(Color left, Color right)
    => left.Equals(right);

bool EqualViaDerived(TranslucentColor left, TranslucentColor right)
    => left.Equals(right);

var pencil = new TranslucentColor(0xFF, 0, 0xFF, 0x77);
var crayon = new TranslucentColor(0xFF, 0, 0xFF, 0);

Assert.That(EqualViaBase(pencil, crayon), Is.False);

Assert.That(EqualViaDerived(pencil, crayon), Is.False);
```

리스트 7-13: 레코드 타입 사이의 등치

이 테스트는 성공하며 pencil과 crayon 변수는 EqualViaDerived, EqualViaBase 메서드 모두에서 같지 않다고 비교된다.

컴파일러가 생성한 등치 구현은 등치 계약에 특별히 집중하기 때문이다. 베이스 Color 레코드 참조를 사용하든 파생된 TranslucentColor 참조를 사용하든 2개의 변수는 같지 않다고 비교된다. 구체적으로 타입 안전한 구현인 Color.Equals(Color)는 레코드 구현 안에서 가상이며 파생된 TranslucentColor 레코드 안에서는 오버라이드돼 있다. 앞서 언급했듯 클래스 구현 안에서 이렇게 비교하는 것은 올바르게 동작한다. 레코드를 사용할 때 컴파일러는 우리를 위해서 이 구현들을 삽입한다.

컴파일러가 우리가 작성한 커스텀 구현의 시그니처와 일치하는 메서드를 합성하지 못할 때는 Equals 메서드를 직접 오버라이드할 수 있다. 하지만 그렇게 하는 경우에는 컴파일러가 하는 것과 마찬가지로 등치 계약에 반드시 주의를 기울여야 한다.

봉인되지 않은 레코드의 경우 컴파일러는 EqualityContract라는 이름의 가상 속성을 생성한다. EqualityContract는 typeof를 사용해서 포함한 레코드의 정적(컴파일 타임) 타입을 보고한다. 리스트 7-14에서 Color 레코드에 대한 Equals 구현은 컴파일러가 생성한 것과 동등하다. 그러나 5장에서 본 것처럼 몇몇 세부 구현은 다르다.

```
public class Color : IEquatable<Color>
{
    --생략--
    protected virtual Type EqualityContract
        => typeof(Color);

    public virtual bool Equals(Color? other)
        => (object?)this == (object?)other ||
            other is not null &&
            EqualityContract == other.EqualityContract &&
            Red == other.Red && Green == other.Green && Blue == other.Blue;
}
```

리스트 7-14: 봉인되지 않은 레코드 안에서 등치 계약 사용하기

TranslucentColor가 Color를 상속한 것처럼 한 레코드가 다른 레코드를 상속하면, 컴파일러는 파생된 클래스 안에 EqualityContract의 오버라이드를 추가해서 그 정적 타입을 보고한다. 기본 클래스 안에 컴파일러가 생성한 Equals의 구현은 그 Equality-Contract 속성인 두 객체에서 일치하는지 확인한다. 이 속성들이 다르다면 Equals는 false를 반환한다.

EqualityContract 속성뿐만 아니라 Equals의 구현은 리스트 7-4의 전형적인 형태를 따른다. TranslucentColor는 Color에서 파생됐으므로 other 매개변수는 Translucent-Color 인스턴스를 가리킬 수 있다. 우리가 Color 레코드를 TranslucentColor와 비교하려고 시도할 때 EqualityContract 속성이 일치하지 않으면 이 객체들은 같지 않다고 (올바르게) 비교된다. EqualityContract 속성을 확인하는 것은 리스트 7-4에서 원래 Color 클래스가 2개의 객체에 대해 GetType이 같은 타입을 반환하는지 확인하는 것과 유사하다. 정적 타입을 EqualityContract로서 사용하면 GetType을 사용하는 것에 비해 약간의 이익을 얻을 수 있다. 왜냐하면 typeof는 컴파일 타임에 평가되고 GetType은 런타임에 평가되기 때문이다.

EqualityContract 속성은 protected이므로 파생된 타입에 의해 오버라이드될 수 있지만, 공개적으로 호출될 수는 없다. 리스트 7-15에서 볼 수 있듯 가상 EqualityContract 속성은 TranslucentColor 레코드 안에서 오버라이드돼 TranslucentColor의 타입을 반환한다.

```
public class TranslucentColor : Color, IEquatable<TranslucentColor>
{
    --생략--
    protected override Type EqualityContract
        => typeof(TranslucentColor);

    public override bool Equals(Color? obj)
        => Equals(obj as TranslucentColor);

    public virtual bool Equals(TranslucentColor? other)
        => base.Equals(other) && Alpha == other.Alpha;
}
```

리스트 7-15: **TranslucentColor 레코드 안에서의 등치 계약 오버라이드하기**

TranslucentColor 안의 Equals의 구현은 기본 클래스의 구현을 호출해서 각 객체의 지역 속성을 비교한다. 이는 계약 속성들이 항상 비교됨을 보장한다. 핵심적으로 가상 Equals(Color?) 메서드는 TranslucentColor 안에서 오버라이드되며 그 인수를 TranslucentColor로 형 변환한다. 형 변환이 실패하면 전달된 인수는 null이 된다. Color 참조 변수를 사용해서 2개의 TranslucentColor 인스턴스를 비교하면(리스트 7-13에서 EqualViaBase 메서드를 호출한 것처럼) Equals의 이 오버라이드가 가상 디스패치를 통해 실행된다.

우리가 직접 Equals 메서드를 작성한다면 이 메서드 또한 반드시 EqualityContract 속성을 비교해야 한다. 다른 타입의 인스턴스가 같다고 비교되는 것은 상식적이지 않기 때문이다.

EqualityContract 속성 하나만으로는 Color 참조를 사용해서 2개의 TranslucentColor 인스턴스를 비교하는 문제를 해결할 수 없다. 리스트 7-13의 테스트가 성공하는 이유는 컴파일러가 Color에 대해 가상의 타입 안전한 Equals 메서드를 생성하고 파생된 레코드 안에서 그것을 오버라이드하기 때문이다. Color 변수에 대해서 Equals 메서드를 호출할 때 런타임 인스턴스가 TranslucentColor이면 보다 파생된 구현을 호출한다. Equals(TranslucentColor?) 메서드 또한 가상 메서드라는 점을 기억하자. TranslucentColor 자체도 상속될 수 있기 때문이다. TranslucentColor에서 파생된 레코드는 컴파일러가 생성한 Equals(TranslucentColor?), Equals(Color?)의 오버라이드와 함께 그 자신의 타입 안전한 Equals 메서드를 갖는다.

하지만 클래스나 레코드에서 상속할 수 있는 구현은 등치만이 아니다. 클래스와 정확하게 마찬가지로 레코드에 대해서도 가상 메서드와 비가상 메서드를 우리가 직접 정의할 수 있다.

등치 이외의 계약

기본 클래스 혹은 레코드에 의해 성립된 동작상의 계약은 Equals 뿐만 아니라 그 모든 메서드에 적용된다. 컴파일러는 올바른 구현을 생성해서 2개의 레코드 인스턴스의 등치를 비교한다. 따라서 우리는 모든 구현을 직접 제공해야 한다. 6장에서 봤듯 값 타입에 의해서 구현되는 공통 인터페이스의 하나인 IComparable<T>를 사용하면 값 타입의 컬렉션을 정렬할 수 있다. 리스트 7-16의 Area와 Volume 레코드는 상속에 의한 관계를 가지며 각각은 CompareTo 메서드를 정의함으로써 IComparable<T> 인터페이스를 구현한다.

```csharp
public record Area(double Width, double Height)
    : IComparable<Area>
{
    public int CompareTo(Area? other)
    {
        if(other is null) return 1;
        return (int)(Width * Height - other.Width * other.Height);
    }

    public static bool operator<(Area left, Area right)
        => left.CompareTo(right) < 0;

    public static bool operator>(Area left, Area right)
        => left.CompareTo(right) > 0;
}

public record Volume(double Width, double Height, double Depth)
    : Area(Width, Height), IComparable<Volume>
{
    public int CompareTo(Volume? other)
    {
        if(other is null) return 1;
        return (int)(Width * Height * Depth -
                    other.Width * other.Height * other.Depth);
    }

    public static bool operator<(Volume left, Volume right)
        => left.CompareTo(right) < 0;

    public static bool operator>(Volume left, Volume right)
        => left.CompareTo(right) > 0;
}
```

리스트 7-16: IComparable를 사용해 Area, Volume 레코드 정렬하기

컴파일러는 Area, Volume 모두에 대한 IEquatable<T>를 구현하는 코드를 생성한다. 하지만 Equals는 각각의 경우 double 값을 비교하기 때문에 5장에서 발견했던 문제를

야기할 수 있음에 유념해야 한다. 그러나 컴파일러는 IComparable<T>에 대한 구현을 제공하지 않으므로 직접 작성해야 한다. 여기에서는 Area에 대한 순서를 정의했다. 한 Area의 총 면적(total area)가 다른 Area의 총 면적보다 작으면 전자의 Area는 후자의 Area보다 작다. 마찬가지로 Volume에서도 한 Volume의 전체 부피(total volume)가 다른 Volume의 총 부피보다 작으면 전자의 Volume은 후자의 Volume보다 작다. 또한 Area와 Volume 모두에 대해 operator<와 operator>를 추가했다. 이들은 CompareTo 메서드를 사용해서 구현했다.

6장에서 봤듯 순서 비교는 그 자체의 계약을 가지며 리스트 7-17의 IComparable<T> 구현은 결과적으로 Color와 TranslucentColor 클래스의 IEquatable<T>의 인터페이스의 원래 구현에서 만났던 동일한 문제를 겪는다.

선언에서 클래스 대신 레코드를 사용했더라도 여전히 구현 상속을 갖게 된다. 서브클래싱은 레코드에서도 클래스에서만큼 문제가 된다. 같은 맥락의 새로운 테스트를 통해 이를 확인할 수 있다. 이 테스트에서 2개의 TranslucentColor 인스턴스는 그들의 Alpha 속성이 다를 때 다르다고 비교된다. 리스트 7-17에서 2개의 Volume 인스턴스들은 Depth 값만 다른데, 이들을 베이스 레코드 타입에 대한 참조를 사용해서 <로 비교한다.

```
Area door = new Volume(Width: 100, Height: 200, Depth: 25);
Area window = new Volume(Width: 100, Height: 200, Depth: 5);

Assert.That(window < door, Is.True);
```

리스트 7-17: 2개의 Volume 인스턴스에서 CompareTo에 대한 계약 테스트하기

이 테스트는 실패한다. door와 window 변수의 정적, 컴파일 타임 타입이 그들의 동적, 런타임 타입과 다르기 때문이다. 기본 클래스의 정적 타입을 사용해서 이들을 비교하면 파생된 레코드의 Depth 속성은 무시되며, 결과는 올바르지 않게 된다.

IEquatable<T>의 컴파일러 구현을 사용하면 Area 레코드 안에서 CompareTo의 구현을 가상으로 만들어 Volume 타입에서 그것을 오버라이드할 수 있다. 이렇게 하면 이 실패하는 테스트의 문제는 곧바로 해결할 수 있지만, 구현에 따라 발생하는 모든 문제를 해결하지는 않는다. 예를 들어 Area와 Volume을 비교할 때 CompareTo는 무엇을 반환해야 하는가? 동일한 타입이 아닌 인스턴트의 등치 비교는 단순히 false를 반환한다. 하지만 이는 CompareTo에 대해서는 직관적이지 않다. 모든 Area는 모든 Volume보다 작게 비교하도록 선택할 수도 있겠지만 이는 너무 많은 혼동을 야기한다.

Area가 Volume보다 작은지 아닌지에 관한 질문은 의미가 없다. 하지만 Area와 Volume

타입 각각의 순서를 비교하지 못하게 하는 것은 금지되어야 한다. 어떤 Area가 다른 Area보다 작거나 혹은 어떤 Volume이 다른 Volume보다 작은지 확인하는 것은 완벽하게 상식적이다. 비교 대상 객체의 런타임 타입이 다르면 CompareTo가 예외를 던지도록 할 수도 있지만 이것은 호출하는 코드에 복잡성을 더하며 많은 사용자들을 놀라게 할 수 있다.

이는 첫째로 레코드는 "은 탄환(silver bullet)"이 아니라는 점, 둘째로(이것이 더욱 중요하다) 우리가 여전히 잘못된 문제를 해결하려 하고 있다는 점을 보여준다.

구현 상속 피하기

Equals와 CompareTo를 상속하면서 발생한 문제점들은 클래스나 레코드를 사용해서 정의하는 것과 관계없이 값 타입이 좋은 베이스 타입이 아닌 이유를 보여준다.

보다 일반적으로 말해 구현된 행동을 상속하는 것은 베이스 타입을 위해 작성된 코드가 상속된 타입으로 대체했을 때 올바르게 동작하는 것을 보장하기 어렵다. 베이스 타입의 메서드를 오버라이드하지 않았더라도 그 메서드들이 모든 파생된 타입에 대해 올바르게 작동할 것이라고 쉽게 보장할 수 없다. 상속은 베이스 타입의 구현을 재사용하기 위한 유명한 메커니즘이지만 베이스 타입의 동작상의 계약을 파생된 타입에서 달성하기란 보기보다 훨씬 어렵다.

어떤 타입이 다른 타입을 대체할 수 있는지 보장하는 방법의 하나는 구현 상속을 완전히 피하는 것이다. 인터페이스를 구현하면 인터페이스를 구현하는 클래스는 그 인터페이스 타입의 진짜 서브타입이다. 인터페이스는 구현을 갖지 않으므로 인터페이스를 구현할 때 고려해야 할 동작상의 계약은 존재하지 않는다. 인터페이스 타입은 이 인터페이스를 구현하는 타입이 반드시 수행해야 할 것을 정의할 뿐 구체적인 구현에 관해서는 전혀 설명하지 않는다. 인터페이스는 사실 클래스가 아니라 타입만 정의한다.

인터페이스 타입은 모든 구현 타입으로 대체될 수 있으므로 서로 다른 환경에서 서로 다른 구현을 사용할 수 있다. 인터페이스 타입에만 의존하는 코드(메서드의 매개변수이든 타입의 필드이든)는 인터페이스를 구현하는 방법과 완전히 분리된다. 이는 인터페이스가 솔기(seam), 다시 말해 우리가 한 구현을 다른 구현으로 대체할 수 있는 커스터마이즈 포인트임을 의미한다.

구체적인 구현이 아니라 인터페이스 타입을 사용해서 작성된 코드는 특정한 구현에 의존하지 않기 때문에 훨씬 유연하다. 인터페이스의 구체적인 구현을 테스트 더블(test double), 스텁(stub), 페이크(fake), 모의 객체(mock object)로 얼마든지 변경할 수 있으므로 테스트하기 쉽다.

일반적으로 인터페이스 타입을 6장에서 설명한 컨트롤러와 서비스(때로 여러 구현을 가진)를 나타낸다고 본다. 구성 매개변수나 런타임 환경에 따라 특정한 구체 구현이 런타임에 선택될 수도 있다. 하지만 컨트롤러나 서비스를 사용하는 코드(엔티티 타입에서 주로 그렇다)는 변경될 필요가 없다. 그 동작은 인터페이스에만 의존할 뿐 특정한 구체 타입에 의존하지 않기 때문이다. 또한 컨트롤러와 서비스는 테스트를 하는 과정에서 가짜 구현을 하고자 할 가능성이 가장 높다. 때문에 테스트를 할 때는 실제 데이터베이스와 같은 외부에 있거나 비싼 리소스에 접근할 필요가 없다.

값 타입이 하나 혹은 그 이상의 인터페이스를 구현할 때는 IEquatable<T>와 IComparable<T> 같은 특정한 프로토콜을 정의하며 클라이언트 코드가 다른 구현을 사용하지 않게 한다. 우리가 값 타입을 구현할 때 어떤 메커니즘을 사용하든 값 타입은 독립적이어야 한다. 만약 완전히 독립적이지 않다면 적어도 애플리케이션의 다른 타입으로부터 상당히 독립적이어야 한다.

구현 상속을 피해야 한다는 조언은 레코드가 항상 봉인돼야 한다는 권장 사항과 이어진다. 레코드는 값 타입을 모델링하기 위해 명세적으로 설계됐기 때문이다. 우리가 값을 클래스를 사용해 값을 모델링하는지 여부와 관계없이 클래스는 기본적으로 봉인돼 있어야 한다. 그리고 상속은 합당한 구체적인 설계를 갖고 있을 때만 가능해야 한다.

이 조언은 우리 설계의 유연함을 제한하는 것처럼 보이지만, 우리는 다른 방법을 사용해서 기존의 타입으로부터 새로운 타입을 파생하지 않고 코드에서 관계를 정의할 수 있다. 상속은 기존 타입의 구현을 사용해서 그 기능을 확장할 수 있는 유일한 방법이 아니다.

타입을 상속하지 않고 포함하기

어떤 구체 타입의 동작을 사용해서 다른 타입의 동작을 구현하는 방법으로 단순히 그 타입의 인스턴스를 필드 혹은 속성으로 포함(contain, 혹은 구성(compose)) 하는 방법이 있다. 이 방법은 특히 TranslucentColor와 같이 Color 같은 보다 단순한 타입을 사용해서 쉽게 구현할 수 있지만, 그들 사이에 어떤 타입 대체성도 내포하지 않는 값 타입이 필요할 때 사용할 수 있다. 값 타입은 일반적으로 독립적이어야 하나 다른 값을 필드로 포함하는 것은 한 가지 예외 사항으로 이를 통해 빈번하게 이익을 얻을 수 있다.

우리는 Color를 클래스로 구현하고 다시 레코드로 구현했으므로 상속의 이익을 취할 수 있다. 클래스를 사용해서 값을 모델링하는 것은 비합리적이지 않다. 그리고 우리가 알듯 레코드는 명확하게 그 목적을 위해 제공된다. 하지만 Color를 상속하는 대신

TranslucentColor 안에 Color를 포함하면, 구조체를 사용해서 두 타입을 보다 간단하게 구현할 수 있다. 레코드 구조체를 사용하는 것은 더욱 간단하다. 리스트 7-18에서 TranslucentColor는 1개의 Color 인스턴스를 포함한다.

```csharp
public readonly record struct Color(int Red, int Green, int Blue);

public readonly record struct TranslucentColor(Color Color, int Alpha)
{
    public TranslucentColor(int red, int green, int blue, int alpha)
        : this(new Color(red, green, blue), alpha)
    {
    }

    public int Red => Color.Red;
    public int Green => Color.Green;
    public int Blue => Color.Blue;
}
```

리스트 7-18: **Color를 상속하지 않고 포함하기**

여기에서 컴파일러는 각 타입에 대한 IEquatable<T>의 구현을 제공하며, 우리는 이들을 위한 속성과 동작만 정의하면 된다. TranslucentColor 타입은 읽기 전용의 Color 인스턴스를 포함하며, 우리는 사용자들의 편의를 위해 새로운 생성자를 추가한다. 사용자들은 새로운 Color 값을 생성해서 TranslucentColor의 생성된 생성자에 전달하거나, 각 컴포넌트 부분을 별도로 갖는 새로운 생성자를 호출할 수 있다. 또한 TranslucentColor 안에서 Color의 속성을 반영해서 이들을 TranslucentColor에 포함된 Color 값으로 보낼 수 있다. 이 속성들을 아무런 노력 없이 거저 얻을 수는 없지만 이들을 사용하면 TranslucentColor를 보다 자연스러운 인터페이스로 사용할 수 있다.

```csharp
var bg = new TranslucentColor(0xFF, 0xA0, 0, 0x77);

Assert.That(bg.Red, Is.EqualTo(0xFF));
Assert.That(bg.Green, Is.EqualTo(0xA0));
Assert.That(bg.Blue, Is.EqualTo(0));
Assert.That(bg.Alpha, Is.EqualTo(0x77));
--생략--
```

이 대안에 따라 사용자들은 명시적으로 Color 속성을 얻고 그 속성에 다음과 같이 접근할 수 있다.

```csharp
Assert.That(bg.Color.Red, Is.EqualTo(0xFF));
Assert.That(bg.Color.Green, Is.EqualTo(0xA0));
```

```
Assert.That(bg.Color.Blue, Is.EqualTo(0));

Assert.That(bg.Alpha, Is.EqualTo(0x77));
--생략--
```

우리가 구조체를 사용하든 봉인된 레코드나 클래스 혹은 레코드 구조체를 사용해서 값 타입을 직접 정의하든 새로운 타입을 테스트하기 보다 쉽다. 왜냐하면 Color 참조 가 TranslucentColor 인스턴스를 가리키는 경우를 고려할 필요가 없기 때문이다. 이 것은 이 자체로 큰 고려사항이다. 왜냐하면 이 테스트들은 작성하기 더 쉬울 뿐만 아 니라 이후 코드를 사용하는 다음 프로그래머들이 읽기도 쉽기 때문이다.

타입을 구성하는 것은 상속을 사용한 버전에 완전히 적합하지는 않다. 왜냐하면 TranslucentColor 인스턴스를 Color를 기대하는 메서드에 인수로 사용할 수 없기 때 문이다. 앞에서 봤듯 때때로 그 대체성은 적절하지 않다.

상속은 다형성의 유일한 형태가 아닐 뿐만 아니라 타입 대체성을 보이는 유일한 메커 니즘도 아니다. 하지만 다른 접근 방식은 우리가 한 타입을 다른 타입으로 대체했을 때 필요한 정보들을 제공한다. 이런 접근 방식들을 몇 가지 살펴보자.

제네릭을 사용한 매개변수를 갖는 다형성

C# 제네릭은 매개변수를 갖는 다형성(parametric polymorphism)을 제공한다. 매 개변수를 갖는 다형성은 다형성의 한 형태로 이를 사용하면 실제 타입 대신 제네릭 타입 매개변수를 사용해서 여러 타입에 대해 동작하는 코드를 한 번에 작성할 수 있 다. 이 접근 방식은 그 매개변수들을 대체할 수 있는 모든 타입에 대한 일반적인 형태 와 목적을 제공한다.

이것은 List<T>와 같은 표준 라이브러리 안의 제네릭 컬렉션 클래스들을 통해 가장 명 확하게 볼 수 있다. List<T>에서 T는 제네릭 매개변수 타입이며 이는 우리가 직접 정의 한 타입을 포함한 모든 런타임 타입으로 대체될 수 있다. 예를 들어 리스트 7-19에서 는 2개의 List<T> 변수를 선언한다. 이 변수들은 서로 다른, 관련되지 않은 타입을 사 용해서 매개변수화됐다.

```
var colors = new List<Color>();
var names = new List<string>();
```

리스트 7-19: 제네릭 타입 사용하기

List 구현의 동작은 변경되지 않았지만 List<Color>는 List<string>과 다른 타입이며, 이 타입들은 서로 어떤 관계도 갖지 않는다. 제네릭 List<T> 코드는 T 제네릭 매개변수를 사용해서 작성됐으며, List<T>는 T의 구조적인 혹은 동작적인 특성을 전혀 알지 못하기 때문에 모든 타입과 함께 사용될 수 있다.

다르게 말하자면 List<T>의 컨텍스트에서 모든 타입은 서브타입 관계가 없더라도 T 매개변수를 대체할 수 있다. 어떤 동작상의 계약도 고려할 필요가 없다. List<T>는 T에 대한 어떤 가정도 하지 않기 때문이다.

우리가 작성한 제네릭 코드에서 특정한 제네릭 매개변수 타입에 적합한 타입을 더 선택할 필요가 있거나, 그 제네릭 코드가 어떤 객체에서 제공되는 메서드 혹은 속성을 사용하도록 해야 한다면 매개변수를 제약해서 특정한 동작을 갖는 타입들만 허용할 수 있다.

제네릭 제약 사항과 프로토콜 인터페이스

object는 모든 타입의 기본 클래스이므로 제네릭은 T 타입 변수를 통해서 그 메서드를 사용할 수 있다. 하지만 다른 것에 접근하려면 컴파일러는 T가 무엇이 될 수 있는지에 관한 정보를 필요로 한다. 이 정보는 제네릭 타입 제약 사항을 통해 제공한다. 인터페이스 제약 사항을 예로 들 수 있다. 인터페이스 제약 사항은 T의 타입을 제한해서 지정된 인터페이스를 구현하게 함으로써 모든 인터페이스 조작이 그 제네릭 타입 변수에 대해 합법적임을 보장한다. 예를 들어 리스트 7-20의 인터페이스를 살펴보자.

```
public interface IParser<T>
{
    public T Parse(string input);
}
```

리스트 7-20: **계약 인터페이스**

제네릭 IParser<T> 인터페이스는 단일한 Parse 메서드를 정의하며, 이 메서드는 string 값을 타입 T의 객체 인스턴스로 바꾼다. IParser<T>의 T 매개변수에는 별다른 제약 사항이 없으므로 이 인터페이스는 모든 타입으로 구현될 수 있다. 리스트 7-21에서는 IParser<T> 인터페이스를 사용해서 DataAdapter 제네릭 클래스의 TParser 매개변수를 제약한다.

```
public sealed class DataAdapter<TParser, TResult>
    where TParser : IParser<TResult>
{
    public DataAdapter(TParser parser, IEnumerable<string> source)
        => (this.parser, items) = (parser, source);

    public IEnumerable<TResult> Read()
    {
        foreach (var item in items)
        {
            yield return parser.Parse(item);
        }
    }

    private readonly TParser parser;
    private readonly IEnumerable<string> items;
}
```

리스트 7-21: **API를 위해 타입 제약하기**

DataAdapter 클래스는 2개의 제네릭 매개변수를 갖는다. TParser 매개변수는 타입 선언 뒤를 따르는 where 절 안에 있는 IParser<T> 인터페이스에 제약 사항을 부여한다. TParser는 두 번째 제네릭 매개변수인 TResult를 사용해야 한다. TResult는 Read 메서드의 반환 타입에 일치한다. 즉, TParser는 IParser<TResult의 구현으로 대체될 수 있다는 의미이다. DataAdapter의 생성자는 TParser 매개변수를 받으므로 전달되는 인수는 IParser<T>의 구현이어야 한다. 여기에서 T는 DataAdapter의 TResult 매개변수와 같은 타입으로 대체된다.

단순하게 표현하면 DataAdapter 생성자는 입력값을 나타내는 일련의 문자열값을 받는다. 하지만 실제 애플리케이션에서 DataAdapter는 데이터베이스 혹은 보다 정교한 출처로부터 데이터를 받을 것이다.

TParser 타입 매개변수에 대한 인터페이스 타입 제약 덕분에 Read 메서드의 parser.Parse를 호출할 수 있으며, 이는 일련의 TResult 요소들을 반환한다. TParser에 대한 where 제약이 없으면 Read 메서드는 컴파일에 실패한다. object는 Parser 메서드를 갖지 않기 때문이다.

리스트 7-20에서 IParser<T> 인터페이스는 변수의 타입으로 사용되도록 의도되지 않았다. 그것은 계약 인터페이스이며 그 목적은 문자열을 객체로 파싱하는 프로토콜을 기술하는 것이다. 심지어 TParser를 DataAdapter 클래스 안에서 필드의 타입으로 사용하는데, 이때 그 필드를 IParser<T>라고 선언하지 않아도 된다.

DataAdapter의 TParser 제네릭 매개변수에 대한 제약은 우리가 IParser<T> 프로토콜의 구현을 제공해야만 DataAdapter를 생성할 수 있음을 의미한다. 이 제약 사항은 런타임에 TParser를 대체하는 모든 타입은 Parse 메서드를 가지며, Parse 메서드의 시그니처는 IParser<T> 인터페이스에 선언된 조작과 일치함을 보장한다.

IParser 프로토콜 구현하기

IParser<T> 인터페이스 자체는 제네릭이므로 타입을 구현 타입은 Parse 메서드로부터의 반환 타입을 지정할 수 있다. 리스트 7-22의 ColorParser 클래스는 string을 Color 객체로 변환하는 IParser<Color>를 구현한다. 이 예시에서 입력 문자열은 각 색상 컴포넌트를 3자리의 16진수 값으로 나타내며, 전체 값은 "RRGGBB" 타입으로 표현된다.

```
public interface IParser<T>
{
    public T Parse(string input);
}

public sealed class ColorParser : IParser<Color>
{
    public static int FromHex(string part)
        => int.Parse(part, NumberStyles.HexNumber);

    public Color Parse(string input)
        => new(Red: FromHex(input[0..2]),
               Green: FromHex(input[2..4]),
               Blue: FromHex(input[4..6]));
}
```

리스트 7-22: **계약 인터페이스 구현하기**

ColorParser 클래스의 Parse 메서드는 C# v8.0에서 도입된 범위 연산자 구문을 입력 매개변수에 대해 사용해서 문자열을 각각 2문자씩 3개의 부분으로 나눈다. [begin..end]와 같은 범위는 슬라이스(slice)라 부르며, begin 인덱스부터 end 인덱스 직전까지의 하위 문자열을 지정한다. 범위는 배열과 함께 사용해 해당 배열의 하위 범위를 지정할 수도 있다.

NOTE *범위(range)는 인덱스의 반개 구간(half-open interval)이며 [begin..end)라고 표기하는 편이 훨씬 적절하다. 하지만 C# 구문에서는 대괄호 혹은 괄호의 쌍이 일치해야만 한다. 이 구문과 Enumerable.Range 메서드의 구문을 혼동하지 않도록 주의하자. Enumerable.Range 메서드는 시작 인덱스와 포함할 아이템의 수를 매개변수로 받는다.*

DataAdapter 클래스 매개변수화하기

ColorParser는 IParser<T>를 구현하므로 ColorParser를 DataAdapter 클래스와 함께 사용할 수 있다(리스트 7-23).

```
string messages = "FFA000 A0FF00 00F0F0"; ...

var provider = new DataAdapter<ColorParser, Color>
                        (new ColorParser(), messages.Split(' '));

foreach(Color color in provider.Read())
{
    --생략--
    // Do something with a color
}
```

리스트 7-23: **제네릭 타입 사용하기**

DataAdapter 클래스 자체는 (요구되는 IParser<T> 프로토콜을 구현한 모든 타입에 대해 동작한다는 점에서) 다형적 방식으로 작성됐지만, 이를 사용하기 위해서는 TParser 매개변수와 Read 메서드에 의해 반환되는 TResult 매개변수 타입을 대체할 타입을 명시적으로 나타내야 한다.

이는 우리가 우발적으로 DataAdapter의 TResult 매개변수에 대해 TranslucentColor를 ColorParser와 함께 사용하는 것을 방지한다.

```
var other = new DataAdapter<ColorParser, TranslucentColor>
                        (new ColorParser(), messages.Split(' '));
```

ColorParser 클래스는 Color 타입에만 사용할 수 있다. ColorParser는 IParser <Color> 인터페이스를 구현하기 때문이다. 컴파일러는 이 위반을 잡아내고 에러를 보고한다.

[CS0311] The type 'ColorParser' cannot be used as type parameter 'TParser' in the generic type or method 'DataAdapter<TParser, T>'. There is no implicit reference conversion from 'ColorParser' to 'IParser<TranslucentColor>'.

하지만 DataAdapter의 TResult 제네릭 매개변수는 이미 우리가 제공한 IParser<T> 구현의 구체 타입에 의해 암시돼 있으므로 IParser<T>.Parse에 의해 반환되는 타입과 같아야만 한다. 리스트 7-21의 DataAdapter의 TParser 제네릭 매개변수에 대해 우리가 사용한 타입 제약은 이 관계를 명시적으로 만든다.

```
public sealed class DataAdapter<TParser, TResult>
    where TParser : IParser<TResult>
--생략--
```

DataAdapter 클래스가 모든 **IParser<T>** 구현에 대해 동작하는 것을 보장하기 위해 이미 어려움을 겪었으므로 특정 구현을 지정해야 하는지는 불필요해 보인다. 대신 컴파일러로 하여금 우리가 사용하는 실제 타입에 기반해 **TParser** 매개변수에 대한 올바른 타입을 추론하게 할 수 있다.

제네릭 메서드 매개변수와 타입 추론

컴파일러는 제네릭 클래스의 모든 매개변수에 대한 실제 타입을 추론하지 못하지만, 어떤 제네릭 매개변수 타입이 제네릭 메서드의 공식 매개변수로 사용된다면 해당 제네릭 메서드에 대해서는 매개변수의 타입을 추론할 수 있다. **TParser** 타입 매개변수는 **DataAdapter.Read** 메서드에 의해서만 사용되기 때문에 **DataAdapter** 클래스에서 매개변수를 옮겨서 **Read** 메서드에 대신 추가할 수 있다. 이렇게 하면 **Read** 메서드는 제네릭 메서드가 된다(리스트 7-24).

```
public sealed class DataAdapter<TResult>
{
    public DataAdapter(IEnumerable<string> source)
        => items = source;

    public IEnumerable<TResult> Read<TParser>(TParser parser)
        where TParser : IParser<TResult>
    {
        foreach (var item in items)
        {
            yield return parser.Parse(item);
        }
    }

    private readonly IEnumerable<string> items;
}
```

리스트 7–24: **DataAdapter.Read**를 제네릭 메서드로 정의하기

DataAdapter는 더이상 **TParser** 객체를 저장하기 위한 필드를 필요로 하지 않는다. 그것은 **Read** 메서드에게 전달되기 때문이다. 이 제네릭 메서드는 여전히 인터페이스 제약 사항을 필요로 하므로 **parser** 변수를 통해서 **Parser** 메서드를 호출할 수 있다. 하지만 **parser** 인수를 전달할 때 그 타입을 지정할 필요는 없다. 컴파일러는 우리가

Read에 전달하는 인수에 기반해 TParser의 타입을 추론한다(리스트 7-25).

```
var provider = new DataAdapter<Color>(messages);

foreach (Color color in provider.Read(new ColorParser()))
{
    --생략--
}
```

리스트 7-25: **매개변수 타입 추론**

ColorParser 타입은 그 인스턴스를 만들어서 Read 메서드에 전달할 때 단 한 번만 언급한다. 리스트 7-23과 비교해보자. 리스트 7-23에서는 ColorParser의 인스턴스를 요구했을 뿐만 아니라 DataAdapter의 TParser 매개변수를 위한 타입도 지정해야 했다. 제네릭 메서드가 제공하는 타입 추론을 사용하면 불필요한 장황한 코드를 피할 수 있다.

매개변수화된 타입

리스트 7-25에서는 TResult가 Read 메서드에서만 사용됨에도 불구하고 여전히 Data-Adapter의 TResult 매개변수의 Color를 지정해야 했다. 컴파일러는 우리가 메서드에 전달하는 인수로부터 제네릭 매개변수의 실제 타입만 추론할 수 있는데, TResult는 Read 안에서 어떤 매개변수의 타입으로도 사용되지 않는다. 메서드가 제네릭 매개변수를 가지면, 제네릭 매개변수들은 명시적으로 지정되거나 인수로부터 추론되어야만 한다. 컴파일러는 사용할 수 있는 인수를 통해 타입들을 부분적으로 추론하지 않는다.

하지만 이것은 DataAdapter 클래스에게 이익이다. 왜냐하면 IParser<T>의 T 매개변수는 DataAdapter의 TResult 매개변수와 일치함을 보장하기 때문이다. TResult에 대해 다른 타입을 사용하기 원한다면 다른 파서 구현이 필요하다. 리스트 7-26에서는 TranslucentColor 타입 안에 IParser<T> 인터페이스를 구현하고 새로운 타입을 위해 DataAdapter를 생성한다.

```
public sealed class TranslucentColorParser : IParser<TranslucentColor>
{
    public TranslucentColor Parse(string input)
        => new(Color: color.Parse(input[0..6]),
               Alpha: ColorParser.FromHex(input[6..8]));

    private readonly ColorParser color = new();
}

--생략--
```

```
var provider = new DataAdapter<TranslucentColor>(messages);

var colors = provider.Read(new TranslucentColorParser()).ToList();
```

리스트 7-26: **다른 타입으로 DataAdapter를 매개변수화하기**

Color 대신 TranslucentColor를 지정해서 TranslucentColorParser 클래스의 IP-
arser<T>를 구현하고, TranslucentColor를 DataAdapter의 TResult 매개변수를 위한
타입으로 지정한다. TranslucentColorParser 구현은 ColorParser 객체를 사용해서
TranslucentColor의 Color 부분을 편리하게 파싱한다. 하지만 그것은 완전히 새로운
타입이다. 마찬가지로 DataAdapter<TranslucentColor> 타입은 DataAdapter<Color>와
관계가 없다.

DataAdapter 클래스는 우리가 그 TResult 매개변수를 위해 제공한 인수의 타입에 따
라 다형적이다. 왜냐하면 TResult 매개변수의 타입은 Read 메서드가 반환하는 결과에
영향을 주기 때문이다. Read 메서드는 고유한 제네릭 매개변수를 가지므로 메서드 자
체는 다형적이다. 우리는 Read 메서드를 단 한 번만 작성하며 이는 IParser<T>를 구현
한 모든 타입에 대해 동작한다. 여기에서 T는 DataAdapter의 TResult 타입과 일치한다.

제네릭 메서드는 서로 다른 매개변수 타입을 가지만 그 구현은 모두 동일한 여러 메
서드 오버로드를 나타낸다고 생각할 수 있다. 제네릭이 아니어도 오버로드된 메서드
들은 고유한 유형의 다형성을 나타내는데, 이는 애드혹 다형성(ad hoc polymor-
phism)이라 부르기도 한다.

오버로딩을 통한 애드혹 다형성

애드혹 다형성(혹은 메서드 오버로딩(method overloading))은 같은 이름을 갖지만
매개변수의 타입이나 수가 다른 조작군을 정의하는 방법이다. 컴파일러는 우리가 메
서드를 호출할 때 사용하는 메서드 이름과 인수에 기반해 올바른 메서드 오버로드를
선택한다. 각 메서드는 다른 구현을 가질 수 있으므로 메서드 이름이 그 매개변수에
대해 다형적이다.

이미 이번 장과 다른 장들에서 인스턴스 메서드를 오버로드하는 여러 예시를 봤다.
우리는 가상 Equals 메서드를 오버라이드한 뒤 타입 안전한 구현을 사용해서 그것을
오버로드했다. 컴파일러는 인수의 정적 타입이 객체 타입 혹은 다른 타입이 아닌 구
현한 타입과 일치하면 타입 안전한 Equals의 오버로드를 선택한다. 레코드 구조체에
서 컴파일러는 모든 메서드에 대한 구현을 제공한다. 하지만 필요하다면 우리가 직접

타입 안전한 Equals 메서드를 제공할 수도 있다. 리스트 7-27에서는 비교 대상 변수들이 값 타입인 경우 인수가 달라졌을 때 호출되는 메서드가 달라지는 것을 보여준다.

```
public readonly record struct Color(int Red, int Green, int Blue);

var plum = new Color(0xDD, 0xA0, 0xDD);
var other = new Color(0xDD, 0xA0, 0xDD);

Assert.That(plum.Equals(null), Is.False);
Assert.That(plum.Equals(other), Is.True);
```

리스트 7-27: 메서드 오버로드 선택하기

첫 번째 어서션에서는 plum 변수와 null을 비교한다. object가 참조 타입이므로 object? 매개변수를 받는 Equals 오버라이드를 호출하고, null은 자동으로 참조 매개변수로 변환된다. 두 번째 어서션에서는 Color를 매개변수로 받는 메서드가 그 타입이 정확하게 일치하므로 다른 인수를 받는 인수들 보다 일치한다. 그래서 타입 특정한 오버로드가 호출된다. Color가 레코드 구조체가 아닌 레코드라면 두 어서션 모두 Equals(Color) 오버로드를 직접 호출할 것이다. 이 경우 Color는 참조 타입이지만 object보다는 구체적이기 때문이며, 이는 인수가 null일 때 오버로드 해결 관점에서 봤을 때 더 나은 변환 대상이다.

오버로드된 인스턴스 메서드를 호출하면 컴파일러는 메서드를 호출하기 위해 사용된 변수의 정적 타입을 사용해서 호출할 메서드 후보를 식별한다. 후보 메서드는 해당 메서드가 호출되는 범위 안에 있다면 같은 이름을 가진 확장 메서드를 포함할 수 있다. 호출하는 변수가 항상 선택 가능한 오버로드의 항목을 선택하는 방법을 결정하며, 전달된 인수가 그 후보 리스트 안에서 선택할 오버로드를 특정한다. 리스트 7-28에서는 plum 변수의 정적 타입을 Color가 아닌 object로 변경한 뒤 Equals 메서드를 호출한다.

```
object plum = new Color(0xDD, 0xA0, 0xDD);
Color other = new Color(0xDD, 0xA0, 0xDD);

Assert.That(plum.Equals(other), Is.True);
```

리스트 7-28: 인수 타입과 호출 타입

Equals의 후보는 object에 대해 정의된 메서드 중에서 선택된다. object가 plum 변수의 컴파일 타임 타입이기 때문이다. 그런 메서드는 object? 매개변수를 받는 메서드 하나뿐이므로 다른 인수가 Color임에도 불구하고 자동으로 일치한다. 그리고 plum은 여전히 Color에 대한 참조이며 Color는 Color 매개변수를 받는 오버로드된 Equals 메서드를 갖는다. Color가 참조 타입이어도 동일하다. 타입 특정한 오버로드는 오버로드를 해결하는 동안에는 전혀 고려되지 않는다. 그 메서드를 호출할 때 사용된 변수 타입의 멤버가 아니기 때문이다.

정적 메서드도 오버로드될 수 있다. 하지만 오버로드 후보는 호출자가 사용한 타입 이름을 통해 식별된다. 어떤 경우든 메서드 그룹(method group)이라 불리는 이 후보 리스트에서 컴파일러는 전달된 인수에 따라 가장 일치하는 것을 선택한다.

일치하는 항목을 찾지 못하거나(즉, 인수들을 암묵적으로 어떤 매개변수 타입으로도 변환할 수 없거나) 단 하나의 가장 잘 일치하는 항목이 없이 동등한 여러 좋은 후보를 찾는다면 프로그램은 컴파일에 실패한다.

오버로드된 연산자를 갖는 심볼릭 다형성

오버로딩은 커스텀 연산자와 함께 사용하면 매우 강력하다. 값 타입들은 일반적으로 operator== 연산자와 Equals 메서드를 함께 오버로드한다. 이는 보다 간결한 동시에 값을 비교할 때는 메서드를 호출하는 것보다 ==를 사용한 것이 자연스럽다.

구조체에 대해서는 직접 연산자 구현을 작성해야 하지만 레코드, 레코드 구조체에 대해서는 컴파일러가 operator==, operator!=를 제공하며 이를 사용해 같은 타입의 2개의 변수를 편리하게 비교할 수 있다.

```
var plum = new Color(0xDD, 0xA0, 0xDD);
var pink = new Color(0xFF, 0xCC, 0xCC);

Assert.That(plum != pink, Is.True);
```

레코드와 레코드 구조체에 대해 컴파일러가 합성한 operator== 및 operator!=의 구현을 변경할 수는 없다. 하지만 다른 메서드와 마찬가지로 이 메서드들의 오버로드를 추가해서 다른 타입을 받도록 할 수 있다. 예를 들어 리스트 7-29에서는 Color에 대한 operator==를 오버로드해서 Color와 int를 비교할 수 있도록 했다.

```
public static bool operator==(Color left, int right)
    => left.Equals(new (right));

public static bool operator==(int left, Color right)
    => right.Equals(new (left));
```

리스트 7-29: **연산자 오버로딩**

(리스트에서는 보이지 않지만) 각 오버로드에 대해 operator==의 쌍인 operator!=를 추가해야 한다. 이 오버로드는 사용자들에게 편의를 제공한다. 사용자들은 명시적으로 Color 인스턴스를 생성해서 인스턴스의 가공되지 않은 RGB 값을 비교할 필요가 없다. 다음과 같이 간단하게 값을 비교할 수 있다.

```
var plum = new Color(Red: 0xDD, Green: 0xA0, Blue: 0xDD);

Assert.That(plum == 0xDDA0DD, Is.True);
Assert.That(0xDDA0DD == plum, Is.True);
```

연산자 오버로딩은 근본적으로 다른 메서드 오버로딩과 다르지 않다. 하지만 이름 있는 메서드를 사용하는 대신 심볼(symbol)을 오버로드해서 우리가 만든 타입에 따라 다형적 방법으로 동작하게 한다. 심볼릭 다형성의 좋은 예시는 string 클래스에 내장 돼 있다. string 클래스에서는 + 심볼을 덧셈이 아닌 연결로 정의한다. 이 관례는 대부분의 프로그래머들이 친숙하게 받아들인다.

일반적인 규칙을 따르지 않는 사용자 조작을 도입할 때는 주의를 기울여야 한다. 메서드 오버로딩(특히, 연산자 오버로딩)은 신중함을 기해야 하며 우리가 소위 "좋은 맛"이라고 부르는 것에 관해 심사숙고해야 한다. 다양한 타입을 위해 오버로드된 메서드는 타입에 따라 다르게 구현됐을 수 있는 조작에 하나의 공통된 이름을 부여하기 때문에 타입 대체성에 관한 인상을 준다.

예를 들어 string 클래스는 문자열에 숫자를 더하는 것을 허락하지 않는다. 결과 타입이 오해를 불러일으키기 쉽기 때문이다. "5" + 0.5가 0.5 + "5"와 같아야 하는가? string 클래스의 설계자들은 잠재적인 혼동을 줄이기 위해 이런 사용을 허용하지 않기로 결정했다.

다형성을 위한 제네릭 델리게이트

델리게이트(delegate)는 특정한 시그니처(타입 및 매개변수)를 가진 메서드를 나타내며 델리게이트 객체(delegate object)는 다양한 메서드들(이 메서드들의 시그니처가 델리게이트 타입과 일치하기만 한다면)로 구성될 수 있다. 델리게이트는 LINQ 라이브러리의 중추적인 기능이다. 예를 들어 Select 메서드는 하나의 델리게이트 매개변수를 받으며 시퀀스의 한 요소를 다른 타입으로 변환하는 메서드를 나타낸다. 특히 람다가 델리게이트 타입 매개변수를 갖는 메서드의 인수로 사용되는 것을 자주 볼 수 있다(리스트 7-30).

```
var colors = new List<Color>
{
    --생략--
};

var formatted = colors.Select(
    color => $"{color.Red:X2}{color.Green:X2}{color.Blue:X2}");
```

리스트 7-30: 델리게이트 매개변수에 대해 람다를 전달하기

Select는 IEnumerable<T>에 대한 확장 메서드이다. 여기에서는 colors 변수를 통해
Select를 호출했으며, 람다를 전달해서 Color 매개변수를 받는 메서드를 나타냈다.
왜냐하면 그것이 colors 시퀀스의 요소 타입이기 때문이다. 이 시퀀스의 각 요소에
대해 람다가 호출되며 각 값의 16진수 표현을 "RRGGBB"라는 타입의 문자열로 반환한
다. 이는 리스트 7-22에 정의한 Parse 메서드와 반대되는 조작이다.

리스트 7-30에서와 같은 인라인 람다는 편리하지만 일반적으로 메서드 오버로드가 제
공하는 유연성을 갖지 않는다. 예를 들어 colors의 요소 타입을 Color 대신 Translu-
centColor로 변경한다면 코드는 여전히 컴파일되고, 람다 구현은 리스트 7-18에서 정의
한 TranslucentColor 타입에 대해 동작하겠지만 그 결과는 Alpha 속성을 위한 추가 2바
이트를 갖지 않을 것이다. TranslucentColor를 위해서는 새로운 람다를 작성해야 하며,
Color와 TranslucentColor를 모두 지원해야 한다면 이들을 별개로 다루어야 한다.

오버로드된 메서드는 우리에게 필요한 공통의 목적을 잡아내는 완벽한 방법이며 동시
에 다양한 구현을 캡슐화하게 해준다. 리스트 7-31의 2개의 정적 메서드를 살펴보자.

```
public static class Formatter
{
    public static string Format(Color color)
        => $"{color.Red:X2}{color.Green:X2}{color.Blue:X2}";

    public static string Format(TranslucentColor color)
        => $"{Format(color.Color)}{color.Alpha:X2}";
}
```

리스트 7-31: 다양한 타입을 위해 오버로드된 메서드

Format(TranslucentColor) 메서드의 구현은 Format(Color) 오버로드를 호출하는 점
에 주목하자. 별도의 익명 람다 표현식은 이런 방식으로 사용할 수 없다.

Select에 대한 인수로 람다를 전달하는 대신 Format 메서드 그룹을 전달할 수 있다
(리스트 7-32).

```
var colors = new List<TranslucentColor>
{
    --생략--
};

var formatted = colors.Select(Formatter.Format);
```

리스트 7-32: **인수로서의 메서드 그룹**

여기에서 Formatter.Format은 2개의 메서드 오버로드의 공통된 이름이며 메서드 그룹을 나타낸다. 컴파일러는 Select를 호출할 때 사용된 시퀀스의 요소 타입에 기반해 이 메서드 그룹 안에서 올바른 오버로드를 선택한다. Select를 위한 델리게이트 매개변수는 제네릭 델리게이트이다. 즉, 그 자체의 제네릭 타입 매개변수를 갖는다. 제네릭 메서드와 마찬가지로 컴파일러는 델리게이트에 전달된 인수에 기반해 실제 타입을 추론한다.

Formatter.Format 메서드 그룹은 Select 메서드에 의해 내부적으로 전달된 인수에 따라 다형성을 갖는다. 여기에서 리스트 7-31의 Format(TranslucentColor) 메서드가 호출되는데, 이는 colors 시퀀스의 요소 타입이 TranslucentColor이기 때문이다. colors 변수를 List<Color>로 변경하면 Select 표현식을 전혀 변경하지 않더라도, Select 메서드는 Format(Color)를 호출할 것이다.

변환을 사용한 다형성 강제

앞에서 봤듯 상속을 통해 다른 타입을 기대할 때는 한 타입의 인스턴스에 대한 참조를 사용할 수 있다. 단 첫 번째 타입이 두 번째 타입을 상속해야만 한다. 파생된 클래스는 문법적으로 그 기본 클래스를 대체할 수 있다. 왜냐하면 특정한 타입에서 그 모든 부모 타입으로의 암묵적 변환은 자연스럽기 때문이다.

우리가 직접 타입 변환을 구현해서 관련성이 없는 타입 사이의 대체성을 조작할 수 있다. 암묵적 변환이든 명시적 변환이든 변수를 다른 타입으로 형 변환(혹은 강제 (coercing)) 하는 것은 편리할 수 있지만 수면 아래 문제를 가릴 수도 있다. 그러나 주의해서 사용한다면 관련성이 없는 타입 사이의 변환을 통해 효과적이고 간결하게 설계를 표현할 수도 있다.

우리가 살펴보지 않은 암묵적 형 변환이 가진 몇몇 문제점에 관해 살펴보자. 리스트 7-33에서는 TranslucentColor 안에 어떤 인스턴스를 Color 타입으로 변환하는 암묵적 변환 연산자를 구현한다.

```
public readonly record struct TranslucentColor(Color Color, int Alpha)
{
    --생략--

    public static implicit operator Color(TranslucentColor color)
        => color.Color;
}
```

리스트 7-33: **암묵적 변환 연산자**

TranslucentColor 안의 변환 연산자는 밖으로 향하는(outward) 변환이다. 우리는 구현 타입의 인스턴스를 다른 무엇인가로 변환한다. 이를 사용하면 TranslucentColor를 가지고 있을 때 Color 값을 기대하는 메서드를 호출할 수 있다. 리스트 7-34에서는 EqualViaColor 메서드를 호출한다.

```
public bool EqualViaColor(Color left, Color right)
    => left.Equals(right);

var red = new TranslucentColor(0xFF, 0, 0, 0);
var blue = new TranslucentColor(0, 0, 0xFF, 0);

Assert.That(EqualViaColor(red, blue), Is.False);
```

리스트 7-34: **암묵적 변환의 실제**

암묵적 변환 연산자 덕분에 red와 blue 변수는 우리가 이들을 EqualViaColor 메서드에 인수로 전달할 때 Color 인스턴스로 변환된다. 이 변환은 눈에 보이지 않게 일어난다. 왜냐하면 변환 연산자가 implicit으로 정의됐기 때문이다.

Color 타입에 대해 TranslucentColor 매개변수를 받는 안으로 향하는(inward) 변환 연산자를 정의해도 같은 결과를 달성할 수 있다. 그 연산자를 정의하는 위치로 어디를 선택할 것인가의 문제이다. TranslucentColor는 이미 Color 타입에 의존하고 있지만 Color는 TranslucentColor에 대한 아무런 정보를 갖지 않으므로 여기에서는 TranslucentColor 안에 밖으로 향하는 변환을 정의하는 것이 보다 합리적이다.

하지만 모든 변환에는 주의를 기울여야 한다. 특별히 암묵적 변환에 대해서는 더욱 그렇다. 1장에서 봤듯 암묵적 변환은 복잡성을 숨기는 것은 물론 바람직하지 않은 동작을 야기할 수도 있다. 사용자 정의 강제는 파생된 타입으로부터 그 베이스 타입으로의 암묵적 참조 변환과는 완전히 같지 않다.

확대 변환 vs 축소 변환

TranslucentColor가 Color를 상속하면 TranslucentColor 참조를 Color를 기대하는 메서드에 전달할 수 있다. 하지만 그것은 여전히 TranslucentColor의 동일 인스턴스에 대한 참조이며 참조의 복사본만 만들어진다. 리스트 7-33에서 TranslucentColor와 Color는 레코드 구조체이며 따라서 값 타입이다. TranslucentColor의 변환 연산자를 호출하면 단순히 새로운 Color 인스턴스가 만들어진다. 그리고 그 복사본은 TranslucentColor의 특정한 정보, 다시 말해 Alpha 속성에 관한 정보를 잃어버린다.

파생된 클래스 참조에서 기본 클래스 참조로의 변환은 확대(widening) 변환이다. 보다 일반적인 (베이스) 타입을 사용해서 특정한 인스턴스를 가리킬 수 있으며, 이때는 어떤 정보도 유실되지 않는다. 기본 클래스 참조를 다시 원래의 파생된 인스턴스로 명시적으로 형 변환할 수 있다. 하지만 이것은 상대적으로 비싼 런타임 조작이다. 우리가 구현한 연산 메서드를 사용한 TranslucentColor 구조체에서 Color로의 암묵적 변환은 축소(narrowing) 변환이다. 즉, 어떤 타입도 다른 타입보다 구체적이거나 일반적이지 않으며, 이들은 독립된 값이다. 하지만 변환 동작은 정보를 잃어버린다.

파생된 클래스로부터 기본 클래스로의 변환 동작을 복제했지만 그렇다고 해서 같은 유연성을 얻지는 못한다. 변환된 값을 그저 실제 Color일뿐이며, 그들을 복원하고자 한다면 TranslucentColor의 추가적인 속성들을 잡아낼 수 있는 방법이 필요하다.

변환은 상속의 특성을 복제하려는 시도로는 적합하지 않다. 하지만 다른 경우에는 유용할 수 있다.

표현에 대해

관계없는 타입 사이의 변환은 그 타입들이 다양한 표현의 공통적인 의미를 가질 때 보다 의미가 있다. 예를 들어 색상의 16진수 RGB값의 공통된 정수 int 표현을 사용하는 외부 API를 사용하는 경우를 생각할 수 있다. 값의 표현을 변경하는 것은 일반적으로 암묵적 변환보다 명시적 변환을 통해 잘 구현된다(리스트 7-35). 하지만 모든 변환(명시적이든 암묵적이든)은 대안적인 접근 방식에 관해 세심하게 고려해야 한다.

```
public readonly struct Color
{
    --생략--
    public static explicit operator int(Color color)
        => color.Red << 16 | color.Green << 8 | color.Blue;
}
```

리스트 7-35: **다른 타입 표현으로 변환하기**

리스트 7-36에서 명시적 변환 연산자의 구현을 테스트한다. 테스트에서는 plum 값을 int로 변경하고 이를 int 매개변수를 받는 메서드의 인수로 전달한다.

```
int Converted(int color)
{
    return color;
}

var plum = new Color(0xDD, 0xA0, 0xDD);

Assert.That(Converted((int)plum), Is.EqualTo(0xDDA0DD));
```

리스트 7-36: **명시적 변환 테스트하기**

이 Converted 지역 함수는 1개의 int 매개변수를 받고 그 매개변수 값을 반환한다(테스트 목적). 변환 연산자는 명시적이므로 Converted 메서드를 호출할 때는 Color 값을 형 변환해야 한다. Color 값을 직접 Converted의 인수로 사용하려 시도하면 컴파일러는 불평을 늘어놓을 것이다. 동시에 컴파일러는 다음과 같은 의도되지 않은 부적합한 표현식도 잡아낼 것이다.

```
var blue = new Color(0, 0, 0xFF);
var green = new Color(0, 0xFF, 0);

Assert.That(blue < green, Is.True);
```

이 변환 연산자를 Color 안에 암묵적으로 만들었다면 이 코드는 컴파일되지만 2개의 int 값을 비교할 것이므로 기대하지 않은 결과를 반환할 것이다.

리스트 7-36에서 int로의 형 변환 자체는 코드에서 명시적이고 분명하지만, 그 변환에 숨겨진 의도에 관한 정보를 거의 제공하지 않으며 이는 사용 자체에 어느정도 내포돼 있다. 이와 같이 명시적 변환 밖으로 향하는 변환을 변환의 의도를 보다 정확하게 설명하는 메서드나 속성(ToWebColor 등으로 부를 수 있는)으로 대체하는 것을 고려할지도 모른다.

변환에 이름을 제공함으로써 의도와 이유를 더 잘 표현할 수 있으며, 이는 명시적 형 변환에 비해 과도하게 간섭하거나 구문에 부담을 주지 않으면서 코드 자체의 설명성을 높일 수 있다. 형 변환 대신 이름이 있는 속성을 사용할 때 자주 간과하는 결과는 어떤 대상이 사용된 모든 곳을 찾아야 할 때 속성 이름이 검색하기 훨씬 쉽다는 점이다.

목적에 대해

암묵적 변환이라 하더라도 변환 연산자가 전적으로 나쁜 선택은 아니다. 변환은 일반적으로 다른 종류의 연산을 지원하는, 관계없는 타입으로 값을 표현하기 위해 사용한다. 하지만 값 그 자체는 공통적인 표현이다. 예를 들어 Color는 변경할 수 없는 값 타입이지만 그 값을 점진적으로 늘리고 싶을 수 있다. Color는 여러 속성을 가지고 있으며 이들을 개별적으로 설정하는 것이 생성자를 통해서 전체를 한 번에 설정하는 것보다 때로 편리할 수 있다.

Color의 속성들에 대해 set 접근자를 추가해서 Color의 변경할 수 없는 특성을 깨뜨리는 대신 Color와 매우 흡사하게 보이는 새로운 짝 타입(companion type)을 도입한다. 이 짝 타입은 단지 속성들을 변경할 수 있다는 차이만 갖는다. 값의 변경이 모두 완료되면 이 변경할 수 있는 타입의 인스턴스를 변경할 수 없는 Color로 바꿀 수 있다. 이것의 핵심은 짝 타입을 대상 값 타입으로 쉽게 변환할 수 있다는 것이다. 리스트 7-37은 Color의 변경할 수 있는 짝(mutable companion) 타입을 사용해서 변경할 수 없는 대상 값으로 암묵적 변환을 할 수 있음을 보여준다.

```
public class ColorBuilder
{
    public int Red { get; set; }
    public int Green { get; set; }
    public int Blue { get; set; }


    public static implicit operator Color(ColorBuilder color)
        => new Color(color.Red, color.Green, color.Blue);
}
```

리스트 7-37: **Color에 대한 변경할 수 있는 짝**

ColorBuilder 타입 자체는 값 타입이 아니다. 이 타입의 목적은 오로지 Color 값을 위한 일종의 공장을 제공하는 것이다.

변경할 수 있는 짝(Mutable Companion) 패턴은 매우 일반적으로 적용되며 표준 라이브러리의 string 및 StringBuilder에서 볼 수 있다. string은 변경할 수 없지만 여러 부분으로부터 string 변수를 만들어야 할 때는 변경할 수 있는 짝인 StringBuilder를 사용하면 효율적이다. 문자열 "만들기"를 마쳤다면 StringBuilder를 변경할 수 없는 상태로 바꾼다.

ColorBuilder와 달리 StringBuilder에서는 ToString 메서드를 호출해서 string으로 변경할 수 있지만 여기에서도 암묵적 변환을 사용해서 좋은 효과를 얻을 수 있다.

ColorBuilder는 암묵적으로 Color로 변환할 수 있으므로 ColorBuilder 값을 사용해서 Color 매개변수를 받는 메서드를 호출할 수 있다. 리스트 7-38에서 ColorBuilder. Color를 사용해서 RelativeLuminance 메서드를 호출한다.

```
public static double RelativeLuminance(Color color)
    => 0.2126 * color.Red + 0.7152 * color.Green + 0.0722 * color.Blue;

var background = new Color(0, 0, 0);

var builder = new ColorBuilder();
builder.Red = 0xFF;
builder.Green = 0xFF;
builder.Blue = 0;

if(RelativeLuminance(builder) < RelativeLuminance(background))
    background = builder;
```

리스트 7-38: 짝 타입 변환하기

리스트 7-37에서 ColorBuilder를 위해 정의한 암묵적 변환 연산자를 사용하면 Color를 기대하는 모든 메서드에 변경할 수 있는 builder 변수를 인수로 전달할 수 있다. Color 인스턴스를 위해 작성된 모든 코드는 짝 클래스가 가진 변경할 수 있는 속성을 사용할 수 있을 것이라 기대하지 않으므로 이 변환은 안전하고 편리하다.

ColorBuilder는 암묵적 변환이라는 관점에서는 Color로 대체할 수 있다. 2개의 타입은 공통적인 표현을 공유하기 때문에 어떤 정보도 유실되지 않는다. 하지만 인터페이스의 축소는 발생한다. 왜냐하면 Color 대상 타입은 그 속성에 대한 set 접근자를 갖지 않기 때문이다.

변환은 다형성의 한 형태를 나타낸다. 그래서 우리는 한 타입의 변수를 다른, 관계없는 타입의 변수로 강제하는 것을 명시적으로 허용한다. 제네릭을 사용한 매개변수를 갖는 다형성, 오버로딩을 사용한 애드혹 다형성과 마찬가지로 강제 다형성은 컴파일타임 동작이며 상속을 사용한 포함 다형성의 동적인, 런타임 특성과 반대된다. 포함 다형성은 강력한 도구이지만 타입 관계가 런타임에 해결되기 때문에, 컴파일러는 발생할 수 있는 많은 에러를 식별하지 못한다. 우리가 제네릭, 오버로딩, 강제를 적절하지 않게 사용하면 컴파일러는 코드에 존재하는 대부분의 에러에 대해 우리에게 알려줄 것이다.

정리

컴파일러를 교묘하게 속이려는 시도는 컴파일러를 사용하는 목적의 상당 부분을 무시하는 것이다.

— 브라이언 커니핸(Brian Kernighan) & P.J. 플라우거(P.J. Plauger),
The Elements of Programming Style

값 타입을 다형적으로 사용할 때 올바르게 동작하도록 만드는 방법을 질문하는 것은 잘못된 질문을 하는 것이다. 다형성 자체의 형태가 다양하다! 값 타입과 상속을 조합하면 진단하기 어려운 에러를 일으킬 수 있지만, 상속은 그저 다형성의 한 유형일 뿐이다. 가상 디스패치를 사용한 포함 다형성의 동적 특성을 통해 타입 대체성을 기대할 수 있지만, 이는 값 타입 등치에 있어서는 적합하지 않다.

한 타입을 다른 타입으로부터 상속하는 것은 파생된 타입이 기본 클래스에 의해 성립된 계약을 준수해야 하는 책임을 부과한다. 그 계약을 유지하지 못하면 바람직하지 않은 동작을 야기할 수 있다. 한 타입은 다른 타입을 순수하게 대체할 수 있는데, 이를 위해서는 두 타입이 같은 동작 계약을 공유해야 하며 이 동작 계약은 컴파일러가 강제하지 못한다. 상속이 적절한지 판단하는 것은 오로지 프로그래머들의 몫이다. 구조체에서는 상속 자체가 허용되지 않으므로 그런 책임에서 자유로울 수 있다.

레코드를 사용한다면 클래스에서와 마찬가지로 기본 클래스 계약에 주의를 기울여야 한다. 컴파일러는 등치의 구현을 세심하게 다듬어서 Equals가 레코드에 대해 올바르게 동작하도록 보장하지만 같은 우리가 그 타입 안에서 직접 구현한 가상의 오버라이드된 메서드들에 대해서는 그렇지 않다.

레코드가 반드시 모든 것에 대해 적절할 필요는 없다. 앞서 언급했듯 상속을 사용해서 값에 대해 Equals가 "그저 동작하도록" 만드는 것은 잘못된 문제에 대한 불완전한 해결책이다. 특히 레코드는 참조 타입이므로 가비지 컬렉션의 대상이 된다. Equals의 구현, EqualityContract 속성은 모두 가상이며 이들은 모두 관련된 비용을 수반한다. 레코드는 변경할 수 없는 값 유사 타입을 선언하는 매우 간결한 방법이지만 프로그래밍이 그저 타이핑의 양으로만 결정되는 것은 아니다.

값 타입은 강제, 오버로딩, 제네릭 등 다형성 동작을 표현하는 다른 방법들과 잘 결합된다. 이 3가지 다형성의 형태는 본질적으로 정적이다. 즉, 이들은 컴파일러에 의해 해결된다. 제네릭 클래스와 메서드의 타입 매개변수들은 런타임에 해결되지만, 우리는 여전히 이 매개변수들이 지원하는 조작이 무엇인지에 관해 컴파일 타임 보장을 제공해야 한다.

상속을 사용해서 기본 클래스의 코드를 재사용하려는 유혹에 빠질 수 있다. 이것은 나쁜 아이디어다. 클래스 상속은 기본 클래스를 상속하는 클래스로 대체할 수 있음을 의미하지만, 기본 클래스의 동작 특성을 적절하게 만족하는지 보장하기는 어렵다. 해당 타입의 인스턴스를 포함하고, 포함된 인스턴스를 은밀하게 사용하는 다른 타입의 구현을 재사용함으로써 새로운 타입을 여전히 구현할 수 있다.

구체 타입(즉, 비추상 클래스)를 상속하는 것은 일반적으로 그 기본 클래스들에 의해 성립된 계약을 준수하는 어려움을 제공한다. 추상 메서드를 오버라이드하거나 인터페이스를 구현하면 이러한 이슈를 피할 수 있다. 존중해야 할 기본 클래스 구현이 존재하지 않기 때문이다. 이런 경우에는 인터페이스 계약만 상속하므로 계약을 훨씬 쉽게 유지할 수 있다.

이야기의 교훈은 이렇다. 항상 진짜 인터페이스를 구현하거나 완전한 추상 클래스를 상속한다면 이번 장에서 살펴본 문제들은 전혀 우리에게 어려움을 주지 않을 것이다. 마찬가지로 우리는 값 타입을 모델링하는 모든 클래스와 레코드는 봉인하고 그것이 어떤 사용자 정의 베이스 타입도 갖지 않음을 보장해야 한다. 우리가 사용하고 생성하는 값 타입을 사용해서 다형적으로 동작하는 코드를 여전히 작성할 수 있지만 제네릭을 도입하고, 메서드를 오버로드하고, 타입 변환을 허용함으로써 이를 다른 방식으로 표현해야 한다.

8

성능과 효율

효율적이지 않은 코드를 작성하려는 프로그래머는 없다. 하지만 항상 가능한 한 최고의 성능을 끌어 낼 수 있는 알고리즘을 세세히 다듬을 수 있는 충분한 시간을 갖고 있지도 않다. 그럼에도 불구하고 일부 코딩 프랙티스들이 어떻게 성능을 해칠 수 있는지, 대안적인 접근 방식을 도입해서 보다 효율적으로 만들 수 있는지 이해하는 것은 여전히 중요하다.

이번 장에서는 몇 가지 일반적인 기법과 프랙티스의 성능을 자세히 살펴보고 그 특성을 잠재적인 대안과 비교할 것이다.

이번 장에서 다루는 내용은 다음과 같다.

- 기본 코드 동작 효율이 최적이 아닐 수 있는 경우
- 몇몇 일반적인 성능에 대한 걱정이 미신인 이유

- 코드 성능을 측정하고 병목을 특정하는 방법
- 작은 최적화를 위한 노력이 가치 있는 경우

성능 측정하기 및 최적화하기

최적화(optimization)라는 용어는 종종 프로그램이 보다 빠르게 실행되도록 바꾸는 것의 의미한다. 하지만 속도 외에도 다른 결과를 얻기 위해 최적화를 원할 수 있다. 적은 메모리 사용, 높은 숫자 계산 정밀도, 증가된 데이터 처리량, 쉬운 개발 등 여러 가지를 들 수 있다. 때로는 코드 가독성이나 편의를 위해 성능을 희생하기도 한다. 코드에 대한 테스트를 편하게 만들 수 있도록 하는 것이 프로그램이 최대 속도로 실행되는 것보다 중요하다고 결정하기도 한다. 하지만 한 영역에서의 최적화는 종종 애플리케이션의 다른 영역에 부정적인 영향을 줄 수 있다. 그렇기 때문에 프로그램이 효율적으로 동작하는 것을 방지하는 코드를 작성하거나 사용할 때는 잠재적인 이익이 비용을 지불할 가치가 있는지, 우리가 투입한 노력이 비관으로 변질되지 않는지 확인해야 한다.

프로그램의 성능을 최적화하기 위한 가장 쉽고 직접적인 방법은 빌드 구성에서 최적화를 활성화하는 것이다. 릴리스 빌드 구성은 기본적으로 최적화가 활성화돼 있다. 디버그 구성을 만들 때, 컴파일러는 소스 코드의 구조 및 로직과 가깝게 일치하는 코드를 생성한다. 이를 활용하면 중단점(breakpoint), 단계적 디버깅, 변수 조사와 같은 진단 기능을 설정할 수 있다. 릴리스 빌드에서 활성화된 최적화는 코드의 논리적인 구조를 미묘하게 변경할 수 있다. 이는 디버깅을 보다 어렵게 만들지만 잠재적으로 코드의 효율을 개선하거나 프로그램의 크기를 줄인다.

C# 컴파일러 자체는 코드 최적화를 거의 수행하지 않는다. 대부분의 최적화 작업은 JIT 컴파일러에게 넘긴다.

JIT 컴파일러

C# 컴파일러는 C# 코드를 CIL 형태로 변환환다. CIL 형태는 차례로 CrossGen 유틸리티 같은 도구에 의해 미리(ahead of time, AOT) 변경되거나 JIT 컴파일러에 의해 런타임에 네이티브 기계 코드로 변환되는데, 후자가 기본이다. 일반적인 조작에서 JIT 컴파일러는 프로그램을 단편적으로 변환환다. (AOT 도구가 하는 것처럼) 실행하기 전에 전체 프로그램에 대한 기계 코드를 한 번에 생성하지 않으며, JIT 컴파일러는

CIL의 일정 부분을 필요할 때마다(just in time) 네이티브 형태로 변환한다. 여기에서 일정 부분은 일반적으로 메서드이지만 원칙적으로는 루프나 if 블록과 같이 메서드의 일부일 수 있다.

JIT 컴파일러 최적화는 프로그램 실행 도중 일어나기 때문에 플랫폼이나 런타임 환경에 따라 크게 다르다. AOT 컴파일이 프로그램의 시작 시간을 개선할 수 있는 한편 JIT 컴파일러는 특정 CPU, 레지스터 세트, 운영 체제, 프로그램 상태에 특화된 최적화의 이익을 활용해서 계속해서 즉시 효율적인 코드를 생성한다.

가장 일반적인 최적화는 메서드 안에 코드를 인라인으로 삽입해서 메서드 호출로 인한 오버헤드를 피하는 것이다. JIT 컴파일러는 몇 가지 메서드 호출을 네이티브 기본 CPU 명령으로 치환할 수 있으며, 이는 성능을 한층 개선한다. 블록이 JIT 컴파일러에 의해 변환되면 그 네이티브 코드는 메모리에 남는다. 그래서 프로그램이 블록을 한 번 이상 실행한다 하더라도 재컴파일할 필요가 없다.

디버그 빌드에서 JIT 컴파일러는 최적화에 덜 적극적이며 보통의 디버깅 조작들이 지원된다. 코드의 성능을 평가하고자 시도할 때는 그 릴리스 빌드에 대해 그 평가 기준을 두는 것이 가장 적절하다. 이 평가에는 JIT 컴파일러에 의해 수행되는 모든 최적화를 포함할 것이다.

성능 벤치마크

코드가 예상보다 느리게 실행되는 경우에는 그저 실행되는 애플리케이션을 관찰하는 것으로도 인사이트를 얻을 수 있겠지만 성능을 정밀하게 측정함으로써 최적화에 들이는 노력을 보다 효과적으로 투입할 수 있다.

실행의 처음부터 끝까지 측정하든 프로그램의 실행 일부를 측정하든, 코드가 실행되는 시간을 기록하는 것을 벤치마킹(benchmarking)이라 부른다. 보다 일반적으로 벤치마크(benchmark)는 무언가를 측정하는 기준이다. 코드의 실행 시간을 측정해 기준을 만들고 이 기준을 사용해서 새로운 버전과 비교할 수 있다. 변경에 의해 코드가 빨라졌는지, 느려졌는지, 혹은 눈에 띄는 영향이 없는지 등을 확인할 수 있다.

다양한 단위 테스팅 프레임워크들은 테스트를 실행하는 데 걸리는 시간을 보고한다. 심지어 각 테스트를 실행하는 데 경과된 시간도 보고한다. 이런 숫자들에 주목하는 것은 확실히 가치가 있다. 갑작스러운 증가는 어디에선가 효율성 문제가 발생했음을 의미할 수 있기 때문이다. 이 접근 방식은 자동화된 지속적인 통합(continuous integration, CI) 서비스에서 특히 유용하다. CI 서비스에서는 여러 기여자로부터의 변경이 자동으로 하나의 프로그램에 통합된다. CI 서비스를 설정하고 단위 테스트 시점이 변경되기 시작하면 경고를 내보내도록 할 수 있다. 보통 수백 밀리 초 안에 실행되던 특정한 테스트가 상당히 오랜 시간동안 실행되기 시작한다면 테스트 대상 코드 조각을 살펴보고 추가 조사가 필요한지 확인할 수 있다.

코드의 특정 부분이 얼마나 빠르게 실행되는지 보다 세밀하고 정밀한 접근 방식은 코드 자체를 측정(instrument)하는 것이다. 원칙적으로 기본 기법은 단순하다. 측정 대상 코드를 실행하기 전에 경과 시간을 측정할 타이머를 생성하고, 코드 실행이 종료되면 그 타이머의 측정값을 기록한다. 리스트 8-1는 간단하며 비현실적인 벤치마크를 보여준다. 여기에서는 System.Diagnostics 이름 공간의 Stopwatch 클래스를 사용한다.

```
// 시계를 시작한다
var clock = Stopwatch.StartNew();

// 측정 대상 코드를 실행한다
var result = SomeTask();

// 시계를 멈추고 소요 시간을 기록한다
clock.Stop();
var millisecs = clock.ElapsedTicks * 1000.0 / Stopwatch.Frequency;
```

리스트 8-1: 단순한 벤치마킹 접근 방식

Stopwatch 클래스는 경량의 정밀도가 높은 타이머이며, 매우 높은 정밀도로 경과 시간을 기록한다. Stopwatch.Frequency 값은 초당 틱 수이며, 경과된 틱 수에 1000.0을 곱한뒤 빈도로 나누면 밀리 초단위로 측정된 시간을 보고할 수 있다. 이 기법을 사용하면 시계가 시작된 이후의 경과 시간을 측정한다. 그래서 예를 들어 측정된 코드가 실제로 그 시간동안 계속해서 실행됐는지는 측정할 수 없다. 코드가 방해를 받은 상태(예를 들어 다른 스레드로 전환되는 등)라도 시간은 계속해서 흐른다.

타이머로 코드를 측정하고 결과를 로그나 다른 감사 장치에 기록하는 것은 사용 중인 시스템에서 실행되는 코드를 측정하는 데 유용하다. 하지만 성능을 측정하고 보고하는 데 시간이 소요된다. 따라서 우리는 비교적 높은 수준에서 측정을 수행해야 함을 확신해야 한다. 예를 들어 코드가 하나의 HTTP 요청에 응답하거나 하나의 원격 프로시저를 호출하는데 소요되는 시간을 측정하고 보고하는 것은 애플리케이션의 성능에 큰 영향을 주지 않는다. 한편 이 기법을 빡빡한 루프에 적용하면 루프 자체의 비용보다 더 많은 오버헤드를 일으킬 수 있다.

벤치마킹은 테스트 환경에서 성능을 탐색하는 데 효율적인 방법이다. 특히 특정한 문제를 해결하기 위한 대안적 접근 방식을 비교하는 데 도움이 된다. 리스트 8-1에서 사용한 기법은 한 번만 측정한다는 점에서 비현실적이다. 성능을 보다 정확하게 측정하려면 코드를 여러 차례 실행하고 평균 소요 시간을 보고하는 것이 좋다. 리스트 8-1에 기반해 프레임워크를 직접 작성할 수 있다. 하지만 C#에서 무료로 사용할 수 있는 여러 라이브러리를 사용할 수도 있다. 이 라이브러리들은 오차 범위와 같은 다른 유용한 통계와 함께 기록된 성능에 대한 보고서를 쉽게 작성하게 해준다.

프로파일러

벤치마킹을 통해 코드 조각이 얼마나 전체적으로 얼마나 빠르게 실행되는지 알 수 있지만, 코드가 무엇을 하는지 자세히 결정하기 위해서는 프로파일러(profiler)가 필요하다. 벤치마킹 도구와 프로파일링을 조합해서 사용하면 가장 정확한 측정 결과를 얻을 수 있다. 다양한 유형의 프로파일러를 사용할 수 있지만 그 중에서도 성능 프로파일러와 메모리 프로파일러를 가장 많이 사용한다.

메모리 프로파일러(memory profiler)는 프로그램이 어디에 메모리를 할당했는지, 얼마나 많은 메모리가 사용됐는지, 언제 가비지 컬렉션이 됐는지 보여준다. 우리가 작성한 코드의 어떤 부분이 가장 많은 CPU 시간을 사용했는지 혹은 어떤 메서드가 가장 많이 호출되었는지 확인하고 싶다면 성능 프로파일러(performance profiler)를 통해 정확하게 측정할 수 있다. 성능 프로파일러를 사용하면 코드의 구체적인 핫 스폿을 특정할 수 있고 필요하다면 이들을 최적화할 수 있다. 메모리 사용을 최적화하는 것은 중요하다. 이번 장에서는 성능 프로파일러를 사용해서 코드의 명목을 찾아내는 것에 집중한다.

성능 프로파일러는 일반적으로 프로그램의 릴리스 필드를 대상으로 사용하며 컴파일러와 JIT 컴파일러에 의해 적용된 모든 최적화를 측정한다. 성능을 측정할 때 디버그 빌드를 측정하는 것은 일반적으로 상식에 맞지 않는다. 하지만 때때로 유용할 때도 있다. 예를 들어 동일한 코드의 디버그 빌드와 릴리스 빌드의 프로파일링 결과를 비교하면 JIT 컴파일러가 수행하는 몇몇 최적화에 대한 통찰을 얻을 수도 있다.

성능 측정을 통해 코드를 느리게 만드는 병목이 어디인지에 관한 아이디어를 얻을 수 있지만, 한편으로 프로그램의 성능은 코드가 아닌 다른 요소의 영향을 받는다는 점을 주지해야 한다. 여기에서는 CIR 버전 혹은 우리가 사용하는 소프트웨어 개발 키트(software development kit, SDK)의 버전도 포함된다. 같은 머신에서 같은 프로그램을 두 번 실행했을 때의 결과가 달라질 수도 있다. 이는 캐시 메모리가 할당되는 방법 혹은 CPU 스케줄러에 의해 명령이 파이프라인되는 방법 등에 의해서도 영향을 받는다. JIT 컴파일러는 각각의 실행마다 다른 최적화를 적용할 수도 있으며, 이 또한 결과에 영향을 줄 수 있다. 그렇기 때문에 프로파일러가 보고하는 절대적인 시간에 너무 많은 중요성을 부여하지 않도록 주의해야 한다. 대신 시간의 경향 혹은 크기 또는 너무 많은 결과 차이와 같이 분명한 이상 상황을 주시해야 한다.

우리는 성능 프로파일러를 사용해서 선택적으로 코드의 특정 측면을 측정하고 프로파일러의 결과를 분석할 것이다. 이번 장에서 확인하는 구체적인 결과들은 테스트가 수행된 머신에 한정된 것임을 기억하자. 하지만 우리는 다양한 접근 방식을 시도할 것이며, 모든 시도를 측정함으로써 결과에서 공통되는, 반복되는 패턴을 식별할 수 있게 할 것이다.

이것이 동작하는 것을 설명하기 위해 필드 타입을 변경하는 것이 Equals 사용에 의존하는 코드의 성능을 얼마나 극적으로 변화시키는지 확인해볼 것이다.

Equals를 사용해 기본 성능 측정하기

Equals 메서드는 C#의 코드 최적화 측면에서 종종 무시된다. 이 메서드는 성능 측정의 좋은 후보이다. 이 메서드는 항상 사용할 수 있을 뿐만 아니라(모든 타입은 object 기본 클래스로부터 이것을 상속한다) 커스터마이즈 가능하기 때문이다(object의 가상 멤버로서). 이번 절에서는 간단한 값 타입에 대한 Equals의 기본 동작을 측정하고 프로파일러의 결과와 우리가 구현에서 오버라이드한 Equals의 결과를 비교해본다.

구조체 타입은 값 기반 등치 비교를 ValueType 클래스로부터 상속하며, 이때 object 유니버설 기본 클래스에 의해 정의된 기본 구현을 오버라이드한다. 이것은 우리가 구조체의 인스턴스를 복사했을 때, 인스턴스의 각 필드를 비교함으로써 각 복사본이 원본과 같다고 비교되는 것으 보장한다. 직접 Equals 메서드의 오버라이드를 구현하는 대신 이 동작에 의존하고 싶은 유혹에 빠질 수도 있을 것이다. 왜냐하면 리스트 8-2의 Color 구조체와 같이 우리가 만드는 타입의 정의를 보다 짧고 간결하게 유지해주기 때문이다.

```
public readonly struct Color
{
    public Color(int r, int g, int b)
        => (Red, Green, Blue) = (r, g, b);

    public int Red { get; }
    public int Green { get; }
    public int Blue { get; }
}
```

리스트 8-2: 간단한 구조체 타입 정의하기

동일한 속성값을 갖는 2개의 Color 인스턴스는 같다고 비교될 것이다. 그리고 모든 구조체와 마찬가지로 Color는 GetHashCode의 값 기반 구현을 ValueType으로부터 상속하며, 이는 2개의 같은 Color 값이 항상 같은 해시 코드를 생성함을 보장한다. 또한 Color는 변경할 수 없는 타입이므로 효율성을 위해 해시 코드에 의존하는 데이터 구조체의 키로 사용하기에 적합하다. 리스트 8-3에서는 여러 무작위 Color 인스턴스를 만들고 이들을 사용해서 Color 구조체의 성능이 얼마나 좋은 지 측정하기 위해 간단한 테스트의 HashSet에 추가한다.

```
var rng = new Random(1);
var items = Enumerable.Range(0, 25000)
    .Select(_ => rng.Next())
    .Select(r => new Color(r >> 16 & 0xFF, r >> 8 & 0xFF, r & 0xFF))
    .ToHashSet();
```

리스트 8-3: **해싱 컬렉션 생성하기**

이 Random 클래스는 표준 라이브러리의 의사 난수 생성기(pseudorandom number generator)이다. 의사 난수 생성기는 알고리즘의 이름이며, 이 알고리즘은 결정적인 프로세스를 사용해서 무작위로 보이는 일련의 숫자를 생성한다. 놀랍게도 Random 클래스는 같은 시드(seed, 시퀀스의 첫 번째 숫자를 계산하기 위해 사용된 값)를 사용해서 초기화하면 같은 시퀀스를 생성한다.

NOTE   *다른 버전의 .NET(혹은 .NET Core)는 주어진 시드에 따라 다른 시퀀스를 생성할 수도 있다.*

리스트 8-3에서는 시드로 1을 사용하고, 난수 생성기의 Next를 호출해서 생성된 숫자들을 사용해서 새로운 Color 인스턴스를 생성한다. 매번 같은 시드를 사용했으므로 코드가 실행될 때마다 동일한 Color 인스턴스 시퀀스를 얻을 것이다. 이 특성은 의사 난수의 단점으로 잘 알려져 있다. 하지만 의사 난수는 우리의 목적에 완벽하게 적합하다. 왜냐하면 이 코드를 여러 번 실행할 수 있고 그 때마다 같은 Color 인스턴스들이 생성될 것이기 때문이다. 또한 각각의 실행에서 동일한 Color 값의 시퀀스를 비교하므로 서로 다른 실행의 성능을 비교하는 것은 공정하다. 우리는 무작위로 생성된 시퀀스를 사용해서 마지막 HashSet이 합리적으로 현실적인 Color 값들을 포함함을 보장할 수 있다.

리스트 8-3에서는 각 난수로부터 Red, Green, Blue를 마스킹해서 각 Color 인스턴스를 만든다. 표 8-1의 프로파일 결과는 해시 테이블의 생성자의 성능을 보여준다. 이 테스트에서는 각 메서드에 대해 단순하게 경과 시간을 측정하고 CPU 샘플링을 호출했다.

표 8-1: HashSet 생성에 대한 프로파일 보고서

메서드	시간(ms)	시그니처
87.9% HashSet'1..ctor	50	System.Collections.Generic.HashSet`1.. ctor(IEnumerable, IEqualityComparer)
87.9% UnionWith	50	System.Collections.Generic.HashSet`1. UnionWith(IEnumerable)
87.9% AddIfNotPresent	50	System.Collections.Generic.HashSet`1. AddIfNot Present(T, out Int32)
36.5% Equals	**21**	**System.ValueType.Equals(Object)**

여기에서는 HashSet의 생성에만 집중하고 다른 모든 것(난수 생성과 개별 Color 객체의 생성)은 무시했다. 서로 다른 프로파일러들은 각각 다른 결과를 보고하지만 나타난 결과는 일반적으로 비슷한다.

이 보고서의 첫 번째 열의 들여쓰기는 측정된 콜 스택을 나타낸다. 첫 번째 행의 HashSet 생성자는 UnionWith라는 이름의 메서드를 호출한다. 이 메서드는 차례로 Ad-dIfNotPresent를 호출한다. 이 마지막 메서드는 최종적으로 Equals 메서드를 호출한다. 출력의 가장 왼쪽 값은 이 메서드가 사용한 시간을 전체 시간에 대한 비율로 표시한다. 우리가 수행한 테스트에서 Color 값의 첫 번째 시퀀스를 생성하는 데 상당한 시간을 소요하지만 그것은 Equals를 테스트하는 데는 크게 관계없다. 다음 필드는 메서드의 간단한 이름이며, 그 다음에는 이 메서드가 소비한 절대 시간을 밀리 초단위로 표시한다.

마지막으로 완전하게 갖춘 형태의 메서드 이름은 보고되는 구체적인 메서드를 나타낸다. 우리가 만든 간단한 Color 구조체는 그 자체의 Equals 구현을 제공하지 않으므로, 출력에는 ValueType.Equals를 사용해서 해시 테이블에 고유한 키를 추가하는 것으로 나타난다.

앞서 언급했듯 여기에서 보고된 밀리 초단위의 실제 시간은 다양한 요소에 조합에 의해 변경될 수 있으므로 숫자를 그대로 받아들여서는 안 된다. 하지만 이를 기준선으로 삼아 다른 테스트와의 결과를 비교할 때 사용할 참조할 수 있을 것이다.

단순함에 숨겨진 비용

우리가 작성한 Color 타입은 3개의 값을 사용해서 RGB 컴포넌트를 나타낸다. 이 값들은 int 속성에 저장돼 있으며 각각 4바이트이지만, Color 생성자에 전달하는 각 인수의 하위 8비트를 마스킹하지 않음으로써 각 값 당 1바이트씩만 사용한다. 각 속성

을 int가 아닌 바이트 필드로 저장함으로써 저장 공간을 절약할 수 있다고 추론할 수 있다. 리스트 8-4에서는 변경된 Color 구조체를 보여준다.

```
public readonly struct Color
{
    public Color(int r, int g, int b)
        => (Red, Green, Blue) = ((byte)r, (byte)g, (byte)b);

    public byte Red { get; }
    public byte Green { get; }
    public byte Blue { get; }
}
```

리스트 8-4: **색상 컴포넌트를 위한 바이트 필드 저장하기**

여전히 int 인수를 Color 생성자에 사용할 수 있도록 허용하고 있으므로 사용자들은 Color 값을 생성할 때 인수를 byte로 명시적으로 형 변환할 필요가 없다. int를 byte로 명시적으로 형 변환하는 것은 리스트 8-3에서 사용했던 마스킹 조작과 동일한 효과를 갖는다. 값이 잘리고 하위 8비트만 남는다. 이 버전의 **Color**를 테스트에서 사용해서 리스트 8-3에서 HashSet을 생성하면 결과가 매우 달라진다. 표 8-2는 AddIfNot-Present에 대한 콜 트리를 보여준다.

표 8-2: **byte 필드를 갖는 객체들을 HashSet에 추가할 때의 보고서**

메서드	시간(ms)	시그니처
99.9% AddIfNotPresent	**7,494**	**System.Collections.Generic.HashSet`1.AddIfNotPresent(T, out Int32)**
39.6% Equals	2,967	System.ValueType.Equals(Object)
8.66% [Garbage collection]	650	
0.16% [Thread suspended]	12	

코드 실행 프로파일에서 큰 변화를 볼 수 있다. AddIfNotPresent 메서드의 실행이 완료되기까지 7초 이상의 시간이 소요된다. 이 보고서를 표 8-1과 비교해보면 추가 시간이 발생한 원인은 ValueType 기본 클래스로부터 Color에 의해 상속된 Equals 메서드라는 것을 알 수 있다.

몇몇 인스턴스에서 **ValueType.Equals**는 매우 빠른 비트와이즈 비교를 수행하지만 몇 가지 주의할 점이 있다. 이 비교는 필드 중 하나라도 참조, 부동소수점수 혹은 Equals를 오버라이드한 타입인 경우에는 사용할 수 없다. 2개의 다른 참조값은 자체의 Equals 메서드를 갖는 타입의 객체를 가리킬 수 있으며 Equals가 true를 반환하더라도 비트와이즈 비교에서는 이들을 같지 않다고 판단할 것이기 때문이다. 비트 패턴이 일치하는 2개의 부동소수점수가 반드시 같지는 않다. 특히 2개의 값이 모두 NaN이라면 이들은 같다고 비교돼서는 안 된다.

사용할 수 있는 빠른 비교의 다른 조건은 구조체는 강하게 압축돼야 한다(tightly packed)는 것이다. 즉, 구조체의 필드들은 메모리에서 적절하게 정렬되기 위해 패딩(padding)을 필요로 해서는 안 된다. Color의 원래 구현에서 3개의 int 필드는 자동으로 메모리에서 정렬될 것이다. 하지만 대신 byte를 사용한다는 것은 필드들이 강하게 압축되지 않는 것을 의미하며 반드시 더 느린 비교를 사용해야 한다. 이는 테이블 8-2과 같이 상당한 성능상 페널티를 수반한다.

ValueType.Equals 메서드

빠른 비트와이즈 비교를 적용하지 않는다면 ValueType의 Equals 구현은 반드시 매우 일반적이다. 구조체가 가진 필드의 수 혹은 그 타입에 관계없이 모든 구조체 타입에 대해 동작해야만 하기 때문이다. 내장 원시 타입의 필드를 갖는 것과 함께, 구조체는 클래스 인스턴스 및 다른 사용자 정의 값의 인스턴스에 대한 참조를 가질 수 있으며, 이 클래스 인스턴스나 사용자 정의 값 인스턴스들은 자체의 커스텀 Equals 구현을 가질 수 있다.

ValueType.Equals의 구현은 먼저 어떤 필드가 비교될 것이지 결정해야만 한다. 이 작업은 반영(reflection, 프로그램의 런타임 구조를 프로그램적으로 조사하거나 변경하는 것)을 사용해서 모든 인스턴스 필드를 발견함으로써 수행하는데, 이는 상당한 런타임 비용을 수반한다. 반영은 일반적으로 높은 성능의 알고리즘과는 관련이 없으며, 반영은 사실 구조체의 int 필드가 byte를 사용하도록 바꾸는 것으로 인한 성능 저하에 상당히 기여한다.

필드의 배열을 결정한 뒤 ValueType.Equals는 각 필드의 값을 얻는다. 필드값이 null 참조가 아니면 Equals 메서드는 비교되는 구조체의 적절한 필드의 값을 사용해서 호출된다. 그 결과 2개의 구조체의 모든 값 타입 필드는 박스되고 비교가 실행된다. 값을 얻기 위해 반영을 사용하는 것은 각 값에 접근하기 위해 객체 참조를 경유한다는 것을 의미하며, 이는 더 많은 비용을 추가한다.

성능 문제의 근본 원인은 int 속성값을 사용하는 것에서 byte 값을 사용하는 것으로 변경한 것이 Color의 백킹 필드가 더이상 강하게 압축돼 있지 않음을 의미한다는 것이다. 결과적으로 ValueType.Equals는 빠른 비트와이즈 비교를 사용할 수 없으며 대신 반영을 통해 비교할 값들을 발견한다. 이 문제를 해결하기 위해 리스트 8-5에서는

Equals 메서드를 오버라이드하고 자체 구현을 제공해서 속성값들을 비교한다.

```
public readonly struct Color
{
    public Color(int r, int g, int b)
        => (Red, Green, Blue) = ((byte)r, (byte)g, (byte)b);

    public byte Red { get; }
    public byte Green { get; }
    public byte Blue { get; }

    public override bool Equals(object? obj)
        => obj is Color other &&
            Red == other.Red && Green == other.Green && Blue == other.Blue;
}
```

리스트 8-5: **Equals 메서드 오버라이딩**

표 8-3의 테스트 재실행 보고서를 보면 속도가 상당히 개선됐지만 여전히 할 일이 남았음을 알 수 있다.

표 8-3: **오버라이드된 Equals 메서드의 성능**

메서드	시간(ms)	시그니처
100% AddIfNotPresent	2,889	System.Collections.Generic.HashSet`1. AddIfNotPresent(T, out Int32)
20.4% Equals	588	Color.Equals(Object)
8.15% [Garbage collection]	236	

Equals의 오버라이드는 AddIfNotPresent의 전체 실행 시간 중 훨씬 적은 비율을 차지한다. 하지만 이 접근 방식은 int 속성을 가진 원래 버전의 Color를 사용해서 테스트를 했을 때보다 속도가 훨씬 느리다.

보고서를 보면 대부분의 시간을 AddIfNotPresent에 의해 호출된 메서드가 아니라 AddIfNotPresent 코드에 소비된 것을 알 수 있다. 그 이유를 찾기 위해 다른 유형의 프로파일링을 사용할 것이다. 이 프로파일링은 인스트루멘테이션 프로파일링(instrumentation profiling) 혹은 트레이싱(tracing)이라 부르며, 프로그램에서 각 메서드가 호출된 횟수를 기록한다. 이 방식에서는 프로파일러가 실행중인 프로그램을 내부적으로 측정해야 하기 때문에 측정 시간 자체는 훨씬 길지만, 어떤 메서드가 가장 자주 호출되는지 아는 것은 가치 있는 정보이다. 표 8-4는 AddIfNotPresent와 그 안에서 호출된 메서드에 대한 트레이싱 보고서이다. 이 보고서는 각 메서드가 호출된 횟수를 포함한다.

표 8-4: Equals에 대한 트레이싱 보고서

메서드	시간(ms)	호출 횟수	시그니처
99.9% AddIfNotPresent	16,681	25,000	[...]
40.3% Equals	**6,724**	**312,222,485**	**Color.Equals(Object)**
1.76% [Garbage collection]	293	1,593	

이 보고서는 프로그램이 실행되는 동안 각 메서드가 호출된 횟수를 보여주는 추가 열을 포함한다. 트레이싱 보고서 작성에는 상당히 많은 시간이 소요된다. 그러나 무엇보다 이 보고서에서는 Equals 메서드가 대단히 많이 호출됨을 보여준다는 것이 중요하다. 사실 Equals가 호출되는 횟수는 25,000의 삼각수(triangular number)에 의심스러울 정도로 가깝다. 25,000은 이 숫자는 원래 시퀀스의 요소 수이다. 어떤 숫자 n의 삼각수는 1부터 n까지의 모든 자연수의 합으로 나타낸다. n이 25,000면 그 삼각수는 312,512,500이다.

우리가 Color 구조체에 대한 Equals를 커스터마이즈했지만, HashSet 클래스는 키를 추가하거나 검색할 때 GetHashCode를 사용하고 Color 타입은 ValueType으로부터 상속된 기본 GetHashCode 구현에 의존한다. 이것이 테스트에서 Equals가 호출된 횟수와 어떤 관계를 갖는지 살펴보자.

ValueType.GetHashCode 메서드

5장에서 설명했듯 HashSet의 요소는 고유하다. 테이블의 모든 키는 하나씩만 존재한다. 새로운 객체는 테이블에 이미 존재하지 않을 때만 HashSet에 추가될 수 있으며, 그렇지 않으면 무시된다.

이 예시에서 HashSet에 아이템을 추가하면 구현은 GetHashCode를 사용해서 같은 해시 코드를 가진 기존 키가 있는지 식별한다. 해시 코드가 같다고 해서 반드시 기존 키가 새로운 아이템과 같은 값을 갖는 것을 의미하지는 않는다. 새로운 아이템과 같은 해시 코드를 갖는 기존 키가 존재하지 않으면 새로운 객체는 테이블에 추가된다. 새로운 아이템의 해시 코드와 일치하는 해시 코드를 갖는 기존 키가 하나 이상 존재하면, Equals 메서드를 사용해 새로운 아이템이 추가되어야 할지 결정한다. 같은 해시 코드를 갖는 모든 키를 새로운 아이템과 차례로 비교하고, 일치하지 않으면 새로운 아이템을 테이블에 새로운 키로 추가한다.

테스트에서 Equals가 너무 자주 호출되는 것은 우리가 구현한 Color 타입을 위한 GetHashCode가 잘 분산되지 않은 해시 코드를 생성한다는 것을 나타낸다. 첫 번째 요소가 해시 테이블에 추가될 때는 비교할 대상이 없으므로 Equals가 호출되지 않는다. 두 번째 요소가 첫 번째 요소와 같은 해시 코드를 갖는다면, Equals가 호출되어 이들이 같은 키인지 식별한다. 이 프로세스는 이후 기존 키와 같은 해시 코드를 가진 모든 요소들에 대해 반복된다.

25,000개의 요소를 가진 첫 번째 시퀀스 안의 모든 Color 객체들이 값은 다르지만 동일한 해시 코드를 생성한다면, 마지막 새로운 요소를 추가하기 위해서는 기존의 24,999개의 키와 비교하기 위해 Equals를 호출해야 한다.

사실 Color 구조체에 의해 상속된 ValueType.GetHashCode의 기본 구현은 Color 인스턴스가 다른 값을 가진 것과 관계없이 같은 해시 코드를 많이 만들어낼 가능성이 높다. 이는 ValueType이 제공하는 Equals 구현의 성능이 상당히 좋지 않기 때문이다. 그리고 이것이 Equals 호출 횟수가 시퀀스 길이의 삼각수와 매우 가까운 이유를 설명해 준다.

구조체의 인스턴스들이 Equals에 대해 빠른 비트와이즈 비교를 사용해서 비교될 수 있다면, ValueType.GetHashCode 메서드는 메모리에 존재하는 인스턴스의 비트 패턴에 대한 해시 코드를 생성한다. 반면 구조체가 빠른 비트와이즈 비교에 적합하지 않다면, 기본 GetHashCode 구현은 구조체의 첫 번째 null이 아닌 인스턴스 필드(우리가 구현한 Color 타입에서는 Red 속성이 이에 해당한다)만 고려하므로 최대 256개의 고유한 해시 코드 중 하나를 얻을 수 있다.GetHashCode 메서드가 더 많은 고유한 해시 코드를 생성하도록 구현함으로써 이 문제를 해결할 수 있다. 아마도 각각의 Color 값이 고유한 해시 코드를 생성하게 하면 좋을 것이다.

HashCode.Combine 메서드

리스트 8-6에서는 Color 구조체에 대해 GetHashCode의 오버라이드를 추가해서 우리가 오버라이드했던 Equals 메서드를 보완하고, 표준 라이브러리의 HashCode.Combine 메서드를 사용해서 새로운 GetHashCode를 구현한다.

```
public override bool Equals(object? obj)
    => obj is Color other &&
       Red == other.Red && Green == other.Green && Blue == other.Blue;

public override int GetHashCode()
    => HashCode.Combine(Red, Green, Blue);
```

리스트 8-6: **GetHashCode 메서드 오버라이딩**

Combine 메서드는 입력에 기반해서 잘 분산된 해시 코드를 생성한다. 물론 우리가 직접 세심하게 최적화한 대체 코드를 작성하는 것도 가능하지만 그 작업은 녹록치 않다. 테스트를 실행하면 Equals 메서드 호출이 눈에 띄게 줄어든 것을 볼 수 있는데, 이는 Equals와 GetHashCode의 오버라이딩에 의한 조합에 의한 효과가 나타난 것이다 (표 8-5).

표 8-5: 오버라이드된 GetHashCode에 대한 트레이싱 보고서

메서드	시간(ms)	호출 횟수	시그니처
48.8% AddIfNotPresent	16	25,000	[...]
38.1% Combine	12	25,000	System.HashCode.Combine(T1, T2, T3)
1.42% Resize	0.5	12	System.Collections.Generic. HashSet`1.Resize(Int32, Boolean)
0.27% Equals	**0.09**	**18**	**Color.Equals(Object)**

메서드 호출 횟수의 오버헤드 외에도 보고서에서는 이전 결과에 비해 속도면에서의 상당한 개선과 함께 Equals와 GetHashCode 사이의 밀접한 관계를 보여준다. 커스텀 구조체 타입에서는 Equals와 GetHashCode를 직접 구현하는 것보다 ValueType에서 제공하는 Equals와 GetHashCode의 기본 동작을 수용하면 효율성 면에서 큰 비용을 지불해야 한다.

int 필드를 갖고 있지만 메서드 오버라이드는 하지 않은 원래 구조체의 프로파일을 다시 살펴보면, 구조체는 효율적으로 압축될 수 있음에도 불구하고 Equals 메서드는 최신 구조체에서 보다 빈번하게 호출되고 있음을 알 수 있다(표 8-6).

표 8-6: 메서드 오버라이드를 하지 않은 압축된 구조체에 대한 트레이싱 보고서

메서드	시간(ms)	호출 횟수	시그니처
85.6% AddIfNotPresent	101	25,000	[...]
30.1% Equals	**36**	**1,219,104**	**System.ValueType. Equals(Object)**
7.54% [Garbage collection]	8.9	17	
0.42% Resize	0.5	12	System.Collections.Generic. HashSet`1.Resize(Int32, Boolean)

HashSet에 추가되는 요소 수를 늘리면 확실히 성능에 문제가 있음을 발견할 수 있을 것이다.

HashSet 뿐만 아니라 Dictionary, Lookup 타입을 포함한 여러 다른 컬렉션 타입들은 효율성을 위해 해시 코드에 의존한다. 따라서 해싱 컬렉션에서 키로 사용될 수 있는 모든 타입에 대해서는 Equals와 GetHashCode 메서드를 오버라이드하는 것이 중요하다.

등치 최적화하기

Equals 메서드와 GetHashCode 메서드를 모두 오버라이드하면 가장 인상적인 성능 개선 효과를 얻을 수 있다. 하지만 등치 비교를 보다 정교하게 다듬을 수도 있다. 결국 Equals 메서드는 해시 코드에 의존하는 데이터 구조체를 만들 때가 아닌 상황에서 사용되기 때문이다.

우리가 구현한 Color 구조체는 상대적으로 단순한 데이터 타입이며 그 Equals 메서드는 이미 상당히 효율적이다. Equals의 특성을 확인하기 위해 보다 복잡한 Purchase 값 타입을 만든다(리스트 8-7). Purchase 구조체는 커스텀 구현으로 Equals 메서드와 GetHashCode 메서드를 오버라이드하지만 IEquatable<Purchase> 인터페이스는 아직 구현하지 않는다. Purchase에 대한 해당 인터페이스는 이후에 구현해서 Equals의 성능에 어떤 영향을 미치는지 확인할 것이다.

```
public readonly struct Purchase
{
    public Purchase(Product item, DateTime ordered, int quantity)
        => (Item, Ordered, Quantity) = (item, ordered, quantity);

    public Product Item { get; }
    public DateTime Ordered { get; }
    public int Quantity { get; }

    public override bool Equals(object? obj)
        => obj is Purchase other &&
           Item.Equals(other.Item) &&
           Ordered == other.Ordered && Quantity == other.Quantity;

    public override int GetHashCode()
        => HashCode.Combine(Item, Ordered, Quantity);
}
```

리스트 8-7: 보다 복잡한 데이터 타입인 Purchase 정의하기

Purchase 타입은 3개의 필드를 갖는다. 필드 중 하나는 Product라는 이름을 가진 또 하나의 사소하지 않은 타입이다.

```
public readonly struct Product
{
    public Product(int id, decimal price, string name)
        => (Id, Price, Name) = (id, price, name);

    public int Id { get; }
    public decimal Price { get; }
    public string Name { get; }

    public override bool Equals(object? obj)
        => obj is Product other &&
            Id == other.Id && Price == other.Price && Name == other.Name;

    public override int GetHashCode()
        => HashCode.Combine(Id, Price, Name);
}
```

Purchase의 Equals 메서드는 Color 타입의 Equals 메서드(리스트 8-5)보다 조금 더 많은 일을 한다. 2개의 Purchase 인스턴스의 등치를 비교할 때, Equals 메서드는 Item 속성이 일치하는지 반드시 확인해야 하는데, 이때 Product.Equals 메서드를 호출하게 된다.

Purchase 타입은 매우 크다(64비트 아키텍처 기준, 40바이트 + 패딩). 따라서 인스턴스를 복사하는 것은 이보다 작은 Color 타입에 비해 덜 효율적일 것이라 기대해야 한다. 같은 타입에 대해 비교를 수행하기 때문에 그것이 프로파일링에 영향을 주지는 않는다. 큰 구조체 인스턴스를 복사하는 비용에 관해서는 "큰 인스턴스 복사하기"(p.345)에서 살펴본다.

여기에서는 HashSet 대신 SequenceEqual 메서드를 사용해서 2개의 큰 Purchase 객체 목록을 비교한다(리스트 8-8). 이 프로세스는 Equals 메서드를 사용하며, 이를 통해 효율성을 측정할 수 있다. 주위 코드의 비용에 비해 Equals의 성능을 확대하기 위해, 요소 수를 1,000만개로 늘렸다.

```
var items = Enumerable.Range(0, 10_000_000)
    .Select(id => new Purchase(new Product(id, id, "Some Description"),
                                DateTime.MinValue, id))
    .ToList();

Assert.That(items.SequenceEqual(items), Is.True);
```

리스트 8-8: **등치 실행 테스트하기**

Enumerable.Range 메서드에서 숫자 구분자(digit separator)를 사용했다. 숫자 구분자는 C# v7.0부터 사용할 수 있으며 이를 사용하면 큰 숫자를 사람이 보고 쉽게 이해할 수 있게 표기할 수 있다. 숫자 구분자를 사용해도 컴파일러에게는 아무런 영향이 없다. 첫 시퀀스의 길이를 나타내기 위해 사용한 숫자는 여전히 평범한 int 값이다.

SequenceEqual 메서드는 2개의 시퀀스를 비교하고 이들이 같은 순서로 같은 요소를 가지면 true를 반환한다. 이 알고리즘은 각 시퀀스로부터 요소를 하나씩 얻고 Equals 메서드를 사용해서 이 요소들을 비교한다. SequenceEqual은 두 시퀀스가 실제로 시퀀스인지 확인함으로써 그 결과를 최적화하려고 시도하지 않는다. 그래서 여기에는 1,000만개의 요소를 갖는 시퀀스를 하나만 생성하고 그 자체를 비교한다. 테이블 8-7은 SequenceEqual 호출에 대한 프로파일러 결과이다.

표 8-7: Equals 메서드 실행하기

메서드	시간(ms)	시그니처
77.5% SequenceEqual	1,227	System.Linq.Enumerable. SequenceEqual(IEnumerable, IEnumerable)
49.3% Equals	781	Purchase.Equals(Object)
24.3% [Garbage collection]	**384**	
10.6% Equals	168	Product.Equals(Object)
0.75% get_Item	12	Purchase.get_Item()
0.38% Unbox	6.0	System.Runtime.CompilerServices. CastHelpers.Unbox(Void*, Object)

가비지 컬렉션이 Equals에서 요구하는 시간의 상당 부분에 기여하는 것을 볼 수 있다. Purchase 인스턴스를 사용해서 Equals를 호출할 때마다 인수는 박스된다. Purchase는 구조체이고 Equals 오버라이드의 매개변수 타입은 object, 즉, 참조 타입이기 때문이다. 또한 Purchase.Equals 메서드는 Product.Equals를 호출하는데, 이 또한 그 인수는 박스돼야 한다. 결과적으로 힙 안에 많은 박스된 객체를 할당하게 되므로 가비지 컬렉터에게 메모리 사용 통제를 위해 상당한 압박을 부여하게 된다.

각 Equals 메서드 안에서 매개변수는 속성을 비교하기 위해서는 원래 타입으로 언박스돼야 한다. Equals 메서드 하나에 대해서는 object 매개변수를 언박스하기는 비용은 작지만 측정에 영향을 미친다. IEquatable<T>를 Purchase와 Product 타입에 대해 구현함으로써 박스하기에 드는 비용 및 이와 관련된 가비지 컬렉션에 소요되는 비용을 줄일 수 있다.

IEquatable의 영향

SequenceEqual 메서드는 자동적으로 사용할 수 있는 Equals의 구현 중 최고의(가장 효율적인) 것을 선택해서 비교를 수행한다. 내부적으로 SequenceEqual은 5장에서 봤던 EqualityComparer 헬퍼 클래스를 사용해서 요소를 비교하는 방법을 결정한다. 요소 타입 T가 IEquatable<T>를 구현했다면 Equals의 타입 안전한 오버로드를 구현한 것이 보장되므로 SequenceEqual은 그 해당 오버로드를 호출한다.

우리가 IEquatable<Purchase> 인터페이스를 구현하고 직접 구현한 Equals의 타입 안전한 오버로드를 제공하면, SequenceEqual 메서드는 기본적으로 그 IEquatable<Purchase> 인터페이스를 사용해서 Equals에 전달되는 인수를 박스/언박스할 필요가 없다. 이는 차례로 메모리에 대한 압박을 줄인다. 인수들인 힙에 복사되지 않기 때문이다. 결과적으로 가비지 인스펙터는 더 적은 객체만 조사하면 된다. 우리가 다루는 예시에서는 이런 감소의 영향이 상당하므로, IEquatable<Purchase> 인터페이스를 구현하는 것은 상당한 이익을 제공할 것이다. 리스트 8-9는 Purchase에 필요한 변경 내용을 보여준다.

```
public readonly struct Purchase : IEquatable<Purchase>
{
    --생략--

    public bool Equals(Purchase other)
        => Item.Equals(other.Item) &&
            Ordered == other.Ordered && Quantity == other.Quantity;

    public override bool Equals(object? obj)
        => obj is Purchase other && Equals(other);
}
```

리스트 8-9: **IEquatable 구현**

Equals(Purchase other) 오버로드를 추가해서 각 속성값들의 비교를 수행한다. 원래의 Equals 오버라이드는 타입 안전한 Equals 오버로드를 호출하기 위해 그 object 매개변수를 언박스해야 하지만, SequenceEqual 메서드는 Equals(object?)를 호출하지 않는다. 왜냐하면 Purchase 선언을 변경해서 IEquatable<Purchase> 인터페이스를 구현했기 때문이다. 리스트 8-10에서는 Project도 유사하게 변경했다. 결과적으로 Purchase.Equals 메서드에서 Product.Equals를 호출하면 해당 Product 인스턴스를 박스하지 않아도 된다.

```
public readonly struct Product : IEquatable<Product>
{
    --생략--

    public bool Equals(Product other)
        => Id == other.Id && Price == other.Price && Name == other.Name;

    public override bool Equals(object? obj)
        => obj is Product other && Equals(other);
}
```

리스트 8-10: **IEquatable 구현하기**

리스트 8-8의 테스트 결과를 표 8-8에 나타냈다. 여기에는 리스트 8-9, 리스트 8-10의 변경이 반영되었으며 Purchase 요소는 동일하게 1,000만개이다.

표 8-8: **타입 안전한 Equals 메서드 측정하기**

메서드	시간(ms)	시그니처
62.6% SequenceEqual	546	System.Linq.Enumerable. SequenceEqual(IEnumerable, IEnumerable)
13.0% Equals	**114**	**Purchase.Equals(Purchase)**
5.48% Equals	48	Product.Equals(Product)
2.05% op_Equality	18	System.DateTime.op_Equality(DateTime, DateTime)
1.37% get_Ordered	12	Purchase.get_Ordered()
1.37% get_Item	12	Purchase.get_Item()

이 보고서와 표 8-7의 보고서를 비교해 보면, SequenceEqual의 전체 소요 시간이 상당히 감소했으며, 새로운 Equals 메서드는 IEquatable<Purchase>의 타입 안전한 구현을 갖지 않은 원래 Purchase 타입의 Equals 메서드 버전보다 훨씬 빠른 것도 확인할 수 있다. 이 차이에 큰 영향을 미치는 것은 가비지 컬렉션의 부재이지만 Purchase 값과 Product 값의 박스/언박스에 대한 필요를 제거해서 이익을 얻고 있다.

속성 접근

우리가 작성한 Equals(Purchase) 메서드는 상당한 분량의 시간을 속성을 비교하기 위해 그들에게 접근하는 데 사용한다. Purchase와 Product의 모든 속성들은 자동 속성이며, 그 속성들에 대한 모든 접근은 메서드 호출이다. 예를 들어 테이블 8-8에서의 get_Item과 get_Ordered 호출이 여기에 해당한다. JIT 컴파일러는 내부 메서드를 인라인으로 삽입함으로써 그런 호출을 자주 호출할 수 있겠지만, 반드시 그렇게 할 것이라는 보장은 없다. 리스트 8-11에서 Purchase를 변경해서 private 필드를 도입하고 Equals를 변경해서 비교를 위해 속성값들에 접근하는 대신 직접적으로 필드들을 비교하게 했다.

```csharp
public readonly struct Purchase : IEquatable<Purchase>
{
    public Purchase(Product item, DateTime ordered, int quantity)
        => (this.item, this.ordered, this.quantity) = (item, ordered, quantity);

    public Product Item => item;
    public DateTime Ordered => ordered;
    public int Quantity => quantity;

    public bool Equals(Purchase other)
        => item.Equals(other.item) &&
           ordered == other.ordered && quantity == other.quantity;

    public override bool Equals(object? obj)
        => obj is Purchase other && Equals(other);

    public override int GetHashCode()
        => HashCode.Combine(item, ordered, quantity);

    private readonly Product item;
    private readonly DateTime ordered;
    private readonly int quantity;
}
```

리스트 8-11: 속성이 아닌 필드 비교하기

여기에서는 보이지 않지만 우리는 Product도 변경해서 자동 속성을 private 필드로 대체했다. 표 8-9는 앞과 같은 방식으로 1,000만개의 요소를 비교한 결과를 보여준다.

표 8-9: 필드 vs 속성을 사용한 성능 비교하기

메서드	시간(ms)	시그니처
51.2% SequenceEqual	442	System.Linq.Enumerable. SequenceEqual(IEnumerable, IEnumerable)
9.73% Equals	84	Purchase.Equals(Purchase)
3.47% Equals	30	Product.Equals(Product)
1.41% op_Equality	12	System.DateTime.op_Equality(DateTime, DateTime)

자동 속성을 필드로 대체해서 얻은 개선은 적지만 이는 마이크로최적화(micro-optimization)의 예시이다. SequenceEqual이 소요하는 시간은 IEquatable<Purchase>를 구현하지 않은 버전에 비해 절반으로 줄였다. 하지만 절대적인 시간 관점에서 보면 수백 밀리 초에 지나지 않는다. 우리는 결과를 충분히 관찰할 수 있도록 확대하기 위해 시퀀스의 크기를 극적으로 늘려야 했다. 그리고 대부분의 애플리케이션들은 1,000만개의 요소를 가진 목록을 일상적으로 비교할 필요도 없다.

IEquatable<T> 인터페이스를 구현하는 것이 가장 중요한 단계다. 속도가 빨라진 것은 물론 Equals에 대한 인수를 박스할 필요가 없기 때문에 메모리를 더 효율적으로 사용할 수 있다. 값 타입에 대해 IEquatable<T>를 구현하는 것은 단순한 성능 최적화를 그 이상이다. 우리가 만든 타입이 특정한 프로토콜을 따르도록 설정해 특정 라이브러리 기능이 보다 효율적으로 동작하는 동시에 사용자가 코드를 보다 효율적으로 읽을 수 있게 만들어 준다.

등치 연산자

타입에 대한 등치 비교의 완전한 세트를 구현하는 마지막 부분은 operator==와 그 쌍인 operator!=를 작성하는 것이다. 리스트 8-12는 Purchase에 대해 두 연산자를 구현한 것이다.

```
public readonly struct Purchase : IEquatable<Purchase>
{
    --생략--

    public bool Equals(Purchase other)
        => item == other.item &&
           ordered == other.ordered && quantity == other.quantity;

    public static bool operator==(Purchase left, Purchase right)
        => left.Equals(right);

    public static bool operator!=(Purchase left, Purchase right)
        => !left.Equals(right);
}
```

리스트 8-12: **Purchase에 대한 등치 연산자 구현하기**

(여기에서 보이지는 않지만) Product 형식에 대해서도 등치 연산자들을 추가했다. 이제 Purchase 안의 아이템 필드를 비교할 때 Equals 메서드를 호출하는 대신 ==를 사용할 수 있다. 각 연산자의 구현은 단순히 타입 안전한 Equals 메서드를 호출해서 비교를

실행한다.

operator==에 대한 테스트를 작성해서 그 성능 특성을 측정할 수 있으며, 또한 우리가 작성한 등치 비교자를 제공함으로써 SequenceEqual 메서드가 Equals가 아닌 등치 연산자를 호출하게 할 수도 있다.

제네릭 IEqualityComparer 인터페이스

SequenceEqual 메서드는 비교 대상 시퀀스에 대해 직접적으로 Equals를 호출하지 않는다. 대신 IEqualityComparer<T>에 의존한다. IEqualityComparer<T>는 표준 라이브러리의 일부이며 System.Collections.Generic 이름 공간에 선언돼 있다.

IEqualityComparer<T> 구현에는 2개의 T 타입 매개변수를 받는 하나의 Equals 메서드, 하나의 T 매개변수를 받는 하나의 GetHashCode 메서드가 필요하다. 표준 라이브러리는 IEqualityComparer<T>의 몇 가지 기본 구현을 제공한다. 여기에는 IEquatable<T> 인터페이스를 구현하는 T의 인스턴스를 위한 구현도 포함되는데, 우리는 지금까지 이 구현에 의존해서 SequenceEqual를 사용했다.

SequenceEqual 메서드의 오버로드 중에는 두 번째 매개변수의 타입이 IEqualityComparer<T>인 것이 있다. 따라서 기본 비교자 대신 우리가 구현한 비교자를 제공할 수 있다. 리스트 8-13에서는 IEqualityComparer<T> 인터페이스의 구현을 만든다. Purchase를 제네릭 매개변수로 대체하고, 커스텀 비교자의 인스턴스를 SequenceEqual에 전달한다.

```
public sealed class EqualsOperatorComparer : IEqualityComparer<Purchase>
{
    public bool Equals(Purchase x, Purchase y)
        => x == y;

    public int GetHashCode(Purchase obj)
        => obj.GetHashCode();
}

var items = Enumerable.Range(0, 10_000_000)
    .Select(MakePurchase)
    .ToList();

Assert.That(items.SequenceEqual(items, new EqualsOperatorComparer()));
```

리스트 8-13: 커스텀 IEqualityComparer 구현 만들기

우리가 만든 IEqualityComparer<Purchase>의 구현은 그 자체의 Equals 메서드를 정의

한다. 이 메서드는 2개의 매개변수 값을 매개변수 타입의 Equals 메서드 대신 ==를 사용해서 비교한다. Product에 대해 별도의 구현을 할 필요는 없다. 왜냐하면 Purchase 안의 Equals 멤버 메서드는 == 직접 사용해서 Product 값을 비교하기 때문이다. SequenceEqual을 사용해서 2개의 Purchase 아이템의 시퀀스를 비교하면, 이 알고리즘은 operator==를 사용해서 비교한다. 테이블 8-10은 1,000만개의 Purchase 아이템을 비교한 프로파일러 보고서를 나타낸다.

표 8-10: **operator==의 성능**

메서드	시간(ms)	시그니처
48.8% SequenceEqual	475	System.Linq.Enumerable.SequenceEqual[...]
22.2% Equals	216	EqualsOperatorComparer.Equals(Purchase, Purchase)
9.28% op_Equality	**90**	**Purchase.op_Equality(Purchase, Purchase)**
9.28% Equals	90	Purchase.Equals(Purchase)
5.53% op_Equality	54	Product.op_Equality(Product, Product)
3.69% Equals	36	Product.Equals(Product)

어떤 타입에 대해 operator==를 정의하면 컴파일러는 이것을 op_Equality라는 이름의 정적 메서드로 변환한다(이를 프로파일러 보고서에서 확인할 수 있다). 이 메서드는 2개의 매개변수를 값으로 받으므로 Purchase와 Product 인스턴스의 많은 복사본을 만들게 된다. operator== 메서드가 값이 아닌 참조를 매개변수로 받도록 변경해서 필요한 복사본의 숫자를 줄일 수 있다.

읽기 전용 in 매개변수

operator== 메서드가 매개변수를 값이 아닌 참조로 받도록 변경함으로써 얻을 수 있는 이익을 얻기 위해 읽기 전용 in 매개변수를 사용할 수 있다. 읽기 전용 in 매개변수는 큰 값 타입의 복사를 회피하기 위해 특별히 의도된 것이며 매개변수를 변경할 필요가 없을 때 사용하기 적합하다.

하지만 너무 큰 개선을 기대하지는 말자. 우리가 사용하는 시퀀스에서 Purchase 요소들을 비교할 때 생기는 모든 복사본을 피할 수는 없기 때문이다. 특히 EqualsOperatorComparer.Equals 메서드는 IEqualityComparer<T> 인터페이스에 정의된 시그니처를 일치시키기 위해서는 그 매개변수를 값으로 받아야만 한다.

마찬가지로 리스트 8-14에서 Purchase 안에서 정의된 타입 안전한 Equals 메서드 자체는 IEquatable<T> 인터페이스에 따라 값으로 매개변수를 받는다. 하지만 1개의 in

매개변수를 받는 Equals의 오버라이드를 만들고 동일한 메커니즘을 사용해서 등치 연산자가 모든 매개변수를 참조로 받게 할 수 있다.

```csharp
public readonly struct Purchase : IEquatable<Purchase>
{
    --생략--

    public bool Equals(in Purchase other)
        => item == other.item &&
           ordered == other.ordered && quantity == other.quantity;

    public bool Equals(Purchase other)
        => Equals(in other);

    public static bool operator==(in Purchase left, in Purchase right)
        => left.Equals(in right);

    public static bool operator!=(in Purchase left, in Purchase right)
        => !left.Equals(in right);
}
```

리스트 8-14: **in 매개변수를 사용한 오버로딩**

1개의 in 매개변수를 받는 Equals 메서드를 주요 구현으로 만들고 이를 등치 연산자와 IEquatable\<Purchase>에서 참조하게 한다. in 매개변수는 호출하는 코드에게 투명하지만 메서드를 호출할 때 인수에 in 한정자를 추가하지 않는 한 오버로딩에 대한 규칙은 매개변수 한정자를 갖지 않는 메서드를 우선한다. 따라서 우리는 Equals를 호출할 때 전달하는 인수에 in 키워드를 추가함으로써 in 매개변수를 가진 오버로드를 명시적으로 선택한다.

📝 NOTE   값 매개변수를 *in* 매개변수로 대체하는 것은 버전을 넘나드는 상당히 큰 변경이며, 바이너리 호환성을 고려해야 한다면 특별히 주의해야 한다.

EqualsOperatorComparer 구현이 인수를 참조로 전달하도록 변경할 필요는 없다. operator== 메서드는 값으로 매개변수를 받는 오버로드를 갖지 않기 때문이다. 리스트 8-13의 EqualsOperatorComparer를 재사용해서 테스트를 실행할 수 있다. 표 8-11은 테스트를 재실행한 결과이다.

표 8-11: operator==에 참조로 전달한 결과

메서드	시간 (ms)	시그니처
45.1% SequenceEqual	437	System.Linq.Enumerable.SequenceEqual[...]
20.9% Equals	203	EqualsOperatorComparer.Equals(Purchase, Purchase)
10.5% op_Equality	102	Purchase.op_Equality(in Purchase, in Purchase)
9.23% Equals	90	Purchase.Equals(in Purchase)
7.38% op_Equality	72	Product.op_Equality(in Product, in Product)
7.38% Equals	72	Product.Equals(in Product)

이 결과를 표 8-10과 비교해보자. 개선된 결과는 상당히 소박하다. Purchase 객체 복사를 회피하면서 확실히 약간의 이득을 봤지만 그 이득은 operator==가 실제로 호출되는 만큼으로 제한된다. 표 8-12는 메서드 호출 횟수를 포함한 트레이싱 보고서이다. 이 보고서에서는 JIT 컴파일러가 인라이닝을 하고 있지만 operator== 호출 횟수는 매우 적다.

표 8-12: in 매개변수 값 비교에 대한 트레이싱 보고서

메서드	시간(ms)	호출 횟수	시그니처
1.88% SequenceEqual	2,013	1 call	System.Linq.Enumerable. SequenceEqual[...]
0.69% Equals	735	10,000,000 calls	EqualsOperatorComparer. Equals(Purchase, Purchase)
[...]			
0.08% op_Equality	82	126,402 calls	Purchase.op_Equality(in Purchase, in Purchase)

operator==의 정의에서 in 매개변수를 사용하는 것은 호출하는 코드 측에서의 변경이 필요하지 않다는 점에서 무료와도 같지만, 이를 통해 너무 많은 개선을 기대해서는 안된다. 또한 in 매개변수를 사용하는 것이 메서드 가독성을 떨어뜨리지 않는다 하더라도 이를 그저 일반적으로 적용해서도 안된다. 작은 값을 참조로 전달하는 것은 참조로 전달되는 변수를 통해 그 값 자체에 접근하기 이해 필요한 추가적인 수준의 간접성으로 인핸 페널티를 야기할 수 있다. 코드의 다른 최적화 기능과 마찬가지로 in 매개변수 역시 측정을 통해 효과가 있는 것으로 증명된 부분에만 도입해야 한다.

타입이 성능에 미치는 영향

애플리케이션에서 타입의 선택은 다양한 측면에서 애플리케이션의 전체적인 성능에 영향을 줄 수 있다. 애플리케이션 값을 표현하기 위해 사용하는 타입은 그 선택에 있어 가장 중요한 부분이다. 다른 타입들은 대부분의 경우 클래스일 것이기 때문이다. 한편 값 타입은 구조체, 클래스, 레코드 혹은 레코드 구조체로 나타날 수 있다. 이번 절에서는 그 값 타입을 구현하기 위해 구조체 타입과 클래스 타입 중 어떤 것을 사용할지 결정할 때 고려할 요소들과 그 요소들이 성능에 미치는 영향에 관해 살펴본다.

우리는 종종 구조체(그리고 따라서 레코드 구조체)는 작아야 한다고 말한다. 큰 인스턴스를 메모리에서 복사하는 비용이 비싸기 때문이다. 이를 염두에 두고 인스턴스를 복사하는 비용을 성능에 영향을 주는 다른 요소로부터 영향받지 않게 하는 것부터 시작하자.

복사 비용 측정하기

앞의 성능 측정에서 간단한 기준점을 만들고 이를 사용해서 이후의 성능 보고서들과 비교를 수행했다. 여기에서는 큰 값 타입의 복사하는 비용을 측정하고자 하므로, 먼저 작은 단순한 타입의 복사 비용부터 측정한다. 이를 위해 리스트 8-15의 IntField 구조체를 만든다.

```
public readonly struct IntField : IEquatable<IntField>
{
    public IntField(int value)
        => this.value = value;

    public bool Equals(IntField other)
        => value == other.value;

    private readonly int value;
}
```

리스트 8-15: 1개의 int 필드를 가진 간단한 구조체 만들기

복사하기 위해 SequenceEqual 메서드를 다시 사용한다. SequenceEqual 메서드는 시퀀스에서 요소를 복사하고 이들을 비교한 뒤, IEqualityComparer<T>.Equals를 호출하기 위해 이들을 다시 복사한다. 여기에서는 다시 기본 등치 비교자를 사용하기로 한다. 기본 등치 비교자는 타입 안전한 Equals 메서드를 부르며 인수를 값으로 전달한다. 리스트 8-16은 벤치마크 성능 프로파일을 작성하기 위해 사용한 코드이다.

```
var items = Enumerable.Range(0, 10_000_000)
    .Select(i => new IntField(i))
    .ToList();

Assert.That(items.SequenceEqual(items));
```

리스트 8-16: **간단한 복사본 테스트하기**

이 테스트에서는 이 코드의 디버그 빌드를 프로파일링한다. JIT 컴파일러가 수행하는 메서드 인라이닝의 효과를 최소화하기 위해서이다. 메서드 인수들은 메서드가 정상적으로 호출될 때만 복사되며 인라이닝은 그 복사본의 비용 측정을 신뢰할 수 없게 만들기 때문이다. 2번의 다른 실행은 다른 수의 복사본을 만들어 내기 쉽다. 표 8-13은 디버그 빌드에서 1,000만개의 IntField 아이템을 가진 2개의 시퀀스를 비교할 때의 CPU 샘플링 보고서를 보여준다. 디버그 빌드이므로 JIT 컴파일러가 메서드 호출을 인라이닝하는 것을 방지한다.

표 8-13: **간단한 구조체 복사 비용 측정하기**

메서드	시간(ms)	시그니처
57.0% SequenceEqual	90	System.Linq.Enumerable.SequenceEqual(IEnumerable, IEnumerable)
7.60% Equals	12	IntField.Equals(IntField)

SequenceEqual 알고리즘은 그저 각 시퀀스에서 요소를 받아서 Equals을 사용해 차례로 하나씩 비교할 뿐이다. 여기에서 Equals에 소비한 시간과 SequenceEqual에서 소비한 시간의 차이는 모두 오버헤드이며, 시퀀스로부터 각 쌍을 받고 Equals를 위한 인수를 복사하는데 소비한 시간을 나타낸다.

큰 인스턴스 복사하기

리스트 8-15의 IntField 구조체와 같은 간단한 구조체를 복사하는 것은 단순한 int 값을 복사하는 것 정도의 비용만 들뿐이다. (여기에는 보이지 않지만) int 값을 갖는 2개의 시퀀스를 비교해보면 그렇다는 것을 확인할 수 있다. 리스트 8-17의 IntPlus3x16 구조체는 3개의 완전히 중복된 Guid 필드들을 추가한 것으로 IntField 구조체보다 상당히 크다. 각 Guid는 16바이트이므로 이 구조체는 값 타입에 대해 가장 일반적으로 권장되는 크기 제한보다 크다.

```
public readonly struct IntPlus3x16 : IEquatable<IntPlus3x16>
{
    public IntPlus3x16(int value)
        => this.value = value;

    public bool Equals(IntPlus3x16 other)
        => value == other.value;

    private readonly int value;

    private readonly Guid _padding1 = Guid.Empty;
    private readonly Guid _padding2 = Guid.Empty;
    private readonly Guid _padding3 = Guid.Empty;
}
```

리스트 8-17: 매우 큰 구조체 복사하기

IntPlus3x16 구조체에서 한 가지 미묘한 점이 있다. Equals 메서드는 이 타입의 어떤 Guid 필드도 고려하지 않는다는 점이다. 왜냐하면 모든 경우에 이들이 항상 동일하기 때문이다. 우리는 복사에 소요되는 비용만을 측정하려 하는 것이기 때문에, 이 Equals 메서드는 리스트 8-15에서 IntField 타입에 수행했던 것과 정확하게 같은 동작을 수행한다. Equals 메서드 혹은 다른 조작에서 패딩 필드는 어떤 영향도 미치지 않는다. IntPlus3x16 타입은 구조체이고 따라서 값으로 복사되며, 따라서 모든 필드가 복사된다. 리스트 8-16에서의 테스트와 동일한 테스트를 수행한 결과는 표 8-14와 같다.

표 8-14: 매우 큰 구조체 복사 비용 측정하기

메서드	시간(ms)	시그니처
52.5% SequenceEqual	228	System.Linq.Enumerable.SequenceEqual(IEnumerable, IEnumerable)
2.71% Equals	12	IntPlus3x16.Equals(IntPlus3x16)

표 8-14와 표 8-13을 비교해보자. Equals 메서드에서 사용한 시간은 두 보고서에서 동일하다. 하지만 SequenceEqual 메서드는 2배 이상의 시간을 소비한 후 완료되는데 이는 보다 큰 IntPlus3x16 타입의 인스턴스를 복사하기 위해 추가 오버헤드가 발생하기 때문이다. 두 테스트의 Equals 메서드는 같은 조작을 수행하므로 시간의 증가는 전적으로 인스턴스 복사에 드는 비용이다.

객체 생성 비용 측정하기

큰 구조체를 복사하는 비용이 여러 필드를 갖는 타입을 사용할 때 고려할 유일한 사항은 아니다. 예를 들어 등치 비교는 일반적으로 모든 필드 혹은 속성을 대상으로 하며 이런 비교는 필드 수가 많아질 수록 그 비용도 높아진다. 여러 필드를 가진 타입의 인스턴스를 초기화하는 작업 역시 비용을 수반한다.

리스트 8-18의 Purchase 타입과 Product 타입은 위치 레코드 구조체이며 리스트 8-17에서 정의한 Purchase 구조체 및 Product 구조체의 위치 레코드 구조체와 동등하다. 이들은 레코드 구조체 타입이므로 컴파일러는 모든 등치 비교를 생성함으로써 그들의 구조체 쌍에 비해 정의하기 쉽게 만들어 준다.

```
public readonly record struct Product
    (int Id, decimal Price, string Name);

public readonly record struct Purchase
    (Product Item, DateTime Ordered, int Quantity);
```

리스트 8-18: **Product, Purchase를 레코드 구조체로 정의하기**

리스트 8-19의 CompareSequences 메서드를 사용해서 Purchase 인스턴스의 시퀀스를 생성하고 성능을 기록한다. 여기에서는 릴리스 빌드를 프로파일해서 JIT(혹은 AOT) 컴파일러에게 제공하는 최적화 결과들도 모두 적용한다.

```
private static Purchase MakePurchase(int id)
    => new Purchase(new Product(id, id, "Some Description"),
        DateTime.MinValue, id);

public static void CompareSequences(int count)
{
    var items = Enumerable.Range(0, count)
        .Select(MakePurchase)
        .ToList();

    Assert.That(items.SequenceEqual(items));
}
```

리스트 8-19: **무작위로 생성된 객체의 시퀀스 만들기**

CompareSequences 메서드는 우리가 앞에서 시퀀스를 생성할 때 사용했던 패턴과 유사한 패턴을 따르며 이후 SequenceEqual을 호출해서 요소들을 비교한다. 성능 보고서를 명확하게 만들기 위해 MakePurchase를 Select 표현식에 대한 메서드 그룹 인수로 사용한다. 이렇게 함으로써 그 성능을 직접적으로 측정할 수 있고, 람다 표현식을 사용하면서 발생하는 오버헤드를 제거할 수 있다. 이에 관해서는 "공통적인 이디엄과 프랙티스가 성능에 미치는 영향"(p.354)에서 다시 살펴볼 것이다. 표 8-15는 Make-Purchase 메서드를 사용해서 1,000만개의 Purchase 객체를 생성할 때의 프로파일러 보고서이다.

표 8-15: Purchase 시퀀스 생성에 대한 성능 보고서

메서드	시간(ms)	시그니처
29.4% MakePurchase	294	MakePurchase(Int32)
2.45% op_Implicit	25	System.Decimal.op_Implicit(Int32)
2.03% Purchase..ctor	20	Purchase..ctor(Product, DateTime, Int32)
1.41% Product..ctor	14	Product..ctor(Int32, Decimal, String)

Product 타입의 중첩된 생성자는 Purchase 객체를 생성하는 시간을 증가시키지만, 그 시간의 대부분은 MakePurchase 구현 안에서 소비되며 이는 인스턴스를 초기화하고 이들을 복사하는 것이 많은 비용이 드는 요소임을 말해준다. 특히 새로운 Product를 생성하고 그 인스턴스를 Purchase 생성자에 복사하는 것은 Product를 참조 타입으로 만듦으로써 피할 수 있는 복사본이다.

참조 타입의 성능

참조 변수를 복사할 때 객체 인스턴스는 복사되지 않으므로 복사 비용은 저렴하다. 여기에서는 Product를 읽기 전용 레코드 구조체 대한 봉인된 레코드로 만든다.

```
public sealed record Product
    (int Id, decimal Price, string Name);
```

이 위치 구문을 사용한 레코드는 기본적으로 변경할 수 없는 참조 타입이다. Product 타입에 대해 컴파일러는 init 전용 속성을 Id, Price, Name 속성에 삽입한다. 이는 어떤 한 인스턴스가 안전하고 효율적으로 여러 포함하고 있는 객체로부터 참조될 수 있음을 의미한다. 어떤 속성도 set 접근자를 가지지 않으므로 앨리어싱 참조를 통해서 의도치 않은 변경이 발생할 위험은 없다. Product 인스턴스가 일단 생성되고 나면 Purchase 생성자에는 그 인스턴스에 대한 참조만 전달하면 되므로 우리 테스트에 더 적합하다.

이 테스트에서 Purchase의 타입을 레코드 구조체로 유지했다. 왜냐하면 그 안에 중첩

된 Product를 복사하는 것을 피하고자 하기 때문이다. 하지만 Product에 대해 참조 타입을 유지하는 것은 다른 오버헤드를 야기한다. 표 8-16의 프로파일러 보고서에서 1,000만개의 Purchase 객체를 생성할 때의 오버헤드를 확인할 수 있다.

표 8-16: **참조 타입 값 생성에 대한 성능 보고서**

메서드	시간(ms)	시그니처
77.8% MakePurchase	1,409	MakePurchase(Int32)
34.9% [Garbage collection]	**632**	
0.33% Product..ctor	6.0	Product..ctor(Int32, Decimal, String)
0.33% Purchase..ctor	6.0	Purchase..ctor(Product, DateTime, Int32)

표 8-15의 MakePurchase 메서드는 상당히 느린데, 그 주요한 이유는 가비지 컬렉션되고 있기 때문이다. Product를 레코드 구조체가 아니라 레코드로 변경하면 가비지 컬렉터에게 상당한 압박을 가하게 된다. 이는 어떤 객체도 수집하지 못하더라도 상당한 시간이 소요된다.

여기에서의 교훈은 짧은 수명을 갖는 객체에 대해서는 값 타입을 사용해야 한다는 일반적인 조언은 적어도 부분적으로 메모리 압박과 가비지 컬렉션의 비용과 관련된다는 점이다. 값 타입 인스턴스는 힙에 할당되지 않으므로 그런 비용을 발생시키지 않는다. 심지어 큰 객체 인스턴스를 복사하는 것도 항상 가장 큰 비용을 발생시키지 않는다. 따라서 복사를 피하기 위해 큰 값 타입을 참조 타입으로 바꾸는 것은 이 예시에서 보듯 프로그램의 전체적인 성능에는 해로운 영향을 미친다.

그 밖에도 고려해야 할 요소들이 있다. 예를 들어 애플리케이션에서 많은 Purchase 객체들이 동일한 Product 값을 갖는 것을 기대한다면, 이 모든 Purchase 인스턴스들이 동일한 Product 인스턴스를 공유하게 함으로써 이익을 얻을 수 있다. 이는 참조 타입 구현을 더욱 매력적으로 만든다.

참조 등치의 이익

리스트 8-19에서 Purchase 인스턴스들을 생성하기 위해 사용한 MakePurchase 메서드는 각 Purchase 객체에 대해 새로운 Product 객체를 생성한다. 리스트 8-20에서는 MakePurchase가 매번 새로운 Product를 만드는 대신, 새로운 각 Purchase에 적은 수의 공유된 Product 인스턴스들을 중 하나를 할당했다. Product는 레코드이므로 참조 타입이고, 각 Product는 여러 Purchase 객체들에 의해 공유된다.

```
private static readonly List<Product> SharedProducts = new()
{
    new Product(0, 0, "Some Description"),
    new Product(1, 1, "Some Description"),
    new Product(2, 2, "Some Description"),
    new Product(3, 3, "Some Description"),
    new Product(4, 4, "Some Description"),
};

private static Purchase MakePurchase(int id)
{
    var component = SharedProducts[id % SharedProducts.Count];
    return new Purchase(component, DateTime.MinValue, id);
}
```

리스트 8-20: **객체들 사이에서 상태를 공유하기**

Product 인스턴스들로 구성된 짧은 리스트를 초기화한 뒤 모든 Purchase 객체들을 생성한다. Product 참조는 이 리스트에서 Purchase를 생성하기 위해 사용된 id 값에 따라 선택된다. MakePurchase 메서드는 어떤 새로운 Product 인스턴스들도 만들지 않으므로 더 빠르게 실행되리라 예상할 수 있다. 표 8-17의 보고서는 우리 예상이 맞았음을 확인해준다.

표 8-17: **미리 할당된 Product 객체 할당하기**

메서드	시간(ms)	시그니처
17.1% MakePurchase	86	MakePurchase(Int32)
2.38% Purchase..ctor	12	Purchase..ctor(Product, DateTime, Int32)
1.18% get_Item	5.9	System.Collections.Generic.List``1.get_Item(Int32)

또한 Purchase 인스턴스들의 등치를 비교하는 것은 확연히 빠르다. 이들은 하나의 Product 인스턴스를 공유하기 때문이다. 레코드 타입에 대한 Equals의 구현은 2개의 참조의 신원 비교에서 시작하는 간단한 최적화를 포함한다. 비교되는 2개의 Product 변수가 메모리의 같은 인스턴스를 가리키면 이들은 동일하므로 개별 필드를 계속해서 비교할 이유가 없다. 표 8-18은 1,000만개의 Purchase 객체의 시퀀스 요소들을 비교했을 때의 보고서이다.

표 8-18: 공유된 참조를 가진 시퀀스를 비교하기

메서드	시간(ms)	시그니처
68.3% SequenceEqual	350	System.Linq.Enumerable. SequenceEqual(IEnumerable, IEnumerable)
27.1% Equals	139	Purchase.Equals(Purchase)
11.7% get_Default	60	System.Collections.Generic. EqualityComparer``1.get_Default()
9.36% Equals	48	System.Collections.Generic. GenericEqualityComparer``1.Equals(T, T)
3.52% Equals	18	Product.Equals(Product)

같은 테스트를 Product에 대해 레코드 구조체를 사용해서 실행하면, 즉, 미리 생성된 몇 개의 Product 인스턴스를 각 Purchase에 할당하면 참조를 공유하는 성능과 각 Product를 복사하는 성능의 차이를 비교할 수 있다. 표 8-19는 Product가 레코드 구조체일 때 1,000만개의 Purchase 객체에 대한 SequenceEqual의 보고서를 보여준다.

표 8-19: 복사된 인스턴스를 갖는 시퀀스 비교하기

메서드	시간(ms)	시그니처
59.5% SequenceEqual	591	System.Linq.Enumerable. SequenceEqual(IEnumerable, IEnumerable)
13.3% Equals	132	Purchase.Equals(Purchase)
12.7% Equals	126	System.Collections.Generic. GenericEqualityComparer``1.Equals(T, T)
9.01% Equals	89	Product.Equals(Product)
1.22% Equals	12	System.DateTime.Equals(DateTime)
0.60% get_Default	6.0	System.Collections.Generic. EqualityComparer``1.get_Default()

각 경우 Purchase.Equals 메서드의 가장 첫 수행 시간은 거의 같지만, 표 8-19의 레코드 구조체를 사용하는 SequenceEqual 메서드는 표 8-18의 레코드를 사용하는 SequenceEquas 메서드보다 훨씬 느리다. JIT 컴파일러에 의해 수많은 Product.Equals 호출이 인라인되더라도 레코드 구조체는 레코드에서 사용할 수 있는 단순한 참조 신원 최적화의 이익을 취할 수 없다. 그 결과 표 8-19에서는 레코드 구조체 값을 복사하고 이들을 Purchase.Equals가 아닌 SequenceEqual을 사용해서 그 필드를 비교하는 데 필요한 추가 비용을 볼 수 있다.

컴파일러가 생성한 Equals 메서드 측정하기

Purchase와 Product 타입에 대해 리스트 8-18에서 사용한 위치 레코드 구조체 구문은 그들의 정의를 간결하게 만들지만 작지만 측정할 수 있는 효율성을 포기한다. 레코드와 레코드 구조체에 대해 IEquatable<T> 인터페이스를 구현하는 타입 안전한 Equals 메서드는 그들이 위치 구문을 사용하는지 아닌지에 관계없이 컴파일러에 의해 생성된다. 편리하긴 하지만 반드시 가장 효율적인 구현은 아니다. 많은 객체를 다룰 때는 컴파일러가 생성하지 않을 경우를 대비해 레코드 및 레코드 구조체 유형에 대한 자체 Equals 메서드를 작성하는 것이 좋다.

5장에서 컴파일러가 각 필드에 대해 기본 EqualityComparer 객체를 획득하는 코드를 삽입하는 것을 봤다. 예를 들어 리스트 8-21은 리스트 8-18의 Purchase 레코드 구조체에 대해 컴파일러가 생성한 Equals 메서드를 간략하게 보여준다.

```
public bool Equals(Purchase other)
    => EqualityComparer<Product>.Default.Equals(_Item_field, other._Item_field) &&
       EqualityComparer<DateTime>.Default.Equals(_Ordered_field, other._Ordered_
field) &&
       EqualityComparer<int>.Default.Equals(_Quantity_field, other._Quantity_
field);
```

리스트 8-21: 레코드 구조체의 Equals 메서드

컴파일러에 의해 할당된 백킹 필드의 실제 이름들은 정규 C#에서는 유효하지 않으므로, 우리가 작성한 식별자와 겹칠 가능성이 없다. 여기에서 사용된 이름들은 그저 아이디어를 표현할 뿐이다. 속성에 접근하기보다 백킹 필드를 직접적으로 사용해서 비교를 수행함에도 불구하고, Equals의 모든 호출에 대한 개별 필드를 위한 기본 EqualityComparer 구현을 얻는 것은 효율성을 저해할 수 있다. 표 8-20은 SequenceEqual 메서드를 사용해서 1,000만개의 Purchase 레코드 구조체 객체를 갖는 2개의 리스트를 비교한 때의 프로파일러 출력이다.

표 8-20: 레코드 구조체 인스턴스를 가진 시퀀스 비교하기

메서드	시간(ms)	시그니처
55.7% SequenceEqual	558	System.Linq.Enumerable.SequenceEqual(IEnumerable, IEnumerable)
13.7% Equals	138	Purchase.Equals(Purchase)
10.2% Equals	102	System.Collections.Generic.GenericEqualityComparer`1.Equals(T, T)

3.58%	Equals	36	Product.Equals(Product)
1.80%	Equals	18	System.Decimal.Equals(Decimal)
0.60%	Equals	6.0	System.Int32.Equals(Int32)
0.60%	get_Default	6.0	System.Collections.Generic.EqualityComparer`1.get_Default()

JIT 컴파일러는 EqualityComparer<T>.Default 속성 및 그 Equals 메서드의 호출의 일부 및 전부를 인라인으로 삽입할 것이지만 항상 그것이 가능하다고 보장할 수는 없다. 앞서 속성 접근을 필드로 대체했던 것과 마찬가지로, 우리가 직접 Equals 메서드를 정의해서 EqualityCompare.<T>를 사용할 필요없이 값들을 직접 비교할 수 있다. 하지만 위치 레코드 구조체에 대해 생성된 속성을 위해 컴파일러가 생성한 백킹 필드에는 접근할 수 없다. 대신 리스트 8-22에서 우리는 Purchase에 대한 간단한 레코드 구조체를 사용한다. 여기에서는 직접 private 필드와 이 필드를 초기화하는 생성자를 정의한다.

```
public readonly record struct Purchase
{
    public Purchase(Product item, DateTime ordered, int quantity)
        => (this.item, this.ordered, this.quantity) =
           (item, ordered, quantity);

    --생략--

    public bool Equals(Purchase other)
        => item.Equals(other.item) &&
           ordered.Equals(other.ordered) && quantity == other.quantity;

    private readonly Product item;
    private readonly DateTime ordered;
    private readonly int quantity;
}
```

리스트 8-22: Purchase 구조체를 위한 private 필드 생성하기

또한 우리가 직접 Equals의 구현을 추가해서 직접적으로 우리가 정의한 필드들을 비교한다. 이 커스텀 Equals는 우리가 이 메서드를 직접 정의하지 않은 경우 컴파일러가 생성하는 구현을 대체한다. 우리는 또한 필드값을 노출시킬 속성을 정의해야 한다. Product 타입에 대해서도 같은 방식으로 변경해야 하지만 여기에서는 나타내지 않았다. 1,000만개의 Purchase 아이템을 가진 2개의 시퀀스를 비교하는 코드를 다시 실행한 결과 보고서는 표 8-21과 같다.

표 8-21: 커스터마이즈한 Equals를 사용한 비교

메서드	시간(ms)	시그니처
100% SequenceEqual	440	System.Linq.Enumerable.SequenceEqual(IEnumerable, IEnumerable)
12.3% Equals	54	Purchase.Equals(Purchase)
8.18% Equals	36	Product.Equals(Product)
1.36% Equals	6.0	System.DateTime.Equals(DateTime)

직접 구현한 Equals 메서드를 제공함으로써 표 8-20의 결과보다 20% 가량 Sequence-Equal의 성능을 개선했다. 우리가 한 구현은 부분적으로 JIT 컴파일러에게 코드 인라이닝을 위한 보다 효과적인 기회를 주었기 때문일 것이다. 보다 큰 시퀀스들을 비교하면 같은 결과를 얻는다. 그러므로 우리가 특별히 성능에 민감하며 많은 아이템들을 빈번하게 비교한다면 이런 유형의 최적화를 통해 성능 이익을 얻을 수 있을 것이다.

여기에서 본 성능 개선은 주로 Purchase가 상대적으로 복잡한 타입이기 때문에 발생한다. 보다 간단한 위치 레코드 구조체(예를 들어 1개의 int 필드를 갖는 위치 레코드 구조체 등)의 경우에는 우리가 Purchase와 Product에 적용한 최적화를 하더라도 얻을 수 있는 이익이 거의 없을 것이다. 위치 레코드 구문의 근본적인 이익은 그 단순함에 있으며, 이는 코드를 읽는 모든 사람들이 그 타입이 무엇을 나타내는지 명확하게 이해하도록 돕는다. 우리는 그 단순함을 희생해서 프로파일러의 도움을 통해서만 확인할 수 있을 정도로 약간의 원시적인 성능 측면의 개선을 얻었다. 이 예시는 컴파일러의 동작을 추측함으로써 직접 코드를 최적화하려 시도하기 전에 성능을 측정하는 것의 중요성을 강조한다.

공통적인 이디엄과 프랙티스가 성능에 미치는 영향

C#의 몇 가지 공통적인 프랙티스들은 성능에 관한 부당한 비판을 불러 일으킨다. 소스 코드의 추상화 수준이 높을수록 성능 관점에서 비용이 발생한다는 생각은 자연스럽고 일반적이며, 실제로 어느 정도는 사실이다. C#은 고급 프로그래밍 언어이며, 우리가 작성한 프로그램은 궁극적으로 여러 단계를 거쳐 네이티브 기계 코드로 변환된다. 동일한 작업을 수행하기 위해 자체적인 머신 코드를 직접 만들 수도 있지만, C# 코드는 머신 코드보다 이식성이 뛰어나고 유지 관리가 쉬우며 오류가 훨씬 적고 읽고 쓰기가 훨씬 쉽다. 이런 이익은 성능에 관해 발생하는 비용보다 일반적으로 훨씬 크다.

하지만 고수준의 코드가 모두 성능상의 페널티를 발생시키지는 않는다. 이번 절에서는 루핑과 패턴 매칭에 관해 살펴본다. 루핑과 패턴 매칭은 C#의 일반적인 기능이며 이를 사용하면 C#에서 복잡한 아이디어를 간결하게 표현할 수 있다. 그러면서도 저수준의 코드에 견줄 수 있거나 보다 뛰어난 성능을 제공할 수 있다.

루핑과 이터레이션

이번 장에서는 플루언트 구문(fluent syntax) 타입의 LINQ를 여러차례 사용해서 객체의 시퀀스를 생성했다. 수년 동안 C#의 일부인 LINQ는 C# 언어와 관용구에 관해 어느 정도 익숙한 대부분의 프로그래머면 누구나 알아볼 수 있다. 리스트 8-23은 유창한 구분을 사용해서 Purchase 객체들의 리스트를 생성하는 예시이다.

```
private static Purchase MakePurchase(int id)
    => new Purchase(new Product(id, id, "Some Description"),
        DateTime.MinValue, id);

var items = Enumerable.Range(0, count)
    .Select(i => MakePurchase(i))
    .ToList();
```

리스트 8-23: LINQ 플루언트 구문

LINQ는 일부 C# 프로그래머들이 더 동의할 수 있는 대안적인 쿼리 문법(quert syntax)을 갖는다. 리스트 8-24는 리스트 8-23에서 아이템 시퀀스를 생성하기 위한 동등한 쿼리 문법을 보여준다.

```
var query = from i in Enumerable.Range(0, count)
            select MakePurchase(i);

var items = query.ToList();
```

리스트 8-24: LINQ 쿼리 문법

컴파일러는 리스트 8-23과 리스트 8-24에 대해서 동일한 CIL을 생성하므로 둘 중 어느 쪽을 선택할지는 주로 코드를 읽을 때의 명확함에 따라 결정된다. 한 가지 최적화가 가능하지만 플루언트 구문 버전에 대해서만 적용할 수 있다. Select 메서드에 람다를 인자로 사용하지 않는 것이다. 이 람다는 i 변수를 캡처해야 컴파일러가 클로저 객체를 생성하므로 MakePurchase 메서드를 호출하는 데 추가적인 수준의 간접화가 발생한다. 클로저를 피하려면 리스트 8-25에 표시한 것처럼 메서드 그룹 인수로

MakePurchase를 전달할 수 있다.

```
var items = Enumerable.Range(0, count)
    .Select(MakePurchase)
    .ToList();
```

리스트 8-25: 메서드 그룹을 사용해 LINQ 최적화하기

각 접근 방식의 효율성을 비교하기 위해 먼저 리스트 8-23의 람다를 사용하는 버전을 프로파일한다. 표 8-22는 1,000만개의 아이템의 리스트를 생성하는 경우에 대한 보고서를 보여준다.

표 8-22: 람다를 이용하는 LINQ를 사용한 시퀀스를 생성할 때의 성능

메서드	시간(ms)	시그니처
98.1% ToList	415	System.Linq.Enumerable.ToList(IEnumerable)
36.0% MakePurchase	152	MakePurchase(Int32)
31.3% <Closure> b__3_0	**132**	**<>c.<Closure> b__3_0(Int32)**
31.3% MakePurchase	132	MakePurchase(Int32)

<>c라는 식별자 이름은 컴파일러가 i 변수를 캡처하기 위해 생성한 클로저 객체이며, 우리가 작성한 코드에서는 합법적이지 않은 이름을 컴파일러가 도입한 예시다. 이 클로저는 인스턴스 메서드 <Closure> b__3_0을 가지며, 이 메서드는 차례로 우리가 작성한 MakePurchase 메서드를 호출한다. MakePurchase 메서드는 이 보고서에서 두 번 나타난다. 클로저 메서드 안과 바깥에서 나타내는 데 이는 JIT 컴파일러가 일부 <Closure> b__3_0를 인라이닝하고, MakePurchase를 직접적으로 호출한 결과이다.

표 8-23의 보고서는 이 메서드 그룹 접근 방식을 사용해서 1,000만개의 아이템을 생성할 때의 성능을 보여준다.

표 8-23: 메서드 그룹을 이용한 LINQ를 사용해서 시퀀스를 생성할 때의 성능

메서드	시간(ms)	시그니처
100% ToList	430	System.Linq.Enumerable.ToList(IEnumerable)
71.9% MakePurchase	309	MakePurchase(Int32)

다소 비직관적이지만 클로저 객체를 사용한 버전은 메서드 그룹을 사용한 버전보다 약간 빠르다. 이 점에 관해서는 너무 많이 신경 쓰지 말자. 이 차이는 비교 수행 결과

의 오차 범위에 들기 때문이다. 하지만 이 결과를 통해 분명하게 알 수 있는 것은 람다를 사용하는 것이 심각한 성능 페널티를 수반하지는 않는다는 점이다.

람다를 나타내는 클로저 객체는 Select 메서드를 위한 모든 요소가 아니라 전체 표현식에 대해 한 번만 생성된다. 심지어 클로저 객체가 MakePurchase의 각 호출에 대해 추가 수준의 간접화를 나타낸다 하더라도 JIT 컴파일러는 클로저의 <Closure> b__3_0 메서드의 많은 호출을 인라인으로 삽입하고 MakePurchase를 직접적으로 호출하거나 그 내용을 인라인으로 삽입한다.

몇 가지 다른 방법으로 비슷한 시퀀스를 생성할 수 있다. 2가지 일반적인 접근 방식을 살펴보고 이들의 성능과 LINQ를 사용할 때는 성능을 비교해보자.

이터레이터 접근 방식

이터레이터(iterator)는 C#의 근본적인 부분이며 LINQ를 포함한 다른 고수준 기능들을 뒷받침한다. 사실 LINQ는 모든 C#의 어디에나 존재하기 때문에 LINQ가 2개의 시스템 인터페이스에 기반하고 있다는 것을 망각하기 쉽다. 첫 번째는 IEnumerable<T> 인터페이스이며 이것은 T 타입의 요소의 시퀀스에 대한 추상적인 뷰이다. 두 번째는 IEnumerator<T> 인터페이스이며 이것은 IEnumerable<T>의 요소를 한 번에 하나씩 얻는 이터레이터를 나타낸다. 기본적인 메커니즘은 IEnumerable<T> 인터페이스는 GetEnumerator라는 이름의 단일 메서드를 가지며, 이 메서드는 IEnumerator<T>의 구현을 반환한다.

두 인터페이스는 모던 C# 코드에 널리 숨겨져 있다. 하지만 IEnumerable<T>는 시퀀스를 나타내는 타입에 대한 프로토콜로서, 그리고 Select 및 Where와 같이 LINQ 시스템의 대부분을 구성하는 확장 메서드의 본거지로서 중요하게 남아있다.

IEnumerator<T> 인터페이스는 또한 foreach 루프의 근간을 형성한다. foreach 루프는 IEnumerable<T>를 구현하는 시퀀스의 요소를 열거하는 한 가지 방법이다. 리스트 8-26에서 우리는 간단한 ToList 메서드를 작성한다. 이 메서드를 사용하면 그 성능을 기록해서 LINQ의 동등한 메커니즘과 비교할 수 있다. 우리가 작성한 ToList는 foreach를 사용해서 Purchase 객체의 리스트를 채우며, 따라서 Enumerable.Range 메서드가 제공하는 이터레이터에 의존한다.

```
public static List<Purchase> ToList(int count)
{
    var items = new List<Purchase>();
    foreach(var i in Enumerable.Range(0, count))
    {
```

```
        items.Add(MakePurchase(i));
    }

    return items;
}
```

리스트 8-26: **foreach를 사용해서 리스트 채우기**

ToList 메서드와 리스트 8-23의 LINQ 버전을 비교했을 때 첫 번째 눈에 띄는 것은 루프 이전에 Purchase 객체의 대상 리스트를 선언해야 한다는 점이다. foreach 루프는 Enumerable.Range로부터 IEnumerator<int>를 얻고, foreach 블록의 바디는 이터레이터의 각 요소에 대해 실행된다. 표 8-24는 ToList 메서드에 대한 프로파일러 보고서이며 이를 통해 기본 메커니즘을 확인할 수 있다.

표 8-24: **이터레이터 접근 방식 프로파일링**

메서드	시간(ms)	시그니처
100% ToList	638	ToList(Int32)
41.2% AddWithResize	263	System.Collections.Generic.List`1.AddWithResize(T)
38.1% MakePurchase	243	MakePurchase(Int32)
0.95% MoveNext	6.1	System.Linq.Enumerable+ RangeIterator.MoveNext()
0.95% get_Current	6.0	System.Linq.Enumerable+ Iterator`1.get_Current()

이 프로파일 보고서는 foreach 구조가 어떻게 동작하는지 보여준다. get_Current와 MoveNext 메서드는 IEnumerator<T> 인터페이스에 속해 있으며, 이를 사용하면 현재 요소를 얻고 이터레이터를 시퀀스의 다음 아이템으로 옮길 수 있다.

또한 이 보고서는 우리가 작성한 ToList가 표 8-22에서 본 LINQ 버전보다 상당히 느리다는 것을 보여준다(List<Purchase> 기능을 최적으로 사용하지 않았음에도 불구하고). 필요한 아이템의 수를 사전에 알기 때문에 AddWithResize 메서드의 비용 대부분을 회피할 수 있으며 생성자 호출에서 리스트의 수용량을 지정할 수 있다.

```
var items = new List<Purchase>(count);
```

명시적으로 수용량을 요청함으로써 count 아이템을 위한 충분한 메모리를 할당한 뒤 새로운 요소를 추가할 수 있다. 그러면 리스트는 공간을 모두 사용했을 때 리스트의 크기를 조정할 필요가 없다. 프로파일 테스트를 다시 실행하면 표 8-25와 같이 이전의 테스트와 비슷한 수준의 결과를 보여준다.

표 8-25: **리스트 수용량 미리 할당하기**

메서드	시간(ms)	시그니처
100% ToList	426	ToList(Int32)
63.0% MakePurchase	268	MakePurchase(Int32)
4.28% MoveNext	18	System.Linq.Enumerable+ RangeIterator.MoveNext()
1.41% get_Current	6.0	System.Linq.Enumerable+ Iterator`1.get_Current()

적어도 테스트 결과를 통해 요소의 시퀀스를 생성하는, 합리적으로 간단한 태스크는 LINQ를 사용해도 foreach 루프를 사용했을 때 만큼 효율적임을 알 수 있다. 또 다른 접근 방식인 for 루프를 시도해보자.

루프 접근 방식

우리가 만든 Purchase 객체의 리스트를 생성하는 메서드는 int 값의 시퀀스를 생성한 뒤, Select 메서드를 사용해서 이 시퀀스를 Purchase 객체들의 새로운 시퀀스로 변환 하는 것에 기반한다. 리스트 8-27는 기본적인 for 루프를 사용해서 같은 결과를 달성 하는 방법을 보여준다. 이 방법은 이터레이터에 의존하지 않으며 루프 조건에 명시된 숫자만큼 루프 바디를 실행한다.

```
public static List<Purchase> ToList(int count)
{
    var items = new List<Purchase>(count);
    for(int i = 0; i != count; ++i)
    {
        items.Add(MakePurchase(i));
    }
    return items;
}
```

리스트 8-27: **간단한 for 루프 사용하기**

foreach 루프에 했던 것처럼 대신 List<Purchase>를 생성한 뒤 루프에 들어가고, 생 성자를 사용해 그 수용량을 설정한다. 루프 바디에서는 MakePurchase 메서드를 사 용해서 이전과 같이 새로운 Purchase를 추가한다. 표 8-26은 for 루프를 사용해서 1,000만개의 Purchase 객체를 갖는 리스트를 생성할 때의 프로파일러 보고서이다.

표 8-26: **직접적인 for 루프의 성능**

메서드	시간(ms)	시그니처
100% ToList	417	ToList(Int32)
67.3% MakePurchase	281	MakePurchase(Int32)
5.70% op_Implicit	24	System.Decimal.op_Implicit(Int32)

이번에도 for 루프를 사용한 접근 방식에서의 성능과 앞에서 사용했던 다른 접근 방식의 성능에는 의미 있는 차이가 없다. LINQ를 사용할 때와 foreach 혹은 for 루프를 사용할 때의 주요한 차이점은 스타일이다. LINQ 코드는 보다 직접적이며 이를 사용하면 우리의 의도를 선언적으로 표현할 수 있다. 한편 for와 foreach 루프는 보다 절차적이다. LINQ 표현식을 사용하면 우리가 요구하는 결과에 집중할 수 있다. 한편 for와 foreach 루프 접근 방식은 따라야 할 단계 혹은 명령에 집중한다.

패턴 매칭과 셀렉션

절차적인 스타일에 비해 선언적인 스타일에서 얻을 수 있는 일반적인 장점은 더 적은 코드를 작성해서 같은 결과를 얻을 수 있다는 점이다. 이것은 우리가 코드를 작성하는 양을 줄일 수 있지만 이는 그저 부수적인 결과일 뿐이다. 보다 적은 구문을 통해 얻을 수 있는 진짜 이익은 사람이 이해하기 쉬워진다는 것이다. 명시적 루프를 LINQ 스타일의 함수형 표현으로 대체하는 것이 한 가지 예이다. 많은 LINQ 표현식은 내부적으로 루프에 기반하지만, 루프 구조 자체는 사용자 코드로부터 숨겨진다. 루프와 명시적 조건을 사용해서 직접 시퀀스를 반복하면 에러가 쉽게 발생할 가능성이 있으며 복잡한 루프 구조는 일반적으로 Select 혹은 ToList와 같은 메서드를 호출하는 것보다 사람에게 있어 이해하기 힘들다.

선언적인 기법의 다른 일반적인 적용은 셀렉션 코드 안에 있다. if와 switch 구문을 패턴 매칭 표현식으로 대체하는 것이다.

리스트 8-28의 생성자를 살펴보자. 이 생성자는 몇 가지 패턴에 의해 지정된 규칙에 매개변수 값을 일치시켜서 검증한다.

```
private const double ZeroKelvin = -273.15;

private Temperature(double celsius)
    => amount = celsius switch
    {
        double.NaN
            => throw new ArgumentException( --생략-- ),
```

```
            < ZeroKelvin or double.PositiveInfinity
                => throw new ArgumentOutOfRangeException( --생략-- ),

            _ => celsius
    };
```

리스트 8-28: **검증을 위한 패턴 매칭**

Temperature 생성자는 주어진 인수가 double.NaN이면 예외를 던지며 ZeroKelvin보다 작거나 PositiveInfinity와 같은 값을 금지한다. 이 두 규칙과 일치하지 않는 celsius 매개변수를 위한 값은 switch 표현식의 마지막 패턴인 무시 패턴(discard pattern)에 따라 amount 필드에 할당된다.

리스트 8-28을 리스트 8-29와 비교해보자. 리스트 8-29는 리스트 8-28과 정확하게 같은 결과를 달성하지만 if...else 구문을 사용해서 입력된 매개변수 값을 테스트한다.

```
private Temperature(double celsius)
{
    if(celsius is double.NaN)
    {
        throw new ArgumentException( --생략-- );
    }
    else if(celsius < ZeroKelvin || celsius is double.PositiveInfinity)
    {
        throw new ArgumentOutOfRangeException( --생략-- );
    }
    else
    {
        this.amount = celsius;
    }
}
```

리스트 8-29: **검증을 위해 if와 else 연결하기**

장황한 else 구문을 제거하고 값이 if 조건을 만족하지 못하면 if 블록이 실패하도록 함으로써 구문을 보다 줄일 수 있다. 이렇게 하면 코드를 짧게 줄일 수 있지만, 새로운 조건이 추가될 경우 에러가 발생할 가능성이 높아진다.

다른 대안으로는 switch 구문을 사용하는 방법을 생각할 수 있다(리스트 8-30).

```
switch (celsius)
{
    case double.NaN:
        throw new ArgumentException( --생략-- );
```

```
case < ZeroKelvin:
case double.PositiveInfinity:
    throw new ArgumentOutOfRangeException( --생략-- );

default:
    this.amount = celsius;
    break;
}
```

리스트 8-30: **검증을 위해 switch 구문을 사용하기**

이것은 리스트 8-28의 switch 표현식과 더 가까우며 이 2개의 switch 형태는 혼동하기 쉽다. 주요한 차이는 여기에서는 amount 필드를 default 분기의 일부로 할당했다는 점이다. 반면 switch 표현식에서는 amount 필드에 전체 표현식의 값이 할당된다.

이번 장의 나머지 파트에서 리스트 8-28과 리스트 8-30을 비교하기 위해 성능 프로파일을 실행할 필요는 없다. 컴파일러는 각각에 대해 거의 동일한 코드를 생성하기 때문이다. 대략 리스트 8-29에서 본 것과 같은 코드를 생성한다. 컴파일러는 CIL에서 조건의 순서를 변경하지 모르지만 그렇다고 해서 로직이 바뀌지는 않는다.

정리

저렴하다고 해서 리소스를 아낌없이 소비하는 것은 좋은 엔지니어링 프랙티스라고 생각하지 않는다.

– 니콜라우스 비르트(Niklaus Wirth), Project Oberon: The Design of an Operating System, a Compiler, and a Computer

직접 최적화한 코드는 종종 사람이 읽기 어렵다. 일반적으로 이런 최적화는 루프나 패턴 매칭 같은 간단한 이디엄을 저수준의 구조로 대체하는 것을 포함하기 때문이다. 프로그램이 우리가 기대했던 것보다 느리게 실행되면 곧바로 뛰어들어 병목이라고 의심되는 코드를 변경하고 싶은 유혹에 빠지기 쉽다. 하지만 프로그래머들이 가진 최적화 본능은 신뢰할 수 없기로 악명이 높다. 코드를 보다 읽기 어렵게 만드는 한편 의미 있는 방식으로 성능을 개선하는 데도 실패한다.

손으로 코드를 최적화하는 것은 대부분의 경우 명료함과 단순함을 성능과 맞바꾸는 것이다. 이것이 합리적인 거래인지는 변경 전후의 성능을 측정해서만 판단할 수 있다. 코드의 한 영역에서 성능을 개선했다 해도 우리는 여전히 코드의 명료함을 떨어뜨리지 않았는지, 그렇다면 그 변경이 정당화되는지 결정해야 한다. 또한 우리의 최적화가 프로그램의 동작을 어떤 식으로든 변경하지 않았는지 확신해야 한다. 느리더라도 올바른 코드가 성능이 좋더라도 올바르지 않은 코드보다 낫다. 충분히 좋은 것이 올바를 수 없다고 말하는 것이 아니다. 성능과 정확성(혹은 정밀성) 사이에는 자주 타협이 필요하다. 하지만 부정확성이 실제로 올바르지 않다는 것을 의미하는 지점이 어딘지 알아야 한다.

잘 알려진 이디엄과 패턴을 사용하면 사람은 코드를 쉽게 읽을 수 있다. 마찬가지로 그런 공통적인 설계에서 떠나면 우리가 작성한 코드를 이해하기 어려워진다. 따라서 가장 큰 이익을 줄 수 있는 코드에 선택적으로 최적화를 적용해야만 한다.

대부분의 타입에서 Equals의 동작을 오버라이드하는 것은 어렵지 않다. 하지만 이는 세부적인 구현을 추가하며 이는 코드를 이해해야 하는 모든 사람들에게 추가적인 인지적 오버헤드를 야기한다.

값 유사 타입을 사용하기 위해 레코드를 상용하면 그 추가된 복잡성의 많은 부분이 제거된다. 왜냐하면 컴파일러가 올바른 구현을 생성하기 때문이다. 하지만 그 기본 동작을 받아들인다 해도 반드시 가장 효율적인 코드가 생성되는 것은 아니다.

프로파일러가 제공하는 근거에 기반한 사려 깊은 코드 최적화는 그 속도와 메모리 사용 측면 모두에서 더 나은 성능을 낼 수 있다. 모던 컴퓨터들은 빠르며 일반적으로 충분히 많은 메모리를 갖는다. 그러나 그것이 리소스를 낭비해도 된다는 의미는 아니다.

마치며

소프트웨어를 설계를 만드는 두 가지 방법이 존재한다. 첫 번째는 명백하기 결합이 없도록 단순하게 만드는 것이고, 두 번째는 명백한 결함이 없도록 복잡하게 만드는 것이다. 첫 번째 방법이 훨씬 더 어렵다.

— 토이 (C.A.R.) 호어(Tony (C.A.R.) Hoare), 1980 Turing Award Lecture

컴퓨터 프로그래밍은 미묘한 예술(기술)이다. 성공적인 프로그래머는 프로그래밍 언어의 구문에 관한 지식 이상을 가지고 있어야 한다. 어떤 프로그래밍 언어이든 그것을 최대한으로 활용하기 위해서는 그 **메커니즘**(문법적 요소들을 조합하는 방법)과 **시맨틱**(그 요소들이 프로그래밍의 결과로 작성된 프로그램의 동작을 정의하고 제어하는 방법)에 관해 깊이 이해해야 한다.

시맨틱은 값으로 복사하는 동작이 객체의 등치 비교에 미치는 영향과 같은 저수준, 혹은 다양한 유형의 다형성의 적용과 같은 보다 개념적인 것이 될 수 있다. 시맨틱은 애플리케이션 설계에도 영향을 미친다. 세심하게 설계된 객체는 시스템에서 다른 개념들을 표현할 수 있으며 코드에 구조와 의미를 부여한다.

C#의 메커니즘과 시맨틱을 이해함으로써 그 언어의 구조를 더 잘 사용하는 코드를 작성할 수 있다. 이는 여러 잠재적인 장점들을 제공한다. 메모리와 프로세서 자원을 보자 효율적으로 사용할 수 있고, (다른 프로그래머에게는 물론 우리 자신에게도) 보다 단순하고 이해하기 쉬운 코드를 작성할 수 있고, 새로운 기능을 추가하고 에러를 진단할 수 있는 개선된 능력을 가질 수 있다.

그 규모와 목적에 관계없이 시스템을 설계할 때, 애플리케이션의 전체 형태를 형성하는 큰 아키텍처 요소들에 집중하기 쉽다. 심지어 설계가 창발적일 때에도, 즉, 기능을 만들면서 유기적으로 형태가 구체화될 때에도 세세한 값들은 쉽게 잊혀지거나 누락되기 쉽다. 이들은 보다 흥미로운 시스템 인터페이스 사이에 전달되는 작은 데이터 비트에 지나지 않기 때문이다. 이 책을 통해 우리는 그 값들과 다른 애플리케이션 요소들의 관계에 관해 살펴봤다. 값 타입을 시스템 안에서의 정보의 흐름으로 인식하는 것은 전체적인 설계를 더 잘 표현하는 것뿐만 아니라 그 설계를 사용하는 코드의 목적을 명확하게 하는 기회를 주기 때문이다. 풍부한 커스텀 값 타입을 사용하면 애플리케이션에서 설계와 전체적인 목적을 전달하는 데 중요한 역할을 하는 유비쿼터스 언어를 만들 수 있다. 또한 컴파일러로 하여금 프로그램이 실행되기 전에 보다 많은 에러를 잡아내게 할 수 있다.

C#와 같은 복잡한 언어의 모든 기능을 한 권의 책에서 다루기는 실용적이지 않다. C#은 부분적으로 계속 진화하고 있기 때문이다. C#이 제공하는 기능들은 모든 도메인에 있는 프로그래머들의 요구 사항을 만족시키기 위해 계속해서 확장되고 있다. 이는 좋은 것™(Good Thing™)이다. 소프트웨어 개발의 영역 역시 계속해서 진화하고 있기 때문이다. 하지만 C# 프로그래밍 실천가들은 그 진화에 발맞춰야만 한다. 이 책에서는 수많은 기법과 기능들을 제시했다. 이 내용들이 오늘날 여러분이 C#에 관해 더 잘 이해하는 데 도움이 됐기를 바란다. 또한 여러분들이 앞으로 C# 언어 설계자들이 추가할 기능들에 대한 특성, 성능, 시맨틱을 계속해서 탐험할 수 있기를 고대한다.

값 및 값 유사 타입에 대한 C#의 시맨틱이 가진 복잡성을 이해하는 것은 어려울 수 있다. 하지만 그 보답으로 여러분은 보다 유지보수와 확장이 쉬운 풍부하고 명확한 설계를 얻을 수 있을 것이다. 필자는 이 책을 통해 여러분이 이런 타입을 생성하기 위해 C#이 제공하는 다양한 기능들에 대한 이해와 지식을 얻었기를 바라며, 무엇보다 여러분이 더 나은 프로그래머가 되는 데 도움이 되었기를 바라 마지 않는다.

부록

1장

- 이 예시에서 사용한 포물선 운동에 관한 간단한 등식은 다음 위키피디아에 설명돼 있다. https://en.wikipedia.org/wiki/Projectile_motion
- 프란시스 부온템포(Frances Buontempo)의 Genetic Algorithms and Machine Learning for Programmers (Pragmatic Bookshelf, 2019)에서는 탄도에 관해 한 절을 할애해서 소개한다. 이번 장의 첫 번째 예시는 그 책에서 인용했으며 학습 목적을 위해 전용됐다.
- 더 많은 강박적 기본 타입 사용 문제 및 그 처방에 관해서는 다음을 참조하라.
  - "Primitive Obsession" 위키 페이지, https://wiki.c2.com/?PrimitiveObsession
  - Refactoring Guru 웹사이트, https://refactoring.guru/smells/primitive-obsession

- Fit 위키 페이지, http://fit.c2.com/wiki.cgi?WholeValue
- 워드 커닝햄(Ward Cunningham), "The CHECKS Pattern Language of Information Integrity," http://c2.com/ppr/checks.html

- 마틴 파울러(Martin Fowler)의 Analysis Patterns: Reusable Object Models(Addison-Wesley Professional, 1996)에서 정량 패턴(Quantity pattern)에 관해 설명한다. 강박적 기본 타입 사용 코드 악취는 그의 책 Refactoring: Improving the Design of Existing Code (Addison-Wesley Professional, 2018)에서 처음 등장했다.

- 계산에서 값의 단위를 혼합하면 심각한 결과를 초래할 수 있다. 에이제이 해리쉬(Ajay Harish)의 "When NASA Lost a Spacecraft Due to Metric Math Mistake"를 읽어보자. https://www.simscale.com/blog/2017/12/nasa-mars-climate-orbiter-metric/

- 케블린 헤니(Kevlin Henney)의 책 97 Things Every Programmer Should Know(O'Reilly, 2010)는 이 같은 일반적인 주제 및 다른 주제들에 대한 좋은 조언을 제공한다. 11장에서 댄 노스(Dan North), 65장에서 아이너 렌드러(Einar Landre)가 코드에 도메인 개념을 표현하는 것에 관해 잘 설명했다.

- 헤니는 값에 대한 값 객체(Value Object), 전체 값(Whole Value), 클래스 팩토리 메서드(Class Factory Method) 및 다른 패턴에 관해 "Patterns in Java"에서 살펴봤다. 이는 C#에도 똑같이 적용된다(https://www.slideshare.net/Kevlin/value-added-43542768). VikinPLoP(Pattern Languages of Programs) 2003년 콘퍼런스에서 발표한 그의 논문인 "Factory and Disposal Methods: A Complementary and Symmetric Pair of Patterns"도 참조하라. https://www.researchgate.net/publication/238075361

- 객체를 단순하게 유지하는 것은 이해하기 쉬운 프로그램을 작성하는데 도움이 된다고 오래전부터 인식돼 왔다. 단일 책임 원칙(single responsibility principle)(SOLID의 S)은 아마도 이에 관해 가장 잘 알려진 가이드일 것이다. https://en.wikipedia.org/wiki/SOLID

- 하지만 1970년대에는 책임 분리(separate responsibilities)의 이익에 관해 인식하게 되었다. 에르허츠 다익스트라(Edsger Dijkstra)는 책임의 분리에 관한 아티클을 썼다.
  - "The Effective Arrangement of Logical Systems," https://www.cs.utexas.edu/users/EWD/transcriptions/EWD05xx/EWD562.html

"On the Role of Scientific Thought," https://www.cs.utexas.edu/users/EWD/transcriptions/EWD04xx/EWD447.html

2장

- 공용 타입 시스템(Common Type System)에 관한 내용은 다음의 마이크로소프트 문서에 정리돼 있다.
  - https://learn.microsoft.com/ko-kr/dotnet/csharp/fundamentals/types/#the-common-type-system
  - https://learn.microsoft.com/ko-kr/dotnet/standard/base-types/common-type-system
- 구조체 타입에 관한 언어 규칙에 관한 마이크로소프트 문서는 다음을 참조하라. https://learn.microsoft.com/ko-kr/dotnet/csharp/language-reference/language-specification/structs
- 록 객체에 대한 Sysytem.Trheading.Monitor의 동작에 관한 보다 많은 정보는 다음을 참조하라. https://learn.microsoft.com/ko-kr/dotnet/api/system.threading.monitor?view=net-6.0#Lock
- 선택적 매개변수에 관한 구체적인 오버로드 해결 규칙은 다음을 참조하라. https://learn.microsoft.com/ko-kr/dotnet/csharp/programming-guide/classes-and-structs/named-and-optional-arguments#overload-resolution
- 에릭 리퍼트(Eric Lippert)는 읽기 전용 필드를 위한 초기자와 생성자의 실행 순서가 반대인 이유에 관해 설명한다. https://learn.microsoft.com/ko-kr/archive/blogs/ericlippert/why-do-initializers-run-in-the-opposite-order-as-constructors-part-one
- 리퍼트는 C#의 값 타입과 관련된 주제에 관해 많은 아티클을 썼다.
  - "The Truth About Value Types," https://learn.microsoft.com/en-us/archive/blogs/ericlippert/the-truth-about-value-types
  - "The Stack Is an Implementation Detail, Part One," https://learn.microsoft.com/ko-kr/archive/blogs/ericlippert/the-stack-is-an-implementation-detail-part-one
  - "The Stack Is an Implementation Detail, Part Two," https://learn.microsoft.com/ko-kr/archive/blogs/ericlippert/the-stack-is-an-implementation-detail-part-two

- nullable 참조 타입(nullable 참조 타입)에 관해서는 마이크로소프트 문서를 참조하라. https://learn.microsoft.com/ko-kr/dotnet/csharp/nullable-references
- 추가적으로 존 스킷(Jon Skeet)은 nullable 참조 타입에 관한 그의 초기 경험에 관한 블로그 게시물을 썼다. https://codeblog.jonskeet.uk/2018/04/21/first-steps-with-nullable-reference-types/
- 토니 호어가 2009년 QCon 콘퍼런스에서 null 참조에 관해 사과한 것은 유명하다. 그 개요에 관해서는 다음에서 확인할 수 있다. https://qconlondon.com/london-2009/qconlondon.com/london-2009/presentation/Null%2bReferences_%2bThe%2bBillion%2bDollar%2bMistake.html

3장

- C# 언어 명세에서 제공하는 변수의 종류에 관해서는 다음 문서를 참조하라. https://learn.microsoft.com/ko-kr/dotnet/csharp/language-reference/language-specification/variables
- 명확한 할당에 관한 규칙은 C# 언어 참조에서 설명돼 있다. https://learn.microsoft.com/ko-kr/dotnet/csharp/language-reference/language-specification/variables#94-definite-assignment
- 존 스킷은 그의 블로그에서 참조로 전달되는 매개변수와 값으로 전달되는 매개변수에 관해 썼다. https://jonskeet.uk/csharp/parameters.html
- 존 스킷의 책 C# in Depth 3rd ed.(Manning, 2014)의 5장과 16장에서는 클로저에 관해 자세히 분석했다.
- 클로저가 C#에서 새롭게 등장하지는 않았지만 그 동작은 다소 변경됐다. 루프 변수를 잡는 것을 예로 들 수 있다. 에릭 리퍼트는 블로그에서 함수 객체 안에서 루프 변수를 잡아내는 과거 동작(C# v5 이전)에 이면에 있는 이유에 관한 좋은 아티클을 썼다. https://ericlippert.com/2009/11/12/closing-over-the-loop-variable-considered-harmful-part-one/
- 읽기 전용 구조체와 in 매개변수를 포함해, 효율적인 코드를 위해 C#이 제공하는 여러 기능에 관해서는 다음 문서를 참조하라. https://learn.microsoft.com/ko-kr/dotnet/csharp/advanced-topics/performance/
- ref return과 ref local에 관해서는 다음 C# 프로그래밍 가이드를 참조하라. https://learn.microsoft.com/ko-kr/dotnet/csharp/language-reference/statements/declarations

- ref return과 ref local은 C# v7.0 이전에는 도입되지 않았지만 그 아이디어는 훨씬 오래 됐다. 에릭 리퍼트가 이에 관해 설명했다. https://ericlippert.com/2011/06/23/ref-returns-and-ref-locals/
- 블라드미르 세도프(Vladimir Sadov)는 ref local이 반환하기 안전한지에 관한 규칙에 대해 살펴본다. http://mustoverride.com/safe-to-return/
- 가비지 컬렉터의 동작은 복잡한 주제이다. 하지만 다음 문서가 좋은 시작점이 될 것이다. https://learn.microsoft.com/ko-kr/dotnet/standard/garbage-collection/fundamentals
- 앤드류 헌터(Andrew Hunder)는 그의 블로그에서 가비지 컬렉션에 관해 설명했다. https://www.red-gate.com/simple-talk/development/dotnet-development/understanding-garbage-collection-in-net/
- C# v7.0 이후의 값 튜플 지원에 관해서는 다음 마이크로소프트 문서를 참조하라. https://learn.microsoft.com/ko-kr/dotnet/csharp/language-reference/builtin-types/value-tuples

4장

- 에릭 리퍼트는 값 타입에 관해 자세한 글을 썼고 반환된 값을 수정하는 주제를 다루었다. https://ericlippert.com/2008/05/14/mutating-readonly-structs/
- 리퍼트는 값 타입의 생성과 중간 임시 인스턴스의 사용에 관해 살펴봤다. https://ericlippert.com/2010/10/11/debunking-another-myth-about-value-types/
- 객체 생성에 관한 C# 언어 명세는 다음에서 확인할 수 있다. https://learn.microsoft.com/ko-kr/dotnet/csharp/language-reference/language-specification/expressions#128162-object-creation-expressions. 객체 초기자에 관해서는 다음에서 확인할 수 있다. https://learn.microsoft.com/ko-kr/dotnet/csharp/language-reference/language-specification/expressions#128163-object-initializers
- 사용자 정의 변환 메서드에 대한 링크를 포함한 형 형 변환에 관해서는 다음 마이크로소프트 문서를 참조하라. https://learn.microsoft.com/ko-kr/dotnet/csharp/programming-guide/types/casting-and-type-conversions#implicit-conversions

- 존 스킷은 그의 블로그에서 읽기 전용 필드에 대해 조사했다. https://code-blog.jonskeet.uk/2014/07/16/micro-optimization-the-surprising-inefficiency-of-readonly-fields/
- 마이크로소프트 문서 중 in 매개변수에 관한 문서(https://learn.microsoft.com/ko-kr/dotnet/csharp/language-reference/keywords/method-parameters#in-parameter-modifier) 및 ref readonly 반환값 및 local에 관한 문서(https://learn.microsoft.com/ko-kr/dotnet/csharp/language-reference/keywords/ref)는 이들을 올바르게 사용하기 위한 규칙에 관한 좋은 정보를 제공한다.
- 세르게이 테플리아코프(Sergey Tepliakov)의 블로그에는 in과 ref readonly의 성능에 관한 좋은 아티클들이 있다. https://devblogs.microsoft.com/premier-developer/the-in-modifier-and-the-readonly-structs-in-c/, https://devblogs.microsoft.com/premier-developer/performance-traps-of-ref-locals-and-ref-returns-in-c/ 를 참조하라.
- 도널드 커누스(Donald Knuth)의 인용구는 1974년 그의 ACM Turing Award 강의에서 따온 것이다. 그는 이어서 말한다(이 말이 더 유명하다), "미성숙한 최적화는 일만 악의 뿌리이다(premature optimization is the root of all evil)" 강의 전문은 다음에서 확인할 수 있다. https://dl.acm.org/doi/10.1145/1283920.1283929

5장

- 에릭 리퍼트가 작성한 null에 관한 아티클은 많은 아이디어를 준다. https://ericlippert.com/2013/07/25/what-is-the-type-of-the-null-literal/
- 문자열 인터닝에 관한 마이크로소프트의 문서를 참조하라. https://learn.microsoft.com/ko-kr/dotnet/api/system.string.intern?view=net-5.0
- 수많은 아티클에서 부동소수점 표현 및 이들에 의해 발생할 수 있는 단점에 관해 지적한다. 프란시스 부온템포는 예시와 함께 이를 간단히 소개하며 Overload의 아티클 "Floating Point Fun and Frolics"에서 이에 관해 더 깊이 알고 싶은 이들을 위한 참조를 제공한다. https://accu.org/journals/overload/17/91/buontempo_1558
- 리차드 해리스(Richard Harris)는 부동소수점 비교와 산술 연산에 관해 자세히 썼다. Overload에 게재된 아티클 시리즈는 IEEE-754 부동소수점에 대한 일반적인 대안들에 관해 살펴본다.

- "You're Going To Have To Think!," https://accu.org/journals/overload/18/99/harris_1702

- "Why Fixed Point Won't Cure Your Floating Point Blues," https://accu.org/journals/overload/18/100/harris_1717

- "Why Rationals Won't Cure Your Floating Point Blues," https://accu.org/journals/overload/19/101/harris_1986

- "Why Computer Algebra Won't Cure Your Floating Point Blues," https://accu.org/jour nals/overload/19/102/harris_1979

- "Why Interval Arithmetic Won't Cure Your Floating Point Blues," https://accu.org/journals/overload/19/103/harris_1974

- C#의 부동소수점 타입의 비교에 관해서는 다음 마이크로소프트 문서를 참조하라. https://learn.microsoft.com/ko-kr/dotnet/csharp/language-reference/language-specification/types#837-floating-point-types

- 상수 패턴에 관한 개요는 다음 마이크로소프트 문서를 참조하라. https://learn.microsoft.com/ko-kr/dotnet/csharp/language-reference/operators/patterns#constant-pattern

- 선언 패턴에 관한 설명은 다음 마이크로소프트 문서를 참조하라. https://learn.microsoft.com/ko-kr/dotnet/csharp/language-reference/operators/patterns#declaration-and-type-patterns

- nullable 값 타입 연산자 오버로드는 C# 언어 명세에 설명돼 있고, `operator==`에 관한 짧은 설명도 담고 있다. 다음 문서를 참조하라. https://learn.microsoft.com/ko-kr/dotnet/csharp/language-reference/builtin-types/nullable-value-types#lifted-operators

- C# 언어 명세에서는 nullable 참조 타입에 관해서도 설명한다. 다음 문서를 참조하라. https://learn.microsoft.com/ko-kr/dotnet/csharp/language-reference/builtin-types/nullable-reference-types

- 리퍼트는 nullable 값 타입에 관한 훌륭한 블로그 시리즈를 갖고 있다. 다음 블로그가 좋은 시작점이 될 것이다. https://ericlippert.com/2012/12/20/nullable-micro-optimizations-part-one/

- 리퍼트는 리프트 연산자의 개념에 관해 설명한다. https://learn.microsoft.com/ko-kr/archive/blogs/ericlippert/what-exactly-does-lifted-mean

- MSDN 매거진(MSDN Magazine)은 값 튜플이 불변이 아닌 이유에 관해 살펴본다. https://learn.microsoft.com/en-us/archive/msdn-magazine/2018/june/csharp-tuple-trouble-why-csharp-tuples-get-to-break-the-guidelines

6장

- 복잡한 시스템 모델링에서의 값 타입에 대해 자세히 살펴보고 싶다면 더크 바우머(Dirk Bäumer et al.)의 Ubilab Technical Report인 "Values in Object Systems"를 참조하라. https://riehle.org/computer-science/research/1998/ubilab-tr-1998-10-1.pdf
- 케블린 헤니는 객체 타입의 분류에 관해 다루며 C++와 C#에서의 객체 비교에 관한 다른 가치 있는 통찰력을 제공한다. https://www.slideshare.net/Kevlin/objects-of-value
- 마틴 파울러는 빈약한 도메인 모델에 관해 설명한다. https://www.martinfowler.com/bliki/AnemicDomainModel.html
- 마틴 파울러는 객체 앨리어싱이 버그를 야기하는 이유에 관해 설명한다. https://www.martinfowler.com/bliki/AliasingBug.html
- 앨리어싱이 새로운 아이디어는 아니다. 에릭 S. 레이몬드(Eric S. Raymond)의 The Jargon File에서도 확인할 수 있다. http://www.catb.org/jargon/html/A/aliasing-bug.html
- 스콧 스탠치필드(Scott Stanchfield)은 값으로 전달의 개념이 없는 언어를 사용하는 것의 위험에 관한 아티클을 썼다. 이 글은 매우 오래됐으며 당시 자바의 상황에 집중하고 있지만 여전히 깨달음을 준다.
- IComparable 구현에 관한 계약은 다음 마이크로소프트 문서에 설명돼 있다. https://learn.microsoft.com/ko-kr/dotnet/api/system.icomparable-1.compareto?view=net-5.0#notes-to-implementers
- 헤니는 대칭을 포함해 값 타입에 대한 몇 가지 패턴에 관해 살펴본다. 다음 컨퍼런스 논문을 참조하라. https://www.researchgate.net/publication/244405850_The_Good_the_Bad_and_the_Koyaanisqatsi_Consideration_of_Some_Patterns_for_Value_Objects
- 스콧 마이어스(Scott Meyers)는 전세계의 C++ 프로그래머들이 곧바로 알아볼 수 있을 정도의 중요한 책을 썼다. 하지만 그는 이것이 모든 언어의 프로그래머

들과 관련 있다고 항상 말한다. 특히 Effective C++(이펙티브 C++)와 More Effective C++(Addison-Wesley, 1996)에서는 인터페이스를 올바르게 사용하기 쉽고 올바르지 않게 사용하기 어렵게 만드는 방법과 함께 클래스 외부로 함수를 옮기는 것의 이익에 관해 살펴본다.

- 전이적 혹은 비전이적 주사위는 '~보다 작은'에 관한 아이디어와 본질적인 순서에 관해 탐구하고 도전하는 재밌는 방법이다. Rosetta Code 사이트를 참조하라. https://rosettacode.org/wiki/Non-transitive_dice

7장

- 값에 대한 Equals 메서드 오버라이딩에 관한 마이크로소프트 개발자 네트워크(Microsoft Developer Network, MSDN)의 조언은 다음을 문서를 참조하라. https://learn.microsoft.com/ko-kr/dotnet/csharp/programming-guide/statements-expressions-operators/how-to-define-value-equality-for-a-type

- CLR이 객체를 관리하는 방법의 내부 구조에 관한 2005년 MSDN 매거진의 아티클은 현재 기준으로 분명 오래된 것이지만 여전히 깨달음을 준다. https://learn.microsoft.com/ko-kr/archive/msdn-magazine/2005/may/net-framework-internals-how-the-clr-creates-runtime-objects. 아담 시트닉(Adam Sitnik)이 수행한 보다 최근의 분석에 관해서는 다음을 참조하라. https://adamsitnik.com/Value-Types-vs-Reference-Types/

- 다형성의 유형에 관한 세부적인 분석에 대해서는 루카 카델리(Luca Cardelli)와 피터 웨그너(peter Wegner)가 Computing Surveys에 게재한 "On Understanding Types, Data Abstraction, and Polymorphism"를 참조하라. http://lucacardelli.name/Papers/OnUnderstanding.A4.pdf

- 서브타이핑의 공식적인 정의에 관해서는 바바라 H. 리스코프(Barbara H. Liskov)와 제닛 M. 윙(Jeannette M. Wing)이 ACM Transactions on Programming Languages and Systems에 게재한 "A Behavioral Notion of Subtyping"을 참조하라. https://dl.acm.org/doi/10.1145/197320.197383

- 에릭 리퍼트는 리스코프 대체성 원리(Liskov substitutability principle)에 관해 다음 아티클 시리즈에서 보다 일반적으로 논의한다. https://ericlippert.com/2015/04/27/wizards-and-warriors-part-one/

- 리퍼트는 모든 등치가 CompareTo의 구현을 준수함으로써 간단히 파생될 수 있다고 주장한다. https://www.informit.com/articles/article.aspx-?p=2425867

- 문자열과 값 타입에 관해 케블린 헤니가 작성한 이 아티클은 C++ 문자열을 기준으로 하지만, 많은 내용들은 C#과도 관계가 있다. https://www.slideshare.net/Kevlin/highly-strung

- 솔기(seam)이라는 용어는 일반적으로 마이클 페더스(Michael Feathers)가 그의 책 Working Effectively with Legacy Code(Pearson, 2004)에서 처음 사용한 것으로 알려져 있다. 관련된 장은 온라인에서 확인할 수 있다. https://www.informit.com/articles/article.aspx?p=359417&seqNum=2

- 모의 객체는 오랫동안 객체 지향 단위 테스팅을 지원하는 기능이었으며 위키피디아에서 좋은 설명을 제공하고 있다. https://ko.wikipedia.org/wiki/모의_객체

- 제라드 메자로스(Gerard Meszaros)는 그의 책 xUnit Test Patterns(Addison-Wesley, 2007)과 온라인에서 테스트 더블에 관한 보다 일반적인 개념을 설명한다. http://xunitpatterns.com/Test%20Double.html

- 헤니는 재사용이라는 용어 사용에 관해 반대한다. https://kevlinhenney.medium.com/simplicity-before-generality-use-before-reuse-722a8f967eb9

- 일반화된 인덱스 연산자에 대한 관련 사항을 포함한 C# v8.0에서의 범위에 대한 요약에 관해서는 다음 마이크로소프트 문서를 참조하라. https://learn.microsoft.com/ko-kr/dotnet/csharp/language-reference/proposals/csharp-8.0/ranges

- 상대 휘도(relative luminance) 계산은 대략적으로 위키피디아에 설명된 국제전기통신연합 무선통신 부문(International Telecommunication Union Radiocommunication Sector, ITU-R) 권고안에서 대략적으로 가져온 것이다. https://en.wikipedia.org/wiki/Luma_(video) 하지만 이번 장에서는 암묵적 변환에 관해 설명하는 목적으로만 사용했다.

- C#은 타입 사이의 변환을 나타내는 몇 가지 방법을 제공한다. is 및 as is에 관한 리퍼트의 설명은 https://learn.microsoft.com/ko-kr/archive/blogs/ericlippert/is-is-as-or-is-as-is, https://ericlippert.com/2013/05/30/what-the-meaning-of-is-is/에서 확인할 수 있다.

- 헨리가 작성한 이 아티클들은 C++ 프로그래머를 대상으로 하지만 그 원칙들은 C#를 포함한 모든 객체 지향 언어에 널리 적용된다. https://www.slideshare.net/Kevlin/promoting-polymorphism과 https://www.slideshare.net/Kevlin/substitutability를 참조하라.
- 오버로드 해결에 대한 규칙은 C# 언어 명세에서 확인할 수 있다. https://learn.microsoft.com/ko-kr/dotnet/csharp/language-reference/language-specification/expressions#1264-overload-resolution
- 존 스킷은 오버로딩에 관해 블로그를 썼다. https://csharpindepth.com/articles/Overloading
- 리퍼트는 오버로드 해결에 관한 몇 가지 흥미로운 발견을 했다. https://ericlippert.com/2006/04/05/odious-ambiguous-overloads-part-one/, https://ericlippert.com/2006/04/06/odious-ambiguous-overloads-part-two/를 참조하라.
- C# v9.0의 레코드 타입에 관한 고수준의 설명은 다음 마이크로소프트 문서를 참조하라. https://learn.microsoft.com/ko-kr/dotnet/csharp/whats-new/csharp-version-history#c-version-9
- 타입 빌더는 팩토리 패턴의 변형이다. 에릭 감마(Erich Gamma et al.)의 Design Patterns: Elements of Reusable Object-Oriented Software(Addison-Wesley, 19 95)을 참조하라.
- 헤니는 변경할 수 있는 짝과 다른 값 객체 패턴에 관해 2003년 VikingPLoP (Pattern Languages of Programs) 콘퍼런스에서 "The Good, the Bad, and the Koyaanisqatsi: Consideration of Some Patterns for Value Objects"라는 논문을 썼다. https://www.researchgate.net/publication/244405850

8장

- 의도적으로 만든 느린 알고리즘의 예는 보고 정렬(bogosort)이다. 보고 정렬은 의도적으로 CPU를 분주하게 만드는 간단한 방법으로 종종 사용된다. 위키피디아의 설명을 참조하라. https://ko.wikipedia.org/wiki/보고_정렬
- BenchmarkDotNet은 코드 성능 측정의 벤치마킹을 위한 인기있는 라이브러리이다. https://benchmarkdotnet.org

- 성능과 최적화에 관한 조 더피(Joe Duffy)의 블로그는 작성된 지 10년이 넘었지만 여전히 생각을 자극하며, 그 원칙들은 여전히 관련성을 유지하고 있다. https://joeduffyblog.com/2010/09/06/the-premature-optimization-is-evil-myth/

- Equals의 ValueType 오버라이드에 관해서는 다음 마이크로소프트 문서를 참조하라. https://learn.microsoft.com/ko-kr/dotnet/api/system.valuetype.equals?view=net-8.0&viewFallbackFrom=net-6.0

- 세르게이 테플리아코프의 블로그는 Equals 오버라이딩이 매우 중요한 이유에 관한 풍부한 정보를 제공한다. 또한 ValueType.GetHashCode에 대한 좋은 조언과 흥미로운 배경에 관한 정보도 제공한다. https://devblogs.microsoft.com/premier-developer/performance-implications-of-default-struct-equality-in-c/

- .NET 6의 기본 GetHashCode 메서드 구현에 관해서는 다음을 참조하라. https://github.com/dotnet/runtime/blob/release/6.0/src/coreclr/vm/comutilnative.cpp#L1878

- 구조체에 대한 기본 등치는 ValueType 안에 정의돼 있다. https://github.com/dotnet/runtime/blob/release/6.0/src/coreclr/System.Private.CoreLib/src/System/ValueType.cs#L21

- 니클라우스 비르트(Niklaus Wirth)가 작성한 Project Oberon 문서는 다음을 참조하라. https://people.inf.ethz.ch/wirth/ProjectOberon/PO.System.pdf

YoungJin.com Y.
영진닷컴

모던 C#

1판 1쇄 발행 2025년 4월 15일

저   자   스티브 러브
번   역   김모세

발 행 인   김길수
발 행 처   (주)영진닷컴
주   소   ㉾ 08512 서울특별시 금천구 디지털로9길 32
           갑을그레이트밸리 B동 10층 ㈜영진닷컴

등   록   2007. 4. 27. 제16–4189호

ⓒ2025. (주)영진닷컴

ISBN   978–89–314–7938–6